国家社会科学基金
特别委托项目

董京泉 主编 ◎

学习出版社

图书在版编目（CIP）数据

中国古代哲学思想集萃 / 董京泉主编 . -- 北京：学习出版社，2022.4
ISBN 978-7-5147-1126-4

Ⅰ . ①中… Ⅱ . ①董… Ⅲ . ①哲学思想－中国－古代 Ⅳ . ① B21

中国版本图书馆 CIP 数据核字（2022）第 018377 号

中国古代哲学思想集萃
ZHONGGUO GUDAI ZHEXUE SIXIANG JICUI

董京泉 主编

责任编辑：吴保平
技术编辑：刘 硕

出版发行：学习出版社
　　　　　北京市崇外大街11号新成文化大厦B座11层（100062）
　　　　　010-66063020　010-66061634　010-66061646
网　　址：http://www.xuexiph.cn
经　　销：新华书店
印　　刷：固安县铭成印刷有限公司

开　　本：710毫米×1000毫米　1/16
印　　张：26
字　　数：413千字
版次印次：2022年4月第1版　2022年4月第1次印刷

书　　号：ISBN 978-7-5147-1126-4
定　　价：68.00元

如有印装错误请与本社联系调换，电话：010-67081356

目　录

导　论

　　天人关系问题是中国古代哲学家探究的首要问题，他们认为关于这是能够对宇宙人生的大本大源问题作出回答的学问，因而视为哲学的最高问题。西汉大儒董仲舒说："观天人相与之际，甚可畏也。"（《春秋繁露·深察名号》）魏晋时期何晏曾称赞青年哲学家王弼："若斯人者，可与言天人之际乎！"（何劭《王弼传》）北宋大儒邵雍说："学不际天人，不足以谓之学。"（《皇极经世·观物外篇》）谭嗣同称赞王夫之："五百年来学者，真通天人之故者，船山一人而已。"梁启超说："中国古代思想，敬天畏天，其第一着也。……故人之于天也，敬而畏之，一切思想，皆以此为基焉。"①钱穆在《中国文化与中国哲学》一文中也说："中国文化的特质，可以'一天人，合内外'六字尽之。"在天人关系上，"天人合一"是个核心问题，它贯穿了西周以降的整个中国古代哲学史，是儒释道等学派的主流性观点，也是一个具有中国特色的哲学命题。"天人合一"说与中国古代哲学的宇宙论、人生（人性）论、认识论、方法论和社会历史观密切相关，对后者具有深刻的影响作用。

一、中国古代哲学史上的"天人合一"

　　在中国古代哲学史上，关于天人合一的思想观念，远在先秦时期既已产生，后来有董仲舒的"以类合之，天人一也"（《春秋繁露·阴阳义》）和"天人之际，合二为一"（《春秋繁露·深察名号》）之说，邵雍说的"际天人"也是天人合一的意思。程颢也说："故有道有理，天人一也，更不分别。"（《河南程氏遗书》卷二上）但是，作为一个哲学命题或成语的

"天人合一"，则是由北宋哲学家张载①最先提出来的。他说："释氏语实际，乃知道者所谓诚也，天德也。其语到实际，则以人生为幻妄，（以）有为为疣赘，以世界为荫浊，遂厌而不有，遗而弗存。就使得之，乃诚而恶明者也。儒者则因明致诚，因诚致明，故天人合一。致学而可以成圣，得天而未始遗人。"（《正蒙·乾称》）张载此处文义的关键是批评佛教"以人生为幻妄"，主张天和人俱真皆实，所以张载在此以"天人合一"一语来概括儒、释两家根本立场的不同。张载文中的"诚"指天之实理，"明"指性之良能。因为性之良能出于天之实理，而性生知，以知知性，性之良能知天道，所以"诚"与"明"交相导致，故"天人合一"。

由于社会历史条件不同，古代哲人对"天""人"及其"合"所赋予的或理解的含义不同②，在历史上形成了各式各样的"天人合一"。著名学者刘笑敢先生将其归纳为以下八种：天道人事相贯通的天人合一、以人事为重心的天人合一、以天道为重心的天人合一、天人感通式的天人合一、道家式的天人合一、禅宗式的天人合一、唯器说的天人合一和作为赞颂语的天人合一。③

二、"天人合一"创造性转化的要点

要使"天人合一"的思想观念融入中国特色社会主义文化体系之中，真正成为其有机组成要素，就不能完全固守其原始含义"照着讲"，而必须对"天人合一"的命题和思想"接着讲"，即需要做创造性转化和理论体系重新建构的工作。现对"天人合一"转化的要点试作如下分析。

（一）将"天人之分"作为一个环节融入"天人合一"之中

荀子说："明于天人之分，则可谓至人矣。"（《荀子·天论》）联系其上文，可知作者提出"天人之分"观点的本意是"天职"与"人治"的分野，是为了说明社会的治乱在"人"不在"天"，因为"天行有常"，

---

① 张载（1020—1077），字子厚，祖籍大梁（今河南开封），生于长安（今陕西西安），后寓于凤翔眉县横渠镇（今陕西眉县横渠镇）并在该地安家、讲学，世称"横渠先生"。

② 张岱年先生在《中国哲学中"天人合一"思想的剖析》（《北京大学学报》1985年第1期）中说："中国哲学中所谓天，在不同的哲学家，具有不同的涵义。大致说来，所谓天有三种涵义：一指最高主宰，二指广大自然，三指最高原理。由于不同哲学家所谓天的意义不同，他们所讲的天人合一也就具有不同的涵义。"张先生又说："对于古代哲学中所谓'合一'的意义，我们也需要有一个正确的理解。……'合'有符合、结合之义。古代所谓'合一'，与现代语言中所谓'统一'可以说是同义语。合一并不否认区别。合一是指对立的两方彼此又有密切相连不可分离的关系。"

③ 刘笑敢：《天人合一：学术、学说和信仰》，《南京大学学报》2011年第1期。

是不以人的主观意志为转移的。现在应将"天人之分"明确地转化为主体和客体或主观和客观，其中的"人"为主体，"天"是广义的客体，即不限于自然界，而是包括作为研究和实践对象的所有客体，使其与主体形成对象性关系。这样一来，就是从"天人合一"中经"天人之分"，再到新的"天人合一"。作为中介环节的"天人之分"，不是将"天"与"人"截然分开，而是使其作为具有对象性的有机统一体，因而它实际上也属于"天人合一"的一种形态。但是，如果没有"天人之分"这个环节，"天人合一"就会真的成了程颢所说的"天人本无二，不必言合"的了，"人"也就不成其为认识和改造"天"或客观世界的主体了，新的"天人合一"形态也就无从谈起。应当看到，荀子的"天人之分"也不是要将"天"与"人"截然分开，因为他主张对自然规律（"天行"之"常"）要"应之"即顺应，在此基础上还要"动时"即因时而动，从而"制天命而用之"，并强调要切忌"倍道而妄行"（《荀子·天论》）。这已经具有尊重和利用自然规律的含义了。

"主—客"二分或"天人之分"是西方源远流长的思维方式。这种思维方式虽然有利于科学技术的发展，但它往往用以无节度地征服自然、改造自然，因而也破坏自然，并且滋生人类中心主义。现在我们也要求重视运用"天人之分"或"主—客"二分的思维方式，但同时要防止走向另一个极端，抛弃作为传统思维方式的"天人合一"或"主—客"不分。直觉或顿悟的思维方式是"主—客"不分的典型表现。直觉是指在以往经验知识积累的基础上，突发性地把握事物本质的能力以及基于这种能力而产生的思想。这种思维方式是具有中国传统特色的，它是我们中华民族弥足珍贵的"传家宝"，应当加以弘扬和发展。

（二）将社会实践范畴引入"天人合一"之中

除墨家外，中国古代哲人特别是儒家，他们关注的中心是道德实践，是如何通过修身养性而"成圣""成贤"，而未将认识和改造客观世界的社会实践纳入他们关注的视野。这些哲人可以说都是当时的社会精英，但他们不惜皓首穷经，醉心于"闭门思过"、修身养性式的道德实践，而认为科学技术乃"雕虫小技"，不屑一顾；生产劳动是老百姓的事，于己无关。这可能是中国古代科学技术不够发达、长期处于农耕社会的原因之一。

除了作为特异思维方式的直觉和作为实践结晶的"人化自然"外，不应将"天人合一"的"合一"理解为"天人本无二，不必言合"的"合一"。这是因为，在通常情况下，"人"与"天"或主体与客体是分明的。主体与客体的关系是一种对象性的关系。这种对象性的关系，必须用社会实践才能真正联结起来，因而社会实践是联结主体与客体强有力的纽带。因此，要使"天人合一"的思维模式和行为模式发挥更大的作用，就不能局限于主观范围内的道德实践，而应引入认识和改造客观世界的社会实践范畴。

（三）将马克思主义作为"义理之天"引入"天人合一"之中

在中国古代哲学中，"天人合一"的"天"有主宰之天、自然之天、义理之天之别。在宋明理学中，通常把义理之天称为"天理"。而他们所说的"天理"主要是指封建的伦理纲常。朱熹就说过："所谓天理，复是何物？仁、义、礼、智岂不是天理？君臣、父子、兄弟、夫妇、朋友岂不是天理？"（《四书章句集注》）他们把封建的伦理纲常视为天经地义的信条，是错误的。但在我们今天，则可以把我们党和国家的指导思想奉为义理之"天"。马克思主义包括中国化的马克思主义，特别是习近平新时代中国特色社会主义思想和社会主义核心价值观，虽然属于意识形态，但它反映了时代特点和本国实际，已成为具有客观性的重要存在，因而也成为人们的认识对象。马克思主义包括中国化的马克思主义作为我们党的指导思想的理论基础，是不可动摇的，因此也可视为义理之"天"。在当代中国，义理意义上的"天人合一"的一个重要表现，应当是用马克思主义包括中国化的马克思主义武装全党，使全党的思想统一到这上面来，使全国各族人民的思想统一到社会主义核心价值观上来；随之而来的必将是全党和全国各族人民在行动上的统一。这种思想上与行动上的统一，应当视为当今"天人合一"最重要的表现。

显然，对中国传统的"天人合一"实施创造性转化，并非要否定"天人合一"的思维方式。而是为了规避它的历史局限性，使之更好地适应中国当代实际和时代发展的要求。事实上，现代许多科学发现和社会生活的实践证明：直觉顿悟、主体生命的体验与反省，提升人们的精神境界、实现心灵上的自由，仍然是一种行之有效的思维方式。

（四）将"天与人交相胜"思想引入"天人合一"之中

"天与人交相胜"是唐代哲学家刘禹锡在其《天论》中提出的一个命题，意谓事物"天"和"人"各有其特定的"功能"："天"所能的，"人"不能；"人"所能的，"天"不能。如风和日丽、风调雨顺是"天"所能、

"人"不能；大地震、海啸、火山爆发、龙卷风，以及由特异病毒引发的大型瘟疫、绵延数千公里的旱涝等自然灾害，也是"天"所能、"人"不能；而改造自然和社会的实践活动，以及科学研究活动，则是"人"所能、"天"不能。推而广之，客观世界的各个领域、各种层次，以及领域之间、层次之间，有着层出不穷的无限的问题，其中有些问题或现象是"天"之所为，人甚至是难以预料的，却能直接危及人类的生存和发展。

引入了"天与人交相胜"的理念，"天"与"人"仍然是"合一"的，因为他们是命运共同体。"天"是"人"的母亲和保护神；人是"天"的骄子和灵魂。

（五）正确认识天命与人生的关系，提升人的精神境界

孔子和孟子曾多次讲"天命"，但他们所说的天命并非宿命论。天命是指人生来所处的社会历史条件和境域，如所生的国度、地区、民族，长得美丑，有无先天性残疾；是生在文明高度发展的大都市，还是生在穷乡僻壤；是生在书香门第，还是生在文盲半文盲家庭。如此种种的客观性境遇，个人是不由自主的，必须加以认同，只能无条件接受。因此，如果剔除其原始的宗教界定和宿命论，天命大致接近于必然性与偶然性的统一。

但是，人的命运是可以改变的，关键在于要具有高尚的精神境界。有了这种境界，在人生道路上，就会产生披荆斩棘、一往无前的精神动力。中国传统文化的儒释道都提倡人要树立高尚的精神境界。儒家以成贤、成圣为人生理想境界。为实现平生大志，孔子"知其不可而为之"，"忘食废寝，乐以忘忧，不知老之将至"；孟子为实现"仁政"的政治抱负，可以"苦其心志，劳其筋骨，饿其体肤，空乏其身，行拂乱其所为，所以动身忍性，曾益其所不能"，并以"大丈夫"精神自勉——"居天下之广居，立天下之正位，行天下之大道。得志，与民由之；不得志，独行其道。富贵不能淫，贫贱不能移，威武不能屈"（《孟子·滕文公下》）。张载确立的人生抱负是："为天地立心，为生民立命，为往圣继绝学，为万世开太平。"道家以成就"真人""至人"为人生目标，庄子追求"天人合一"的精神境界，说："天地与我并生，而万物与我为一。"（《庄子·齐物论》）老子有"不失其所者久，死而不亡者寿"（《老子》第三十三章）之说，勉励人们立德立功立言，青史留名；释家则以"见性成佛""慈悲为怀、普度众生"为人生境界。冯友兰先生将人生境界划分为四个等级：

自然境界、功利境界、道德境界、天地境界，其中以"天地境界"为最高境界。具有这种境界的人，"与天地合其德"（《易传·文言传》），不仅为社会整体做高尚的各种大事、好事，而且认为还有一个超乎社会整体之上的更大的整体——宇宙，觉解到自己不仅是全社会的一员，而且是整个宇宙的一员，即孟子所说的"天民"。这其实是追求一种宇宙精神。据说北大的一位教授问冯先生自己达到了什么境？冯笑答："天地境界。"冯先生也许是实至名归的吧！

在今天，我们应当以马克思主义的世界观、人生观、价值观为指导，将终极追求、超越精神、远大理想和高尚情操作为人生修养的价值目标，因为唯有终极追求才能照亮人，唯有超越精神才能提升人，唯有远大理想才能激励人，唯有高尚情操才能完善人。以此投身于中国社会主义现代化建设事业，为实现"中国梦"的伟大理想而立德、立功、立言。

（六）将"人化自然"范畴引入"天人合一"之中

"人化自然"是马克思提出的一个哲学范畴，是指人类社会实践的结晶。马克思说："不仅五官感觉，而且连所谓精神感觉、实践感觉（意志、爱等），一句话，人的感觉、感觉的人性，都是由于它的对象的存在，由于人化的自然界，才产生出来的。"[1] 他又说："在人类历史中即在人类社会的形成过程中生成的自然界，是人的现实的自然界；因此，通过工业——尽管以异化的形式——形成的自然界，是真正的、人本学的自然界。"[2] 这种人类学的自然界是"人化自然"的真实含义。在"人化自然"中，城市是最好的典型，因为它的每一个对象，甚至每一寸土地莫不是社会实践的结晶，莫不是"人化自然"物。因此，既然在"天人合一"中引入了社会实践范畴，就理应引入"人化自然"的范畴。

这样一来，作了创造性转化的"天人合一"，就表现为以下三种形态。一是对"天"和"人"虽然作了区分，但尚未纳入社会实践过程的"天人合一"。这种状态下的"天"似乎是处于洪荒时代的天，"人"是无以自立、无法生存的人。二是纳入了社会实践的"天人合一"。这种情况下的"天"与"人"的关系是密切的对象性关系："天"或客体是作为主体的"人"认识和改造的对象而存在的，而"人"是有自觉能动性的认识

---

[1] 《马克思恩格斯全集》第三卷，人民出版社 2002 年版，第 305 页。

[2] 《马克思恩格斯全集》第三卷，人民出版社 2002 年版，第 307 页。

和改造"天"的主体。三是作为社会实践结晶或"人化自然"的"天人合一"。这种形态的"天人合一"真可谓"天人本无二,不必言合"的了,因为此时的"天"的因素和"人"的因素所呈现的是高度融合、几近化合的状态,已经难分彼此了。比如我们面对一部电视机,谁能将其中"人"的因素和"天"的因素截然分开,分别装在两个筐子里呢?

以上是对"天人合一"思想内涵多方面的转化。

三、"天人合一"理论体系的现代建构

余英时先生说:"我们不要误以为天人合一是某种有特定思想内容的'理论'。反之,它仅是一种思维方式。"① "天人合一"固然是一种思维方式,但事实上,在明清时代它就有了信仰、信念和赞颂语的特征,可见它早已不仅仅是一种思维方式了,加之上述我们对其某些思想内涵所进行的创造性转化,它已能够初步建构起一种现代理论体系了。

"天人合一"的首要含义是人与自然的和谐与统一。那么我们就应坚持和弘扬我国古代哲人的这种思想意涵,强调人与自然的统一、人的行为与自然界的协调、道德理性与自然理性的一致,以及客观规律性与人的自觉能动性的统一,如此则显示了人在这些方面的辩证思考。同时,既然自然界与人类是"合一"的,那就说明它们是休戚与共的——人类一刻也不能离开自然界,否则就会即刻灭亡;自然界离开人类的开发和改造,也不会变得更美好。既然如此,那么作为具有自觉能动性的人就应像对待自己的亲生父母一样敬畏自然、善待自然,积极整治环境污染,维护生态平衡,并把天地变得更美好作为自己义不容辞的责任和神圣的历史使命。

既然我们已将社会实践范畴融入"天人合一"之中,人就应当在维护生态平衡的前提下,充分发挥积极性、主动性和创造性,从事改造自然的生产斗争、改造社会的政治斗争和探索自然规律及社会发展规律的科学实验,以及在客观规律指导下进行技术和方法的创造发明,以便把自然界和人类社会建设得更美好。

前文说过,将"天与人交相胜"的理念引入"天人合一"之后。我们应当看到包括自然界在内的客观世界的各个领域、各种层次都有着层

① 余英时:《人文与理性的中国》,程嫩生、罗群译,上海古籍出版社2007年版,第14页。

出不穷的无限的问题，其中有些属于自然界的问题或现象，人是难以预料和无法驾驭的，却直接危及人类的生存和发展。在诸如此类的问题面前，我们应当清醒地看到，理性并非万能，科学并非万能，人类并非万能——过去如此，现在如此，将来如此，永远如此。因此，我们对"天"应当保留一点隐秘性，应当有一种敬畏感和谦卑的心态。勇于探索的精神是必要的，但不可狂妄自大，张口吞天。

"天人合一"是我国传统思维方式之瑰宝。它的主要特点是穿透语言，领悟语言背后之象，进而穿透形象领悟背后的本质意蕴。这种思维方式已为世界现代前沿科学界所倚重，我们就应继续坚持和大力弘扬这种思维方式。一是结合案例认真总结直觉体悟的历史经验和现实经验；二是利用生命科学、脑科学等手段，深入探索和研究这种思维方式的机制和机理；三是与"主客二分"的思维方式结合起来加以研究。事实上，我国古代哲人对"主客二分"的分析思维方式也是比较重视的，如老子的辩证思维、孔子的学思结合、荀子倡导的类推原则、《墨经》提出的归纳推理和类比推理方法、惠施的"历物"十事、公孙龙的"离坚白"、张载的"两一"（对立统一）学说等，将逻辑分析推到了相当深入的境地。可以设想，如果当初没有比较发达的"主客二分"思维方式，也不会有思想精深、运用自如的直觉体悟。所以将二者结合起来加以研究是完全必要的。

从提升人的精神境界、塑造人的高尚品格的意义上看"天人合一"之意蕴，中国古代哲人有着许多深刻的思想观点，如"思知人，不可以不知天"，人应"与天地合其德"，"天行健，君子以自强不息"，"地势坤，君子以厚德载物"等。这说明人应效法天地的自然德性，具有刚健有为的精神和"厚德载物"的使命感和勇于担当的品格。这是天的刚健之象和地的载物之象在人格意义上的贯彻和体现。在引入社会实践范畴之后，强调要把改造主观世界与改造客观世界结合起来，在改造客观世界中改造主观世界，就为造就人的高尚品格、提升人的精神境界指明了方向，开辟了更为切实有效的道路。

总之，"天人合一"理论体系的现代建构，是以人与自然的合一为逻辑起点，以社会实践和作为重要思维方式的"天人合一"为核心，以"人化自然"和人的思想境界的提升为归宿的理论体系。

第一章　寻本根之妙

　　作为哲学术语的"本体"，来自拉丁文 on（存在、有、是）和 ontos
（存在物）。16 世纪，德国经院哲学家郭克兰纽首先在他的著作中使用了
"本体论"一词，把它视为形而上学的同义语和全部哲学的基础。17 世纪，
德国哲学家 C. 沃尔夫给"本体论"所下的定义是：本体论是研究存在本
身，即一切实在性和基本特性的学说。这个定义和公元前 4 世纪亚里士
多德所规定的形而上学和"第一哲学"含义相同。世界上任何一种哲学
理论形态都要研究本体论问题，从而以哲学理念的方式把握和理解包括
人在内的世界总体。

　　中国古代哲学中虽然没有本体或本体论这样的术语或概念，但有类
似于西方"本体论"的思想和理论，这就是"本根"说。这一概念首见
于《庄子·知北游》，曰："惛然若亡而存，油然不形而神，万物畜而不知，
此之谓本根，可以观于天矣。"庄子所说的"本根"就是老子所说的"道"。

　　本体或本根指的是宇宙或天地万物存在的终极依据。既然是终极依
据，它就具有不可再追究的特性。在印度哲学史中，有这样一种传说，
生动地表明了印度哲学家对本体问题的关注和理解。

　　在课堂上，有位老师讲：世界漂在水上。他的学生追问：水怎么存
在？老师答：水盛在一个巨大的水盆中。学生追问：水盆怎样存在？老
师答：水盆驮在大象的背上。学生还想继续追问，老师制止了他，然后
说：大象是终极本体，不能再追问了。

　　中国古代哲学的"本根"也是如此。它是对大树主根的比喻。如果
追问：这个主根是从哪里来的？它何以存在？这就不是应当再追问的问
题了。

　　与西方传统哲学大多专注于探索宇宙或天地万物的存在本体不同，
中国古代哲学以"天人合一"的总体为研究对象，哲学家们按照天人合

一的哲学思维模式，不仅探索天地万物的存在本体，而且特别重视对社会人生价值本体的探索。本体具有超越性、本根性和内在性。中国古代哲学家对本体问题的探索，先后提出了各具特色的道本论、太极论、气本论、理本论、心本论等多种本体论。

第一节　道本论

一、"道"概念的提出

"道"的本义是道路，一般的引申义是路程、经过、方法、事理、道德、道义、政治主张等含义。将"道"向哲学层面引申，最早始于春秋时代，如郑国子产说"天道远，人道迩，非所及也"（《左传·昭公十八年》）。这里的"天道"是指天的运行规律，"人道"指人作为人的准则。孔子的"道"或指社会政治，或为做人原则，或为思想主张，都是关于为人处世之道。老子则将"道"提升为哲学范畴，以"道"为天地万物的本原和存在本体，以及社会人生的存在本体和价值本体。

春秋以降，"道"观念成为比较普遍的和基本的哲学概念，一般都在本原、本体的意义上来使用。比如庄子认为"夫道，有情有信，无为无形；可传而不可受，可得而不可见；自本自根，未有天地，自古以固存；神鬼神帝，生天生地"（《庄子·大宗师》）。《易传·说卦传》指出："是以立天之道曰阴与阳，立地之道曰柔与刚，立人之道曰仁与义。"《易传·系辞传上》言："一阴一阳之谓道。"这是说"道"乃阴与阳的统一体。《管子·心术上》说："道在天地之间也，其大无外，其小无内。"《管子·内业》说："万物以生，万物以成，命之曰道。"这是认为"道"普遍存在于天地之间，是天地万物之所以生、所以成的原因和依据。荀子则认为"天有常道矣，地有常数矣"（《荀子·天论》）。这个"天道"就是天地存在之道，是天地万物之存在的规律、规则。荀子更强调人之"道"，认为"道者，非天之道，非地之道，人之所以道也"（《荀子·儒效》）。这个"人之所以道"的"道"就是人的"礼""义""法"等的社会原则和规范。韩非在《解老》篇中将老子的"道"解释为自然自身的存在规律，是天地万物的总理则、总规律，而"理"则是万物的特殊规律。由此可见，至战国时期，老子的"道"在被继承的基础上向两个方向发展：一个方向是以庄子为代表，将"道"向人的精神方面发展，使"道"成为人的绝对无待的精神自由之意境、境界；另一个方向则以《易传》《管子》、荀子、韩非等为代表，将"道"向天地万物以及人的存在发展，视"道"为天地万物存在的总规则、总规律。

从两汉经魏晋、隋唐至宋明时代，"道"的观念和思想仍在传承、演化和发展着。西汉董仲舒说："道之大原出于天，天不变，道亦不变。"（《汉书·董仲舒传》）他从其"天人感应"的目的论出发，将"道"隶属于"天"，而这个"道"专指"君臣、父子、夫妇之义"的"王道之三纲"。董仲舒认为，"君臣、父子、夫妇之义，皆取诸阴阳之道"（《春秋繁露·基义》），这就是"王道之三纲，可求于天"（《春秋繁露·基义》）。董仲舒以自然之天的阴阳之序、五行之行来类比、论证人类社会的纲常名教的合理性。三国时魏王弼"祖述老庄"，将老子的"道"发展为"无"，提出了"以无为本"的玄学原则。西晋裴頠著《崇有论》，将"道"与"有"相结合，认为道乃"有"，就是浑然的自然总体。他认为最大、最高、宗极的"道"就是那种浑然一体的天地万物的存在。流行于中土的佛教般若学也讲"道"，如东晋的道安说"等道有三义焉，法身也，如也，真际也"（《合放光光赞略解序》）。所谓"等道"，即"道"是平等的。佛教的"道"就是佛的道理、真理。唐代韩愈反对佛、老之"道"，主张儒家的以伦理关系为核心内容的"相生养之道"（《原道》）。至宋明理学，以"道"为最高实体。北宋邵雍说："道为天地之本，天地为万物之本。"（《皇极经世·观物内篇》）他认为"天由道而生，地由道而成，物由道而形，人由道而行"（《皇极经世·观物内篇》）。这明显是以"道"为天地万物的存在本体。北宋张载则以"气"为"道"，视"道"为气的运动变化过程，即"由气化，有道之名"（《正蒙·太和》）。二程[①]和朱熹则以"理"为"道"，如朱熹说"理也者，形而上之道也，生物之本也"（《朱子文集·答黄道夫书》）。明清之际的王夫之也以"理"为"道"，认为"道者，天地人物之通理，即所谓太极也"（《张子正蒙注·太和篇》）。但王夫之的"理"乃气之理，与程朱不同。

---

① 程颢和程颐的思想并不完全一致，程颢有"心"学思想倾向和成分，而程颐则重"理"。本书不作区别，将二程思想作一整体看待。

　　由上述可见，"道"是中国古代哲学中一个比较普遍的、重要的范畴。它基本是在两种意义上被使用的：一是以"道"为天地万物存在的本原、本体；一是以"道"为事物运动变化的过程和规则。前者为本体性的"道"，后者则是规律性的"道"。当然，以其本体性为基本含义。

　　作为天地万物之存在本体的"道"是什么？它在哪里存在着？人如何来认识和把握它？这关系到哲学思想的不同内容和致思的不同方式、方法及性质。说到本体之"道"，人们总习惯于将它视为一种思想观念，理性概念或范畴。这就是西方传统哲学的思想方式，即那种对象性、概念化的思想和方法。这样一来，"道"就只是人思想上、理性上的一个概念，并不在事物之中；而且，作为思想观念的"道"一经提出和规定，它就被定性化，成了一个不变的死符号，尽管有所谓概念自身的辩证发展，那也只是概念由单一向全面，由不完全、不丰富向完全和丰富发展而已。也就是说，作为概念的"道"只存在于人的思想上，而并不存在于现实事物之中。既然如此，它怎能作为天地万物的存在本体呢？所以，如果我们仍用西方传统哲学的那种概念化的方式方法来认识和理解中国古代哲学中的"道"，那是有极大问题的。

　　"道"既然是天地万物的存在本体，它就必然存在于事物之中。这种活在事物之中的"道"才是事物之存在的实际原因和根本依据。那么，事情自身中的"道"如何存在呢？人又是如何来把握它的呢？道与事物一体同在，是体用如一，即体即用的。这正是中国传统哲学的基本思想路向和哲学原则。要把握这一路向和原则，显然不能用对象性、概念化之法，而只能是一种非对象、非概念化的方法，这就是中国传统哲学中的类比、寓言、比喻、隐喻、格言式的"恍兮惚兮""惚兮恍兮"的思想方式和语言方式。人们往往视此种"恍兮惚兮"的思想方式和语言形式为神秘、模糊，认为这是思维水平低下的表现。实则不然，因为它才是深刻、明确的思想方式和语言形式，才是对活在事情自身中的活"道"的捕捉和把握。因为，当人要把握这个活"道"时，它一方面要在事情之中，但又不能和不可完全地在事情之中，因为它要被人认识到，就要与人结合，就要成为人的思想，倘若它根本不与人相关涉，完全地处在人之外，那么人就根本不会知道它，这当然就无"道"可言了。所以，当"道"处在事物自身之中时，同时又要处在人的思想上。但另一方面，它要在人的思想上，但又不能和不可完全地在人的思想中，倘若它完全地在人的思想中存在，就只是人的思想观念，这就与事物无涉，也就根本无所谓事物之本体可言了，故当它在人的思想上时同时又要处在事物之中。换言之，"道"既是事物又不是事物，即是思想又不是思想，它既是事物和思想，又不是事物和思想。那么这个"道"就既是彼又是此，既不是彼又不是此，在彼与此之间总有一个"中"或"居中"的中间地带、地域存在着，这就是意境，就是境界，就是境域，"道"就存在于这个地域、境域之中，它不是已被确定死了的某种对象性的"什么"，而是一种在随时随地的活的境域中当场生成、构成着的活的显现，是一种当场出现和构成。正因为如此，把握"道"是不可用那种"什么"式的概念化的语言的，而只能让语言自己说话，让语言自我开显，这就是"道言"，就是那种"惚恍"式的寓言、重言、卮言、喻言、格言、箴言等的话语方式。这就是中国古代哲学中的"道"本论和"道言"之方。

二、老子的"道"本论

将"道"提升为形而上的本体概念，始于老子。老子是道家学派的创始人，他明确地提出了作为哲学范畴的"道"。这个"道"究竟是什么呢？就其总体而言，"道"乃天地万物之存在的本原、本体。老子说："道冲，而用之或不盈。渊兮，似万物之宗；湛兮，似或存。吾不知谁之子，象帝之先。"（《老子》第四章）"冲"乃古"盅"字，训为虚或空虚义。这里说的是"道"的本体性，它比天帝还根本，是天地万物的本原，又是其存在的根本依据。相对于具体事物来说，道是抽象的，没有任何具体的规定性，因此又可称为"无"。但恰恰是这个被称为"无"的"道"，却是天地万物一切存在的本原、本体。为什么这样说呢？其哲理是这样的：倘若世上仅仅有一个存在者，其余的一切均是空无、虚无，那么这个仅有的存在者就只能存在于空无、虚无中，它自身也就只能成为空无、虚无了，它是根本不能实际存在的。世上的存在者要得以现实地存在，就不可和不能只仅仅有它一个，至少要有两个存在者存在，这样一个存在者的存在就以它之外的他存在者的存在为前提和基础。现象世界中本来就有千千万万的存在者，这些存在者均是相互依存的，即甲的存在以乙为依据，乙的存在又以丙为依据……这样可无限地推衍下去而永无一个源头出现。这对纷繁多样的现象界的存在来说本属正常。但如果要推寻现象界之存在的那种最终原因和依据，显然是不行的，因为这样会无限追寻下去而无法找到一个源头；倘若没有一个源头、一个起始点，现象世界的存在就无法开始，就终不能存在，而这个作为现象界之存在的源头又不可能是现象本身，它只能是与有形有状有象的现象自身不同的东西，如果现象世界为"有"，那么这种作为源头的、基础的东西就是"无"，这就是"道"。故《老子》第四十章说"天下万物生于有，有生于无"。这里的"无"与"道"是同体的，指的就是天地万物之存在的本原、本体。

老子的"道"是天地万物存在之本原、本体，但它与万物的存在不同，故它在存在本性上不是"有"而是"无"。但是，这个"无"并不是我们日常生活中所说的空无、虚无、不存在等，它乃存在，它是有，即世上有这个"无"存在着。这表明老子的"无"与其"道"一样，不是也不能是人的一个理性概念、观念，它实质上是天地万物的存在方式，它就在天地万物之中，与天地万物一体同在。这就是《老子》第五十一章所言："道生之，德畜之，物形之，势成之。是以万物莫不尊道而贵德。道之尊，德之贵，夫莫之命而常自然。故道生之，德畜之：长之、育之、亭之、毒之、养之、覆之。生而不有，为而不恃，长而不宰，是谓玄德。"文中的"亭""毒"是成熟的意思。《老子》这一章的意思是说："道"生成万物，"德"蓄养万物，各种形态的事物以形相生，且自然地生长着。所以，万物没有不尊崇"道"而珍贵"德"的。"道"所以被尊崇，"德"所以被珍贵，就在于它们对万物不加干涉，而是以"自然"为法的。可以看出，在老子这里，"道"并非一理性概念，它是通过"德"而表现、体现、存在于万事万物中的，故"道"这个本体与万物是一体，体用如一的。

《老子》之所以又叫《道德经》，是因为它主要讲"道"和"德"。什么是德？《管子·心术上》说："德者，道之舍，物得以生。生，知得以职道之精。故德者，得也。得也者，其谓所得以然也。以无为之谓道，舍之之谓德。故道之与德无间。"《韩非子·解老》言："道有积而德有功，德者道之功。"这是说"德"乃得，即得于"道"的意思。"道"作为天地万物之存在的根本依据，它要存在于、表现于天地万物之中，这就是"德"。所以，"德"是"道"在具体事物上的表现、体现。这种"道—德"论是老子"道"本论的一个重要思想特点，这说明老子的"道"并非那种只存在于人的理性上、思想上的概念，而是下贯到事物之中的、与事物的存在一体同在的本原、本体。

"道"是老子哲学的核心概念。它具有哪些方面的含义呢？

（一）道是天地万物的本原和存在本体

老子说："道生之，德畜之，物形之，势成之。是以万物莫不尊道而贵德。"（《老子》第五十一章）这说明万物皆为道所"生"，从而证明"道"是天地万物的本原。

老子说："道冲而用之或不盈，渊兮似万物之宗。"（《老子》第四章）"万物之宗"即天地万物的宗主。老子又说："谷神不死，是谓玄牝，玄牝之门，是谓天地根。"（《老子》第六章）"玄牝之门"指的是道，"天地根"即天地的本根。由此证明老子认为道为天地万物的存在本体。

（二）道是社会人生的价值本体

道不仅是包括人在内的天地万物的存在本体，而且是社会人生的价值本体，即人类社会和个体人生必须遵循的原理原则。这是老子道的一个非常重要的特点和功能。老子说："圣人抱一为天下式。"（《老子》第二十二章）其中的"一"指道。这句话集中地表明了道是社会人生的价值本体或根本依据。老子是一位具有人民性的思想家。这从老子把"民之饥""民之难治""民之轻死"皆归罪于"其上"（《老子》第七十五章）即统治者足以证明。老子生当乱世，他特别关注社会政治状况，特别同情广大民众的疾苦和命运。老子赋予道自然和无为两大特性。"自然"并非后来所说的大自然或自然界，而是自己如此、自我为主、自己解放自己、自己成就自己，以及自然而然的意思。自然而然，状如行云流水，雁过长空，瓜熟蒂落，水到渠成。老子说"道法自然"（《老子》第二十五章），即道不借用外力，而以"自己如此"为法则。老子之所以赋予道自然的特性，主要是因为他看到广大民众受到残酷的剥削和压迫，活得太不自然了。还说："道常无为而无不为"（《老子》第三十七章），"辅万物之自然，而不敢为"（《老子》第六十四章）。是说"道"还具有无为的特性。无为是顺应事物（包括人）的自然本性而为，并给予必要的辅助和引导，但决不强行所为。

"道"是至高无上的（"象帝之先"即上帝的祖先），道又具有自然无为的根本特性，因而自然无为的原则也具有至高无上的性质和地位。老子说："故圣人云，我无为而民自化，我好静而民自正，我无事而民自富，我无欲而民自朴。"（《老子》五十七章）意思是说，只要统治者或领导者切实地按照自然无为的原则办事，实行"无为而治"，"治大国若烹小鲜"（《老子》六十章），民众就会自我化育，自我端正，自我富足，自我质朴；广大民众就会安居乐业，国家就会政治清明，社会就会和谐安定。

（三）道具有抽象性或普遍性

"道"是一个概念，老子之所以用它来表征天地万物存在的根本依据，必然有他的道理。就是说，"道"必须有和必然有作为本体的某种质性和维度，有内在的功能。"道"充作本原、本体的内在质性、资格、资质是什么呢？这主要是它具有抽象性或普遍性。《老子》第十四章有言：

> 视之不见名曰夷，听之不闻名曰希，搏之不得名曰微。此三者不可致诘，故混而为一。其上不皦，其下不昧，绳绳不可名，复归于无物，是谓无状之状，无物之象。是谓惚恍。迎之不见其首，随之不见其后。执古之道，以御今之有，能知古始，是谓道纪。

这里所形容的就是"道"的抽象性或普遍性。"道"不能用视、听和触摸的感性方式来把握，因为它不是有形体的存在，而是思想观念，是理念；作为思想观念和理念，"道"在存在性质上只能是抽象，是普遍，是一般。所以老子的"道"具有抽象性、普遍性或一般性。

"道"为何要具有普遍、一般、抽象之特性呢？这正是它作为本原、本体的内在要求。因为"道"要作为天地万物之存在本体，它就要有一个最基本的功能和作用，这就是它要能统摄住、包揽住、囊括住天地万物，那就非具有一般、普遍和抽象的特性不可。所以，作为本体的"道"是无形无状无名无象的，正因为它无形才能形天下之形，无状才能状天下之状，无名才能名天下之名，无象才能象天下之象，这才能作天地万物的存在本体。

王弼在其《老子指略》中说，只有那种"无形无名者"才能为"万物之宗"，才"能为品物之宗主，苞通天地，靡使不经也"；若温则不是凉，若宫则不是商，一个具体的存在兼统不了另一个，所以作不了本体。王弼指出，虽然抽象的东西不可纯抽象，要在具体之中得以存在和表现，但只有抽象的、普遍的、一般的东西才能"苞通天地"而充任本体。

（四）道具有生成性

在老子处，"道"既是天地万物的存在本体，也是产生天地万物的生成体。《老子》中有明显的宇宙产生、生成的思想。天地万物是如何形成的？是怎样出现的？这本是一个科学问题，应属于宇宙学、天体物理学等学科之内容。但春秋时期的老子不可能具有现代宇宙学和天体物理学方面的知识，作为哲学家，他只能从哲学上对这一问题作理性思考和说明，这就是他的"道生万物"的宇宙生成论的思想。《老子》第四十二章云："道生一，一生二，二生三，三生万物。万物负阴而抱阳，冲气以为和。"这是一个规整、典型的宇宙生成论模式。天地万物的一切存在从何而来？最终来源于"道"，是由"道"生出的；其生的过程是：道→一→二→三→万物。由"道"生出"一"，这个"一"是什么？有人解说为天地未分化的混沌宇宙体，有人解说为阴阳未分的浑然元气，这均可成立；再由"一"生出"二"，这个"二"是什么？有人说指天与地，有人说是已分化开的阴、阳二气；再由"二"生出"三"，"三"是什么？有人说是天、地、人，有人说是阴气、阳气和阴阳二气结合的合气；再由"三"生化出万物。在老子看来，宇宙万物均源于"道"，就是由"道"经"一""二""三"的过程化生出来的。

这里需要说明两点。其一是在"道生一……"这个典型的宇宙生成模式中，关键环节是"道生一"的问题。这里的"道"与"一"究竟是什么关系？看来是生与被生的关系，即"道"是生者，"一"是被生者，从"道"中生化出来个"一"，故这个"道"与"一"是两个东西。这样理解看似不错，但实际上却有问题。问题就在于：如果"道"生出了"一"，那么"道"自身就必然有"生"之质性，这表明它自身也是被生出来的，因为如果它不是被生出的话，它就没有"生"之质性，它也就根本不可能生出"一"来了。既然"道"也是被生出来的，那么在"道"之前一定有一个生"道"者存在，这样就会推至无限，根本就不会有一个真正的开端点，若这样的话，宇宙的生成就根本不可能。所以，这个"道生一"表面上看是个生成问题，但实质上却是本体问题，即"道"乃天地万物之一切存在的最终原因、依据，它乃自本自根之体，在它之外别无存在了，它乃存在之根、源所在。这样一来，"道"与"一"就不是两个东西，就不是生与被生的关系，它们实质上是一个东西，即"道"乃"一"，"一"乃"道"，这个"一"本身就是"道"，这表明这个"一"

自身是自本自根之体。它在存在本性上既非单纯的被生，也非单纯的生，而是生与被生的统一，是生之被生和被生之生，这才是和才能是自本自根之体，才有尔后的"一生二……"之生化过程可言。

其二是老子的"道生一……"的宇宙生成论思想，若从现代宇宙学等科学的角度来看，它只是一种猜测，实际的宇宙当然不会是如斯起源的。但作为一种哲学思想，这种宇宙生成论仍有其必要的意义和价值，它总是人对宇宙形成的一种看法和认识。

（五）道具有"有—无"性的结构性

正因为这个"道"既在事物中又在思想中，既是事物又是思想，这就逻辑地决定了它的存在性质不是某种单一、单纯的"什么"，它乃"是"与"非"的统一体。因此，这个"道"在存在结构上必定是双层的，这就是"道"的"有—无"性的本性和结构。《老子》第一章言：

> 道可道，非常道；名可名，非常名。无名天地之始，有名万物之母。故常无欲，以观其妙；常有欲，以观其徼。此两者，同出而异名，同谓之玄，玄之又玄，众妙之门。

由此看来，"道"的境域性当然要在"道"的存在结构上表现出来，这就是其"有—无"性。"道"一方面是"有"，的确有此种东西存在着，但它不能只有"有"这一个属性或维度，否则"道"就永远地有着，它就是个死东西，这样的"道"是无用的，所以"道"在有"有"之质性的同时又有"无"之质性；故"道"另一方面是"无"，它无着和正在无，故它是循环往复的运动；但它又不能只有"无"这一个属性和维度，否则它就会一无到底，最终会变成空无、虚无而蒸发掉，所以"道"在有"无"之质性的同时又有"有"之质性。因此，"道"在存在性质上总是"有—无"性的，是"有"与"无"的统一。所以"道"的存在结构是一个"环"或"圆"或"圈"，它不是那种有开端和终结的"线"，而是开端与终结闭合住的"圆"。正如庄子所言："枢始得其环中，以应无穷。是亦一无穷，非亦一无穷也。"（《庄子·齐物论》）庄子的意思是，抓住了大道的枢纽也就抓住了事物的要害，从而顺应事物无穷无尽的变化。"是"是无穷的，"非"也是无穷的。

总之，老子的"道"是一个内含非常丰富的哲学范畴，它有本原义、本体义、抽象义、"有—无"结构义等含义。但"道"的最重要的含义是本原、本体义，即它是天地万物的本原，又是天地万物的存在本体和社会人生的价值本体。

三、战国时期道本论的流传演变

老子以后，道本论思想在流传、演变着。至战国时期，百家争鸣，儒、道、墨、法等思想都在变化和发展中。就老子的"道"论而言，它基本上向四个路向展开。一是以庄子为代表的对人的精神自由之境的追求；二是以《管子》中的《心术上》《心术下》《白心》《内业》四篇为代表的稷下道家的"精气"说；三是以郭店楚简《太一生水》为代表的宇宙生成论思想；四是以《韩非子·解老》为代表的"道尽稽万物之理"说。在老子"道"论演化、发展的这四种路向中，尤以庄子的"道"论思想最具代表性和深刻性。

庄子名周，战国时期宋国蒙人。他的思想保存在《庄子》①一书中。《庄子·天下》概括了庄子思想的内容和特点，其中"独与天地精神往来而不敖倪于万物，不谴是非，以与世俗处"，就是庄子思想的致思方向和特色。老、庄都讲"道"，都视"道"为天地万物存在的本原、本体，故他们都是道家的代表人物。庄子丰富和发展了老子的道论。主要表现在以下几个方面。

（一）深刻地论证了"道"的超越性或形而上学性

老子把道视为天地万物的本原。庄子看到，如果作为天地万物之本原的东西是某种具体的物质，那就必然陷入无穷地向前追问，必将终无结果。所以他说："物而不物，故能物物。明乎物物者之非物也。"（《庄子·在宥》）"物物"即产生物。从归根结底的意义上说，产生物的绝不会是某种"物"。那么它是什么呢？是道。而道绝非某种具体的存在物，而只能是具有逻辑先在性的、超越天地万物的形而上的东西。也正因为如此，道才能成为天地万物的存在本体。

（二）鲜明地突出了道的意境性、境界性

《老子》第一章说"道可道，非常道"，即"道"不能用名言概念来

---

① 《汉书·艺文志》著录《庄子》52篇，今本《庄子》33篇，是西晋郭象编注本，计内篇7、外篇15、杂篇11。现在学界认为《庄子》为庄周学派的丛书，其内篇为庄周本人所著。

作对象性规定;《老子》第二十一章用摹状性的语言所描述的就是"道"的现象性或境域性。老子的"道"虽然有意境性、境界性之含义,但不很鲜明和突出。而庄子讲"道"时,其根本的思想特点和致思方向是人如何才能真正体悟到"道"的存在。《庄子·知北游》讲了一个知北游于玄水之上而寻求如何得"道"的故事。说有个叫知的人寻求"道",他提出三个问题:怎样思虑才能懂得"道"? 怎样处身和行为才能安于"道"? 用什么途径和方式才可获得"道"? 这三问实际上是一个问题,即人如何才能得"道"。知先后向无为谓、狂屈和黄帝请教。黄帝听后说:"无思无虑始知道,无处无服始安道,无从无道始得道。"即没有思虑才能懂得"道",没有居处和行为才能安于"道",没有途径和方法才能获得"道"。知听了黄帝的回答后说:我在路上遇到过无为谓和狂屈两个人,他们未能回答我的问题,我也不知道"道";现在听你回答了我的问题,我知道了"道"。那么,在无为谓、狂屈、你、我这四人中,究竟谁对呢? 黄帝说:那个无为谓是真正对的,狂屈也差不多;我与你其实都不对,我向你讲了什么是"道"和何以得"道",你也明白了这个问题,但实则你和我都不真正地知道"道",也并未得到"道",因为"知者不言,言者不知,故圣人行不言之教"。即"道"这种东西不能用名言概念来把握,那样终会失去"道","道"乃意境,人就在"道"中。所以《知北游》在另一处又借无始之口说:"道不可闻,闻而非也;道不可见,见而非也;道不可言,言而非也。知形形之不形乎! 道不当名。"知求"道"的这则寓言故事形象地表明,"道"不是思想观念和理性理念、概念,它就是人的生存、生活自身,人就在"道"中,与它一体存在,生生不息。这就是境界性之"道"或"道"的境界性、意境性。《庄子·逍遥游》所谓的"藐姑射之山,有神人居焉,肌肤若冰雪,淖约若处子。不食五谷,吸风饮露。乘云气,御飞龙,而游乎四海之外。其神凝,使物不疵疠而年谷熟"的"神人",乃至"至人""圣人""真人"等,均是一种意境和境界,它是用文学性语言来描述和摹状的人与"道",甚至人与天地万物一体同在的意境、境域性。这正是庄子哲学的特色,也是庄子"道"论的特色。

(三)极大地彰显了道的内在性

老子的"道"既然是天地万物的本原,那么天地万物之中必然有道的"遗传基因"。这种基因表明道是内在于天地万物之中的,所以老子的"道"是具有内在性的。但这种内在性却不够明确和突出。而在《庄子·知北游》

中，情况就不同了，因为庄子在回答东郭子"所谓道，恶乎在？"的问题时，他坚定明确地一语道破："无所不在。"东郭子一定要庄子指明道究竟在哪里？庄子的回答是："在蝼蚁""在稊稗""在瓦甓"，极而言之，"在屎溺"，即在大小便之中。总而言之，就是一句话："周、遍、咸三者，异名同实，其指一也。"这个"一"，就是道。庄子用周、遍、咸三个词（意谓遍及事物的各个角落、各种层次）形容了道的无所不在，可谓彻头彻尾、无以复加矣。

除庄子外，老子的"道"论思想在战国时期还向别的路向展开。《太一生水》就是其中之一。《庄子·天下》在说到老子思想时说："以本为精，以物为粗，以有积为不足，澹然独与神明居。古之道术有在于是者，关尹、老聃闻其风而悦之。建之以常无、有，主之以太一。以濡弱谦下为表，以空虚不毁万物为实。"这个"主之以太一"的"太一"是什么？人们说它乃绝对唯一的"道"。而"主之以太一"就是主之以"道"是什么意思呢？不甚了了。1993 年在湖北荆门郭店楚墓中出土的一批竹简中，有一篇名为《太一生水》。据专家推断，此篇的写作年代不迟于战国中期，是早期道家的一篇佚文。《太一生水》讲的是宇宙的生成过程，其基本图示为：太一→水→天→地→神明→阴阳→四时→寒热→湿燥→成岁，此为天地万物以及阴阳四时等的形成过程。这个生成过程的总根源是"太一"即"道"。这个宇宙生成过程虽然很粗糙，有极大的猜测性。但它补上了从老子的宇宙生成论到汉初的宇宙生成论的中间环节，有重要的思想史意义。《太一生水》篇所表现的宇宙生成论的思想特点：一是更为系统化；二是以"尚水"为主；三是受《易》学思想的影响，在宇宙生成论思想中有一术数背景。

稷下道家的"精气"说也是老子"道"论思想在战国时期发展的表现之一。现存《管子》一书就是假托管仲之名的稷下学派的论文集。《管子》中有《心术上》《心术下》《白心》《内业》四篇，反映的是稷下学派中的道家思想，其中就有对老子"道"论思想的发展。稷下道家对老子"道"的发展主要表现在以下三个方面。

一是道即"精气"说。《管子·内业》言：

　　　　凡物之精，此则为生。下生五谷，上为列星。流于天地之间，谓之鬼神。藏于胸中，谓之圣人。是故民气，杲乎如登于天，杳乎

> 如入于渊，淖乎如在于海，卒乎如在于己。是故此气也，不可止以
> 力，而可安以德。不可呼以声，而可迎以音。敬守勿失，是谓成德。
> ……
> 夫道者，所以充形也，……凡道无根无茎，无叶无荣。万物以
> 生，万物以成，命之曰道。

这说明，"道"乃"万物以生""万物以成"的东西，而这个"道"就是
"精气"，它隐藏于一切存在者之中。同时，《管子·心术上》说："道在
天地之间也，其大无外，其小无内。""其大无外"是说"道"无处不在，
"道满天下，普在民所"（《管子·内业》）；"其小无内"是说"道""遍流
万物而不变"，"万物皆得以然，莫知其极"（《管子·心术上》）。稷下道
家甚至将人的精神品行也解释为"精气"性的"道"，认为它"藏于胸中，
谓之圣人"，这就有所偏了。

二是"静因之道"的认识论思想。稷下道家继承并改进了老子"静
观""玄览"的认识论思想，讲"静因之道"的认识方法。何为"因"？
《管子·心术上》说："无为之道，因也。因也者，无益无损也，以其形，
因为之名，此因之术也。"又曰："因也者，舍己而以物为法者也。感而后
应，非所设也；缘理而动，非所取也。"这里的"因"就是因物，即不可
以主观偏见来影响人对物的把握，而要依物之本然来认识和把握之。因
此，稷下道家主张修心和治心。它说，"心之在体，君之位也"，"心术者，
无为而制窍者也"（《管子·心术上》）。心在认识活动中起有主宰作用，
故首先要"治心"。如何治呢？"心也者，智之舍也，故曰'官'。洁之
者，去好过也。门者，谓耳目也。耳目者，所以闻见也。"（《管子·心术
上》）这是说，在从事认识活动时，先要将感官和心舍清理洁净，不要带
有主观好恶，这样方能"因"之，以把握对象。稷下道家"静因之道"
的认识思想有一定合理性。荀子"虚壹而静"的认识思想是对稷下道家
认识思想的进一步发展。

三是"无为制窍"的政治方略。《管子》四篇讲认识问题，其目的在
于政治术上。《管子·心术上》说："心之在体，君之位也。九窍之有职，
官之分也。心处其道，九窍循理；嗜欲充益，目不见色，耳不闻声。故
曰：上离其道，下失其事。毋代马走，使尽其力；毋代鸟飞，使弊其羽
翼；毋先物动，以观其则；动则失位，静乃自得。"很明显，这看似讲认

识，实则讲的是"静乃自得"的"无为而治"的统治术。

至战国时期，对老子的"道"论作了继承发展的还有韩非。韩非是法家思想的集大成者。他也继承和发展了老子的"道"论思想。这就是他的"道理相应"的天道观。韩非提出了"理"的概念，认为"凡道之情，不制不形，柔弱随时，与理相应"（《韩非子·解老》），这是说，"道"的存在要依"理"而为之。他在《解老》篇还指出：

> 理者，成物之文也；道者，万物之所以成也。故曰：道，理之者也。物有理，不可以相薄，物有理不可以相薄，故理之为物之制。万物各异理，万物各异理而道尽。稽万物之理，故不得不化；不得不化，故无常操；……凡理者，方圆、短长、粗靡、坚脆之分也，故理定而后可得道也。

韩非将"道"解释为"万物之所稽也"。认为"万物各异理，而道尽稽万物之理。"这里的"道"和"理"都有规律的意思，"理"是指矛盾的特殊性、事物的具体规律，"道"则指矛盾的普遍性，天地万物的总规律。将"道""理"化和规律化，始于韩非。

总之，至战国时期，老子的"道"论思想在传播中展开和发展着。

四、汉代时期道本论的流传演变

春秋战国是社会大变动的时期，历时500多年。这种社会动荡的时局却有益于思想文化的发展，诸子蜂起，百家争鸣，出现了许多原创性的思想和流派，对中国思想文化的发展具有深刻的影响。公元前221年，秦始皇最后灭掉齐国而一统天下，中国社会从此步入了以小农经济为基础的中央集权制的封建社会。但秦国实行的"以吏为师""以法为教"（《韩非子·五蠹》）的思想指导方针和严刑苛法的政治政策导致了秦王朝的迅速败亡。"汉承秦制"（《晋书·刑法志》），但在思想文化方面却吸取了秦王朝败亡的教训，以合乎中国封建社会经济结构（经济基础）之要求的儒学思想为指导，这就是汉武帝"独尊儒术"的思想方针。但在西汉之初，因稳定社会，与民休息，发展生产之需求，其社会指导思想却是黄老之学，因此"道"论思想得到一定程度的传播和发展。

"道"论思想在汉代的流传发展主要表现在两个方面：一是黄老之学

的"道法"思想，二是《淮南子》、张衡等的宇宙生成之"道"的思想。

公元前206年刘邦即位，天下遂定。但"天下既定，民亡盖臧，自天子不能具醇驷，而将相或乘牛车"(《汉书·食货志上》)。所以，与民休息，发展生产，稳定社会，是汉初的客观形势和社会稳定和发展的要求。汉初的统治者们，从天子到宰辅，都倾向于实施"无为而治"的治国方略，汉高祖、惠帝、吕后、文帝、景帝这些帝君，以及萧何、曹参、陈平这些宰辅，均倡导和推行"无为"之治，于是就营造出汉初"黄老之学"这一思想文化思潮。司马谈《论六家之要指》对阴阳、儒、墨、名、法、道六家作了评论，它论道家说："道家使人精神专一，动合无形，赡足万物。其为术也，因阴阳之大顺，采儒墨之善，撮名法之要，与时迁移，应物变化，立俗施事，无所不宜，指约而易操，事少而功多。"(《史记·太史公自序》)这是说道家兼有儒、墨、名、法、阴阳诸家之长，最合于作治国方针。

黄老之学是汉初的社会指导思想，且在其指导下迎来了"文景之治"的太平盛世，取得了良好社会效果。所以，这样一种深有影响的社会思想按理来说不能没有自己的经典。但黄老之学的经典为何？《汉书·艺文志·诸子略》载有《黄帝书》数种，但至东汉时已亡佚。故长期以来人们只以《老子》为黄老之学的经典。1973年在长沙马王堆三号汉墓出土了帛书《老子》乙本，卷前有《经法》《十六经》《称》《道原》四篇古佚书，经专家考证，这四篇就是《汉书·艺文志》所载的《黄帝书》，被称为《黄帝帛书》或《黄帝四经》。

《黄帝四经》继承和发展了老子的"道"论，这主要表现在两个方面。

一是以"道"为本原和本体。《黄帝四经·道原》说，飞禽走兽，山川草木，一切的存在均离不开"道"，"万物得之以生，百事得之以成"。《黄帝四经》将"道"称为"一"，认为"夫为'一'而不化，得道之本，握小以知多"(《道原》)；"'一'者道其本也。……'一'之解，察于天地；'一'之理，施于四海。……夫唯一不失，一以趋化，少以知多。夫达望四海，困极上下，四乡(向)相枹(抱)，各以其道。夫百言有本，千言有要，万[言]有蒽(总)。万物虽(之)多，皆阅一空(孔)"(《十六经·成法》)。将"道"视为"一"或将其"一"化，这有将"道"抽象化、普遍化、一般化之倾向。而正是"道"的抽象、一般、普遍性之质性，才能统揽、囊括天地万物，也才可以成为万物之本原、本体。

二是"道生法"的"道法"思想。黄老之学所以讲"道",其目的是为社会政治服务。所以,它将"道"与"法"结合起来,提出了"道生法"的思想和理论。它说:

> 道生法。法者,引得失以绳,而明曲直者殹(也)。故执道者,生法而弗敢狂殹(也),法立而弗敢废[也]。(《经法·道法》)
>
> 法度者,正之至也,而以法度治者,不可乱也。(《经法·君正》)

治理国家离不开法度,这是法家的基本思想主张。黄老之学作为一种社会政治思想,当然不能不重视法和法度。但它与法家不同,将法置于"道"之下,认为法乃生于"道",这一方面给法度寻找了一个存在依据,同时也使法度之用得到了"道"的制约和"道"化,不至于使法度过分膨胀而导致对社会生活的危害,这正是对秦王朝"以法为教"思想指导方针的矫正。那么,如何具体贯彻这种"道法"思想呢? 黄老学讲"执道""循理""审时""守度"的原则和方法。所谓"执道"就是把握住"道",要按"道"的原则来办事;所谓"循理",就是要"审知顺逆"。"理"是"道"在具体事物中的体现,有"理"就是顺,无"理"或失"理"就是逆。要做好事情,当然要遵循于"理"。所谓"审时",就是在把握事物之顺逆矛盾时要把握好时机,要掌握事物发展变化之"几",以做到"静作得时"。《十六经·姓争》云:"静作得时,天地与之;静作失时,天地夺之。"这说的都是处事时要把握住时机,审时度势,方能成功。所谓"守度",就是要把握好分寸、尺度。黄老学看到了"处于度之内"的重要性,得出了"过极失当,天将降殃"的重要结论,要求做到"轻重不爽""少多有数"(《经法·道法》)。

黄老之学作为汉初的指导思想,是有积极的思想价值和社会效果的。它继承了老子的"道"论思想,主要将"道"与"法"结合起来,以"道"统"法",使法在道家的"无为而治"思想方针下来运作,从而为汉初社会提供了合乎时代要求的思想指导方针。

老子的"道"论思想在汉代的另一表现和发展是其宇宙生成论思想。这一思想在汉初成书的《淮南子》中有比较明确的表现。《淮南子》也叫《淮南鸿烈》,是淮南王刘安及其宾客所著。汉武帝即位后的第二年刘安将此书献给汉武帝,但此时西汉社会在经济、政治方面均发生了变化,道家"无为而治"的方针作为一种稳定社会、发展生产的策略已完成了它的历史任务，而因迎合和符合小农经济这一汉代封建社会经济结构之需的儒学思想成为汉代社会的统治思想登上历史舞台，所以汉武帝并未采纳《淮南子》的思想主张。《淮南子》是一部内容广博、究天人之际的著作。宇宙生成思想是该书的重要内容之一。

《淮南子》很看重"道"。第一篇《原道训》中有明确的"道"本论的思想，认为山之高，水之深，兽之走，鸟之飞，麟之游，凤之翔，日月之明，星历之行，甚至伏羲、神农这些上古帝君，一切均以"道"为根基，"道"乃一切存在之本源、本体。《淮南子·原道训》在论说"道"之本体性时，其特点一是明确、集中；二是它认为"道"存在于天地之中，即"舒之幠于六合，卷之不盈于一握"，是至大无外、至小无内的存在之体，又是"横四维而含阴阳"的东西，这就是混沌未分之气。

《淮南子》所说的这种"道"究竟有何意义和作用呢？其目的在于说明宇宙万物之产生和形成，即它的宇宙生成论思想。《淮南子·天文训》描述了万物之生成的过程：宇宙开始于那种混混沌沌的东西，即气，气在运行中清阳之阳气上升为天，重浊之阴气下凝为地。有了天地后天地之中仍有阴阳之气，故阴阳之气再结合为四时以至万物。《淮南子》的这种说法有点像近代康德和拉普拉斯的"星云假说"，当然缺乏"星云假设"那种自然科学之依据。这种天地起源说，实际上是在汉代条件下对那种"盘古开天"之类神话故事的理性说明。但无论如何，《淮南子·天文训》是以"元气"为依据解说了宇宙万物之形成。这里难把握的是"道"与"气"的关系问题。从"道始于虚霩，虚霩生宇宙，宇宙生气"之说来看，最根本的是"虚霩"，"道"尚始于它，宇宙亦由其生出，再由宇宙生气。这样看来，其宇宙生成过程是：

虚霩或虚廓乃空无、虚无态。这里所谓的"道始于虚霩"实则"道"始于"无"，宇宙也始于这个"无"。《淮南子·天文训》又言："道（日规）始于一，一而不生，故分而为阴阳，阴阳合和而万物生。故曰一生二，二生三，三生万物。"这是说"道"来源于"一"。"道"源于"虚霸"即"无"，"道"又源于"一"。这里关涉的是宇宙生成论与宇宙本体论的关系问题。前面我们说过，在宇宙生成论中逻辑地蕴含着一个宇宙本体论的思想理论，因为否则的话现实的宇宙将处于无穷递退中而无有真正的源头，故将无法起源，这也就压根无宇宙生成了。所以，宇宙生成论中的那个源头一定具有本原、本体之意义和性质。《淮南子》在此说的"道始于虚霸"或"道始于一"，说的和要说的正是"道"的本原、本体性问题。作为本体意义的"道"乃"一"，它虽然是宇宙存在之根基，却非生成过程中的那种一物与他物之共存的构架，所以叫"一而不生"；要处于实际的生存、生成中，就必须有"分而为阴阳"的"二"，这才能真正开始宇宙之生成。

《淮南子·精神训》还从宇宙生成讲到人的出现和人的精神的产生：天地产生之前是窈窈冥冥的混沌状态，阴阳二气就混生于其中，于是这二气分化开来，"离为八极""万物乃形"，天地万物就产生了；再后来浊气变为虫，精气变为人，人类出现了，人的精神也就随之有了。这是说人及其精神归根结底是源于阴阳之气的。

汉代的张衡在《灵宪》中将宇宙的形成分为三个阶段：溟涬、庞鸿、太元。溟涬是太素前的情形，有"厥中""厥外"之分。此时的宇宙虽然是无形体，但它却实存着。庞鸿是太素始萌之态，此时的宇宙已"自无生有"，已处于有的状态，这就是"太素"。此时的宇宙其气还没有凝结成具体形状，故其迟速尚不可确定考察。太元是太素以后的情形，这时的宇宙有了具体的有形体的实物。这种实物来源于元气之剖判，天地出现了；天属阳，"故圆以动"，地属阴，"故平以静"，天地之动静结合，"堙郁构精，时育庶类"，于是万物产生了。这时的宇宙有天有地有庶类群生，天有位而地有域，天有三辰而地有三形，故"有象可效，有形可度"了。随后，人中之精英者圣人就来揆度天地和纪纲万物了。

与《淮南子》讲的宇宙生成论相比较，《灵宪》讲的宇宙生成思想更为具体，因为张衡是位天文学家和历算学家，他从一定的科学思想出发，理性地测度和解说宇宙之起源，故其说就比较具体可信。还有，张衡将宇宙形成的溟涬、庞鸿、太元这三个阶段与"道"相结合，分别称为"道之根""道之干""道之实"，这就比《淮南子》所谓的"道始于虚霸""道始于一"之说明确、清晰。而且，"道之根"等三个阶段都与气相关，是元气变化的三个阶段、形态和过程。所以，汉代的宇宙生成论思想以张衡所论具有代表性。

人们常用"两汉经学"来概括和指称汉代思想。"经学"是汉代思想文化之思潮和形式。就哲学思想言，汉代哲学的内容和性质是宇宙生成论。汉代在经济、政治、文化、风习诸方面都为而后的中国封建社会建章立制而立了法，其气势不凡，作用重大。同样在哲学方面汉代亦气势非凡，因为它要"究天人之际"（司马迁语）。这个哲学方向和视野是应充分肯定的。先秦诸子思想虽然广泛、丰富，且颇富原创性，是中华思想文化的源头活水，但诸子思想文化就其性质而言都是社会政治性的，其思想都是因时代之需为救治社会无序状态而提出和立论的，故先秦哲学基本是社会政治哲学，尚未真正开始对"天人之际"的探究，而探索"天人之际"正是哲学这门学科应有的领域和内容。处在中国封建社会开端期的汉代，在哲学思想上亦有开端之地位和任务，此乃"究天人之际"的问题。具有迷信色彩的董仲舒的"天人感应"论，亦可算作一种"究天人之际"的哲学理论。但要真正地究"天人之际"，必涉及天（宇宙）之存在本体和人之存在本体问题，而不可仅从现象上将人与天强拉硬扯地"际"在一起。要从本原、本体的层次将天与人"际"起来，就要先考究天、人之存在本体；而要考究天和人的存在本体，又得先考究包括人在内的天地万物的起源或生成问题，这就是哲学上的宇宙生成论之思想理论。而建构宇宙生成论，正是汉代哲学的基本任务和要求。

五、魏晋时期道本论的流传演变

两汉之后，中国历史进入三国、两晋时代，这一时期产生了新的学术、文化思潮，这就是魏晋玄学。玄学的产生是个复杂的问题，但从总体上说它有四个原因或机缘：一是玄学是汉代经学的反动；二是玄学是曹魏政治方略的哲学理论；三是玄学是道家思想长期孕育发展的结果；四是玄学也是汉魏时期人物品评制度发展的结果[①]。魏晋玄学被称为"新道家"[②]，是援道入儒，用道家思想改造和刷新儒家经学的产物。至东汉末，汉代经学在形式上日益烦琐，在内容上因与谶纬迷信结合而日益荒诞不

---

① 玄学产生原因的具体论述参见康中乾的《魏晋玄学》，人民出版社 2008 年版，第 22—31 页。

② 见冯友兰：《中国哲学简史》，北京大学出版社 1985 年版，第 253 页。

经，已到了穷途末路。但儒学经学又不可能被彻底抛弃，因为儒家思想合乎中国封建社会的经济基础（经济结构），只要封建社会不灭亡，儒学就不可能退出历史舞台，故儒学经学不能不要，所以只能用道家思想对其作改造和刷新，这就有了魏晋玄学这种新的思想文化形态。

作为"新道家"的魏晋玄学究竟是一种什么性质的思想学术呢？前辈学者汤用彤对其有一个定性，说魏晋玄学"已不复拘拘于宇宙运行之外用，进而论天地万物之本体。汉代寓天道于物理。魏晋黜天道而究本体，……于是脱离汉代宇宙之论而流连于存存本本之真"。所以，"夫玄学者，乃本体之学。为本末有无之辨"①。这是说，玄学探究的是宇宙存在的本体问题，亦即宇宙何以这般存在、它的根本依据是什么的问题。这乃汉代宇宙发生论思想发展的必然。

魏晋玄学始于王弼"无"本论的正始玄学，经过竹林玄学的"自然"论和裴頠的"有"论，至西晋末期郭象的"独化"论而达到峰巅。玄学思想的这个发展过程，就是宇宙本体思想之建构完成的过程。下面免去枝节问题，就玄学本体思想的演进逻辑予以概括分疏。

魏晋玄学的开端是"正始玄学"（"正始"是魏齐王曹芳的年号）。《晋书·王衍传》对以王弼为代表的"贵无论"玄学作了如下的说明："魏正始中，何晏、王弼等祖述老庄，立论以为天地万物皆以'无'为本。无也者，开物成务，无往不存者也。阴阳恃以化生，万物恃以成形，贤者恃以成德，不肖（者）恃以免身。故无之为用，无爵而贵矣。"

"贵无"即"以无为本"，是正始玄学的思想旗帜。王弼说："天下之物，皆以有为生；有之所始，以无为本；将欲全有，必反于无也。"（《老子注》第四十章）他又说："夫物之所以生，功之所以成，必生乎无形，由乎无名。无形无名者，万物之宗也。……故能为品物之宗主，苞通天地，靡使不经也。"（《老子指略》）由此可见，王弼认为"无"是天地万物的存在本体。

王弼说的这个"无"所表征的是老子的"道"，以"无"为本实乃以"道"为本。既然如此，王弼直接讲以"道"为本不就得了嘛，何必要别出心裁地讲以"无"为本呢？因为王弼在注《老子》、传播老子之"道"时要解释"道"为什么能作为天地万物的存在本体？王弼意识到，"道"

---

① 汤用彤：《汤用彤学术论文集》，中华书局1983年版，第233—234页。

要充任万物之本体，它必须具有超越性、抽象性、普遍性、无限性等质性。王弼说："道者，无之称也，无不通也，无不由也；况之曰道，寂然无体，不可为象。"（《论语释疑》）"可道之道，可名之名，指事造形，非其常也；故不可道，不可名也。"（《老子》第一章）这清楚地表明，在王弼看来，只有那种具有抽象性和无限性的东西方能统摄万事万物，才能充当本体。这种具有无限性和抽象性的东西，他简称为"无"。所以，王弼的"无"是对"道"的指谓。"无"与"道"是同一的。因此，王弼的"无"本论从一个视角看是有道理的，可以成立的。

但是，作为"无"本论的一种体系，这个"无"却要在用中，它不能只是一个光秃秃的思想上的抽象观念，它必定在事物中，否则这个"无"就成了空无、虚无，就真的无用了。王弼觉察到了这一点，并在他的相关著作中作了必要的阐述，但他的"无"本论毕竟逻辑地潜伏着"无"与"有"的矛盾，即这个"无"既是体又是用，既是"无"又是"有"。

王弼"无"本论中所隐伏着的"无"与"有"的矛盾，既是贵"无"论的失，也是它的得。之所以说是失，因为这表明这个"无"本体尚不成熟，尚不是魏晋玄学所要追寻和建构的那种真正的本体，玄学本体尚待发展；之所以说是得，是因为正是"无"本论自身中的"无"与"有"之矛盾，一方面正是这个"无"本论自身得以自我展开和发展、演化的内在契机和动力，否则它就不可能发展了；另一方面也决定和规定了"无"本论自身之发展、演化的方向和途径。正因为"无"本论中潜伏有"无""有"之矛盾，这就逻辑地规定了"无"本论的演化是向两个方面三条途径趋进：一是将"无"本论中的"无"性推向极端而让其寿终正寝；二是将其中的"有"性推向极端而让其寿终正寝；然而"无"本论向这两个方面的展开只是暴露了其矛盾所在，但并未能解决这一矛盾，不过矛盾之暴露是解决矛盾的前提，这就预示着第三条途径，即整合矛盾而将"有""无"性统一在一个体系中，使其成为真正的自本自根的本体。王弼之后玄学本体论思想的发展道路就正是"无"本论中所潜在矛盾展开的结果，竹林玄学接了一个发展途径，这就是将"无"本论中的"无"性维度推向了极端；裴頠玄学接了另一条发展途径，这就是将"无"本论中"有"性维度推至极端；而郭象的"独化"论则是对"无"和"有"加以整合，将二者统一在一个体系中。

魏齐王曹芳正始十年（249）正月，司马懿发动了"高平陵政变"，曹氏集团在中央政权的势力几被消灭殆尽。在此次政变中，何晏因曹爽党被诛。这年秋天，王弼病死，正始玄坛上的两颗巨星陨落了，正始玄音遂成为过去。接着正始玄音出现的是"竹林清音"。竹林玄学的著名口号是"越名教而任自然"（嵇康《释私论》）。嵇康在《释私论》《达庄论》《大人先生传》等论著中无情地揭露和批判了儒家的"六经"等经典所宣扬的封建伦理纲常，认为这些纲常名教是束缚、压抑和扼杀人的自然本性的，主张超越封建伦理纲常而纯任人的自然本性。显然，他是将"名教"与"自然"对立起来，以"自然"为准则和本体。这里的"自然"有两个层次和含义：一是低层次的人的自然之性，如"好安而恶危，好逸而恶劳"等；二是高层次的自然之道，如"情不系于所欲""心不存乎矜尚""心无措乎是非""行不违乎道者"等。

竹林玄学的"自然"论是将王弼"无"本论中所潜含的"无"维度推向极端的结果；与名教即"有"绝缘了，有些人以至于放纵形骸到了荒诞不羁的程度，故这个"无"因为没有与之相对而彻底化和纯粹化了，又因其无法现实性的存在，所以终于寿终正寝了。竹林玄学以后，至裴頠玄学和郭象玄学屡屡讲"至无"，这种"至无"就是被竹林玄学推至极端的"无"，它只剩躯壳，已无实际生命力了。

继之而起的是裴頠的"崇有论"。《崇有论》一文收入《晋书·裴頠传》中，1300多字，在此不予引述。裴頠的"崇有论"可称为"有"本论。裴頠的"有"本论是说：现象界的众有、群有本来就是一个存在构架，正是在这个构架中众有才都能有，都能在。可见，裴頠玄学将思想致思方向转到众有上，他讲以"有"为本，的确是一种思想和理论，是可以成立的，可说是裴頠对玄学的思想贡献。

从众有、群有讲"有"，可以成立。但众有毕竟是由每一个"有"构成的，这每一个有究竟是如何"有"的呢？这才属于真正的本体问题。因为讲到本体时，它不能和不可能是多。本体只能有一个，那么这仅有的一个东西到底何以存在呢？这才是问题的实质所在。在《崇有论》的最后一段，裴頠玄学已涉及此问题，这就是"始生者自生也"的"自生"问题。所谓"自生"，当然就是自己在生存、存在，这种存在当然是不依赖于他种存在者的，这才是真正的自本自根之体。所以，裴頠在此提出的这个"自生"问题虽然很好。但他对这个问题却浅尝辄止，马上转移了话题，即将"自生"与"体有"相联系，认为不依赖于他者的"自生"

不可能是"无",必然反映、表现、体现存在,是"有"。这样讲虽然也有道理,却将"自生"本身回避了。那么,"自生"究竟何以能生?究竟如何存在呢?这就是裴頠玄学留下的问题。

正因为裴頠玄学未能解决每个有本身是如何"有"的问题,而只解决了群有、众有如何"有"的问题,这就将他的"有"本论紧紧束缚在了现象世界中而无法超出;"有"如果只是现象界的众有而无法和无有超越,这就意味着现象界的每个有是各自孤立的、独立的而不可联系和无有联系,这就最终会回到世上只有一个有、一个存在者存在的结论,这样会最终消解掉这有的。所以,当把玄学致思的方向完全转移到众有上时,这与竹林玄学将致思方向转向纯"自然"而彻底抛弃名教的做法是一样的,都会停在那里而寿终正寝之。所以,裴頠的"有"本论和竹林玄学的"自然"论各承接了王弼"无"本论中所潜伏着的"无""有"矛盾的一个方面,但都停止在了"无""有"上而窒息了。

出路在郭象的"独化"论。郭象与裴頠是同时代人。但就玄学本体思想的发展理路而言,郭象的"独化"论是接着裴頠的"有"本论而发展来的。裴頠提出了"自生"的问题而未能解决。郭象玄学就是接着这一问题而沉思的。郭象在注《庄子》来从事玄学思想活动时,有一明确的思想动机,这就是究竟什么才是本体?他说:

> 谁得先物者乎哉?吾以阴阳为先物,而阴阳者即所谓物耳。谁又先阴阳者乎?吾以自然为先之,而自然即物之自尔耳。吾以至道为先之矣,而至道者乃至无也,既以无矣,又莫为先?然则先物者谁乎哉?而犹有物,无已。明物之自然,非有使然也。(《庄子·知北游注》)

"谁得先物者乎哉?"使物得以存在,使物成为物的那个本、根究竟是什么呢?郭象认真、理性地考察了这一问题。他以"阴阳""自然""至道"等试图作为物之存在的本原、本体,但他发现这终归不行,都说明不了问题。为什么呢?从郭象的提问和考察方式可以看出,如果在现象的层次上、在单向递推的链条中来寻找本体,所寻的这个本体,终非自本自根的真正本体。于是郭象说:"然则先物者谁乎哉?而犹有物,无已。明物之自然,非有使然也。"只要从某一具体事物出发,这个东西不可能突然间爆出来,它总是从别的什么东西来的,这就将递进至无穷,是找不出那个最终之本体的。所以，不能从现象界具体之物的存在来寻找本体，因为这个理路走不通。那怎么办呢？现在看来只能从事物存在之内性来追寻之，这就是郭象所谓的"而犹有物，无已。明物之自然，非有使然也"之意。其实，事物之存在就是事物自己如此，即"物之自然，非有使然也"，这就是事物的自存、自生。可见，郭象的玄学沉思是接着裴頠的"自生"问题起始的。

但郭象对此问题的解决方式却与裴頠不同。裴頠将"自生"转移到"体有"上，即又转回到他的"总混群本，宗极之道也"的"有"本论上去了。郭象则不然，他要从"自生"开始来追寻真正自己的"生"本身究竟是什么？这个问题也就是和正是什么才是自本自根之本体的问题。郭象依据对此前的"无"本论和"有"本论的分析、考察，说：

> 无既无矣，则不能生有；有之未生，又不能为生。然则生生者谁哉？块然而自生耳。自生耳，非我生也。我既不能生物，物亦不能生我，则我自然矣。自己而然，则谓之天然。
>
> 世或谓罔两待景，景待形，形待造物者。请问：夫造物者，有耶？无耶？无也，则胡能造物哉？有也，则不足以物众形。故明众形之自物，而后始可与言造物耳。是以涉有物之域，虽复罔两，未有不独化于玄冥者也。（《庄子·齐物论注》）

郭象认为，以前的那种"无"本体和"有"本体均非真正的自本自根之体。就"无"本体言，既然是无，是没有，它何以能生出有呢？既不能生出有，就意味着与有无关；既与有无关，还谈什么以"无"为众有之本呢？这从道理上讲不通。就"有"本体而言，如果这个"有"是那种具体之有，是具体的存在者，那么一个存在者与别个存在者各不相同，这样的话一个存在者何以能将别的存在者统一、包揽之呢？若不能统一、包揽之，还有什么本体可言呢？！如果这个"有"不是指具体的有者，而说的是有如裴頠所言的"自生"之"有"，那么这个"有"既然是"自生"的，那就与别的东西无关；既与别的东西无关，那它就管不了他者，既管不了他者，还有何资格来作本体呢？！所以，无论是具体的有者还是那种所谓"自生"的"有"，均作不了本体。就这样，郭象简练却富有逻辑性地对他之前的玄学"无"本论和"有"本论作了否定，认为"无""有"均非本体。那么，究竟什么才是本体呢？郭象在此有种无可奈何的心态。他追问了一番后，似乎追不出什么来了，似乎找不到本体了，故他说"是以涉有物之域，虽复罔两，未有不独化于玄冥者也"。这就是他的"独化"论的提出。就是说，世上的事事物物都如此这般地有着、在着，每个都是它自己，它不仅有着、在着，而且在变化着、发展着，如此而已。这就是"独化"。

　　这样来看，从郭象对"无""有"本体的分析、批评的确可以反映、折射出郭象无可奈何的心态和心境，似乎追不出本体了，故才无可奈何地将每个现象之有肯定下来，称其为"独化"。但实则不然。无论郭象自己注意到与否，"独化"思想有深刻的一面，这就是它将"无"本论和"有"本论统一、整合在了自身中，这就是"独化"范畴的内在结构，即"有—无"性。这表明，单纯的"无"和单纯的"有"均不是和不可作本体，而"无"与"有"的统一、一体，即"有—无"性恰恰是本体，是真正的自本自根之体。因为，这个"有—无"性正是"独化"自身的、内在的存在构架，这是将现象世界中的一存在者与他存在者并存依赖的那种外存在构架内化进每一存在者自身的结果。正因为有"有—无"性这一内在存在构架，这里才有"独"这一本原、本体可言，否则就根本不会有"独"可言。也正因为有"有—无"性这一内存在构架，这个本体之"独"才不是和不会是死的，它是活的，是处在变化、运动之中的，本身就是生生不息之过程。所以，"独化"本体才是真正的自本自根之体。天地万物之真正的存在就是"独化"。这表明，世上的每一存在者首先有其"有"之质性，正因为有"有"性，它才能有，才能存在。但它不是和不能只有"有"这一种质性，否则这个有者就会一有到底而永远地有下去，存在下去，想改变、变化是根本不可能的，所以在存在者有"有"性的同时，它亦有"无"性。世上的每一存在者有"无"性，故它才可以无和能无，才能变化之，才能由存在向非存在转化、转移，才有事物的变化出现；但存在者不能仅有"无"这一种质性，因为倘若如此的话这个存在者就会一无到底，就会由存在变成非存在而完全地蒸发掉，这当然不可能，所以在存在者有"无"性的同时，它亦有"有"性。因此，世上的每个存在者在内性、本性上均是"有—无"性的，故它是真实的、真正的、自本自根的本体性存在，它处在有有无无、无无有有、有无无有、无有有无的生生不息的运动过程中。

　　因此，郭象的"独化"范畴与老子"道"范畴有同样的结构，即"有—无"性。正因为"道"和"独化"都是"有—无"性的，故它就不可被对象化和概念化，不可用那种"什么"来予以规定，它始终在有无无有、无有有无的"中"的势域、境域中。老子用"恍兮惚兮""惚兮恍兮"之类的模糊性的"道言"（见《老子》第二十一章等）来摹状"道"的此种"有—无"性的"中"性势域性存在。同样，郭象也屡屡使用这种模糊性的言语来摹状"独化"之"中"性境域性。如谓"块然而自生""条畅而自得""诱然皆生""同焉皆得""历然莫不独见""畅然俱得""泯然无迹""旷然无累""苊然无知""蜕然无系"（《庄子·齐物论注》），"睯然丧之"（《庄子·逍遥游注》），"卓尔独化""掘然自得"（《庄子·大宗师注》），"荡然放物于自得之场""闷然若晦""冥然以所遇为命""泯然与至当为一""泊然不为"（《庄子·人间世注》），"突然而自得"（《庄子·天地注》），"忽然而自尔也"（《庄子·知北游注》），"欻然自生""欻然自死""皆欻然自尔"（《庄子·庚桑楚注》），等等。郭象讲不出"独化"所具有的现象、显现、开显之性质以及它的"中"性之境域性，故用诸种描述性、摹状性的语言来予以表达。他所谓的"独化于玄冥也"的"玄冥"就是指"独化"的境域、境界、意境性。

　　郭象"独化"论是魏晋玄学本体论的完成和峰巅。玄学乃本体之学，它从王弼的"无"本论始，中经竹林玄学的"自然"论和裴頠玄学的"有"本论，至郭象的"独化"论而得以建构完成。郭象的"独化"论将"无"本论和"有"本论吸收、整合、统一在一个体系中，从事物之存在的内性结构上揭示了事物存在的自本自根的本体性。

　　老子的"道"论思想在战国、两汉、魏晋时代流传、演化着，这是中国古代哲学思想的一个重要内容和发展线索。但隋唐以后，从隋唐佛学至宋明理学，却不再以"道"论思想为主体了，隋唐佛学是心性本体问题，而宋明理学则是伦理学本体论问题，这时虽然仍有"道"概念的提及和偶作论述，但中国哲学的核心观念和问题已不是"道"论，而转化为"心""理"，尤其是"理"的问题了。

六、儒家的道论及与道家道论之异同

　　春秋末期的老子提出了"道"范畴，老子之后"道"论思想在战国、汉代和魏晋时期发展、演变着。这是道家"道"论思想的演化，是"道"

论的纵向性演历。在春秋时代，原创性的思想不仅有老子的道家，还有孔子的儒家。儒家也讲"道"，虽然其思想内容和深度不同于道家，然而"道"论思想也是早期儒家的重要思想内容。道家的"道"论注重的是"天道"，宇宙论的成分比较突出；儒家的"道"论则重"人道"，主要关乎社会人伦方面，心性论成分比较突出。所以，在"道"论方面，儒道两家构成了互补，这对中国古代哲学思想在本体、本根论方面的形成发展具有深刻的影响。

春秋时期，郑国的执政子产说："天道远，人道迩，非所及也。"(《左传·昭公十八年》)这里的"天道"是指天地的存在和运行之"道"，即天地存在和运行的规则；"人道"则是人的存在和行动之"道"，也就是人应具有和遵循的社会规范和准则。在子产看来，"天道"离人远而"人道"则近人，且这两种"道"是不同的，即"非所及也"。后来，道家和儒家就是以"非所及"的方向和途径来运作和发展各自的"道"论思想的。如果说老子的"道"论主要是"天道"之思想内容的话，那么孔子的"道"论则主要是关于"人道"的思想内容。

"道"字在《论语》中有 60 见[1]，含义颇广。孔子的"道"有时指做人的根本或根基；有时指学说或思想主张；有时指做人应秉持的原则和方式；有时指人的理性、目标等；有时指共同的思想主张和观点、看法；有时指某种道理、思想等；有时指社会政治；有时指合理的行为或做法；有时指道路、路途；有时指技艺、技能、技术等；"道"字有时作动词，或指做、指说，或指治理；有时指引导、诱导等。由此可见，孔子之"道"的含义很广泛。但是，孔子的"道"没有像老子的"道"那样作为天地万物的本原和存在的本体，它所关注的都是人事，与人的行为、做人的主张、原则、理性、规范等有关。

说到人的行为，说到为人处世和做人，就要关系到做人的标准、准则、原因、依据等问题，这就涉及社会人生的存在本体和价值本体问题。与天地万物的本原、本体相比较，社会人生的存在本体和价值本体问题更为切近和重要。天地万物的存在本性、本质是"有"，它始于有且终于有，这就是所谓的物质不灭。但人的存在本性、本质则是"无"，它源于无而终归于无，故人的出现带来了一个属于自己的世界，当人去世后人所

---

[1]　杨伯峻：《论语译注》，中华书局 1980 年版，第 293 页。

在的那个世界对他来说就不存在了,成为无了。正因为人的存在源于"无"而终于"无",这说明当人出现后,人存在着时人的本性、本质是"无"即"自由",即人的一切行为,人的一切作为,人要干什么和不干什么,应该这样干而不应那样干,这些均由人自己作主和选择,人之外的所谓上帝、神灵等外在的东西都左右和奈何不了人的作主和选择,这就是人的自由意志或自由选择,这才有了以人的伦理行为为主的人的社会行为,人才能对和要对自己的行为后果负责,社会的那些法律、规范才会有效。如果人的意志不是自由的而是受人之外的东西来支配和作主的,那么人就不会为自己的行为负责了,那些社会规则、法规就都失效了。正因为人的本性、本质是"无"即"自由",所以人才要建立和能建立一个本原、本体,以此作为人自己之生存、生活的准则、标准和尺度,以此来开展和展开人的社会生存和生活。从这个意义上说,那些天地万物之存在的本体,那种宇宙本体,实际上是人自己的存在本体的延伸和表现。真正的本原、本体,真正的"道"在人这里,是人之"道"。孔子的"道"尽管含义广泛和普通,但有作为人存在的本原、本体的属性和维度,这就是"有子曰:'君子务本,本立而道生。孝弟也者,其为仁之本与!'"(《论语·学而》)有若的思想显然与孔子的思想是一致的,故这也可视为孔子的思想主张。在孔子看来,一个人最注重的应该是做人之"本",即根本、根据,只有这个"本"建立、树立起来了,人的行为才有根据,才有章可循和有法可依,才有为大家认可和秉持的社会之道义即"道"可言。所以,作为人的存在和生存、生活的"道"与人的"本"相关,可以说这个"道"就是人的存在之本,是人之存在的本原、本体。

那么,作为人生存之本的"道"究竟是什么?它在哪里存在呢?显然,这个"道"不能是天地万物之存在,也不能是神仙、上帝之类的超人主宰者。这个"道"只能是人自己的东西,它就在人中,与人自己的思想、主张、理想、观念、情感、意愿等相关联。这究竟是什么呢?从"君子务本,本立而道生。孝弟也者,其为仁之本与"之言来看,这个"道"与"孝悌"这种伦理行为和情感有关,也与"仁"有关。这就将"道"与"仁"相关联、统一起来。因此,在孔子这里,"道"是人的生存、存在之"道",也就是"仁"。"子曰:'人而不仁,如礼何?人而不仁,如乐何?'"(《论语·八佾》)礼、乐是那时的社会规范、社会制度,是约束和矫正人的行为的社会原则和准则,这就是人之"道",但礼乐之"道"最终以"仁"为存在根基。因此，孔子的"道"就是他的"仁"，孔子的"道"本论就是他的"仁"本论。

"仁"字在《论语》中有109见，是出现频率很高的概念。那么，"仁"是什么？孔子始终未给它下一个综合性的明确的定义，即未作对象性、概念化的规定。但孔子基本上是在伦理道德的意义上来使用"仁"的。经对《论语》中的"仁"字作逐一考察，发现"仁"大体有以下几种含义：一是情感性（如宰我反对为父母守孝三年的礼制，孔子说他"予之不仁也"）；二是诚实性（如"刚毅木讷，近仁"）；三是仁爱或关爱性（如"仁者爱人"）；四是主体性和意志力（如"我欲仁，斯仁至矣"）；五是守礼性（如"克己复礼为仁"）。

情感性、诚实性、关爱性、主体性和意志力、守礼性诸种含义，就是孔子"仁"的基本含义。孔子的这个"仁"就是他的"道"，即"仁道"。要特别注意的是，孔子的"仁"与老子的"道"一样，都不是理性理念或思想观念，不能作为对象性的东西来对待，它乃境域、情境所在。"仁"这种东西不是一个对象化了的概念规定。"仁"表现的是两个人之间的一种存在方式和关系，故其字在构造结构上为"二人偶"即"从人二"，世上倘若仅有一个人存在，是根本谈不到"仁"的，世上至少要有两个人存在，才有"仁"这种东西可言；因此，"仁"必须始终处在你和我之间的"居中"或"中"之地带，这就是情境、境域；换言之，这个"仁"既是你又不是你，既是我又不是我，既是你又是我，既不是你也不是我，总是处在活的、当场构造着和生成着的自我显现的情域、情境中。所以，这种"仁"不可用"什么"式的概念化方式来定义、规定和把握，因为那样一来它就死了，故孔子才始终未给"仁"下一个内涵丰富而简明的定义。《论语》所表现的孔子思想具有气象性，有圣人气象，有"于穆不已"的情境性，这正是"仁"的境域性所在。

春秋时儒家创始人孔子所提出的"仁道"之"道"可与老子的"天道"之"道"并驾齐驱，颇富深意。孔子后，儒家的"道"在传承和发展中，这在《孟子》《荀子》《易传》中都有所表现。

《孟子》中"道"字有140见[1]，可以说它是孟子思想中的一个重要概念。经对《孟子》中的"道"字作逐一考察的结果，发现其中的"道"

---

① 杨伯峻：《孟子译注》，中华书局1960年版，第451页。

大体有以下几种含义：有时与"义"连用，如道义；有时指治国之法或治国之道，即仁政之方；有时指主张、学说；有时指技艺、技巧；有时指方式、方法；有时指规律、法则；有时指道路；有时作动词，是道说、谈论、讲述等义。此外，孟子还有"当道"（《孟子·告子下》）、"中道"和"天道"（《孟子·尽心下》）等概念，这里的"道"或道路或中行、中庸，或天之法则等。可以看出，孟子的"道"与孔子的"道"一样，其义多在"人道"上。那么，从哲学视野看，孟子的"道"究竟是什么呢？这就是他所讲的"善心""善性"等的"心"或"性"，即孟子所说的人先天所具有的"不忍人之心"，其具体表现就是人的"恻隐之心""羞恶之心""辞让之心""是非之心"等，这也就是人的"仁""义""礼""智"之本性。孟子所讲的这些"性"，所讲的这些"心"，与孔子的"仁"思想是一致的。故孟子的"道"与孔子之"道"一致，但在内容上有所扩大，即将孔子的"仁"扩充、扩展为"仁""义""礼""智"四端。

荀子也讲"道"，他不仅讲"天行有常"的天道，也讲"明分使群"的"人道"。就"道"的含义说，荀子除了在道路、道说等一般意义上使用"道"外，他主要是在治国之方的意义上讲"道"，这就是他讲的"君道"和"臣道"。《荀子》中有《君道》《臣道》两篇，阐述了他的君、臣之"道"。总之，荀子的"道"主要是为政之道或为政的原则和方式、方法，这与他的"隆礼""重法"的"外王之道"思想是一致的。

战国时期在儒家思想系统中讲"道"的还有《易传》。《易传》中的"道"，一般指道理、规律等。《易传》讲"道"有三个突出的特点。一是将"道"的范围扩大了，即扩大至天、地、人三界，将天与人统一起来，建构了一个儒家的形上体系。二是将"道"与"器"对列，谓"是故形而上者谓之道，形而下者谓之器，化而裁之谓之变，推而行之谓之通"。这就将世界划分为"形而下"之物与"形而上"之"道"两个领域或两个世界。所以，《易传》之"道"不仅要将天、地、人相统一而建立一个形上体系，而且将人与天地万物两分开来，试图将"人在世中"的"一个世界"辟分为现实世界和超越世界。《易传》这种既有天人合一又有天人二分的宇宙存在模式和思想，对后世很有影响。三是它将"道"明确规定为"阴"与"阳"的统一。《易传·系辞传上》曰："一阴一阳之谓道。"既然"道"由"一阴一阳"构成，故它就有了内在结构，即"阴—阳"性；正因为"道"的结构是"阴—阳"性，所以这个"道"的存在方式就不是和不能是单阴或单阳的，它必须同时兼有"阴""阳"两方。在《易传》的"一阴一阳之谓道"的"道"这里，是有道境、境域性的。《易传》的"阴—阳"性之"道"与《老子》的"有—无"性之"道"（见《老子》第一章）有同样的结构和功能。这是儒家"道"论的一个重要内容。

在中国哲学发展中，儒、道两家的思想构成了互补。这种互补表现在两个方面：一是生活观、价值观方面的互补，二是形而上的本体层面的互补。就生活观、价值观言，儒家主张积极入世而建功立业，名垂青史。这种主张以《大学》的"修齐治平"之道为代表。但士人的人生观、价值观却往往面临着严峻的挑战。对本来怀抱"治国平天下"之高远理想而后来却理想破灭了的士人来说，人生的意义究竟何在？生命的价值到底是什么？怎样生活才是人生？对这些问题，儒家那种积极入世的人生观、价值观显然无法解决。在此时，也正是在此时，道家那种出世逍遥的人生观、价值观就发生了作用，就成为不得志的士子的人生理想和目标，他们此时寻求和秉持着人格独立和精神自由的理想和信条，他们明知一个人在社会中不可能绝对自由和逍遥，但自己的人格却能独立，自己的精神却可自由逍遥，这就是人生的意义、生命的意义。所以，中国古代士人总是得即儒、失即道，即当他们仕途风顺时是儒家的人生观、价值观，而当他们仕途不顺时即转为道家的人生观、价值观；儒、道互补，共同建构着和完成了中华士人的人生观、价值观。中国文化传统中没有出世、超越的宗教情怀，但中国士子却能依然在入世中有出世，在世俗中有超越和超脱，这全赖于儒与道人生价值的互补。

儒、道的另一互补表现在形而上的本体层面上。先秦哲学就总体性质而言都是社会政治哲学。但以儒道为主的诸子思想却摊出了有关形而上学、本体论方面的问题，这就是道家和儒家的"道"论。道家的"道"主要内容和方向在"天道"上，它摊开了宇宙存在的本体问题；儒家的"道"主要内容和方向在"人道"上，它摊开了人存在的价值本体问题。人作为肉体存在而言，可以归入宇宙存在，但人的存在毕竟不同于一般物，它乃特殊存在，这个特殊性就在其心性上。所以，道家的"道"摊出了宇宙存在本体，儒家的"道"特别是孔子的"仁"，摊出了人生存在的价值本体，这都是有重大意义的。同时，宇宙存在本体和人生的价值本体本来就构成了互补。宇宙存在和人的存在本来就是同一个存在的两个有机方面，本来就互补着。中国古代哲学在先秦以后的演变、发展中，在本体论方面，就是儒、道这两种本体思想相互补充、融合、发展的历程。

第二节　太极论

"太极"是中国哲学关于本根（本体）思想的一个重要学说和理论，它源于《易传》。"太极"是最大、最高、最上、无以复加之义。作为哲学概念，"太极"即宇宙存在和变化的至高无上的本始、本原。

《易传》讲"太极"，与其阴阳思想有关。《系辞上》曰：《易》有太极，是生两仪。""两仪"就是阴和阳。阴、阳显然是两种东西。那么，阴、阳这两种东西是否有关系和作用呢？当然是有关系和作用的。那么阴、阳如何关系和作用呢？既不能用阴吞掉阳，也不能用阳吞掉阴，而必须既有阴又有阳。这样，阴、阳的关系就被逼到了关键处，这时用单一的"什么"来回答均不对，这只能是：既有阴又有阳，既没阴又没有阳；既是阴又非阴，既是阳又非阳。这时的阴阳是阴阳阳阴、阳阴阴阳，是阴阴阳阳、阳阳阴阴，显然是一"居中"或"中性"的境域性、境界性存在。这才是"阴阳"存在的真正本质和存在方式。

《易传》中的"太极"就是原始究竟之"极"，是至高无上、无以复加者，故叫"太极"，它就是天地万物之存在的本原、本体；从天地产生、生成的过程来看，这个"太极"就是生天生地生万物的开端点，这类似于现代宇宙学上讲的宇宙大爆炸的"奇点"。在这里，《易传》的"太极"论是一种宇宙生成论。

《易传》还讲"道"。《系辞上》言："一阴一阳之谓道。"《易传》的"太极"与"道"均与"阴阳"相关联，那么它们之间如何区别呢？《老子》的"道"、《易传》的"道"和《易传》的"太极"是同类、同质性的哲学范畴，在《易传》处只因使用的不同而有了"道"与"太极"的不同名称。首先，《老子》《易传》的"道"均非对象化的概念和思想观念，它乃存在本身，它就在事事物物中，与天地万物同在，故《老》和《易》之"道"都是本根、本体。其次，作为本根、本体的"道"怎么存在呢？当然不是和不能是依赖于它之外的他者，它乃自本自根，这个本、根就是"道"自身之内性，在《老子》处就是其"有—无"性，在《易传》处则为"阴—阳"性，即"一阴一阳之谓道"。所以，《易》之"道"本来就既阴又阳、既阳又阴，既非阴非阳又亦阴亦阳，是阴阳阳阴、阳阴阴阳、阴阴阳阳、阳阳阴阴之统一体。这与《老》之"道"并非相异。最后，《易传》说"太极"生"两仪"，请问："太极"自身有没有阴、阳这"两仪"？倘若没有，无论如何也生不出哇！所以，说"太极"生"两仪"，"太极"中定有"阴""阳"这两仪，否则就无"生"之行为和方式可言。所以，当言说"太极生两仪"时，这里的"太极"与"两仪"是平权的存在，实即"太极"即"两仪"，这就是"太极生两仪……"这一宇宙生成论模式中涵蕴宇宙本体论思想。为什么呢？因为，如果这里没有"太极即两仪"这一宇宙本体论根基，"太极"生"两仪"的模式就会处在无穷递推的链条中而永无一个开端，"太极"也就无法生"两仪"了。这就如同《老子》第四十二章所谓的"道生一……"(《老子》)的宇宙生成模式中"道生一"就是"道"即"一"之义。所以，"太极"之为"太极"，之所以能作为生"两仪"的开端者，正是因为它自身就是自本自根之体，本来就有一"阴—阳"性的内在结构和本性，这与《易》之"道"实无二致。

至北宋，理学宗主周敦颐承继了"太极"思想，建构了一个"无极而太极"的宇宙生成和存在图式。相传华山道士陈抟老祖有一"太极图"[①]，本为道士修炼之用。周敦颐却吸收、融合了《易传》的"太极"思想、《老子》的"无极"思想和阴阳、五行思想，为"太极图"作了一篇说解，将道教的这个修炼图解释、提升为儒家的世界观、宇宙观、人生观。周敦颐《太极图说》云：

> 无极而太极。太极动而生阳，动极而静；静而生阴，静极复动。一动一静，互为其根；分阴分阳，两仪立焉。阳变阴合而生水火木金土，五气顺布，四时行焉。五行，一阴阳也；阴阳，一太极也。太极本无极也。

"无极而太极"这句话尤为关键，这涉及周敦颐理学思想的根本方面。这里的"而"字为连词，乃"和""与"义。"无极而太极"是说"无

---

① 参见〔宋〕周敦颐：《周子通书》，上海古籍出版社 2000 年版，第 47 页。

极"且"太极"，二者是并列的，有同等重要的意义和作用。《朱文公全集》卷七十一《记濂溪传》云，朱熹说宋史实录所论周敦颐《太极图说》的第一句话为"自无极而为太极"。若如此，这个"而"字当为副词，为"才"义。"自无极而为太极"是说从"无极"才有了"太极"，这样一来"太极"就成了源于"无极"的东西了。"无极"乃《老子》之语。《老子》第二十八章："常德不忒，复归于无极。""自无极而为太极"，这是将儒家"太极"归并于道家"无极"，是将儒归于道了。这是一方面。更重要的是，若如此，则表明周敦颐的思想、学术性质乃道家，他是以道家的"无极"为本根、本体的。"无极而太极"，则表明"无极"与"太极"的并列和统一，即"无极"就是"太极"或反之亦然，这就显示了周敦颐"合老庄于儒"（《宋元学案》卷十二《濂溪学案下》）的学术方向，表现了他融合"无极"和"太极"两个哲学范畴而对本根、本体问题加工和思考、提升。"无极而太极"所表现的和所能表现的就是这种"中"或"居中"之境域性，即这时的这个本、体既是"无极"又是"太极"，或曰既是"无"又是"有"，它是有无无有、无有有无、无无有有、有有无无的一体存在。朱熹倒看到了"无极而太极"一语中的"中"性的特性和思想奥妙，说："谓之'无极'，正以其无方所形状，以为在无物之前，而未尝不立于有物之后；以为在阴阳之外，而未尝不行于阴阳之中；以为通贯全体，无乎不在，则又初无声臭影响之可言也。""不言'无极'，则'太极'同于一物，而不足为万化之根；不言'太极'，则'无极'沦于空寂，而不能为万物之根。"（朱熹《太极图说解》）朱子的这个解说是有道理的。

在周敦颐这里，当他将老子的"无极"与《易传》的"太极"相整合后，这个"太极"本身就有了"有—无""阴—阳""动—静""一—多""虚—实""人—物"等的质性和结构，故而它就是真正的本和原，它既是天地万物存在之本体，也是天地万物形成之开端，这里有本体论和宇宙论的双重功用。于是，这就有了太极→阴阳→五行→万物→人这一宇宙形成和存在的运行过程。这里从"太极"一路下贯，一直到"得其秀而最灵"的人。有人就有人的世界，就有人类社会，就必有一系列"应然"性的伦理规则。这样，宇宙论就落实在了伦理学上，或者说伦理学就上升、提升到了宇宙存在的高度。所以，在周敦颐的"太极"论这里，表现出了伦理学与宇宙论、本体论相打通、贯通的思想方向，这对宋明理学的形成发展有深刻影响。

北宋的邵雍也讲"太极"。这个"太极"也就是他所谓的"道"。他说："道为太极。""神无所在，无所不在。至人与他人心通者，以其本于一也。道与一，神之强名也。"（《皇极经世·观物外篇》）在邵雍看来，"太极"的根本功用和表现就是其"神"，即"不动"或"一"乃"太极"之性，而"道"或"一"正是"神"之强名。所以，邵雍的"太极"与"道"是同等层次和范畴。他说："天由道而生，地由道而成，物由道而形，人由道而行。天地人物则异也，其于道一也。夫道也者道也，道无形，行之则见于事矣。如道路之道，坦然使千亿万年行之，人知其归者也。"（《皇极经世·观物外篇》）天地、万物、人"其于道一也"，可见"道"乃天地万物及人之一切存在的根源。而且，这个"道"并非一思想观念，"道无形，行之则见于事矣"，"道"非实存之物那样有形有体，它是无形的，但它却表现、体现于一切事物中。

从"太极"出发，邵雍做了两方面的工作：一是对《易》"象"之形成作出了理性说明；二是对天地万物乃至人的形成作了推测性解说。《易》之卦象即卦图如何来的？传统的说法是伏羲画出了八卦，后来文王重之为六十四卦。邵雍认为这种说法有很大的人为性，缺乏卦图自身的构成机制。于是，他从"太极"开始，找到了卦图自身构成的机理和历程。

南宋朱熹亦说"太极"，如说："若无太极，便不翻了天地！"（《朱子语类》卷一）"太极者，如屋之有脊，天之有极，到这里更没去处，理之极至者也。""人人有一太极，物物有一太极。""本只是一太极，而万物各有禀受，又自各全具一太极尔。如月在天，只一而已；及散在江湖，则随处可见，不可谓月已分也。"（《朱子语类》卷九十四）"太极如一本生上，分为枝干，又分而生花生叶，生生不穷，到得成果子，里面又有生生不穷之理，生将出去，又是无限个太极。"（《朱子语类》卷七十五）可见，在朱熹这里，"太极"也有本原、本体义，是天地万物之存在的本根、本原。但在朱熹的理学思想中，他的"太极"就是"理"。朱熹言："太极只是一个'理'字。""太极只是天地万物之理。在天地言，则天地中有太极；在万物言，则万物中各有太极。未有天地之先，毕竟是先有此理。动而生阳，亦只是理；静而生阴，亦只是理。"（《朱子语类》卷一）"太极非是别为一物，即阴阳而在阴阳，即五行而在五行，即万物而在万物，只是一个理而已，因其极至，故名曰太极。""事事物物皆有个极，是道理之极至。……总天地万物之理，便是太极。""无极而太极，不是说有个物事光辉辉地在那里，只是说这里当初皆无一物，只有此理而已。""太极自是涵动静之理，却不可以动静分体用。""太极理也，动静气也。"（《朱子语类》卷九十四）"太极之义，正谓理之极至耳。"（《答程可久》）可见，朱熹说的"太极"就是"理"，可谓至极、至大之"理"就是"太极"。朱熹的"太极"本论与其"理"本论是一致的。

最后再说一点，在中国哲学中，与"太极"概念相近者有"太一"（《庄子·天下》）、"太初"（《庄子·天地》）、"太易"（《列子·天瑞》）、"太始"（《易传·系辞传上》《易纬·乾凿度》）、"太素"（《白虎通义·天地》）等，它们都在一定程度上有本原、本体的意义，但都没有"太极"说突出和重要。

第三节　气本论

气论是中国哲学本根论的一个方面。中国哲学中的"气"指最细微流动的物质，认为有形体者乃气之凝结，这就以"气"为一切存在之根本。中国哲学中的"气"论与古希腊哲学中的"原子"论有类似之处。

"气"观念起源甚早。西周末的伯阳父说："天地之气，不失其序；若过其序，民乱之也。"（《国语·周语上》）春秋时医和说："天有六气，降生五味，发为五色，征为五声，淫生六疾。六气曰阴、阳、风、雨、晦、明也。"（《左传·昭公元年》）这时的"气"尚是一般意义，或指天气，或指气象等。

至战国时，"气"观念有了发展。比如《管子·内业》中就多处论气，特点是：一是将"气"或"精气"视为天地万物之存在的根本，从五谷到列星的形成、存在均源于气。二是将鬼神、圣人乃至人的精神存在都归为"气"作用之结果。三是这种"气""不可止以力，而可安以德；不可呼以声，而可迎以意"，它不能用力气来把握，而要用德、意来把捉，所以这种"气"与人的道德、意志有关系。孟子的"浩然之气"说（见《孟子·公孙丑上》）就极大地提升了《管子》"气"之道德性的思想，将"气"配上了"义"与"道"，成为人坚强的道德意志力。

《庄子》也讲"气"，认为"人之生，气之聚也；聚则为生，散则为死。若死生为徒，吾又何患！故万物一也，……故曰'通天下一气耳'"（《庄子·知北游》）。"察其始而本无生，非徒无生而本无形，非徒无形而本无气。杂乎芒芴之间，变而有气，气变而有形，形变而有生，今又变而之死，是相与为春秋冬夏四时行也。"（《庄子·至乐》）在庄子看来，"通天下一气耳"，天地万物，包括人的存在，均是源于气的，"故万物一也"，万物在本源上都是"气"。连人的生死之生命活动也是气的聚散运动而已，即气聚而有形，进而有生，气散后人就死了，人的生死存亡就像自然界的春夏秋冬四时运行一样只不过是一气之变化运动而已。

战国末的荀子也讲"气"，他说："水火有气而无生，草木有生而无知，禽兽有知而无义，人有气有生有知亦且有义，故最为天下贵。"（《荀子·王制》）在荀子看来，世上之物分为有形气者，有生命者，有知感者、有礼义者等各种不同层次的类，人是所有这些类中价值最高者，因为人集粹了所有这些类的长处，故不仅有形气有生命有知感还有礼义法度。而在物之存在的所有这些类中，都有气，气是一切存在的根本。所以，荀子也有气本论思想。

至汉代，"气"论思想在传承和发展着。汉代的"气"思想表现在两个方面：一是以"气"为材料的宇宙生成论的思想理论，二是赋予"气"以伦理道德属性的董仲舒的"天人感应"论思想。

汉代人以"气"为材料来讲天地万物的形成。例如《淮南子》认为天地万物的形成均源于气。甚至人及人的精神之形成亦归之为"气"。《易纬·乾凿度》云："夫有形生于无形，乾坤安从生？故曰：有太易，有太初，有太始，有太素也。太易者，未见气也；太初者，气之始也；太始者，形之始也；太素者，质之始也。气、形、质具而未离，故曰浑沦。"这里将宇宙万物的产生分为太易、太初、太始、太素四个阶段，太易是"气"尚未形成的阶段，但它是气之形成的前提基础；太初乃"气"开始之阶段；太始是形体开始之阶段；太素是质性开始之阶段。就这样，由元气到气，由气到形，由形到质，天地万物都产生、出现了。

东汉王充是"元气"自然论者，亦以"气"或"元气"为天地万物生成之本。在王充看来，天地就是合气之自然，"天地合气，万物自生"，天地万物均由气生而来。就是人及人的精神类的东西，亦是"气"所为。王充曰："夫人所以生者，阴阳气也。阴气生为骨肉，阳气生为精神。人之生也，阴阳气具，故骨肉坚、精气盛。精气为知，骨肉为强，故精神为言谈，形体固守；骨肉精神，合错相持，故能常见而不灭亡也。太阳之气，盛而无阴，故徒能为象，不能为形；无骨肉，有精气，故一见恍惚，辄复灭亡也。"（《论衡·订鬼》）

从"气"出发讲宇宙万物的生成，东汉天文学家和科学家张衡讲得最为系统和有科学性。他在《灵宪》中系统论述了"气"生宇宙万物的过程，分三个阶段，即溟涬、庞鸿、太元。溟涬阶段乃"并气同色，混沌不分"，即混沌之气尚未分化开来；庞鸿阶段乃"元气剖判，刚柔始分，清浊异位"，阴阳已开始分化了；太元阶段乃"在天成象，在地成形；天有九位，地有九域；天有三辰，地有三形；有象可效，有形可度"，天地万物已形成了。总之，汉代思想以"气"为基本材料，阐发了宇宙之形成。

汉代"气"论的另一个方面是董仲舒的"天人感应"论。为了将人世的伦理原则和规范必然化、神圣化，董仲舒将伦理原则提升到了宇宙存在的高度予以论述，或者说他赋予了宇宙存在以伦理道德之属性。董仲舒说："仁之美者在于天。天，仁也。天覆育万物，既化而生之，有养而成之，事功无已，终而复始，凡举归之以奉人，察于天之意，无穷极之仁也。人之受命于天也，取仁于天而仁也。"（《春秋繁露·王道通三》）天有"仁"性，作为天之气的阴阳自然就有了"仁"之类的伦理道德性了。又说："天亦有喜怒之气，哀乐之心，与人相副，以类合之，天人一也。"（《春秋繁露·阴阳义》）"天无喜气，亦何以暖而春生育？天无怒气，亦何以清而冬杀就？天无乐气，亦何以疏阳而夏养长？天无哀气，亦何以激阴而冬闭藏？故曰天乃有喜怒哀乐之行。"（《春秋繁露·天辨在人》）在董仲舒看来，春夏秋冬之变化是天"气"之喜乐怒哀的表现。这就将"气"情感化和道德化了。

中国哲学中的"气"论思想在先秦、两汉时代有比较多的表现。"气"论的另一个重要思想表现在宋明时代。宋明时代的理学家们大多讲"理"，但也讲"气"；有些人更强调和突出"气"。张载的"气"论思想是这方面的代表。张载"气"论的思想内容可概括为以下两个方面。

一是"太虚即气"的本体论。张载认为，"气"是宇宙间唯一的实存，"太和所谓道，中涵浮沉、升降、动静、相感之性，是生氤氲、相荡、胜负、屈伸之始。其来也几微易简，其究也广大坚固……散殊而可象为气，清通而不可象为神"（《正蒙·太和》）。和乃和谐、统一貌；太和即最大至极之和，这就是宇宙的存在状态。宇宙的存在或可形可象，或清通而非形非象，但实质上都是"气"的存在表现，是"气"的聚散运动而已。张载论述说：

> 太虚无形，气之本体；其聚其散，变化之客形尔。
>
> 气之为物，散入无形，适得吾体；聚为有象，不失吾常。太虚不能无气，气不能不聚而为万物，万物不能不散而为太虚。循是出入，是皆不得已而然也。
>
> 气聚，则离明得施而有形；气不聚，则离明不得施而无形。方其聚也，安得不谓之客；方其散也，安得遽谓之无！
>
> 气之聚散于太虚，犹冰凝释于水。知太虚即气，则无"无"。……诸子浅妄，有有无之分，非穷理之学也。(《正蒙·太和》)

在张载看来，宇宙万物之存在只是一"气"变化的结果；"气"可散可聚，散之则为"太虚"，聚之则为万物。这就是宇宙及其万物的存在状态。无论"气"是聚是散，只是其存在状态的变化，而本质未变，即都是"气"。所以，宇宙万物存在的那个本、体、原就是这个"气"。

张载的这个"气"本论是个颇为复杂和难以把握的哲学理论。如何看待这个"气"？人们往往将它视为一物质实存，认为是物质存在的一种形态，即将它视为一物质。如果这样，无论说气的聚也好散也罢，均是一物质实体，这种实体乃有形有状有象，它何以能充任本体呢？因此，二程和朱熹对张载的"气"本论有如斯论难，曰："又语及太虚，曰：'亦无太虚。'遂指虚曰：'皆是理，安得谓之虚？天下无实于理者。'"(《河南程氏遗书》卷三)"立清虚一大为万物之源，恐未安，须兼清浊虚实乃可言神。道体物不遗，不应有方所。"(《河南程氏遗书》卷十一)"问：横渠'太虚即气'，'太虚'何所指？曰：他亦指理，但说得不分晓。"(《朱子语类》卷九十九)"横渠说气'清虚一大'，恰似道有有处，有无处。须是清浊、虚实、一二、大小皆行乎其间，乃是道也。其欲大也，乃反小之！"(《朱子语类》卷九十九)在程、朱看来，张载的"气"是具体的物质形态，难以充任本体；本体只能是他们所说的"理"。如果张载的"气"真是那种物质实存，程、朱的批评就很有道理了。时至今日，学者们无视程、朱的这种批评，仍将张载的"气"视为"唯物主义范畴"而大加赞扬，这实际上是对张载哲学思想的漠视和贬低。

究竟如何理解和把握张载的"气"论呢？张载是"造道"的"北宋五子"之一。面对当时佛、老的本体思想对儒学的威胁和挑战，张载与周敦颐、邵雍、程颢、程颐一样，要为儒学造出一个具有本体意义和价值的"道"来。张载明确意识到所要造的这个"道"的哲学性质和功用，这就是"道"这个本体与现象存在的关系问题。他说："若谓虚能生气，则虚无穷，气有限，体用殊绝，入老氏'有生于无'自然之论，不识所谓有无混一之常；若谓万象为太虚中所见（现）之物，则物与虚不相资，形自形，性自性，形性、天人不相待而有，陷于浮屠以山河大地为见病之说。"（《正蒙·太和》）这里是对老、佛本体思想的批评（暂不论张载的这个批评是否对），认为老以"无"为本体，而佛以"虚"为本体，都将体、用割分为两截。既然本体是"无"（没有），是"空"（空虚），何以能产生出有？道理上讲不通！换种讲法，暂不说"有"如何生于"无"，即使承认有乃自有，有的存在是在"空""无"之中，这也说不通，因为虚无怎么能容纳有呢？这岂不是使有存在于虚无中了吗？既如此，有还能是有吗？由此可见，张载关于本体与现象关系的考虑是很有道理的。那究竟怎么办呢？张载说："不悟一阴一阳范围天地，通乎昼夜三极大中之矩，遂使儒、佛、老、庄混然一涂。"（《正蒙·太和》）

真正的问题就在"一阴一阳"之"道"上。就是说，真正的本体并不是那种只有某一质性的"什么"，这种东西是那种对象化了的东西，当然充当不了本体。本体，就是这个"气"，其本身就是"一阴一阳"的，它既是阴又是阳，既不是阴又不是阳，是阴阳阳阴、阳阴阴阳的，它阴阴阳阳、阳阳阴阴，所以一定有一个"中"或"居中"的地域、情境、境域在。所以，张载的这个"气"有一"阴—阳"性结构；也就是说，这个"气"是"有—无""动—静""一—多""聚—散"等的一体，故它才是"太和"之"道"，"中涵浮沉、升降、动静、相感之性，是生氤氲、相荡、胜负、屈伸之始"，这才能是本体。我以为，这才是张载"气"论的思想真谛，是其能立足于世的根本原因。程、朱将张载的"气"视为"什么"性的物质实存，这是偏见和贬低；现今的人们仍用"物质范畴""唯物主义"等的看法和术语来理解和把握张载"气"论，更是偏见。

二是"一物两体"的辩证法。这是张载"气"本思想的扩展和深化。"气"要作本体，那它就不能是对象化了的"什么"，即不可以是那种物质实体，也不可能是思想观念或理性理念、概念，否则就均非本体。作为本体的"气"必定是"有—无""阴—阳""动—静"性等的东西。张载说："神，天德；化，天道。德其体，道其用，一于气而已。"又说："气有阴阳，推行有渐为化，合一不测为神。"（《正蒙·神化》）这说明，"神"是"气"之体性、本性所在，有"气"必有其"神"。有"神"方能有"化"，"化"乃"气"之变化，是"气"之"神"在其变化过程中的存在和表现。那么，张载的这个"神"是什么呢？当然并非神仙，也并非精神，乃"气"之"德"，是"气"本身的德性、体性或本性。"气"自身的这个德性、本性又是什么呢？张载有言：

> 一物两体，气也。一故神（自注：两在故不测），两故化（自注：推行于一），此天之所以参也。（《正蒙·参两》）
>
> 两不立，则一不可见；一不可见，则两之用息。两体者，虚实也，动静也，聚散也，清浊也；其究一而已。（《正蒙·太和》）

张载明确肯定，"气"本身乃"一物两体"。这个"一物"就是"气"；"两体"是关于"气"的体性、性质、本性，是"气"的内在结构。这是说，"气"这个东西不是那种单一、单纯性质、质性的"什么"，它自身同时有相反相成、相辅相成的两种性质、质性在。这是什么呢？"两体者，虚实也，动静也，聚散也，清浊也"，这个"两"就是"气"自身的"虚""实"等性质。说"气"有"虚"有"实"，这看似平淡，但其中不无深意。如果将这里的"虚"和"实"分开来单独看，将"气"看作"实"时没有"虚""虚"时没有"实"，这就稀松平常了。这里的关键在于"虚"和"实"的一体同在，即同时在场。就是说，这个"气"既是虚又不可只是虚，既是实又不可只是实，它既是虚又是实且既不是虚又不是实，是虚而实之和实而虚之的，它虚实实虚、实虚虚实、虚虚实实、实实虚虚，这就不能只用"虚"或只用"实"那种"什么"化了的质性规定来把握和定谓了。这时一定有一个"中"或"居中"的中间化、中性化了的地带、地域、情境、境域在，这是个活的、当场生成着、构成着的境域，它自我构成着和开显着、显现着，这就是"气"的"虚—实"性之质性和结构。张载看到，"气"这种东西不是实体物那样的物，它是一种存在，一定有"虚—实""动—静""聚—散""清—浊""阴—阳""有—

无"……之本性和结构。正由于"气"本身的"虚—实"性等本性、结构，它才能动，才能变能化，才表现出了某种神妙莫测性；这个"莫测"的"测"不是简单的测量、测度，而犹如量子力学"测不准原理"所说的那种测不准之"测"，即难以在其"虚—实"性中确定性地测度出它究竟是什么。由于"气"本身的"虚—实"性的"两"，才使得"气"这个本、体表现、呈现、展现出了神妙莫测，这就叫"一故神"，或叫"两在故不测"。由于"虚""实"性这两种属性和规定不是各自外在的和独立的，因而不是不相干的和不作用的，而是这两种相反的质性和规定就在"气"之中，在一体之中，因此它相辅相成、相反相成着，所以就有了运动变化的出现，这就是"两故化"，或叫"推行于一"。所以，"一物两体"说是张载对"气"本体的内在结构和本性的揭示，也是对"气"本体的运动契机和过程的揭示。张载说："若阴阳之气，则循环迭至，聚散相荡，升降相求，絪缊相揉，盖相兼相制，欲一之而不能。此其所以屈伸无方，运行不息，莫或使之。"（《正蒙·参两》）

至明中叶，罗钦顺、王廷相等人亦讲"气"，以"气"为宇宙存在之源。罗钦顺说："盖通天地，亘古今，无非一气而已。气本一也，而一动一静，一往一来，一阖一辟，一升一降，循环无已，积微而著，由著复微，为四时之温凉寒暑，为万物之生长收藏，为斯人之日用彝伦，为人事之成败得失，千条万绪，纷纭胶轕，而卒不克乱，有莫知其所以然而然，是即所谓理也；初非别有一物，依于气而立，附于气以行也。或者因易有太极一言，乃疑阴阳之变易，类有一物主宰乎其间者，是不然也。"（《困知记》）主宰整个宇宙存在的只是一气而已，并没有与气并存的所谓"理"，"理"只是气之运行过程中"卒不克乱"之秩序、条理罢了，"理"就在"气"中，而非别为一物，更非气之主宰。

王廷相以张载为宗，以"气"为宇宙存在之本根、本体。他说："天内外皆气，地中亦气，物虚实皆气，通极上下，造化之实体也。是故虚受乎气，非能生气也；理载于气，非能始气也。世儒谓理能生气，即老氏道生天地矣；谓理可离气而论，是形性不相待而立，即佛氏以山河大地为病，而别有所谓真性矣，可乎不可乎？"（《慎言·道体》）又说："道体不可言无，生有有无。天地未判，元气混涵，清虚无间，造化之元机也。有虚即有气，虚不离气，气不离虚，无所始，无所终之妙也。不可知其所至，故曰太极；不可以为象，故曰太虚；非曰阴阳之外有极有虚也。二气感化，群象显设，天地万物所由以生也，非实体乎？是故即其象，可称曰有；及其化，可称曰无，而造化之元机实未尝泯。故曰道体不可言无，生有有无。"（《慎言·道体》）又说："元气之外无太极，阴阳之外无气。以元气之上不可意象求，故曰太极；以天地万物未形，浑沦冲虚，不可以名义别，故曰元气；以天地万物既形，有清浊、牝牡、屈伸、往来之象，故曰阴阳。三者，一物也，亦一道也。"（《太极辨》）这是说，天地间真实存在的只是"气"，"气"乃一切"造化之元机"，"气，物之原也；理，气之具也；器，气之成也"（《慎言·五行》）。王廷相还论说了"气"的实存性，并逐一批评了"理""道""太极"，说它们皆是"虚空无着之名"，"皆窒碍不通"；宇宙间真实存在的只是"气"，它才是天地万物的存在之本。（《太极辨》《答薛君采论性书》等）

明清之际的王夫之继承了张载的"气"论思想，对气本论作了进一步的概括和总结。他说：

> 人之所见为太虚者，气也，非虚也。虚涵气，气充虚，无有所谓"无"者。
>
> 虚空者，气之量。气弥沦无涯而希微不形，则人见虚空而不见气。凡虚空皆气也，聚则显，显则人谓之有；散则隐，隐则人谓之无。神化者，气之聚散不测之妙，然而有迹可见；性命者，气之健顺有常之理，主持神化而寓于神化之中，无迹可见。若其实，则理在气中，气无非理，气在空中，空无非气，通一无二者也。其聚而出为人物则形，散而入于太虚则不形，抑必有所从来。盖阴阳者气之二体，动静者气之二几，体同而用异则相感而动，动而成象则静，动静之几，聚散、出入、形不形之从来也。
>
> 阴阳二气充满太虚，此外更无他物，亦无间隙，天之象，地之形，皆其所范围也。散入无形而适得气之体，聚为有形而不失气之常，通乎死生犹昼夜也。（均见《张子正蒙注·太和》）

王夫之肯定了"气"的真实、实在性、实存性，肯定了"气"的永恒存在性。正是这种永恒、实存之"气"，才构成了天地万物的存在本原。从"气"本论出发，王夫之认为天下并无独立实存之"理"，"理"只能"依于气"。理是气的"条绪节文"，"气外更无虚托孤立之理"（《读四书大全说》）。他说："气者，理之依也。气盛则理达。天积其健盛之气，故秩叙条理，精密变化而日新。"（《思问录·内篇》）又说："理本非一成可执之物，不可得而见；气之条绪节文，乃理之可见者也。故其始之有理，即于气上见理；迨已得理，则自然成势，又只在势之必然处见理。"（《读四书大全说》）在王夫之看来，"理"只是依于气的，是气存在的"条绪节文"而已。"理"作为"气"存在之条理，显示了某种一定、必然之趋势。

王夫之的"气"本论具有时代的概括性和代表性。与王夫之大约同时代的刘宗周、黄宗羲等也讲"气"，王夫之之后的颜元、戴震等也论"气"，但其思想深度和广度均不及王夫之。在后期中国封建社会中，张载、王夫之的"气"本论思想是一个高峰。

"气"概念和思想是中国哲学本体思想的重要内容。但"气"是什么？怎样理解、诠释和把握它？迄今仍须探讨。人们总习惯于把"气"视为物质实体，认为它与花草树木、山川河流之类的东西是一样的实存，只不过比它们甚微甚精罢了，气是一种极精细的物质微粒。所以，人们总是用"唯物"一语来定性"气"概念。这样理解"气"看似不错，难道"气"不是客观存在的而是主观想象的吗？难道它不是"唯物"的而是"唯心"的吗？看似有理。但对"气"的这种理解和把握总有些隔膜感，因为这完全是对象性、概念化的理解方式，将"气"对象化了，或将其对象化为人之外的客体，或将其对象化为人的思想观念或理性理念、概念，这样理解的"气"均会失去本体的资格。如果把"气"理解为人的思想观念、概念、范畴，那么它就只是人思想上的存在，当与天地万物无涉，这样的话何以能作天地万物存在的本体呢？如果"气"是人之外的客观实体，那么它乃具体的存在者，它何以能统揽天地万物呢？若统揽不了天地万物，还谈什么本体呢？再退一步讲，即使那种具体形态的"气"能作天地万物存在的本体，但它既然是人之外的东西，既然与人无涉，人何以能知道它是本体呢？如果说这个"气"是人认识的结果，那么它就不是和不能是那种客观的东西，它起码与主观、主体有关。可见，用那种单一的、对象化的、"什么"性的概念化方法是难以把握"气"这一哲学范畴的。看来，这个"气"不能全被客观化，也不能全被主观化，它必定有某种"主—客"性的"中"性地带或境域在。这一境域性表现、显现在"气"之"本"身上，就是它既非阴又非阳且既是阴又是阳，既非虚又非实且既是虚又是实，既非动又非静且既是动又是静，既非一又非多且既是一又是多，等等，它总有某种境域性在。我们在解说张载"气"本思想时说，"气"有"虚—实""动—静""聚—散""清—浊"等的质性和结构，说的就是"气"范畴的境域性。因此，中国哲学中的"气"倒有西方现代哲学中现象学、存在论所说的"现象"性，它是个具有境域、情境性的颇富思想深度的范畴。张祥龙先生说："'气'这个词的好处是很有些隐喻冥通的意味，但如果被解释为宇宙论意义上的、在天地之先的鸿蒙元气，就有失去它的纯构成势态的危险。进一步对象化就会使它堕为一种原质、气质，乃至形而下之'器'，与无质可言的'理'相对。""从'气'这个词在中文中的极丰富的用法中可知，它确是历代中国人体会天道的'近譬'。每当人要表达那既非具体对象亦非一己观念，既非有形质者亦非抽象道理的微妙含义时，就不期然而然地求之于'气'这个有无之间的大象了，因为它提供了一种表达和理解非现成者、余意不可尽者的可能。'天气'、'地气'、'节气'、'正气'、'邪气'、'阴气'、'阳气'、'灵气'、'运气'、'勇气'、'神气'、'骨气'、'怒气'、'土气'、'泄气'、'气数'、'气节'、'气色'、'气势'等等，简言之，'道'无处不在，那么以'气'为首的一族构境之词对于中国人来讲也无处不在，因为它从古至今就活在天道与天下的构成境域之中，而'气'恰是对这种境域型的存在状态、生存状态和领会状态相当'称手'和'出神'的描述。"气"既不抽象，也不形象，而是所谓'无状之状，无物之象'，与海德格尔解释康德时讲的'纯象'乃至龙树理解的'缘'类似，都是居于形而上下之间，反复于有无之间的本源构成。从不会有'独立的'构成，而只有居间周行的构成。这居间比观念本体论的'独立'要更本源。'道'永远居间。无怪乎后人要表示那概念名相说不出、实物也举不出的更真实也更严格的居间状态时，就说'气'、'气色'、'气象'、'气数'、'气运'、'气势'等等。可以说，何处有道与天势，何处就有气、气象和气势。"[1]中国哲学中的"气"范畴的真实、真正本性就是其境域性。

---

① 张祥龙：《海德格尔思想与中国天道》，生活・读书・新知三联书店 1996 年版，第 318、第 288 页。

第四节　理本论

　　"理"是中国哲学中的又一重要范畴。理的本义是治理玉石。其引申义为区分、纹理、条理、审辨、操习、操行、仪表、道理、法纪等。哲学意义上的"理"字，先秦多见于《庄子》《荀子》《易传》《韩非子》等。《韩非子·解老》说："万物各异理，而道尽稽万物之理。"其中的"理"字，就具有明确的哲学含义和思想深度。

　　魏晋时代的玄学家也谈"理"。裴頠《崇有论》言："化感错综，理迹之原也。""是以生而可寻，所谓理也；理之所体，所谓有也。""众理并而无害，故贵贱形焉。"这里的"理"指事物的条理、秩序，也有规律的意思。这些"理"是"众理"，即具体事物的特殊的秩序、条理。郭象在注《庄子》时也多言"理"。如他说："直以大物必自生于大处，大处亦必自生此大物，理固自然，不患其失，又何厝心于其间哉？"(《庄子·逍遥游注》)"凡物云云，皆自尔耳，非相为使也，故任之而理自至。""至理尽于自得。""物有自然，理有至极，循而直往，则冥然自合。"(《庄子·齐物论注》)"事有必至，理固常通，故任之则事济。"(《庄子·人间世注》)"凡所有者，凡所为者，凡所遇者，皆非我也，理自尔耳。"(《庄子·德充符注》)有人统计，郭象注《庄子》内篇时用"理"字计70条，外、杂篇用"理"字计76条[①]。郭象的"理"是在注《庄》时随文注出的，其义多为理则、条理、规则、规律等。

　　从先秦至魏晋时代，中国哲学中的"理"字虽已广泛使用，但其含义比较一般，基本上指条理、条文、纹理，也指秩序、理则、法则等，"理"概念的最高义也就是规律，一般指事物存在的特殊、具体之规律。这时"理"概念均未上升为天地存在之本原、本体。至隋唐时代佛教华严宗，"理"观念始有了本体义。华严宗是中国化的佛教宗派之一，它的思想理论标的是"法界缘起"论。"法界"有两种含义：一为种类；二为本原、本质义，尤指成佛的原因，与"真如""实相"等同义。华严宗认

---

　　① 钱穆先生详细列出了郭象注《庄》用"理"字条。见钱穆：《庄老通辨》下卷，台北东大图书股份有限公司1991年版，第379—403页。

为，世界的真正本原、本体就是"法界"，即"一真法界"。这个"一真法界"本来是超言绝相、玄妙不可思议的，但为了方便众生悟入此境界，故须将这个"一真法界"分为"所证之境"和"能证之智"。"能证之智"是一种"法界观"。"所证之境"就是关于"法界"的存在种类，即"四法界"[1]说。在华严宗这里，将世界分为"事"和"理"两个层次和种类的存在，事就是事象世界，是大千存在的现象界；理法界则是真如世界，是佛家所言的"涅槃"世界。理世界显然比事世界更根本和真实，可谓事世界的基础和依据。华严宗这里的"理"显然有了本原、本体义。这是中国哲学中"理"论的一个重大转折。华严宗将世界分为形形色色的杂乱不真的"事"世界和清净真实的"理"世界后，并不认为这两个世界是截然分立而无有关系的，而是认为和主张它们是相关的，这就是它的"理事无碍"论。这一理论有两个要点。一是"理"融于"事"的思想。"理""事"虽为两类存在，但在本质上却圆融一贯而"体用玄通"。二是"理一分殊"的思想。"理"与"事"是不同之种类，乃属两个世界；"事"世界是多，千差万别，"理"世界则一，空阔净洁。"理"是一，是整全、整体，它不能被分开，若被瓜分开，就没有"理"了；"理"要与"事"融通，就以整个的、整全的身份囵囵地处于"事"中，故每一"事"中都有一个整全的"理"，而并非像切西瓜那样将"理"瓜分开，有多少事物就分成多少份，然后给每一事物给一份"理"；"理"显现在每一"事"中，每一"事"中都存在着、显现着一个整体的"理"。这乃是"理"融遍于事物而非分遍于事物。从"理事无碍"的思想来看"事"世界，"事"本身原来的分立、差别相也就发生了变化，出现了"事事无碍"的圆融。

在说"事事无碍"时，华严宗表现出了颇富思想深度的辩证法思想，它提出了"六相圆融""一多依持""异体相即""异门相入"等论题，揭示了事物存在的对立统一性。例如，华严宗论"六相"[2]中的总相与别相的关系说，有人问法藏："什么是总相？"他回答说："房舍就是"，即一所屋舍就是一个整体、总体。问者说：你说的这个房舍不就是由椽、瓦、砖、土等的东西构成的吗，这不正是部分吗，哪里有屋舍呢？法藏说，你说的椽等东西不正是房舍吗？明明是椽等的部分，为什么就是房舍这

---

① 四法界：事法界、理法界、理事无碍法界、事事无碍法界。
② 六相：总相、别相、同相、异相、成相、坏相。

个整体呢？法藏的意思是说，椽本来是木头，但你这时一开口就说椽而不叫它木头，是因为这时的这根（或这些）木头已不是那种无联系、无关系的独立的木头了，它本就是构成房舍的部件，已与房舍这个整体、总体不可分了，否则你只能说它是木头，不会叫它椽的。法藏在此说明了这样一个辩证道理：若没有整体、总体，部分就不可能存在，不可能有意义和价值；反之亦然。所以，总与别是相辅相成、相反相成的，即圆融无碍。总之，在华严宗这里，"理"已被提升为本体，已出现了"理"本论。

"理"本论思想的高峰是在宋明理学中。以"理"为本，这首先是二程的功劳。程颢说："吾学虽有所受，天理二字却是自家体贴出来的。"（《河南程氏外书》卷十二）这是说"理"或"天理"的观念和思想是他们独特的思想见解，是他们的创造。那么，二程兄弟"体贴"出来的"理"究竟是什么呢？先看他们的一些言说：

> 天理云者，百理俱备，元无少欠。
>
> 百理俱在，平铺放着，几时道尧尽君道，添得些君道多；舜尽子道，添得些孝道多，元来依旧。
>
> 理则天下只是一个理，故推至四海而准。须是质诸天地，参诸三王不易之理。
>
> 这个义理，仁者又看做仁了也，知者又看做知了也，百姓又日用而不知，此所以君子之道鲜矣。此个亦不少亦不剩，只是人看他不见。
>
> "寂然不动，感而遂通"者，天理具备，元无少欠，不为尧存，不为桀亡。父子君臣，常理不易，何曾动来？因不动，故言寂然。虽不动，感便通，感非自外也。（以上均引自《河南程氏遗书》卷二上）
>
> 天下物皆可以理照。有物必有则，一物须有一理。（《河南程氏遗书》卷十八）

在二程看来，天地间的事事物物的存在必有其"理"在，从自然事物到人类社会，从君臣之道到父子、夫妇、兄弟关系，一切都有"理"，即"百理具备，元无少欠"，"天理俱备，元无少欠"，"百理俱在，平铺放着"。如若没有"理"或少了"理"，天地万物的存在就少了依据，其存在就是不合理的，就是非存在，所以，"有物必有则。父止于慈，子止于孝；君止于仁，臣止于敬，万物庶事，莫不各有其所。得其所则安，失其所则悖。圣人所以能使天下顺治，非能为物作则也，惟止之各于其所而已"（《伊川易传》卷四）。万物安于其"则"，它们就能存在，就存在，其存在就是合情合理合法的，就是有根据的和必然的，否则其存在就无根据，就不能存在了。故"万物皆只是一个天理"（《河南程氏遗书》卷二上）。这就是二程的"理"本论。可以看出，二程的这个"理"说的是天地万物之存在的所以然之据和所当然之则，它是规则，是依据，是理则，是所以然的"必然"之性，并非那种实体存在，并非"上帝"那样的东西。这是二程"理"论的一个特点，也是理学的一个思想的和哲学的特点。有天地，有万物，有人，有社会和各种社会关系，这是不争的事实。人们当然可以从其来源上追寻和探讨天地万物的来源、起源，但一旦它们来了，有了，存在了，它们就有着，存在着，这是任谁也无法否认的事实。然而，天地万物为什么就能存在呢？为何它们存在而非存在不可呢？它们存在必有其存在之原因、依据，必有如此存在的所以然之则。倘若没有原因、依据和存在之则，那么它们就不会和不能存在；即使存在了其存在也是不合理的，它们在本质上就不是存在而只能是非存在。所以，宋明时代的人对天地万物之存在依据、存在的必然之则的探讨，这是合理的和有重大哲学价值的。周敦颐的"太极"、张载的"气"、邵雍的先天"象数"，都是对天地万物之存在依据的探索，但其理论在形式和内容上均没有二程的这个"理"论精纯。所以，北宋初的"造道"活动终以二程的"理"论为思想形式而形成了理学，这里有思想自身的必然。

"理"乃天地万物之存在的所以然之据和所当然之则，是理则、理法、法则、规则、规律，而非实体性的创造者和主宰者，这是二程"理"的一个根本特点。除此之外，二程的"理"尚有这样一些具体特点。其一，"无非理也，惟理为实"（《河南程氏粹言》卷一）。"实"是二程"理"的又一重要的和突出的特点所在。在二程看来，"理"非老氏所谓的"无"，亦非佛氏所谓的"空"或"虚"，它乃实；这个"实"当然不是形体之实，即有一个像上帝、神仙一样的东西在宇宙中实存着，而是指理则、道理、法则之实。首先，这个"理"乃实有其本。针对张载的"气"本体，二程指出："凡物之散，其气遂尽，无复归本元之理。""天地之化，自然生生不穷，更何复资于既毙之形，既返之气！……往来屈伸，只是理也。"

（《河南程氏遗书》卷十五）气是有生有灭、有聚有散的；既如此，就没有一个永恒不变的绝对体存在，这当然不行。只有通过气的往来屈伸显用而又不改变的东西才是体，是本，这就是"理"。所以，二程认为在"所以运动变化"的"理"之外再"别立"一个运动变化之气，就成了"二本"（《河南程氏遗书》卷十一），这实际上就取消了本，就无本体可言了。本体只有一个，即："天下只有一个理。"（《河南程氏遗书》卷十八）"理者，实也，本也。"（《河南程氏遗书》卷十一）"所以谓万物一体者，皆有此理，只为从那里来。"（《河南程氏遗书》卷二上）"理"是真实存在的本体。其次，这个"理"乃实有其体。"理"作为唯一的本体，当然不是虚无、空幻的，乃是真实的，即"天下无实于理者"（《河南程氏遗书》卷三）。但这个"实"是什么？是真的有一个实形的"理"吗？非也。"理，无形也。"（《河南程氏粹言》卷一）"理"是没有形体的，但它确实有，这就是实有其理则，即实有其体。二程说："天理云者，这一个道理，更有甚穷已？不为尧存，不为桀亡。人得之者，故大行不加，穷居不损。这上头更怎生说得存亡加减。是它元无少欠，百理俱备。"（《河南程氏遗书》卷二上）这个"理"是不能"存亡加减"的，故它是不变的。因此，的确有"理"这个东西存在。最后，这个"理"乃实有其用。"理"既然是本原，本体，就一定要存在于天地万物中，要在天地万物的存在变化中表现、体现、呈现、显现出来，这就是"理"的用，即作用、功用。二程说："实有是理，故实有是物；实有是物，故实有是用；实有是理，故实有是心；实有是心，故实有是事。是皆原始要终而言也。"（《河南程氏经说》卷八）"原始要终"就是本原、本体的意思。这是从本体之用的意义上来说物之"所以用"、心之"所以事"的。这表明，这个"理"虽然存在于具体事物中，但绝不是"火热""水寒""天高""地深"之类的具体理则、具体现象，而是要追究"火之所以热""水之所以寒"（《河南程氏遗书》卷十九），"天地之所以高深"（《河南程氏遗书》卷十五）等的一般理则和道理。故这个"理"有普遍性、一般性。

其二，"理"是天、地、人所有之理则，是自然世界和人文世界的统一。二程说："理则天下只是一个理，故推至四海而准。须是质诸天地，参诸三王不易之理。"（《河南程氏遗书》卷二上）这里表现了"理"本论的应有内容，即将自然世界之必然存在与人类社会（人文世界）之应然存在合而为一。这正是"理"本论的时代之需和时代要求，即将人世伦理提升为宇宙存在之必然的高度以建构伦理学本体论。

南宋朱熹是二程（特别是程颐）"理"学思想的传承者和集大成者。从思想渊源上说，朱熹以二程的"义理之学"为宗，吸收了周敦颐的"太极"说、张载的"气"论、邵雍的"象数"学，还有佛教华严宗的"理事"说，建立了一个庞大的理学体系。朱熹"理"论的思想特点一是广博庞大，二是内容充实全面。朱子的"理"论可概括为下列三方面内容。

其一，"理"是实体，是本原。朱熹继承了二程的"理"思想，认为"理"是天下真实的存在，是天地万物所以存在的依据、本原。朱熹说：

> 凡有形有象者，皆器也；其所以为是器之理者，则道也。（《朱文公文集》卷三十六）
>
> 形而上者，无形无影是此理；形而下者，有情有状是此器。（《朱子语类》卷九十五）
>
> "无极而太极"，不是说有个物事光辉辉地在那里，只是说这里当初皆无一物，只有此理而已，……惟其理有许多，故物亦有许多。（《朱子语类》卷九十四）
>
> 做出那事，便是这里有那理。凡天地生出那物，便是那里有那理。（《朱子语类》卷一百一）
>
> 问："枯槁之物亦有性，是如何？"曰：是他合下有此理，故云天下无性外之物。因行街云：阶砖便有砖之理。因坐云：竹椅便有竹椅之理。（《朱子语类》卷四）
>
> 问："理是人物同得于天者，如物之无情者亦有理否？"曰："固是有理。如舟只可行之于水，车只可行之于陆。"（《朱子语类》卷四）
>
> 问："天地未判时，下面许多都已有否？"曰："只是都有此理。"（《朱子语类》卷一）
>
> 事事物物，皆有个极，是道理之极至。蒋元进曰：如君之仁、臣之敬，便是极。曰：此是一事一物之极，总天地万物之理便是太极。太极本无此名，只是个表德。（《朱子语类》卷九十四）

在朱熹看来，"理"是宇宙间真实存在的，天地万物的存在都因其有"理"。"宇宙之间一理而已，天得之而为天，地得之而为地，而凡生于天地之间者，又各得之以为性，其张之为三纲，其纪之为五常，盖皆此理之流行，无所适而不在。"(《朱文公文集》卷七十）如果没有这个"理"，天地万物的存在就没有依据，那就不能存在。朱熹还论述了以"理"（或"太极"）为依据的天地万物的形成，云："二气五行，天之所以赋受万物而生之者也。自其末以缘本，则五行之异，本二气之实；二气之实，又本一理之极，是合万物而言之，为一太极而已也。自其本而之末，则一理之实，而万物分之以为体，故万物之中各有一太极。"（《通书·理性命注》）从天地万物的形成源上说，均源于"理"；就已形成的天地万物的存在说，则万物中各有一"理"。所以，"理"是天地间实存的东西，是万物存在之原。

朱熹的"理"已是一个具有思想深度的哲学范畴。这种思想深度的表现就在于他看到了"理"的"有—无"性结构。朱熹说："以理言之，则不可谓之有；以物言之，则不可谓之无。"（《朱子语类》卷九十四）如果单独来看，"理"不是物体，故天下没有它的实存；但就天地万物的存在看，"理"就是万物存在之依据、本体，它都是实实在在的存在。这里已涉及"理"究竟是"有"还是"无"的存在性质问题。朱熹进而说："谓之'无极'，正以其无方所、无形状，以为在无物之前，而未尝不立于有物之后；以为在阴阳之外，而未尝不行于阴阳之中；以为通贯全体，无乎不在，则又初无声臭影响之可言也。""不言'无极'，则'太极'同于一物，而不足为万化之根；不言'太极'，则'无极'沦于空寂，而不能为万物之根。"（朱熹《太极图说解》）这就是说，"无极"与"太极"是统一的。结合"理"言，这个"理"就既是"无极"又是"太极"，这就是"理"的内性结构——"有—无"性。"理"之所以能是自本自根之体，正在于它的"有—无"性之内性和结构。

其二，"理依于气"和"理主气"的理气思想。朱熹讲"理"，也讲"气"；"理"是天地万物的存在本体，但"气"却是构造天地万物的材料。如果没有"气"，"理"就没有了"挂搭处"，就无所依凭，也就不存在了。所以，理气思想乃朱熹"理"论的一个突出而重要的内容。朱熹的理气思想包括这些方面。一是"理依于气"。朱子曰："天下未有无理之气，亦未有无气之理。"（《朱子语类》卷一）"及此气之聚，则理亦在焉。益气则能凝结造作，理却无情意，无计度，无造作。只此气凝聚处，理便在其中。且如天地间人物草木禽兽，其生也莫不有种，定不会无种子白地生出一个物事。这个都是气。若理则只是个净洁空阔的世界，无形

61

迹，他却不会造作。气则能酝酿凝聚生物也。但有此气，则理便在其中。"
(《朱子语类》卷一）"太极只在阴阳中，非能离阴阳也。然至论太极，则
太极自是太极，阴阳自是阴阳。"(《朱子语类》卷八）"天地之间有理有
气。理也者，形而上之道也，生物之本也；气也者，形而下之器也，生
物之具也。是以人物之生，必禀此理，然后有性；必禀此气，然后有形。"
(《朱文公文集》卷五十八《答黄道夫书》）这里说得很明确：天下不能有
"理"无"气"，也不能有"气"无"理"，"理"和"气"都要，"理"依
于"气"才能存在。二是"理在气中"。"理"依于"气"的具体方式就
是"理在气中"。朱熹说："理在气中发现处如何？曰：如阴阳五行错综不
失条绪，便是理。若气不结聚时，理亦无所附着。"(《朱子语类》卷一）
"理在气中，如一个明珠在水里。理在清底气中，如珠在那清底水里面，
透底都明。理在浊底气中，如珠在那浊底水里面，外面更不见光明处。"
(《朱子语类》卷四）若没有气，理就没有了附着处，也就没有理了，故
"理"的存在必依赖于"气"，"理"在"气"中存在。但朱熹在此似乎说
了"理"在"气"中的两种方式：或是内在的，即"理"可以是阴阳五
行之绪；或是外在的，即"理"如明珠在水中。这表明，在朱子这里"理"
与"气"仍是两种不同质性的东西。三是"理先气后"。朱熹虽然认为若
无"气"，"理"就无附着、挂搭处，但理、气毕竟不同，有不同的地位
和作用，这就是他的"理先气后"说。他说："未有这事，先有这理。如
未有君臣，已先有君臣之理。未有父子，已先有父子之理。不成元无此
理，直待有君臣父子，却旋将道理入在里面。"(《朱子语类》卷九十五）
"未有天地之先，毕竟是先有此理。""未有天地之先，毕竟也只是理。有
此理便有此天地。若无此理，便亦无天地，无人无物，都无该载了。有
理便有气，流行发育万物。""问：先有理抑先有气？曰：理未尝离乎气。
然理形而上者，气形而下者。自形而上下言，岂无先后？"(《朱子语类》
卷一）"以本体言之，则有是理然后有是气。而理之所以行又必因气以为
质也。"(《孟子或问》卷三）朱熹说得很明确，"理"虽然"未尝离乎气"，
但"理"毕竟是本体，故"有是理然后有是气"，"理"是主宰者。四是
理主于气。"理"最终是主宰者，"气"只能从之。朱熹曰："理搭在阴阳
上，如人跨马相似。""太极（理）犹人，动静（气）犹马。马所以载人，
人所以乘马。马之一出一入，人亦与之一出一入。盖一动一静，而太极
之妙未尝不在焉。此所谓所乘之机，无极、二（气）五（行）所以妙合而

凝也。"(《朱子语类》卷九十四）人虽然要靠马来驮载，但人却主宰、控制着马。理、气关系亦然，理是乘气却主宰着气。五是就"理"的现实存在方式和途径言，理气乃体用一源。朱熹有言："如易有太极，是生两仪，则先从实理处说。若论其生则俱生，太极依旧在阴阳里。但言其次序，须有这实理，方始有阴阳也。其理则一。虽然自见（现）在事物而观之，则阴阳函太极；推其本，则太极生阴阳。"(《朱子语类》卷七十五）"问：理在先，气在后？曰：理与气本无先后可言，但推上去时，却如理在先，气在后相似。""或问：必有是理然后有是气，如何？曰：此本无先后可言。然必欲推其所从来，则须说先有是理。""或问先有理后有气之说。曰：不消如此说。而今知得他合下是先有理后有气邪？后有理先有气邪？皆不可得而推究。然以意度之，则疑此气是依傍这理行。"(《朱子语类》卷一）"所谓理与气，此绝是二物。但在物上看，则二物浑沦，不可分开各在一处，然不害二物之各为一物也。若在理上看，则虽未有物而已有物之理，然亦但有其理而已，未尝实有是物也。"(《朱文公文集·答刘叔文》）朱子的这些论述说明，从道理上讲是先有"理"后有"气"，但就实际之存在状态和方式言，理、气是同时存在的，并无先后可言，这从体用关系上说就叫作"体用一源"。朱子曰："体用一源者，自理而观，则理为体，象为用，而理中有象，是一源也。显微无间者，自象而观，则象为显，理为微，而象中有理，是无间也。"(《朱文公文集·答何叔京》)

其三，"理一分殊"思想。这一理论具有思想方法和方法论意义。"理"要依于"气"，要主宰"气"，那么这个"理"是怎么依、怎么主的呢？在这里朱熹吸收了佛教华严宗的"理事"思想，他讲"理一分殊"。朱熹指出："论万物之一原，则理同而气异；观万物之异体，则气犹相近，而理绝不同也。"(《朱文公文集·答黄商伯之四》)"天下之理未尝不一，而语其分则未尝不殊。"(《中庸或问》)"只是此一个理，万物分之以为体。"(《朱子语类》卷九十四）"人物之生，天赋之以此理，未尝不同，但人物之禀受自有异耳。如一江水，你将勺去取，只得一勺；将碗去取，只得一碗；至于一桶一缸，各自随器量不同，故理亦随以异。"(《朱子语类》卷四）"释氏云：'一月普现一切水，一切水月一月摄。'这是释氏也窥见得这些道理。"(《朱子语类》卷十八）"或问理一分殊。曰：圣人未尝言理一，多只言分殊。盖能于分殊中事事物物、头头项项理会得其当然，然后方知理本一贯。不知万殊各有一理，而徒言理一，不知理一在何处。圣人千言万语教人，学者终身从事，只是理会这个要得事事物物、头头件件各知其所当然；而得其所当然，只此便是理一矣。"（《朱子语类》卷二十七）世上的事物头头件件，多种多样；而世上的"理"却只有一个。这唯一的一个"理"与事物如何关系、关联呢？朱熹认为"理"在每个物事中都存在，每个物事中均有一个整全的"理"，而并非只有"理"的一部分，这就叫"理一分殊"。朱熹还用佛家的月水之喻来说明这一道理：天上只有一轮月亮，它照在江中、海中、河中、湖中、桶中、碗中……均是一完整月亮。"理"的存在亦然，世上每一事物中均有一完全之"理"存在。

朱熹作为宋代理学思想的集大成者，其"理"本论具有代表性，是中国后期封建社会的主导思想形式，很有影响。至明清之际，随着中国资本主义萌芽的出现和社会变化，朱熹的"理"本论受到了批判，颜元、戴震、王夫之等人从不同方面批判了"理"论之非。但这些批判多在"理"论的社会作用方面，至于"理"本论的理论本身触动不大。但不论怎么说，朱熹的"理"论是中国哲学"理"本论的完成形式和典型形态。

以朱熹"理"论为代表的宋明理学，首先有极为重要的思想理论价值，因为它完成了伦理学本体化的历史的和时代的任务。李泽厚先生说："朱熹庞大体系的根本核心在于建立这样一个观念公式：'应当'（人世伦常）＝必然（宇宙规律）。朱熹包罗万象的'理'世界是为这个公式而设：万事万物之所以然（'必然'）当即人们所必需（'应当'）崇奉、遵循、服从的规律、法则、秩序，即'天理'是也。尽管与万物同存，'理'在逻辑上先于、高于、超越于万事万物的现象世界，是它构成了万事万物的本体存在。……这个超越天、地、人、物、事而主宰之的'理'（'必然'）也就正是人世伦常的'应当'：两者既相等同又可以互换。"①这就是朱熹"理"论的重大思想贡献，即把人世伦理原则提升到宇宙存在的高度而使其必然化和本体化，这就是伦理学本体论的建构完成。

但也正是朱熹的这个"理"论，却潜伏有自身的思想矛盾和分裂因子，有使理学体系解体的可能和危险。因为"正是朱熹，把体用、中和、性情、静动、未发已发等等作了明晰的区划，具有鲜明的二元体系特色而极大地突出了理性本体的主宰、统帅、命令、决定作用。其实，整个宋明

---

① 李泽厚：《中国古代思想史论》，人民出版社 1986 年版，第 232—233 页。

理学要讲的就是这个问题"①。这本来就是"理"本体自身的要求,这个方向并没有错。这就相当于康德讲的那个"绝对命令"。但由于受中国传统文化的影响,朱熹的这个"理"却未能成为纯净、完全的本体,它将人的"仁"性情感充斥在其中了。故"康德只讲'义',理学还讲'仁'。康德把理性与认识、本体与现象作了截然分割,实践理性(伦理行为)只是一种'绝对命令'和'义务',与任何现象世界的情感、观念以及因果、时空均毫不相干,这样就比较彻底地保证了它那超经验的本体地位。中国的实践理性则不然,它素来不去割断本体与现象,而是从现象中求本体,即世间而超世间,它一向强调'天人合一,万物同体';'体用一源''体用无间'。康德的'绝对命令'是不可解释、无所由来(否则即坠入因果律的现象界了)的先验的纯粹形式,理学的'天命之谓性'('理')却是与人的感性存在、心理情感息息相通的。它不止是纯形式,而有其诉诸社会心理的依据和基础。继承孔孟传统,宋明理学把'义务'、'绝对命令'明确建筑在某种具有社会情感内容的'仁'或'恻隐之心'上。如果说,康德仍然不脱开西方从古至今的原罪思想传统,认为人性恶;那么,宋明理学则承接孔孟传统,强调人性善,贯彻着'汝安则为之'(孔)、'恻隐之心,人皆有之'(孟)的心理学与伦理学交溶的基本原则。……因之在宋明理学中,感性的自然界与理性伦常的本体界不但没有分割,反而彼此渗透吻合一致了。'天'和'人'在这里都不只是具有理性的一面,而且具有情感的一面"②。所以,宋明理学的"理"本论所讲的"理"本体"具有了二重性。这样一种矛盾,便蕴藏着对整个理学破坏爆裂的潜在可能"③。如果说"理"学的这个矛盾尚有潜伏性的话,那么到了"心"学体系其矛盾就展现和爆发了,最终导致了宋明理学体系的解体。

第五节　心本论

"心"字的本义是人的心脏。其引申义为内心、心中、思想、心思、心胸等。

---

① 李泽厚:《中国古代思想史论》,人民出版社1986年版,第234页。
② 李泽厚:《中国古代思想史论》,人民出版社1986年版,第236—237页。
③ 李泽厚:《中国古代思想史论》,人民出版社1986年版,第241页。

至孟子，始重"心"之作用。《孟子》中"心"字有117见[1]，大多数是在一般意义上运用的，但也两种明确、突出的含义：一是思想、思考、思虑等义，二是特别重要和突出其伦理道德之属性。孟子有言：

> 人皆有不忍人之心。先王有不忍人之心，斯有不忍人之政矣。以不忍人之心，行不忍人之政，治天下可运之掌上。所以谓人皆有不忍人之心者，今人乍见孺子将入于井，皆有怵惕恻隐之心；非所以内交于孺子之父母也，非所以要誉于乡党朋友也，非恶其声而然也。由是观之，无恻隐之心，非人也；无羞恶之心，非人也；无辞让之心，非人也；无是非之心，非人也。恻隐之心，仁之端也；羞恶之心，义之端也；辞让之心，礼之端也；是非之心，智之端也。人之有是四端也，犹其有四体也。有是四端而自谓不能者，自贼者也。谓其君不能者，贼其君者也。凡有四端于我者，知皆扩而充之矣，若火之始然，泉之始达。苟能充之，足以保四海；苟不充之，不足以事父母。（《孟子·公孙丑上》）
>
> 恻隐之心，人皆有之；羞恶之心，人皆有之；恭敬之心，人皆有之；是非之心，人皆有之。恻隐之心，仁也；羞恶之心，义也；恭敬之心，礼也；是非之心，智也。仁义礼智，非由外铄我也，我固有之也，弗思而已。故曰："求则得之，舍则失之。"（《孟子·告子上》）

这就是孟子的伦理道德之心。他认为，人之所以为人，人与禽兽的根本区别就在于人有这种伦常之心，此乃人之存在、生存的根基所在。孟子的这个"心"与孔子的"仁"在哲学性质上是一致的，都是人所具有的伦理本质，同时亦是人之为人的依据，它们都有本体之义。另外，孟子的"心"在孔子"仁"的基础上将人的伦理本性、本质扩充、扩大了，由"仁"扩大至仁、义、礼、智"四端"。孟子的"心"论对后世儒学，尤其是对宋明理学中的"心"学，影响甚大。

战国时稷下道家也讲"心"。如说："心之在体，君之位也。九窍之有职，官之分也。心处其道，九窍循理；嗜欲充益，目不见色，耳不闻

---

[1] 见杨伯峻：《孟子译注》，中华书局1960年版，第360页。

声。""心术者，无为而制窍者也。""宫者，谓心也。心也者，智之舍也，故曰宫。"（《管子·心术上》）"我心治，官乃治；我心安，官乃安。""血气既静，一意专心，耳目不淫，虽远若近。"（《管子·内业》）《管子·心术上》说："无为之道，因也。因也者，无益无损也，以其形因为之名，此因之术也。"又说："因也者，舍己而以物为法者也。感而后应，非所设也；缘理而动，非所取也。"这是《管子》四篇从其"静因之道"的意义上讲"心"。"因"是一种认识原则和方法，即顺应事物的特点认识和把握事物。怎样才能因物以把握之呢？这就要发挥"心"的作用，因为"心之在体，君之位也"，"心处其道，九窍循理"，所以先要把"心"治好。又怎么治"心"呢？就是要使"心"处在"虚""静"中，不要受私欲的干扰，这样才可因物而把握物。稷下道家这种"静因之道"的"心术"之方是有一定的认识论和方法论意义的。

战国末期的荀子也很重视"心"的作用。他说："耳目鼻口形能，各有接而不相能也，夫是之谓天官。心居中虚以治五官，夫是之谓天君。"（《荀子·天论》）这是在人的身体器官的意义上讲"心"。"心"是人身的器官，但它对别的器官有统治、主宰功能。他还说："心者，形之君也，而神明之主也；出令而无所受令；自禁也，自使也；自夺也，自取也；自行也，自止也。故口可劫而使墨云，形可劫而使诎申，心不可劫而使易意，是之则受，非之则辞。"（《荀子·解蔽》）这里突出了"心"的作用，心乃"形之君""神明之主"，如果没有"心"的主宰作用，感官的作用也就失去了；"心"的特征就在于它是主，"出令而无所受令"也，它能自禁、自使、自夺、自取、自行、自止，其行是自由的。荀子还指出："人何以知道？曰：心。心何以知？曰：虚壹而静。心未尝不臧也，然而有所谓虚；心未尝不满也，然而有所谓一；心未尝不动也，然而有所谓静。人生而有知，知而有志。志也者，臧也，然而有所谓虚，不以所已臧害所将受谓之虚。心生而有知，知而有异，异也者，同时兼知之。同时兼知之，两也，然而有所谓一，不以夫一害此一谓之壹。心卧则梦，偷则自行，使之则谋。故心未尝不动也，然而有所谓静，不以梦剧乱知谓之静。未得道而求道者，谓之虚壹而静。"（《荀子·解蔽》）这是荀子关于"心"的最重要的思想。在这里，荀子实际上讲到了、揭示了或者说发现了"心"的"满——一""藏——虚""动——静"性的内存在结构，这是心之为心的根本内性。这里问题的关键在于，揭示了"心"本身的"中"或

"居中"的境域性、势域性之存在本性和结构。"心"这个东西倘若只是和只有主体性、自我性，那么它就终与对象无涉，这样的心是纯粹的空心，是终无用的；而倘若它完全被对象化了，完全成为对象，那么它也就不是心了，这也就意味着没有心了。可见，心的存在本来就不能是纯主体的和纯客体的，否则心就被废了，就终无心存在了。那么，心到底如何才是它自己呢？它究竟如何存在呢？这里非逼近到一个"中"或"居中"的地带、地域、境域不可。这就是说，心既是主又是客，既非主又非客，是主而非主，是客而非客，是主客客主、客主主客，是主主客客、客客主主，这就是心的"主—客"性的存在性，也是其存在结构。荀子在此所讲的"心"的"藏—虚""满（两）—一""动—静"之性，正是"心"所具有的"主—客"性之本性和结构。

在先秦讲"心"的学派和思想中，孟子的伦理道德化的心和荀子的"主—客"性的具有"中"性境域性的心是两个最重要的思想贡献。但非常惋惜的是，荀子境域化了的心却未能在中国古代哲学中产生应有的影响和作用。

隋唐佛学很重视"心"。因为当佛教作为一种宗教教导人们修行成佛时，所要面对和正视的第一个问题就是：人能否成佛？人成佛的根据何在？佛教当然要肯定人能成佛，其根据显然不在人的肉体，而在人的心或性上。任继愈先生说："魏晋玄学把中国哲学从元气自然论推进到本体论的阶段，南北朝时期，中国哲学已由本体论发展为心性论。这一认识过程体现了人类认识规律。汉代哲学致力于宇宙万物生成论的探索，魏晋玄学进而探索世界的本体。由本体论再进一步探索，即进入心性论的领域。……隋唐哲学的最突出的贡献在于把心性论研究推向新的高度。"[1]隋唐时代中国思想文化的格局是儒、释、道三教并存。实际上不只是佛（释）涉及心性问题，三教都关系到人的心性。因为儒家教导人成圣成贤，这就有个成圣成贤的根据和可能的问题，这只能是人的心性；道教教导人成仙，这也有个能否成仙和成仙的根据问题，这也只能是人的心性。所以，隋唐时期的儒、佛、道三方思想都有条件和可能逼进心性问题，都有可能和必要构建心性本体论。但实际情况却是，儒家忙于《五经正义》之类典籍的撰著、整理和疏解工作，道教忙于炼丹（尽管当时

---

① 任继愈主编：《中国哲学发展史》（隋唐），人民出版社1994年版，第22—23页。

已主要是内丹学）之事，都未能在思想理论上突出和研究人的心性问题。只有佛教以教导人修行成佛为契机，逼进人的心性领域，最终以禅宗为代表完成了心性本体论的建构任务。所以，当说到隋唐时代的哲学思想时，人们往往以"隋唐佛学"来冠名。

隋唐时期中国化的佛教宗派都重视人的心性问题。比如天台宗认为："夫一心具十法界①，一法界又具十法界，为百法界；一法界又具三十种世间，百法界即具三千种世间。此三千在一念心，若无心则已，介尔有心，即是三千。"（《摩诃止观》卷五上）这就是天台宗著名的"一念三千"说，它认为三千大千世界的存在根据就在人的一念之"心"。唯识宗讲"万法唯识"，这个"识"就是心。唯识宗所讲的眼、耳、鼻、舌、身、意、末那、阿赖耶识这"八识"，都是"心"的存在和表现形式。华严宗讲"法界缘起"，但"缘起"终离不开人心。因为"离心之外，更无一法，纵见内外，但是一心所现，无别内外"（《华严义海百门》）。宗密在解说华严宗的理论要旨时说："统唯一真法界，谓宗该万有，即是一心；然心融万有，便成四种法界。"（《〈法界观门〉注》）至禅宗，更是突出了心性问题。如慧能说："心生，种种法生；心灭，种种法灭。一心不生，万法无咎。""万法尽在自心，何不从心中顿见真如！"（《坛经·般若》）"菩提只向心觅，何劳向外求玄？"（《坛经·疑问》）"心量广大，犹如虚空，无有边畔。……世人性空，亦复如是。……自性能含万法是大，万法在诸人性中。"（《坛经·般若》）"汝今当信佛知见者，只汝自心，更无别佛。"（《坛经·机缘》）

禅宗尤重人的"本心""自性"。如说："无上菩提，须得言下识自本心，见自本性，不生不灭。""何期自性本自清净，何期自性本不生灭，何期自性本自具足，何期自性本无动摇，何期自性能生万法。"（《坛经·行由》）"本性是佛，离性无别佛。""一切般若智皆从自性而生，不从外入。"（《坛经·般若》）禅宗明确肯定，成佛的根据全在"自心"或"自性"上。那么，人的"自心"又是什么样的心呢？慧能提出了"无念""无相""无往"的"三无"说。谓："善知识，我此法门，从上以来，先立无念为宗，无相为体，无住为本。无相者，于相而离相；无念者，于念而无念；无往者，人之本性。"（《坛经·定慧》）

---

① "法界"指宇宙万有的一切事物。分门别类的不同事物各有其不同的界限。

　　要讲成佛，人要修行成佛，其根据即在"心"上，这个原则和方向是对的。但究竟如何以"心"为依据？"心"究竟怎样做、怎样处呢？这却是个大问题和大难题。常人一讲"心"就将它对象化，这实际上是失去了心自身或真心，而有些佛教修行者为了防止心的对象化，又主张不思不想，这实际上也失去了心自身或真心。心要思要想但又不能对象化，这就是问题的实质所在。换个讲法也一样：当人说心是成佛之依据，说心如何如何时，究竟是谁在说呢？实际上正是心自己，是心自己在把握自己。而心要把握自己就一方面要将自己外化、对象化，但另一方面它又不能将自己完全地对象化而一去不返。如果它将自己完全对象化出去，它也就不知道有没有自己了，也就无心可言了。所以，当人说"心"如何如何时，或曰当心展开自己对自己把握时，这个心必须同时处在对象心和主体心的双重地位上，此时它是此又是彼，是此彼彼此、彼此此彼的，是此而无此且彼而无彼的。那它到底是什么呢？是"中"，只能是"中"，即"中"性的地域或境域化存在。此时的"心"其本身乃一种"主—客""物—我""动—静""彼—此""净—染"等的"中"性结构和存在，它的存在方式只能是"时间"架构。李泽厚先生说："禅宗这种既达到超越又不离感性的'顿悟'究竟是甚么呢？这个'好时节'、'本无烦恼'、'忽然省悟'又到底是什么呢？我以为，它最突出和集中的具体表现，是对时间的某种神秘的领悟，即所谓'永恒在瞬刻'或'瞬刻即可永恒'这一直觉感受。这可能是禅宗的哲学秘密之一。"[1] 慧能所说的"无念""无相""无住"，实则揭示的就是"心"体的"中"性化的境域性结构，或者说就是"心"之存在的时间性本性。隋唐佛学的心性思想有它的深刻性的一面。

　　使"心"具有明确、突出的哲学意义，这是宋明理学，特别是理学中"心"学的功绩。理学家们对心的作用是很重视的。比如张载指出："大其心，则能体天下之物；物有未体，则心为有外。世人之心，止于闻见之狭；圣人尽性，不以见闻梏其心，其视天下无一物非我。天大无外，故有外之心不足以合天心。见闻之知，乃物交而知，非德性所知；德性所知，不萌于见闻。……人谓己有知，由耳目有受也；人之有受，由内外之合也。知合内外于耳目之外，则其知也过人远矣。"（《正蒙·大心》）

---

　　① 李泽厚：《中国古代思想史论》，人民出版社1986年版，第207页。

张载还以知觉为心的属性，认为"合性与知觉，有心之名"（《正蒙·太和》）。邵雍说："心为太极，又曰：道为太极。""先天之学，心法也，故图皆自中起，万化万事生乎心也。""先天之学，心也；后天之学，迹也；出入有无生死者，道也。"（《皇极经世·观物外篇》）又说："物莫大于天地，天地生于太极，太极即是吾心，太极所生之万化万事，即吾心之万化万事也。"（《渔樵问答》）南宋朱熹也说："心者，人之知觉，主于身而应于事者也。"（《朱子语类》卷五）他又接受张载的"心统性情"说，认为"性是未动，情是已动，心包已动未动""心统性情也"（《朱子语类》卷五）。这是说心是性和情的统一。张载、朱熹等对"心"的论说尚属一般。

以"心"为本的"心"本论真正始于南宋陆九渊。《象山年谱》说：

先生自三四岁时，思天地何所穷际不得，至于不食。宣教公①呵之，遂姑置，而胸中之疑终在。后十余岁，因读古书至"宇宙"二字，解者曰："四方上下曰宇，往古来今曰宙。"忽大省曰："元来无穷。人与天地万物，皆在无穷之中者也。"乃援笔书曰："宇宙内事乃己分内事，己分内事乃宇宙内事。"又曰："宇宙便是吾心，吾心即是宇宙。东海有圣人出焉，此心同也，此理同也。西海有圣人出焉，此心同也，此理同也。南海、北海有圣人出焉，此心同也，此理同也。千百世之上至千百世之下，有圣人出焉，此心此理，亦莫不同也。"故其启悟学者，多及宇宙二字。如曰："道塞宇宙，非有所隐遁。在天曰阴阳，在地曰刚柔，在人曰仁义。仁义者，人之本心也。"又曰："是理充塞宇宙。天地顺此而动，故日月不过而四时不忒；圣人顺此而动，故刑罚清而民服。"又曰："此理塞宇宙，谁能逃之，顺之则吉，逆之则凶。"又曰："宇宙不曾限隔人，人自限隔宇宙。"（《陆九渊集·年谱》）

"宇宙内事乃己分内事，己分内事乃宇宙内事"，"宇宙便是吾心，吾心即是宇宙"，这就是陆九渊典型的"心"本论。在他看来，天地万物，即整个宇宙存在的根据、原因、本原、本体就是人之"心"。看到陆九渊

---

① 宣教公：陆九渊的父亲。

的如斯说法和命题，人们往往评论为地道的"主观唯心主义"，认为陆九渊竟然无视天地万物的客观存在，而把它说成由人的心所产生和决定的。事实上，这种看法和理解并不完全正确。陆九渊作为一个生活在现实社会中的现实的人，不可能以天地万物为人心之幻想、幻化。他之所以说"宇宙便是吾心，吾心便是宇宙"，是就宇宙存在之"理"说的。宇宙存在必有其则，即必有其如此存在的原因和依据，这就是宋明理学中的"理"本论者所谓的"理"或"天理"。对"理"这个东西，陆九渊是肯定和承认的，在这一点上他与朱熹并无冲突。但宇宙存在之"理"究竟是什么东西？它在哪里存在？原来，这个"理"是人所提出的，并由人来认识和把握之。倘若宇宙中没有了人，宇宙中是不会有这个"理"的；尽管没有人时或人类出现以前天地万物就早已存在了，但没有人时宇宙的存在却是没有意义和价值的，宇宙自身即使有所谓的"规律"在，但宇宙自己不可能说这是"规律"，这种东西是人发现和提炼、总结的结果，故它的存在离不开人。所以，当人说宇宙存在如何如何时，这都是人在说、在做，都是人的问题。从这个意义上说，宇宙存在的那种"理"的确与人有关，是由人来认识和把握的。这正是陆九渊与朱熹"理学"思想的分野。故当朱熹集大成的"理"学体系正在建成和刚刚建成时，陆九渊的"心"学体系就开工构建了。与朱熹"性即理"的理学宗旨有别，陆九渊的理学宗旨是"心即理"。他说："天之所以与我者，即此心也。人皆有是心，心皆具是理，心即理也。"（《陆九渊集·与李宰》）陆九渊反复强调"心"的本体地位和作用。他说："心，一心也；理，一理也，至当归一，精义无二。此心此理实不容有二。"（《陆九渊集·与曾宅之》）"万物森然于方寸之间，满心而发，充塞宇宙，无非此理。"（《陆九渊集·语录上》）"皇极之建，彝伦之叙，反是则非，终古不易。是极是彝，根乎人心，而塞乎天地。"（《陆九渊集·杂说》）"心，只是一个心。某之心，吾友之心，上而千百载圣贤之心，下而千百载复有一圣贤，其心亦如此。心之体甚大，若能尽我之心，便与天同。"（《陆九渊集·语录下》）在陆九渊看来，宇宙万物（包括肉体之人）的存在皆有所当然之则和所以然之理，而此"理"只能由人"心"来认识和把握之；所以宇宙存在的真正的最终原因和依据就在"心"这里。这种看法和说法当然有一定道理。

"心"学或"心"本论的集大成者是明代的王阳明。王阳明反对的是朱子的"性即理"的理学宗旨，他认为这种主张是"析心与理而为二矣"

（《王阳明全集·书诸阳伯卷》），使"理"处在了心外；"理"既然在心外，就与心无关涉，那么人怎么能知道有"理"存在呢？"理"有何意义和价值呢？所以，王阳明与陆九渊"心即理"的理学宗旨是一致的。王阳明的基本思想主张就是"心外无理"。他说：

> 夫在物为理，处物为义，在性为善，因所指而异其名，实皆吾之心也。心外无物，心外无事，心外无理，心外无义，心外无善。吾心之处事物，纯乎理而无人伪之杂，谓之善，非在事物有定所之可求也。处物为义，是吾心之得其宜也；义非在外可袭而取也。格者，格此也；致者，致此也。必曰事事物物上求个善，是离而二之也。（《王阳明全集·与王纯甫壬申》）
>
> 爱问："至善只求诸心，恐于天下事理有不能尽。"先生曰："心即理也，天下又有心外之事，心外之理乎？"爱曰："如事父之孝，事君之忠，交友之信，治民之仁，其间有许多理在，恐亦不可不察。"先生叹曰："此说之蔽久矣，岂一语所能悟；今始就所问者言之。且如事父不成，去父上求个孝的理，事君不成去君上求个忠的理，交友治民不成去友上民上求个信与仁的理，都只在此心。心即理也，此心无私欲之蔽，即是天理，不须外面添一分。以此纯乎天理之心，发之事父便是孝，发之事君便是忠，发之交友治民便是信与仁，只在此心去人欲存天理上用功便是。……譬之树木，这诚孝的心便是根，许多条件便是枝叶。须先有根，然后有枝叶；不是先寻了枝叶，然后去种根。"（《传习录·徐爱录》）
>
> 理也者，心之条理也。是理也，发之于亲则为孝，发之于君则为忠，发之于朋友则为信，千变万化至不可穷竭，而莫非发于吾之一心。故谓端庄静一为养，而以学问思辨为穷理者，析心与理而为二矣。（《王阳明全集·书诸阳卷》）
>
> 夫物理不外于吾心，外吾心而求物理，无物理矣。遗物理而求吾心，吾心又何物邪？心之体，性也，性即理也。故有孝亲之心，即有孝之理；无孝亲之心，即无孝之理矣。有忠君之心，便有忠之理；无忠君之心，即无忠之理矣。理岂外于吾心邪？晦庵谓："人之所以为学者，心与理而已。"心虽主乎一身，而实管乎天下之理，理虽散在万事，而实不外乎一人之心。是其一分一合之间，而未免已

启学者心理为二之弊。此后世所以有专求本心，遂贵物理之患，正由不知心即理耳。夫外心以求物理，是以有暗而不达之处；此告子"义外"之说，孟子所以谓之不知义也。心，一而已。以其全体恻怛而言谓之仁，以其得宜而言谓之义，以其条理而言谓之理；不可外心以求仁，不可外心以求义，独可外心以求理乎？外心以求理，此知行之所以二也。求理于吾心，此圣门知行合一之教，吾子又何疑乎？（《传习录·答顾东桥书》）

又问："心即理之说，程子云在物为理，如何谓心即理？"先生曰："在物为理，在字上当添一心字；此心在物则为理，如此心在事父则为孝，在事君则为忠之类。"先生因谓之曰："诸君要识得我立言宗旨。我如今说个心即理是如何，只为世人分心与理为二，故便有许多病痛。如五伯攘夷狄，尊周室，都是一个私心，便不当理，人却说他做得当理，只心有未纯，往往悦慕其所为。要来外面做得好看，却与心全不相干。分心与理为二，其流至于伯道之伪而不自知。故我说个心即理，要使知心理是一个，便来心上做工夫，不去袭义于外，便是王道之真，此我立言宗旨。"（《传习录·门人黄以方录》）

这是王阳明对朱子"理"论的批评和对自己"心"论的申述。他反复说朱熹"理"本论之弊就在于"析心与理为二"，即把"理"作为"心"的对象了，作为思想观念或理性理念了，这样的"理"实际上已从事物中被分离了出来，已与事物的存在无关，它还有什么作用呢？它还能有什么作用呢？"理"一定是事物之"理"，一定存在于事物之中；要把握事物之中的活的"理"，而不是那种观念化、对象化之死"理"，就一定要使心与理为一，要有心、理之间的"中"性之境域，否则是把捉不到事物之"理"或活的、当场生成或构成着的"理"的。所以，王阳明的"心即理""知行合一"等说法和思想，都有一个"中"性的思想境域、情境在。境域性可谓王阳明"心"学的特点所在。倘若看不到和意识不到、体会不到阳明"心"学的此中情境、境域性，而将他的这个"心"仅视为思想观念或理性概念，这个"心"也就只是那种主观"唯心"论了，也就没有什么思想价值了。

我们再看王阳明的些许论说：

　　问："人心与物同体，如吾身原是血气流通的，所以谓之同体；若于人便是异体了，禽兽草木益远矣，而何谓之同体？"先生曰："你只在感应之几上看，岂但禽兽草木，虽天地也与我同体的，鬼神也与我同体的。""请问。"先生曰："你看这个天地中间，什么是天地的心？"对曰："尝闻人是天地的心。"曰："人又甚么叫作心？"对曰："只是一个灵明。""可知充塞天地中间只有这个灵明，人只为形体自间隔了。我的灵明便是天地鬼神的主宰。天没有我的灵明，谁去仰他高？地没有我的灵明，谁去俯他的深？鬼神没有我的灵明，谁去辨他吉凶灾祥？天地鬼神万物离却我的灵明，便没有天地鬼神万物了；我的灵明离却天地鬼神万物，亦没有我的灵明，如此便是一气流通的，如何与他间隔得？"又问："天地鬼神万物，千古见在，何没了我的灵明便俱无了？"曰："今看死的人，他这些精灵游散了，他的天地万物鬼神尚在何处？"（《传习录·门人黄以方录》）

　　朱本思问："人有虚灵，方有良知。若草木瓦石之类亦有良知否？"先生曰："人的良知，就是草木瓦石的良知，若草木瓦石无人的良知，不可以为草木瓦石矣。岂惟草木瓦石为然，天地无人的良知，亦不可为天地矣。盖天地万物与人原是一体，其发窍之最精处，是人心一点灵明，风雨露雷日月星辰，禽兽草木山川木石，与人原只一体。故五谷禽兽之类皆可以养人，药石之类皆可以疗疾，只为同此一气，故能相通耳。"（《传习录·门人黄省曾录》）

　　乍一看，王阳明的如斯讲法真有些十足的"主观唯心论"的味道，天地万物怎么能是人的"灵明"即"心"呢？难道人的"心"不思想天地万物就没有它们了吗？可以肯定，王阳明不是这个意思。他作为一位生活在现实社会中的现实人，作为一位哲人，它能无视天地万物的存在吗？那么，王阳明讲这些话究竟是什么意思呢？他是说，天地万物的意义和价值是由人赋予的，天地间有了人以后才有了天地万物是什么、它们如何存在、它们的作用、意义、价值何在之类的问题，倘若宇宙中没有人，根本不会有宇宙如斯存在之类的问题提出来，宇宙的存在也不会有意义。所以，从这个意义和角度说，真的是人为天地立了"心"，是人的"心"挺立起了天地的"心"，故可以说如果没有人的"灵明"（"心"），谁去仰天之高、俯地之深？若从思维方式上讲，王阳明的如斯讲法已有

"中"性的境域性、情境性的思想在。人如何把握面前的对象？当然人首先要与对象相关联起来，对象要进入人之中，倘若对象根本在人之外，与人毫无关系或关联，人就压根不可能知道有个对象在，还谈什么对它的认识和把握呢！但是，当对象与人结合，进入人之中后，又不能进得太深、太彻底，倘若进入得太彻底了，就成了人自己的心理感受和情感了，这就等于取消、消解了对象存在，也就没有对对象的认识和把握了。举个例子：天上有一轮明月，这是客观存在，是事实！但如果一个人天生是瞎子，或者是傻子，他是不知道这轮月亮的，因为月亮进不到他之中；一个有视力的正常人能知道天上的月亮，因为月亮进入了他的视网膜，传到了他的大脑系统中。但进入人的视网膜和大脑系统中的月亮既可以作为"物象"保留在人的视网膜上，也可以立马变成人的心理体验和感受，这就有了人的喜、悲之情。例如，李白在《月下独酌》诗中以一种旷达、喜悦的心情邀请月亮来对饮，而杜甫在《月夜》诗中却以一种沉痛、忧伤的心情看着月亮而想着远方的妻子。成为人的心理感受的对象当然不是对象，它已成了人的情感、思想了，对这种东西谈不上认识与把握。可见，在人认识和把握对象时，对象既不能完全地在人之外，又不能完全地在人之中；既不能完全地在人之中又不能完全地不在人之中，它只能既在又不在，既不在又在，这就只能被逼进和逼到"居中"或"中"的地带，这就是情境、境界、境域所在。真正的认识活动就是在也只能在这种境域、情境中操作和进行之。王阳明这里讲的就是人的"心"与天地万物之存在的此种"中"性境域。这种境域是当场构成，当场产生，当场出现，当场显现和呈现着的、活的东西，这就是"存在"，就是"存在"本身，根本不是那种对象化了的思想观念或理性概念。《传习录》下篇有一记载："先生游南镇，一友指岩中花树问曰：'天下无心外之物，如此花树在深山中自开自落，于我心亦何相关？'先生曰：'你未看此花时，此花与汝同归于寂；你来看此花时，则此花颜色一时明白起来；便知此花不在你的心外。'"王阳明此说是错是对？是"主观唯心论"抑或不是？如果从情境、境域的视野来看，这哪里有"主观唯心论"的味道？这恰是人对对象自身的把握！王阳明的"心"学建立起了一个具有一定思想深度的"心"本论。与王阳明同时和他以后的人也多有人讲"心"，比如湛若水、陈献章、钱德洪、罗洪先、胡直等，但其思想深度和广度均不如王阳明的"心"本论。

　　这里最后要说的是，阳明"心"学在自身矛盾的作用下最后走向了解体。朱熹的"理"本论中本来就潜伏有思想理论上的矛盾，因为这个"理"不只是"义"或"义理"这种外在规范，它还与人的"仁"性情感有关，这就潜伏下了解体这一体系的思想因子。但在朱子庞大的"理"学体系的形式支撑下，这一矛盾尚未尽快显出来，那个"理"学大厦尚未倒下。但到了王阳明"心"学这里，"心"的外在规范性与内在情感性的矛盾就突出了，这在阳明后学那里终于全面爆发了出来，导致了"心"本论的解体。李泽厚先生指出："企图把'心'说成超实在超道德（善恶）的本体境界，但比起朱熹的逻辑主义的'理'来，它毕竟更心理主义化。王学集中地把全部问题放在身、心、知、意这种不能脱离生理血肉之躯的主体精神、意志上，其原意本是直接求心理的伦理化，企图把封建统治秩序直接装在人民的心意之中。然而，结果却恰恰相反，因为这样一来，所谓'良知'作为'善良意志'（good will）或'道德意识'（moral conciousness）反而被染上了感性情感色调。并由王龙溪到王心斋，或以'无念'为宗，强调'任心之自然'即可致良知；或以'乐'为本，强调'乐是心之本体'，'人心本自乐，自将私欲缚，……乐是乐此学，学是学此乐'，都把心学愈益推向感性方向发展。因为所谓'任心之自然'，所谓'乐'，尽管指的并不是官能享受、感性快乐或自然欲求，而仍是某种精神满足、道德境界，但不管怎样，它们或较直接或通过超善恶的本体而与感性相连，日益脱离纯粹的道德律令（天理）。"[1]就这样，"心"学最终走向了解体。

　　"心"学的解体究竟说明了什么问题？这表明，如果不把那些作为社会规范的伦理原则导入人心中，这种伦理原则就失去了存在和运行的动力，就会被废掉；而如果将这些伦理原则、规范导入人心中后变成了人的自由意志的成分和表现，就会被感性化而终被废掉、废弃。那么，到底要不要将作为社会规范的伦理原则导入心中？如果要的话怎么做？这在心和伦理原则（理）之间一定要逼出和会逼出一个既是心又是伦理原则且既不是心又不是伦理原则的"中"性地带。这，实际上关涉到"理"与"心"的融合和整合问题；这最终涉及儒学的心性本体论和心性形而上学的建构问题。看来宋明理学中的"理"学和"心"学都未能很好地

---

① 李泽厚：《中国古代思想史论》，人民出版社1986年版，第247页。

完成这一思想任务。所谓"接着宋明理学讲",应该接的正是儒家的伦理学本体论的建构问题。

第六节　体用关系论及中国哲学关于
本体思想的逻辑发展

　　体用关系问题是中国哲学中的重要思想之一。"体"指本体、本质等,而"用"则指功用、作用、现象等。用"体用"范畴多指本体界与现象界之关系。

　　哲学上的体与用往往是对举而用或连用。在此方面,体、用一般有三义。第一种含义是在形体和作用的意义上用。这里的"体"是实体、质体、形质等义,而"用"乃指此形体的功能、功用、作用、属性等。例如《荀子·富国》曰:"万物同宇而异体,无宜而有用为人。"这是说万物存在于天地中,其形体是各不同的,却各有各的用处,它们正能满足人的各种需要。唐代崔憬在《周易探元》卷下说:"凡天地万物,皆有形质,就形质之中,有体有用。体者,即形质也;用者,即形质上之妙用也。"这就说得更明确。比如动物的形躯为体,灵识是用;植物的枝干为体,而生性为用。明清之际的王夫之以真实存在的"实有"为体,而以实有的功能、作用为用。他说:"天下之用,皆其有者也。吾从其用而知其体之有,岂待疑哉?用有以为功效,体有以为性情,体用胥有而相需以实,故盈天下而皆持循之道。"(《周易外传》卷二)王夫之认为,凡用都是某种东西的用,没有东西存在当然就谈不到用,所以从"用"就可以知道一定有"体"存在,这是不争和不用怀疑的事实。王夫之的结论是"体用胥有而相需以实",即体、用都是真实的有,而且体与用是互相依赖的,没有无用的体,也没有无体的用,这种体用相资、相需就表现了和证明了天下事物的"实有"。王夫之认为,所谓"道"就是体,但这是在用中存在和表现的体,而不是那种无用的空体。他说:"故善言道者,由用以得体;不善言道者,妄立一体而消用以从之。"(《周易外传》卷二)王夫之的这种"体用"观与他的"道器"观、"理气"观是一致的,有一定的合理性。

　　"体用"范畴的第二种含义是在本体与现象的意义上使用。这里的"体"指本体,而"用"指现象。这层含义的"体用"尤有哲学价值。东汉魏伯阳在《周易参同契》卷下说："春夏据内体，……秋冬当外用。"这里已有"内体"与"外用"对举之说。将"体"作为"内体"，已有事物的内性、内质等义，也有了内在依据、原因等义，这就有了后来人们惯用的本体的含义。而将"用"视作"外用"，是指外在之作用，这有外在现象之含义。王弼在注《老子》时发挥了老子的"有""无"思想，他从"体""用"关系上来揭示老子的"无""有"，他说：

> 凡有之以为利，必以无为用。（《老子注》第一章）
>
> 言无者，有之所以为利，皆赖无以为用也。（《老子注》第十一章）
>
> 何以得德？由乎道也。何以尽德？以无为用。以无为用，则莫不载也。……万物虽贵，以无为用，不能舍无以为体也。舍无以为体，则失其为大矣。（《老子注》第三十八章）

王弼的这些注释讲的就是他的"贵无论"玄学"以'无'为本"的本体思想。王弼认为，"有"不是有的存在依据，有的存在依据、本体是"无"；有之所以是有，有之所以存在，"必以无为用"，这里的"用"是作用、功用，即有之所以存在、之所以有价值和效用，是因为"无"的存在和作用，如果没有"无"也就没有有的存在和效用了。这里的"必以无为用"不是说"无"是"用"而不是"体"，恰恰相反，这说的和强调的正是"无"的本体的地位和作用，即"无"一定要将它的作用、效用表现和发挥出来，这不正突出了"无"的本体性了吗？！东晋韩康伯《系辞注》引王弼《大衍义》说："夫无不可以无名，必因于有。故常于有物之极，而必明其所由之宗也。"这说的也是以"无"为本、为体的意思。"无"既然是本体，就不能不表现和不能没有作用、效用、效果。"无"的作用、效用在哪里表现呢？"必因于有"，在有之所以有、之所以能有的究竟至极处，即在有的根据、根源处，才能显示出它的"所由之宗也"，这个"宗"当然就是本体，这就是"无"。应当看到，王弼在谈"无"本体时有时叫"以无为体"，有时又叫"以无为用"。那么，王弼的这个"无"究竟是"体"还是"用"呢？看来在王弼这里其体用思想尚不很明确和成熟；但同时这也表明，王弼这里已有体用不二、体用如一的思想端倪。

在魏晋玄学中裴頠的"崇有论"也讲"体""用"关系，不过他讲的不直接和集中。裴頠言："夫至无者，无以能生，故始生者，自生也。自生而必体有，则有遗而生亏矣。生以有为己分，则虚无是有之所谓遗者也。故养既化之有，非无用之所能全也；理既有之众，非无为之所能循也。"（《崇有论》）在裴頠看来，至无就是纯粹的无，就是空无、虚无、没有，这样的无当然与有无关，是不能生有的，故有的来源和存在不依赖于无和不以无为本体，所以有只能是自有、自生；有既然是自生、自有，这不正是有以自己为本体吗？这就是裴頠的"有"本体。"有"是体，它当然要有作用和意义，即要表现为"用"。在裴頠的"有"本论这里，其体用关系倒比较通畅、自然。

在隋唐佛学中也用"体用"范畴来表示本体与现象的关系。比如华严宗认为，世界的真正存在就是"一真法界"，它本是不生不灭、超言绝相的，但为了方便众生悟入此境界，这个"一真法界"就分为"所证之境"和"能证之智"。"能证之智"是人对"法界"的认识和把握，这是一种"法界观"；而"所证之境"则是"法界"的存在和表现方式，是对"法界"的分类，即"理""事"之谓。这个"理""事"关系就是体用关系。法藏说："事虽宛然，恒无所有，是故用即体也，如会百川以归于海；理虽一味，恒自随缘，是故体即用也，如举大海以明百川。"（《华严经义海百门》）这是说性空之"理"与缘起之"事"是体用不二的，从"理"说则法界空寂无相，从"事"说则法界万有具足；理事相融，体用如如，事彻于理而事隐，理彻于事而理藏，理事全即理而事彰，事理全即事而理显，"缘起事相，必收性而方成；法界玄宗，亦依缘而现空。有有交彻，体用玄通，言事即有彻空源，谈有乃空透有表"（《华严策林》），理事无碍，体用玄通。

禅宗也讲"体用"，如慧能说："善知识，我此法门，以定慧为本。大众勿迷，言定慧别。定慧一体，不是二。定是慧体，慧是定用；即慧之时定在慧，即定之时慧在定。若识此义，即是定慧等学。""善知识，无者无何事，念者念何物？无者，无二相，无诸尘劳之心；念者，念真如本性，真如即是念之体，念即是真如之用。"（《坛经·定慧》）慧能以定慧关系为体用关系，是说修行要做到定慧一体，体用不二。

至宋明理学，"体用"范畴有了突出的本体论意义。理学将天地万物的存在本体视为"理"或"天理"，而将现象世界视为是合乎"理"的存在表现，所以理学家们在讲到"理"时并不光秃秃地纯粹观念化地谈它，而总要在事相中言"理",总要言"理"的作用和表现,这就自然有了体用关系问题。程颐在《易传序》中说:"至微者理也,至著者象也。体用一源,显微无间。"(《周易程氏传·易传序》)这是程颐对《易》的思想要旨的解说。他认为《易》所显示、表现出来的是象,即"至著者象也",但这些"象"却是至微之"理"的表现,它们表现着、体现着、传达着《易》之"理";《易》之深奥的"理"表现、体现在它的卦象中,而卦象正表现、传达、显示着《易》"理",理与象(用)是一源的,即均源于《易》,它们二者是相互依赖和表现着的,"理"之微与"象"(用)之显是合而为一的,并无间隙。这是程颐用"体用"范畴来疏解《易》的理象关系。关于二程的这个"理","明道尝曰:吾学虽有所受,天理二字却是自家体贴出来"(《河南程氏外书》卷十二)。程颢为何要强调"理"是"自家体贴"出来的呢?这当然是为了表明其"理"的纯儒学宗脉,以与别的学派划清界限。但《河南程氏外书》卷十二载:"伊川自涪陵归,《易传》已成,未尝示人。门弟子请益,有及《易》书者,方命小奴取书箧以出,身自发之,以示门弟子,非所请不敢多阅。一日出《易传序》示门弟子,先生①受之归,伏读数日后,见伊川。伊川问所见,先生曰:'某固欲有所问,然不敢发。'伊川曰:'何事也?'先生曰:'至微者理也,至著者象也。体用一源,显微无间,似太露天机也。'伊川叹美曰:'近日学者何尝及此?某亦不得已而言焉耳。'"用"至微者理也,至著者象也。体用一源,显微无间"之语来解说《易》之"道"(或"理")与"象"的关系,这有什么"太露天机"呢?因为这样一说的话,二程派的"理"思想就与佛教华严宗的"理事"思想相关涉了,这表明宋明理学中的"理"论有吸收华严宗的思想痕迹,这大概就是尹焞所担心的"太露天机"吧。但无论如何,程颐用"体用一源,显微无间"来表示"理"与"事"或"理"与"气"的如一不二的存在关系和性质,是可取的。

南宋朱熹继承了二程,特别是程颐的"理"学思想,他对程颐的"体用一源,显微无间"之说是赞许的。朱熹解释说:"体用一源者,自理而观,则理为体,象为用,而理中有象,是一源也。显微无间者,自象而观,则象为显,理为微,而象中有理,是无间也。"(《朱文公文集·答何叔京》)朱熹还说道:"论万物之一原,则理同而气异;观万物之异体,则

_____

① 先生:即尹焞,字彦明,号和靖。

气犹相近，而理绝不同也。"(《朱文公文集·答黄商伯之四》）"天地之间，有理有气。理也者，形而上之道也，生物之本也；气也者，形而下之器也，生物之具也。是以人物之生，必禀此理，然后有性；必禀此气，然后有形。"(《朱文公文集·答黄道夫一》）"二气五行，天之所以赋受万物而生之者也。自其末以缘本，则五行之异，本二气之实；二气之实又本一理之极，是合万物而言之，为一太极而已也。自其本而之末，则一理之实，而万物分之以为体，故万物之中各有一太极。"(《通书·理性命注》）朱子的"体用"说讲的是理事、理气等的一体同在的关系。这实际上关系到"理"这个本体的存在方式问题。"理"（"太极"）为天地万物存在之本，它当然就在天地万物自身之中。存在于事物中的"理"自然与事物同存共在，息息相关，它在每一事物中显现着和体现着，这就是即体即用，这叫"体用一源，显微无间"。所以，程颐、朱熹的"体用"观揭示了"理"本体之存在的"体—用"性结构和方式。

明代的王阳明也讲"体用一源"。《传习录》载："侃①问：'先儒以心之静为体，心之动为用，如何？'先生曰：'心不可以动静为体用。动静，时也。即体而言用在体，即用而言体在用，是谓"体用一源"。若说静可以见其体，动可以见其用，却不妨。'"(《传习录·门人薛侃录》）体用本是不可分的，体必有用，用必有体，即体即用，体用一源。拿"心"来说，其体用正是一源同在的，它不可能只有体而无用，也不可能仅有用而无体，有"心"体就自然要发用流行；有发用流行自然就有"心"存在。故王阳明反复讲："理也者，心之条理也。是理也，发之于亲则为孝，发之于君则为忠，发之于朋友则为信。千变万化，至不可穷竭，而莫非发于吾之一心。"(《王阳明全集·书诸阳卷》）"心即理也。此心无私欲之蔽即是天理，不须外面添一分。以此纯乎天理之心，发之事父便是孝，发之事君便是忠，发之交友治民便是信与仁。只在此心去人欲存天理上用功便是。"(《传习录·徐爱录》）"盖良知只是一个天理自然明觉发见处，只是一个真诚恻怛，便是他本体。故致此良知之真诚恻怛以事亲，便是孝；致此良知之真诚恻怛以从兄，便是弟；致此良知之真诚恻怛以事君，便是忠。只是一个良知，一个真诚恻怛。"(《传习录·答聂文蔚》）这些论述说明，"心"之体与其用是一体不分的，倘若将"心"体与用分割为

---

① 侃：薛侃。

二，"心"就没有了，也就无"心"本可言了。

在中国哲学中，本体、本质与现象这一层次的含义是"体用"关系的重要的和基本的意思。这一层次意思虽然出现得比较晚，尤其在宋明理学中才有比较正式和成熟的论说，但这却是中国哲学本体论思想的重要方面。

中国哲学中"体用"关系的第三层意思是关于原则与方法的关系。在此，"体"指根本原则、主张等，"用"则指具体方式、方法等。这时的"体"为根本，"用"则为从属、附属、辅助等。"体用"关系上的这一层含义的思想代表是清末的张之洞，他在《劝学篇·会通》中说："中学治身心，西学应世事。"即认为中国古老的心性礼义之学是学问的根本和根基，而西方的那些质测之学只是辅助的和从属的，这就是他的"中学为体，西学为用"的文化方针。这里的"体用"多有方法、方式之含义。张之洞的"中体西用"说将体、用割裂开来，使其成为外在的关系，这自然有问题。比如近代学者严复就指出："体用者，即一物而言之也。有牛之体，则有负重之用；有马之体，则有致远之用，未闻以牛为体，以马为用者也。"（《与〈外交报〉主人论教育书》）体用关系本来是内在的，有体必有相应的用，比如不可能以牛之体而有马之用。在中、西之学上，严复认为"故中学有中学之体用，西学有西学之体用，分之则两立，合之则两亡"（《与〈外交报〉主人论教育书》）。如果在中学之体上安上西学之用，那必是牛头不对马嘴。严复的这个批评当然有道理。

在中国哲学中，关于"体用"关系的思想不算薄弱，但对该问题的论述、阐发的广度和深度却都不够。与"道""心""理""气"等范畴相比，"体用"范畴的论述文字并不多和不精，这是其广度上的不够。另外，"体"作为本体，是贯穿于中国哲学中的主线和核心问题，理应有纵向性的发展和演化过程，但中国哲学中的"体用"关系思想并未表现出此方面，这是其深度上的不够。黑格尔在《逻辑学》第一版序言中说："一个有文化的民族竟没有形而上学——就象一座庙，其他各方面都装饰得富丽堂皇，却没有至圣的神那样。"[①] 形而上学就是本体论，是关于天地万物（及人类社会）之存在的本体的思想和学说。为何要有"本体"？这乃人之为人的本性使然。世界上的每一个民族，特别是有文化的文明民族，

---

① 〔德〕黑格尔:《逻辑学》上卷，杨一之译，商务印书馆 1966 年版，第 2 页。

定有形而上学、本体论的思想理论，否则这个民族就不是真正的文明民族，就没有了精神和灵魂。中国是世界"四大文明古国"之一，它泱泱五千年而宗脉不断，这里面一定有自己的民族精神和灵魂，这表现在哲学上就是中国哲学中的形而上的本体思想。所以，在我们从"道""太极""气""理""心"诸方面横向地考察了中国哲学中的本根、本体思想后，有必要对中国哲学中的本体思想作一纵向的考察，即鸟瞰一下中国哲学本体思想的逻辑演进历程。

概言之，中国古代哲学经历了五大发展阶段，即先秦诸子、两汉经学、魏晋玄学、隋唐佛学、宋明理学。与此相应，中国哲学的本体思想也历经了五个阶段，这就是：先秦时期道本体及心性本体的摊出，汉代的宇宙发生论、魏晋时代的宇宙本体论、隋唐时代的心性本体论、宋明时代的伦理学本体论。

按德国现代学者雅思贝尔斯的说法，中国的春秋战国时代属于世界文明史的"轴心时代"，这时出现了儒、道、墨、法、名、阴阳、纵横、兵、农、杂、小说诸家，提出了许多有原创性的思想。但在诸子中，有哲学思想的主要是儒、道、墨、法、名、阴阳这六家。而在此六家中，具有形而上的本体思想的是儒、道两家。由于社会时势和历史条件所决定，先秦诸子哲学在思想性质上多是社会政治哲学，即将当时紧迫的社会、政治问题提升到哲学的高度予以思考，或者说在他们思考和解决社会、政治问题时涉及了或逼出了哲学问题和思想。但正是在应对社会政治问题时，儒家却逼出了和摊出了一个心性本体。因为儒家的创始人孔子要面对"天下无道"（见《论语·季氏》）的社会现实来恢复"周礼"。"礼"本来是社会规范、原则，随着西周奴隶制的解体这些"礼"基本崩溃了，孔子要力求恢复它。怎么"复礼"呢？"子曰：'人而不仁，如礼何？'"（《论语·八佾》）在孔子看来，复"礼"的可能与条件在人这里，即在人固有的内在本性"仁"上。人只有先体悟、发现自己的"仁"性，进而"克己"，才会自觉自愿地按礼行事，礼制才能恢复。所以，孔子以复"礼"为动机和目标，就逼进到人之为人的内在本性、本质上，这就是孔子所谓的"仁"。对人来说，这个"仁"就是他们得以存在的根据，这就是本体。

同样面对的是"天下无道"、礼崩乐坏的社会现实，道家创始人老子却不主张恢复什么"周礼"，他认为"复礼"对于拯救社会无济于事，甚至南辕北辙，因为"夫礼者，忠信之薄而乱之首"（《老子》第三十八章）。

那么怎样才可救世呢？老子要从根本上消除社会对立、分裂、纷争之存在的条件和根基，故他主张的是那种没有分裂和对立的"小国寡民"的和谐状态。在哲学上，这种和谐态就是人与天地万物一体同在。老子（还有庄子）的这一哲学思想和主张与现代西方哲学中海德格尔的"存在"思想倒暗通款曲，这就是海氏所谓的"人在世中"。这是说，在思想的源头处，在根子上，人与自己所在的世界是一体同在而不可分的，当你说世界如何如何时，人恰恰就在世中存在着，而当你说人如何如何时人是现实的、活生生的处在世中的人，所以人与自己所在的世界总是一体同在的原始和谐之态，这就是哲学的"原点"，也是人和世界的一切存在之存在的"原点"，老子称此"原点"、根基为"道"。所以，道家逼出的和摊出的是一个"道"本体。

为什么说先秦儒、道各摊出了一个"仁"（心或性）本体和"道"本体呢？因为：其一，先秦哲学的形成和内容以及性质均在社会政治方面，尚未真正回归到哲学自身；其二，真正的哲学是离不开天、人的，人就在天下，他头顶天脚踏地，就生活、生存于天地之中，故离开了天地，人就无法存在，而天地虽然在人出现之前就存在了，但如果没有人的话它们就没有意义和价值，从这个意义上说离开了人也就没有了天地的存在。因此，真正的哲学必须关涉天人。但儒家偏于人而少天，道家则偏于天而少人，故都在哲学思想的内容上是不完全的。在先秦乃至此后，中国哲学的传统不都是"天人合一"的吗？

公元前221年秦灭齐，统一了全国，结束了春秋战国以来500余年的分裂局面。但秦帝国由于指导思想的失误，仅15年就灰飞烟灭了。"汉承秦制"（《晋书·刑法志》）。西汉立国后在经济和政治体制上都继承了秦制。西汉王朝作为中国封建社会的开端，在思想文化以及哲学方面也都有开端的地位和意义。马克思主义认为，包括哲学思想在内的意识形态产生于奴隶社会，中国哲学的产生亦然。但中国哲学虽然产生于春秋战国的奴隶社会，但它却没有和不是为奴隶社会服务的，因为当时已经是奴隶制解体和封建制形成之时。所以，实际的中国哲学是在中国封建社会成熟和壮大起来的。作为中国封建社会开端的汉代社会，在中国哲学的成熟、壮大方面就具有开端的意义和价值。这方面的表现就是"究天人之际"（《史记·报任安书》）这一哲学致思的方向和原则的提出。"究天人之际"就是要寻求、探究天与人的相合、结合问题。这正是对先秦哲学中儒重人而道重天之思想局面的扭转和天人合一新局面的开启。汉代哲学的这个方向和气势颇为不凡，但汉代哲学的真正贡献却并不在天人之合上，而是宇宙生成论。因为要究天人之合，首先得有天与人（人类），这就是包括人在内的天地万物的生成、起源问题，还有宇宙的结构问题等。当然，这只是就一般道理而言的。在汉代哲学中，其宇宙生成论的思想与汉代哲学的思想任务和运思方式有关。汉初近70年的时间其指导思想是"无为而治"的黄老之学，这当然是汉初社会经济、政治时势的客观要求。公元前140年汉武帝即位后，采纳了董仲舒"罢黜百家，独尊儒术"的建议，遂定儒学为一尊。这里顺便说一句，儒学取代黄老之学而成为汉代乃至以后整个中国封建社会的指导思想，并非人为之结果，关键在于儒学合乎或者说迎合了中国封建社会小农经济的经济结构（经济基础）。定儒学为一尊，这在政治方面很容易做到，皇帝下诏就能行得通。但从哲学上言，要儒学要成为"一尊"并非易事。何为"一尊"？所谓"一尊"实际上就是要将儒学本体论化。换言之，也就是将儒学所讲的伦理关系和原则本体化，这就是构建伦理学本体论。但这是一个庞大的哲学系统工程，必须先依次完成三方面的思想任务——一是宇宙发生论（或生成论），二是宇宙本体论，三是心性本体论，然后才可能将天与人合一而将伦理学提升到宇宙存在的高度和地位，以建立伦理学本体论。汉代哲学能做的和要做的就是宇宙生成论的建构，这在《淮南子》和东汉张衡《灵宪》中有比较充分、典型的表现，这也是汉代哲学的真正贡献所在。所以，董仲舒虽然提出了"独尊儒术"的问题并试图建构伦理学本体论，但终因时代条件所限而未能完成这一哲学任务，其结果就是他所建立的带有神学目的论性质的牵强附会的"天人感应"论。"天人感应"论可以说是汉代形式的伦理学本体论，而宇宙生成论乃汉代哲学的真正贡献。

两汉之后，历史步入了三国两晋南北朝时代。相应地，中国哲学形而上的本体论思想也步入演进时期。汉代的宇宙生成论解决了天地万物（包括人）的生成、来源问题。接着要考察的问题是：已经生成了、存在了的宇宙为什么能如斯存在？这就是继宇宙生成论后的宇宙本体论问题。魏晋玄学所要探索的正是这一问题。玄学作为一种时代思潮当然有比较广泛的问题和内容。但玄学作为一种哲学思想，其核心和本质乃宇宙本体之学，即要探索宇宙存在的"存存本本之真"（汤用彤《魏晋玄学流别略论》）问题。魏晋玄学从王弼的"以'无'为本"的"无"本论开始，中经竹林玄学的"自然"本体论和裴頠的"有"本论，至郭象的"独化"论达到峰巅。郭象的"独化"论将此前的"无"本论和"有"本论整合在自身中，使"独化"范畴有了"有—无"性的内在本性和结构，故能成为自本自根之本体。魏晋玄学以郭象"独化"论为结果和标志，建构完成了宇宙本体论。

魏晋南北朝之后，中国历史进入了隋唐时代。在哲学思想方面，出现了隋唐佛学这一有代表性的时代思想。隋唐佛学的核心问题是心性论，它的思想任务就是建构心性本体论。魏晋玄学的宇宙本体论当然也与人的存在有关。但在玄学这里，人的存在首先是和基本是肉体存在。但这样做是不够的，因为人的本质特征是有思想意识、有实践能力的，因而是一种特殊的存在物。所以，魏晋玄学留下的根本问题是：人是什么，人是如何生存、存在的？隋唐佛学要解决和回答的正是这一问题。佛教作为宗教，其直接的目的和目标是教人修行成佛。但当它这样做时，所遇到的首要问题就是人成佛的依据何在？这个依据当然不是人的肉体，只能是人的心性。所以，佛学因其理论需要而直逼到了人的心性，它的探索结果正是要将心性本体化，建构完成一心性本体论。隋唐佛学经天台宗、唯识宗、华严宗诸宗的努力，至禅宗而"直指人心，见性成佛"，它指出了人的"自心""本心""自性"，并通过"以心捉心"的"顿悟"法门，使对象心与主体心在对参中"中"而成境，以回到"心"自身，使"心"成为自本自根之本体，这就是禅宗所谓的"本心"或"自性"。禅宗的这个"本心"有一种"有—无"性的内性结构，是情境化、境域性的存在。可以说，隋唐佛学至禅宗完成了心性本体的建构任务。

隋唐后中国历史步入了封建社会的后期，这就是宋元明清时代。至这个时代，中国哲学形而上的本体论思想理论已走过了三个阶段和形式，即宇宙生成论、宇宙本体论、心性本体论。至此，从本体论的高度和视野来际天人、建立天人合一的形而上的本体论已有条件和可能了。换个角度来说，即董仲舒所面临的和应该完成却未能完成的儒学伦理学本体化的任务已有条件完成了。这就是宋明理学的根本思想任务，即建构伦理学本体论或伦理学主体性的本体论。宋明理学有程朱"理"学和陆王"心"学两派。"理"学经北宋五子[①]的"造道"活动，至南宋朱熹集大成

---

① 北宋五子：周敦颐、邵雍、张载、程颢、程颐。

之。"朱熹庞大体系的根本核心在于建立这样一个观念公式：'应当'（人世伦常）＝必然（宇宙规律）。朱熹包罗万象的'理'世界是为这个公式而设的：万事万物之所以然（'必然'）当即人们所必需（'应当'）崇奉、遵循、服从的规律、法则、秩序，即'天理'是也。"[1]理学的"理"是人世"应然"即伦理道德规范、原则与宇宙"必然"即天地万物之存在的必然规则、规律的相统一、导通。这就将人世的伦理规范上升、提升到了宇宙存在的高度，使其必然化、本体化和神圣化。这就是儒家伦理学本体论的建构完成。这是"理"学的得所在。但同时这又是其失所在。因为，伦理原则的执行和伦理行为的实施是离不开个体的自由意志或意志自由的，倘若人的意志不是自由的，而是受人之外的东西，比如上帝、神灵、权力等左右和支配的，就没有伦理原则和行为可言了。正因为人的意志是自由的，是没有和不受别的东西支配和左右的，所以人在执行和实施伦理原则和行为时可以自由选择，这就使伦理行为的实施具有内在动力。但这样一来却有了问题：既然人的意志是自由的，所以它就既可以自由和自觉自愿地来执行伦理原则，也可以自由地和自觉自愿地来不执行甚至有意违背、破坏伦理原则，这样一来，就潜伏着伦理原则被破坏的危险，这就意味着伦理原则和行为的被消解。这就逻辑地要求要将那种建立在人的自由意志基础上的伦理规范和原则升华、提升、外化出去，使其有如宇宙存在那样必然化、本体化。朱熹"理"体系的建立正完成了儒学伦理学的这一内在要求，这是他的思想贡献，是其理论之得。然而当他的"理"学将人的自由意志的自觉自愿的伦理原则和规范提升、外化出去后，伦理原则固然神圣化、必然化了，却从此使这些原则成了人之外的东西，与人无关系了，它的存在和实行就没有了动力和根基。这岂不是将伦理原则推向毁灭之途！这正是朱熹"理"学之失，是"理"学本身潜含的解体因子。所以，正当朱子的"理"论大厦建构完成时，陆九渊的"心"学体系也奠基动工了。"心"学体系开始于南宋陆九渊，完成于明代的王阳明。"心"学家屡屡批评"理"学的"理"是"析心与理为二"，就是说那个"理"与人的"心"无关涉，是"心"之外的东西；既如此，人还有何条件和可能来执行"理"和按"理"办事呢？"理"岂不就被废弃了吗？所以，陆王"心"学要将那个神圣的"理"或

---

① 李泽厚：《中国古代思想史论》，人民出版社1986年版，第232—233页。

"天理"导回到人心之中，以之使"理"的存在、实施有内在的根据。因此，与程朱"理"学的"性即理"思想原则和致思方向不同，陆王"心"学的原则和宗旨是"心即理"，即"心"与"理"合而为一。陆九渊谓"心，一心也；理，一理也。至当归一，精义无二。此心此理实不容有二"（《陆九渊集·与曾宅之》）；王阳明谓"心即理也。此心无私欲之蔽，即是天理，不须外面添一分"（《传习录·徐爱录》）。

陆王的心学将"理"导入心中，使"理"的存在和实行有了内在依据和动力，这是其得。但"心"本身当没有什么东西约束时，它就会自由活动而泛滥起来，这最终就会冲决掉"心"之思想体系。有人会说：难道"心"自己不会约束、限制自己吗，为什么非要让其走向泛滥呢？"心"当然可以约束自己，但这样一来，就等于"心"又将或又要将自身化外出去、对象化出去了，这又得返回到"理"学的套路、理路上去了。所以，为了救治"理"学之偏而逻辑地演化出了"心"学，但"心"学自身中就潜伏着瓦解的因素，至阳明后学"心"学终于瓦解了。宋明理学完成了儒学伦理学本体论的构建任务，却最终使儒学伦理学本体论寿终正寝了。

中国传统哲学从先秦诸子到两汉经学、魏晋玄学、隋唐佛学，最后到宋明理学，其形而上的本体论思想从先秦儒、道哲学中形上问题的摅出，到汉代的宇宙生成论、魏晋的宇宙本体论、隋唐的心性本体论，最后至宋明理学的伦理学本体论，走完了它的蛹变途程。而在理学这里，"理"本论逻辑地演成"心"本论，但"心"本论又有逻辑地演成"理"本论之趋势。难道理学就由"理"到"心"再由"心"到"理"……这样走马灯似地转吗？当然不能。那么出路何在？这里有个"理"与"心"的对参问题。实际上，没有"心"的"理"和没有"理"的"心"都是空的、虚的，终不能存在。"心"与"理"本来就处在相反相成、相辅相成中，所以它们之间必定有一"居中"或"中"性地带、地域、境域在，这时的心与理既是心而非心，是理而非理，是心理理心、理心心理、心心理理、理理心心地当场构成、生成、开显、显示、存在着。这，大概就是宋明理学的出路，也是中国哲学的未来出路吧。冯友兰先生说要"接着理学讲"。怎么接呢？心理对参的"中"性境域是不是一种"接"法呢？

第二章　探大化之赜

中国哲学中有本根、本体说，亦有大化、流行说。本根、本体说探索的是天地万物之存在的原因、根据、根基等问题，即如此这般存在着的世界何以能如斯存在，其原因、依据为何。与这个问题相联系和相一致，人们必须和必然看到天地万物的存在状态及方式、原因等问题，要看到日出日落、冬去春来、草木荣枯、由少变老等现象和过程，也必定追问、思考这些现象发生的原因及其规则、法则等问题，这就有了有关天地万物存在之大化流行的思想和理论，这乃中国哲学中的大化问题。

《荀子·天论》曰："列星随旋，日月递照，四时代御，阴阳大化，风雨博施，万物各得其和以生，各得其养以成，不见其事而见其功，夫是之谓神。"荀子说的就是天地万物的存在与变化现象。所谓的"阴阳大化"就是阴阳的生生化化。《庄子·大宗师》言："若人之形者，万化而未始有极也，其为乐可胜计邪！故圣人将游于物之所不得遁而皆存。善妖善老，善始善终，人犹效之，又况万物之所系，而一化之所待乎！"这个"一化"即一切之变化，这与"大化"同义。庄、荀所说的"一化""大化"，就是天地万物生生化化之存在状态和现象。这是中国古人对世界现象的一般性的普遍看法和观点。古人不仅看到、观察到了天地万物的大化现象，还要探索这种大化中的法则、理则，这就是"探大化之赜"。《易传·系辞传上》说："探赜索隐，钩深致远，以定天下之吉凶，成天下之亹亹者，莫大乎蓍龟。"赜，幽深也。这里的"探赜索隐，钩深致远"，《周易正义》曰："探，谓窥探求取；赜，谓幽深难见。卜筮能窥探幽昧之理，故云'探赜'也。索，谓求索；隐，谓隐藏。卜筮能求索隐藏之处，故云'索隐'也。物在深处，能钩取之；物在远方，能招致之，卜筮能然，故云'钩深致远'也。"这说的是卜筮之功用。在大化问题上，中国哲学做了不少的探赜工作，亦有比较重要的思想。

第一节　万物皆变

通过生产、生活经验，中华先民很早就观察到了天地万物的变动不已之象，并形成了一个基本的信念和原则：万物皆变。例如，《诗经·小雅·十月之交》云："烨烨震电，不宁不令。百川沸腾，山冢崒崩。高岸为谷，深谷为陵。"诗意虽然刺讽的是周幽王统治下动荡不安的政治时局，但看到和描写的却是电光闪闪，雷声轰鸣，江河沸腾，山峰塌崩，高山变为深谷而深谷变为丘陵的一幅天翻地覆之变动景象。《易经》是部筮书，但其中的卦、爻辞也描述到运动、变易之象。如《易经·泰卦》卦辞说"小往大来"，《否卦》卦辞说"大往小来"，《泰卦》九三爻辞曰"无平不陂，无往不复"。《乾卦》以龙取象，通过龙的潜、见、跃、飞、亢等活动动作和过程来比喻、说明事物之发展变化之道。还有《渐卦》，以鸿的逐渐前进之象来象征、说明事物的发展、运动过程。《易经》之"易"本来就有变易之义。东汉郑玄谓："易一名而含三义：易简，一也；变易，二也；不易，三也。"（《易赞》）唐孔颖达云："夫'易'者，变化之总名，改换之殊称。自天地开辟，阴阳运行，寒暑迭来，日月更出，孚萌庶类，亭毒群品，新新不停，生生相续，莫非资变化之力，换代之功。然变化运行，在阴阳二气，故圣人初画八卦，设刚柔两画，象二气也；布以三位，象三才也。谓之为'易'，取变化之义。"（《周易正义·序》）

孔子也讲天地万物的变化。"子在川上曰：逝者如斯夫，不舍昼夜。"（《论语·子罕》）河水川流不息，昼夜滚滚不停。其实，整个天地也处在川流不息的运动变化中。孔子说："四时行焉，百物生焉。"（《论语·阳货》）四季交替运行，万物生生不息，天地乃一幅变化之象。

老子也讲万物之变。他讲飘风、骤雨，讲"合抱之木，生于毫末；九层之台，起于累土；千里之行，始于足下"（《老子》第六十四章）；还说"大曰逝，逝曰远，远曰反"（《老子》第二十五章）。这些说的都是"道"的存在方式。老子看到了事物的变化，并认为"道"的存在亦在运动变化中。

战国时的庄子也肯定万物之变。他说："消息盈虚，终则有始。……物之生也，若骤若驰，无动而不变，无时而不移。"（《庄子·秋水》）"阴阳相照，相盖相治；四时相代，相生相杀。……穷则反，终则始，此物之所有。"(《庄子·则阳》) 在庄子看来, 天地万物 "时有终始, 世有变化"(《庄子·则阳》), 一切均在变易中, "万化而未始有极也"(《庄子·大宗师》), 万物的变化是无穷尽的, "万物化作, 萌区有状, 盛衰之杀, 变化之流也"(《庄子·天道》)。但庄子在讲变化时有时忽视和抹杀了事物变化的条件性, 有将变化绝对化的倾向。如他说: "方生方死, 方死方生"(《庄子·齐物论》), "臭腐变化为神奇, 神奇变化为臭腐"(《庄子·知北游》)。事物是变化的, 但变化是有条件、有过程的。如果忽视了条件和过程而只讲变化, 就会走向瞬息万变的绝对化的极端, 这反而是会抹杀和取消变化的。

荀子认为: "夫道者, 体常而尽变, 一隅不足以举之。"(《荀子·解蔽》) 他从 "体常" 与 "尽变" 的关联中来说明天地万物之变。荀子指出, "列星随旋, 日月递照, 四时代御, 阴阳大化, 风雨博施, 万物各得其和以生, 各得其养以成"(《荀子·天论》)。星辰旋转, 日月运行, 四时交替, 阴阳生化; 风雨普降万物, 万物得其滋养而生生不息。天地间一幅变易的勃勃景象。荀子还说: "星队、木鸣, 国人皆恐, 曰: 是何也? 曰: 无何也。是天地之变, 阴阳之化, 物之罕至者也。"(《荀子·天论》) 自然界那些怪异现象的出现, 也是天地变化的表现, 是 "天地之变, 阴阳之化", 只不过此种变化出现得很少, 所以人们才觉奇怪, 有时甚至恐慌。荀子认为这完全没必要, 只要人把自己的事做好, 这些怪异的自然现象是影响不了社会政事的。

在先秦时期, 讲变易、变化最深刻的书是《易传》。《易传》七种十篇, 是解说《易经》的。它在解说《易经》时, 引申、发挥了《易》的变易思想。《易传·系辞传下》说: "日往则月来, 月往则日来, 日月相推而明生焉; 寒往则暑来, 暑往则寒来, 寒暑相推而岁成焉。往者屈也, 来者信(伸)也, 屈信相感而利生焉。"日月递照, 寒暑交替, 自然界的存在有来有往, 有生有灭, 来往相推, 死生相继, 一切均在生息变化中。《易传·彖传下》说: "日中则昃, 月盈则食。天地盈虚, 与时消息。而况于人乎? 况于鬼神乎?"《周易正义》曰: "然盛必有衰, 自然常理: 日中至盛, 过日(中)则昃; 月满则盈, 过盈则食; 天之寒暑往来, 地之陵谷迁贸, 盈则与时而息, 虚则与时而消。天地日月尚不能久, 况于人与鬼神而能长保其盈盛乎?"《易传·系辞传上》说: "在天成象, 在地成形, 变化见矣。"又说: "富有之谓大业, 日新之谓盛德, 生生之谓易。""天地设位，而易行乎其中矣。"《易传·系辞传下》曰："易穷则变，变则通，通则久。"又说："《易》之为书也不可远，为道也屡迁，变动不居，周流六虚，上下无常，刚柔相易，不可为典要，为（唯）变所适。"这说的是《易》一书的思想原则，即不可将《易》之卦、爻象所蕴含、体现的变易之道死板化、程序化，而要"惟（唯）变所适"。《易》的这一变易原则所揭示的就是天地万物的变易之道。《易传》将天地万物的存在看作生生不息、变动不居的大化过程，它还认为人的生存就要取法于天地存在的强健不息之本性而积极有为，即"天行健，君子以自强不息"（《易传·象传上》）。《易传》的这种变化观不仅深刻，而且积极。

汉初政治家贾谊，在《鵩鸟赋》中描述了天地之化现象，云："万物变化兮，固无休息。斡流而迁兮，或推而还。形气转续兮，变化而嬗。沕穆无穷兮，胡可胜言。……千变万化兮，未始有极。"天地万物的存在乃一生生不息的运动过程，是"形气转续，变化而嬗"的，根本没有静止不动的天地存在。

西晋郭象在注《庄子》时多言天地万物之化。他说："夫无力之力，莫大于变化者也。故乃揭天地以趋新，负山岳以舍故，故不暂停，忽已涉新，则天地万物无时而不移也。世皆新矣，而自以为故；舟日易矣，而视之若旧；山日更矣，而视之若前。今交一臂而失之，皆在冥中去矣。故向者之我，非复今我也，我与今俱往，岂常守故哉？而世莫之觉，横谓今之所遇可系而在，岂不昧哉！"（《庄子·大宗师注》）郭象看到，"天地万物无时而不移也"，天地万物莫有不变化的。他还看到，万物之"移"有显有隐，有些"移"人能明显观察到，但有的"移"却没有明显的表现，似乎几年甚至于几十年几百年都没有变化，但实际上却变化了，只是这种变化在外表、外形上不显著而已，比如一座山的变化就如此。所以，世上没有固定不变的东西，那种固旧守旧的思想是错误的。

晋代的伪《列子》也讲"变"。如《列子·天瑞》云："生者不能不生，化者不能不化，故常生常化。常生常化者，无时不生，无时不化。"这是说宇宙的存在是个生生化化的过程，没有什么东西固定不变、不生不化。

宋代理学家们继承了《易》的变易思想，肯定了天地变化的普遍性。例如，王安石认为"尚变者，天道也"（《临川先生文集》卷六十三《河图洛书义》）。他还讲"新故相除"，谓"有阴有阳，新故相除者，天也。有处有辨，新故相除者，人也"（《杨龟山先生集》）。周敦颐说："太极动而生阳，动极而静；静而生阴，静极复动。一动一静，互为其根；分阴分阳，两仪立焉。"（《太极图说》）这是通过"太极"的运动来说明阴阳、五行及万物的生成，这个过程自然是变化的。张载指出："天道不穷，寒暑也；众动不穷，屈伸也；鬼神之实，不越二端而已矣。……游气纷扰，合而成质者，生人物之万殊；其阴阳两端循环不已者，立天地之大义。……天大无外，其为感者，絪缊二端而已。"（《正蒙·太和》）张载认为，天地的运动变化都是阴阳之道。他还从本原、本体意义上论述了万物之变，说："太虚不能无气，气不能不聚而为万物，万物不能不散而为太虚。循是出入，是皆不得已而然也。"（《正蒙·太和》）气聚为万物，气散为太虚，"是皆不得已而然也"，这是必然的变化过程，生生不已，变化无穷矣！程颢则说："生生之谓易，是天之所以为道也。天只是以生为道。"（《河南程氏遗书》卷二上）又说："天地之大德曰生，天地絪缊，万物化醇，生之谓性，万物之生意最可观。"（《河南程氏遗书》卷十一）程颐说："天地之化，一息不留；疑其速也，然寒暑之变甚渐。"（《河南程氏外书》卷十一）又说："凡天地所生之物，虽山岳之坚厚，未有能不变者也，故恒非一定之谓也，一定则不能恒矣。唯随时变易，乃常道也。"（《周易程氏传》卷三）程颐批评那种以"静"为天地之心的思想，指出："消长相因，天之理也。……一阳复于下，乃天地生物之心也。先儒皆以静为见天地之心，盖不知动之端乃天地之心也。非知道者，孰能识之？"（《河南程氏外书》卷二）二程都肯定天地万物之化。南宋朱熹指出："凡一气不顿进，一形不顿亏，亦不觉其成，不觉其亏，盖阴阳浸消浸盛。"（《朱子语类》卷七十一）这是说事物都在变化，虽然那些不明显的变化，也是阴阳相长相消之道。朱熹还列举了自然界变化的例子："常见高山有螺蚌壳，或生石中，此石即旧日之土，螺蚌即水中之物，下者却变而为高，柔者变而为刚，此事思之至深，有可验者。"（《朱子语类》卷九十四）现代地质学中的大量事例说明了朱熹这种看法的正确性，大海变为高山，高山变为大海的例子有的是。天地万物之变是必然的、普遍的。

明清之际的王夫之言天地变化最为深刻。他在《思问录》外篇指出：

天地之德不易，而天地之化日新。今日之风雷非昨日之风雷，是以知今日之日月非昨日之日月也。风同气雷同声，月同魄日同照（明），一也。抑以知今日之官骸，非昨日之官骸，视听同喻，触觉同知耳。皆以其德之不易者类聚而化相符也。

张子曰："日月之形，万古不变。"形者，言其规模仪象也，非谓质也。质日代而形如一，无恒器而有恒道也。江河之水今犹古也，而非今水之即古水；灯烛之光昨犹今也，而非昨火之即今火。水火近而易知，日月远而不察耳。爪发之日生而旧者消也，人所知也。肌肉之日生而旧者消也，人所未知也。人见形之不变而不知其质之已迁，则疑今兹之日月为邃古之日月，今兹之肌肉为初生之肌肉，恶足以语日新之化哉？

王夫之肯定，天地万物均在日新日化中。有些事物的变化在外形上就有新表现，比如说人的头发、指甲；而有的变化则在形表上显不出来，似乎自古未变，比如日月、江河之类。王夫之指出，实质上一切事物均在变化中，一些事物虽然外形无明显变化，但它的质性在变，"人见形之不变而不知其质之已迁"，世上没有终古不变的东西。王夫之的观点在中国古代哲学中有普遍的代表性，即承认天地万物皆变。

但在中国哲学中也有人承认和主张静。比如《老子》第十六章说："致虚极，守静笃，万物并作，吾以观复。夫物芸芸，各复归其根。归根曰静，是谓复命。复命曰常，知常曰明，不知常，妄作，凶。"第二十六章又说："重为轻根，静为躁君。"三国魏王弼说："凡动息则静，静非对动者也；语息则默，默非对语者也。然则天地虽大，富有万物，雷动风行，运化万变，寂然至无，是其本矣。"（《周易·复卦注》）故他主张"静为躁君，安为动主"（《周易·恒卦注》）。特别是东晋的僧肇，他作《物不迁论》，说："夫人之所谓动者，以昔物不至今，故曰动而非静；我之所谓静者，亦以昔物不至今，故曰静而非动。""何则？求向物于向，于向未尝无；责向物于今，于今未尝有。于今未尝有，以明物不来；于向未尝无，故知物不去。……如此，则物不相往来，明矣。既无往返之微朕，有何物而可动乎？然则旋岚偃岳而常静，江河竞注而不流，野马飘鼓而不动，日月历天而不周。复何怪哉？"僧肇的结论是"各性住于一世"，即物的本性是静的。那么，如何看待这些主静的思想呢？人们往往将其视为形而上学观点予以批判和抛弃。但问题似乎不这么简单。老子、王弼、僧肇这些哲人，难道真的无视天地万物的变化现象吗？他们是看到了万物之变现象的，比如老子就说到"飘风""骤雨""九层之台，起于累土"等。既然看到了天地万物之变，那他们为什么还要主张静呢？这究竟是为什么？是处于何思想目的呢？用一句"形而上学的观点"将这些主静的思想予以否定和抛弃看来是轻率的。笔者以为，这些主静的思想倒不是为了简单地否定天地万物之变，而正是为了肯定和把握天地万物之变。为什么呢？因为他们为了真正地把握住事物之变，要"回到变本身"。当孔子说"逝者如斯夫，不舍昼夜"（《论语·子罕》）时，他是站在河岸上的，他站在河岸上不动，才看见，才能把握到河水的流逝、运动。如果孔子现在进入流动的水中而与水流同步运行，此时他再看水，他这时看到的还是"逝者"之水吗？不能，他只能把握到"静"的水。所以，当"回到事情本身"（现象学的语言和原则）时，即"回到流动、运动自身"时，就是说当你与变化同在而合一时，你恰恰看不到变化。这个所谓的"回到事情本身"或"回到运动本身"，就是深入本原、本体。所以，主"静"的思想未必均是简单的形而上学观点，这里有深入本体的思想意向。

第二节　变中有常和常则反复

万物皆变，这是对万物存在状态的一种肯定和把握。但万物如何变呢？是杂乱无章、瞬息万变的，还是有条理有规则的？变是往而不返，一去不复返呢，还是往来不穷、循环不已呢？在看到变易的基础上，中国哲学对其变易中的常则、变易的方向和趋势等问题也有所探索、考察。这就是中国哲学中变中有常和常则反复的思想。

中国哲人认为，天地万物的运动变化不是随意的和杂乱的，其中有理则，有规则，这就是"常"。关于"常"，老子有言："夫物芸芸，各复归其根。归根曰静，是谓复命。复命曰常，知常曰明，不知常，妄作，凶。"（《老子》第十六章）王弼注曰："常之为物，不偏不彰，无曒昧之状，温凉之象，故曰'知常曰明'也。唯此复，乃能包通万物，无所不容。失此以往，则邪入乎分，则物离其分，故曰不知常则妄作凶也。"（《老子注》第十六章）王弼是从"以'无'为本"的原则出发来疏解老子"复命曰常"思想的。老子没有从本体论的视野明确讲"常"的问题，但他有此方面的思想倾向却是可肯定的。老子这里的"静"就是静止，这个"静"不只是简单地说静止不动的现象，因为老子是承认"夫物芸芸"的，即他承认万物的动和变；所以这个"静"有与现象相对的本原、本体的意思，有"回到运动自身"的思想意味。"命"乃命定，这里指一种必然的趋势。"常"就是常则，是变中不变的东西。老子的意思是说：万物纷纭变化，但它的根却是"静"；事物的存在总要以根为基础的，复归到它的存在之根，这是事物存在的必然趋势；能复归到、返回到事物存在的这个必然趋势，这就回到了事物的不变常则，能知道这个常则就是智慧、聪明，就是明事理，否则的话就是任意妄为，那只能带来凶灾。无论怎么理解，老子肯定有"常"，这是明确的。

《管子·形势》说："天不变其常，地不易其则，春秋冬夏不更其节，古今一也。"《管子·七法》说："根天地之气，寒暑之和，水土之性，人民鸟兽草木之生物虽（不）甚多，皆均有焉，而未尝变也，谓之则。"这里将"常"与"则"同举，"常"就是常则，就是不变的东西。

荀子指出："天行有常，不为尧存，不为桀亡。"（《荀子·天论》）这个"常"就是常则、规律。天地自然有其存在、运行的常则，人类历史中亦有，即"千岁必反，古之常也"（《荀子·赋》），"古今一度也，类不悖，虽久同理"（《荀子·非相》）。荀子还看到了人类社会中的"常"，他说："以类行杂，以一行万。始则终，终则始，若环之无端也，舍是而天下以衰矣。天地者，生之始也；礼义者，治之始也；君子者，礼义之始也。……君臣、父子、兄弟、夫妇，始则终，终则始，与天地同理，与万世同久，夫是之谓大本。"（《荀子·王制》）荀子认为，社会中的"常"就是纲常礼教，这是社会中不应变的。处在战国末年的荀子，讲纲常礼教之"常"，这已为后来的封建社会张目了。

法家思想家韩非也讲"常"。韩非对"常"作了明确规定，说："夫物之一存一亡，乍死乍生，初盛而后衰者，不可谓常。""唯夫与天地之剖判也具生，至天地之消散也不死不衰者，谓常。"（《韩非子·解老》）这是说，具体事物的盛衰生死不是"常"，只是一般的变化；只有那些"至天地之消散也不死不衰者"的那种永恒的东西，才是"常"。"常"既然是不变的常则，人们当然要寻求和遵守它。那么，怎么在变中守"常"呢？韩非反对死守，而要依时势变化来选择。他指出："不知治者，必曰：'无变古，毋易常。'变与不变，圣人不听，正治而已。然则古之无变，常之毋易，在常古之可与不可。"（《韩非子·南面》）就是说，变与不变，守常与易常，要依情势之需来定，并要以有益于国治为目的，不可泥古不化，守度不变。《韩非子·五蠹》中讲的"守株待兔"的故事就是对那些只知死守成规而不顾情势变化的人的讽刺。

《易传》也讲"常"。《系辞传上》曰："动静有常，刚柔断矣。"又曰："易简而天下之理得矣。"这是说天地的变化有一定的常则存在。而平易简约的《易》道就是用来表示和说明这个天下常则的。那么，《易传》说的这个"常"指什么呢？《易传·系辞传下》曰："天下之动，贞夫一者也。"这个"一"是相对于"多"而言的，也是相对于动、变而言的。《周易正义》说："言天地日月之外，天下万事之动，皆正乎纯一也。若得于纯一，则所动遂其性；若失于纯一，则所动乖其理。是天下之动，得正在一也。"这个"一"就是常则。有了变中不变的这个"一"，变就会恒久。故《易传·象传上》曰："恒，久也。刚上而柔下。""天地之道，恒久而不已也。""日月得天而能久照，四时变化而能久成，圣人久于其道而天下化成。观其所恒，而天地万物之情可见矣。"恒就是常，知道了"常"就知道了天地万物之"道"，也就知道了天地万物之情了。

《吕氏春秋》讲"圜道"，这也是"常"的思想。《大乐》篇曰："天地本轮，终则复始，极则复反，莫不咸当。"《圜道》篇曰："物动则萌，萌而生，生而长，长而大，大而成，成乃衰，衰乃杀，杀乃藏，圜道也。"又说："水泉在流，日夜不休。上不竭，下不满，……圜道也。""日夜一周，圜道也。"这里的"圜"同"圆"，"圜道"有如《庄子·齐物论》所谓的"枢始得其环中，以应无穷"的"道枢"。这是说天地万物之变化是循环的，这正是"常"所在。

董仲舒也重视"常"。他说："天之道，有序而时，有度而节，变而有常。"（《春秋繁露·天容》）这是说天地万物的变化是有序、有度的，所以是有"常"的。这个思想当然不错。但董仲舒的目的并不是为寻求天地万物的变化之"常"，他的目的在社会秩序上，是突出封建纲常之"常"。他一再说："王者有政制之名，无易道之实。"（《春秋繁露·楚庄王》）"若其大纲，人伦、道理、政治、教化、习俗、文义尽如故，亦何改哉？"（《春秋繁露·楚庄王》）在董仲舒看来，社会的纲常礼教是不变的和不应变的。这就是他的"天道不变"论，即"道之大原出于天，天不变，道亦不变"（《汉书·董仲舒传》）。但董仲舒在讲"常"时也并非一味地墨守成规，他也讲"权"或"权变"。他说，"春秋固有常义，又有应变"（《春秋繁露·精华》），"春秋有经礼，有变礼"（《春秋繁露·玉英》）。但他还是强调"权"要在不变的"大道"范围内行使，否则是不可的。他说："权虽反经，亦必在可以然之域。不在可以然之域，故虽死亡，终弗为也。"（《春秋繁露·玉英》）

三国魏王弼也讲"常"。他说："众之所以得咸存者，主必致一也；动之所以得咸运者，原必无二也。物无妄然，必由其理。统之有宗，会之有元，故繁而不乱，众而不惑。""夫动不能制动，制天下之动者，贞夫一者也。"（《周易略例·明象》）王弼认为在事物的运动中是"无妄然"的，有那种不二的"宗""元""一"在，这就是运动中的"常"。单独看王弼的这个"常"，倒有些规律的思想在内。但王弼却有主静的思想趋向，所以这个"常"就与静有关了。

唐代的刘禹锡讲"数"和"势"，这也有"常"的思想。他说："天形恒圆而色恒青，周回可以度得，昼夜可以表候，非数之存乎？"（《天论中》）天形"恒高而不卑，恒动而不已，非势之乘乎？""夫物之合并，必有数存乎其间焉。数存，然后势形乎其间焉。……彼势之附乎物而生，犹影响也。"（《天论中》）刘禹锡说的天形之"数""势"，就是天之"常"，也就是天之"道"。这里有天之存在和运行的规律的思想。

宋明时代的理学家们也看重"常"。比如张载认为，"天地之气，虽聚散攻取百涂，然其为理也，顺而不妄"（《正蒙·太和》）。这个"顺而不妄"的"理"就是"常"。怎么把握这个"常"呢？张载说："化而裁之存乎变，存四时之变，则周岁之比可裁；存昼夜之变，则百刻之化可裁。推而行之存乎通，推四时而行，则能存周岁之通；推昼夜而行，则能存百刻之通。"（《正蒙·天道》）这是主张从具体的运动变化中来裁化天地万物之"常"则。

程颐指出："天地之化，虽廓然无穷，然而阴阳之度、日月寒暑昼夜之变，莫不有常，此道之所以为中庸。"（《河南程氏遗书》卷十五）这个"常"就是常则，也就是程颐认为的"中庸"。他说："中者，只是不偏，偏则不是中。庸只是常，犹言：中者是大中也，庸者是定理也。定理者，天下不易之理也，是经也。"（《河南程氏遗书》卷十五）他将"常"等同于"理"，认为"天下之理一也。……虽物有万殊，事有万变，统之以一，则无能违也"（《周易程氏传》卷三）。

朱熹则认为"常"比变更重要，能常方能变，"能常而后能变，能常而不已，所以能变；及其变也，常亦在其中"（《朱子语类》卷七十二）。

但他主要是为了论证封建纲常的不变性，即"纲常千万年，磨灭不得"（《朱子语类》卷二十四）。

明清之际的王夫之也探索了常变问题。他说："居因其常；象，至常者也。动因乎变，数，至变者也。君子常其所常，变其所变，则位安矣。常以治变，变以贞常，则功起矣。象至常而无穷，数极变而有定。"（《周易外传》卷五）王夫之看到了变与常之间的辩证关系，有一定的思想深刻性。他看到了变中有常，常中有变，常变是相反相成和相辅相成的。他主张"变合常全，奉常以处变"（《周易外传》卷五），要"执常以迎变，要变以知常"（《周易外传》卷六）。人们既要重视变又要重视常，常其所常，变其所变，变中求常，常中求变，常变结合统一，方能把握事物的变化之道。王夫子对常变关系的看法是比较全面的，代表了中国哲学关于常变思想的水平。

事物在变中有"常"存在。这个"常"当然是事物变中的不变者，这是事物的存在内性、本性、本质所在。但事物在变化中既非瞬息万变，也非往而不返地一变到底，事物的变总有方向、趋势在；就是说，事物在变化的方向、趋势方面也有"常"在。这层意义上的"常"就是中国哲学讲的"反""复"及"反复"思想。

《易经·泰卦》爻辞云："无平不陂，无往不复。"《易经·复卦》爻辞云："反复其道，七日来复。"这里已以"复"或"反复"为普遍意义的存在现象。

《老子》第二十五章说："有物混成，先天地生。寂兮廖兮，独立而不改，周行而不殆，可以为天下母。吾不知其名，字之曰道，强为之名曰大。大曰逝，逝曰远，远曰反。"这里的"反"同"返"，与"复"义同。老子这里是对"道"的命名和对"道"的存在方式的揭示、规定。"道"是什么？它是给那种"先天地生"的、"寂兮廖兮"的、"独立不改"的因此可以作为"天下母"的一个东西的命名。能"为天下母"，就是本原、本体。所以"道"是给本原、本体命的名子，它自己也就是本原、本体。那么，作为本体的"道"怎么存在呢？它既然是天地万物的存在本体，就在天地万物之中。又怎么表示这个"在之中"呢？那只能说"道"与天地同在同大，天地有多么大"道"就有多么大，故老子说"强为之名曰大"。但"道"的这个大究竟怎么大？就是说，它究竟是多大呢？这个"大"不能限定和具体化，因为这样一来"道"就被具体化了，就不是和不能是本体了，故这个"大"是活的大，是正在构成着的大，这就叫"大曰逝"。可见，"逝"是用来表征和规定"大"的。但"逝"也有同样的问题，即不可限定和具体化，否则就成了死的了，所以这个"逝"也要活着和当场构成着、生成着，这就叫"逝曰远"。怎么"远"呢？远同样是活的和当场构成着的，所以它并非那种一去不复返的"坏无限"，它是自我收敛着的存在，是返回到自身的一个"圆"或"圈""环"，这就是"远曰反"之谓。这个"反"同"返"。经过"大曰逝，逝曰远，远曰反"的一番论证，就说明"道"的存在、运动并不是一条线，而是起点和重点重合了、闭合了的"圆"或"圆圈"，正如《庄子·齐物论》所言："彼是莫得其偶，谓之道枢。枢始得其环中，以应无穷。"这正好说明了"道"之存在的自本自根的本体性。这是老子从"道"本论的意义上对"反"或"复"问题的深刻揭示。老子还说："致虚极，守静笃，万物并作，吾以观其复。夫物芸芸，各复归其根。归根曰静，是谓复命。复命曰常。"（《老子》第十六章）这是说变化纷纭的万物都有"复"之性，都要"复归其根"，而不是一去不返。老子又说："反者道之动。"（《老子》第四十章）这个"反"历来有不同的理解，有人认为这个"反"乃正反之反，即反面、对立面，故老子这句话的意思是："道"自身的相反相成之性导致了其运动。也有人认为此"反"乃"返"，即返回、循环，故老子此句可理解为："道"的运动是循环往复的。怎么循环往复呢？这当然不是那种直线式的运动，必定是"枢始得其环中"的"道枢"式，这就是"圆圈"。所以老子的"反复"思想有一定的深意。

《易传》发挥了《易经》的思想，也讲"反""复"。《易传·彖传上》说："反复其道，七日来复，天行也。……复其见天地之心乎。"王弼注说："以天之行，反复不过七日，复之不可远也。"《周易本义》说："阴阳消息，天运然也。"欧阳修《易童子问》说："天地之心见乎动。复也，一阳初动于下矣，天地所以生育万物者本于此，故曰'天地之心'也。天地以生物为心者也。"《易传·彖传上》云："无往不复，天地际也。"这是对泰卦九三爻象的解释，是说去者无不重回复，这种"复"就处在天地交接之际。事物之变怎么"反复"呢？《易传·系辞传上》说："变化者，进退之象也。""一阖一辟谓之变，往来不穷谓之通。"这是说，变化是一种有进有退的现象，并非一直进下去或一直退下去。而这种变化，或进退现象之发生，就在于"一阖一辟"。

《吕氏春秋》讲"极"和"复",认为"阴阳变化,一上一下,合而成章,浑浑沌沌,离则复合,合则复离,是谓天常。天地车轮,终则复始,极则复反,莫不咸当"(《吕氏春秋·大乐》)。"极"乃极限、限度。事实之运动变化中是有"常"的,这个"常"就是限度,超过了此限度,事物之运动、变化就会趋向反面,即"全则必缺,极则必反,盈则必亏"(《吕氏春秋·博志》)。

汉代扬雄也讲"反复",指出:"一判一合,天地备矣。天日回行,刚柔接矣。还复其所,终始定矣。一生一死,性命莹矣。"(《太玄·玄攡》)这里说事物的发展变化有始有终,始则终,终则始,"还复其所"。而"还""复"是有限度的,此即"极"。扬雄说:"阳不极,则阴不萌。阴不极,则阳不牙。极寒生热,极热生寒。信道致诎,诎道致信。其动也,日造其所无,而好其所新。其静也,日减其所为,而损其所成。"(《太玄·玄攡》)物极必反,事物到了至极就会走向反面,从而开始新的生存历程。

三国魏王弼有主静的思想倾向,但他也讲"反复"。他说:"凡物极则反,故畜极则通。"(《周易注·大畜卦》)"畜",即"蓄",积聚义。这是说事物的变化积累、积聚到一定限度("极"),就会向相反的方面转化。

宋代的理学家们也讲"反复"。如张载说:"动而不穷,则往且来。"(《正蒙·乾称》)这是说运动变化及其往复是无穷的。张载认为,运动、变化的主体是"气",所谓往复或反复乃气之循环运动过程。他说:"太虚无形,气之本体,其聚其散,变化之客形尔。"(《正蒙·太和》)

程颐讲"反复"比较精到。他说:"物极必反,其理须如此。有生便有死,有始便有终。"(《河南程氏遗书》卷十五)又说:"物理极而必反,故泰极则否,否极则泰,……极而必反,理之常也。"(《周易程氏传·否卦》)"物理极而必反也。以近明之,如人适东,东极矣,动则西也。"(《周易程氏传·睽卦》)"物极则反,事极则变。困既极矣,理当变也。"(《周易程氏传·困卦》)"物极必反"一语乃程颐首用,以后遂成为表示事物运动变化之本质的术语。

朱熹认为,"刚柔变化,刚了化,化了柔,柔了变,变便是刚,亦循环不已"(《朱子语类》卷七十四)。朱熹认为事物的刚柔变化不是直线式地一直下去,乃是"循环不已"的,这就是"反复"之道。

明清之际的王夫之说:"天下之势,循则极,极则反。"(《春秋世论》

卷四）这是说运动变化到了一定的极限就会走向反面，这就有了"复"。他指出："势极于不可止，必大反而后能有所定。故《易》曰：'倾否，先否后喜。'否之已极，消之不得也，倾之而后喜。"（《宋论》卷八）王夫之不仅看到事物变化中的"极"，还看到极"必大反而后能有所定"，即事物之变到了极限后要发生转化，这才可得到"定"，才能开始新的存在和变化历程。王夫之的"反复"思想有一定的深刻性。

总之，在中国古代哲学中有"变中有常，常则反复"的思想。这一思想揭示了事物运动变化过程中的常则、规律之性，还揭示了事物之运动变化发展的方向、趋势。中国哲学中的这种"常"与"反复"的思想，已有事物之存在、变化的"圆圈"思想意蕴，尽管尚未达到一定的哲学高度，未总结出有如黑格尔所说的"否定之否定"之圆圈的规律。

第三节　动静有机

天地万物是生生不息、变动不已的。那么，事物之运动变化的原因、根据是什么呢？对此，中国哲学有不同的看法和思想。有的讲"阴阳"对立，有的讲"和实生物"的"和"，有的讲"物生有两"的"两"，有的讲"相反相成"的"反"，有的讲"势不两立"的"矛盾"，有的讲"两一"，有的讲"无独有对"，有的讲"分合合分"，有的讲"分一为二"和"合二以一"，等等。但不论怎么讲，都承认事物之运动变化是有内在的原因和根据的。这个原因和根据就是"机"或"几"。现在我们用"动静之机"一语来概括中国古代哲学对事物运动变化之原因、动力等问题的探索及思想。

中国哲学中关于"动静之机"问题的探索及认识主要表现在两个阶段：一个是先秦，另一个是宋明。

中华先民在长期的农业生产中早就积累了"相其阴阳"（《诗经·大雅·公刘》）的丰富经验。但这里的"阴""阳"尚是具体之形，如山之北、水之南为阴，山之南、水之北为阳。将"阴""阳"作为天地万物存在与变化过程中的性质、功能，使其有一定的哲学意义，这当属《易经》。"阴阳"观念虽然在至战国中晚期成书的《易传》中始正式出现，但"阴阳"思想早在成书于殷周之际的《易经》中就有明确表现，此乃所谓的"《易》以道阴阳"。(《庄子·天下》)怎么"道"呢？《易经》用"--"（阴）和"—"（阳）两个基本符号，经过相互搭配，组成了不同的图像形式：将阴、阳两个符号相合后，得到"⚌"（太阳）、"⚎"（少阳）、"⚏"（太阴）、"⚍"（少阴）"四象"；再将"四象"与阴、阳两个符号相合后，得到"☰"（乾）、"☱"（兑）、"☲"（离）、"☳"（震）、"☴"（巽）、"☵"（坎）、"☶"（艮）、"☷"（坤）"八卦"；再将"八卦"与阴、阳两个符号相合，得到"十六卦"，直至形成 64 个图像，即《易经》的"六十四卦"图。可以直观地看出，"六十四卦"形成的过程就是"道阴阳"的过程，即"--""—"互相重合搭配，相反相成、相辅相成地构成了卦象。而且，在所构成的"六十四卦"中，有泰与否、剥与复、乾与坤、损与益、坎与离等对立统一的卦象和观念，这是更深刻的"道阴阳"思想。从"六十四卦"的图像看，"--""—"既是构成它们的基本元素，也是这个卦象系统之运动、变化的原因和动力。这里就有"--""—"相反相成这一"动静之机"的思想。

西周末年，伯阳甫用阴阳之气的运动来解释地震现象。他说："阳伏而不能出，阴迫而不能烝，于是有地震。"(《国语·周语》)伯阳甫认为地震是阴阳二气失序所致。这就是一种阴阳动力论思想，即以阴气和阳气的对立统一为源泉和动力来解释事物（这里就是地震）之运动变化。

与伯阳甫同时期的周太史伯提出了"和实生物，同则不继"的思想，认为"以他平他谓之和，故能丰长而物归之。若以同裨同，尽乃弃矣。……声一无听，物一无文，味一无果，物一不讲"(《国语·郑语》)。这里的"他"是他物、他者，物与物互为"他"，且正是这些"他"相互结合，即"和"，才形成和构成了丰富多彩的世界存在。史伯在此讲万物的构成问题，这里就包含有万物之变的原因问题。这是说，如果物自身中只有一种性质和力量的话不仅不能构成丰富多样的事物，事物也就失去了变化的动力了。

春秋时期，齐国的晏婴也讲"和"。他认为："和如羹焉，水火醯醢盐梅以烹鱼肉，燀之以薪。宰夫和之，齐之以味，济其不及，以泄其过，君子食之，以平其心。……声亦如味，一气，二体，三类，四物，五声，六律，七音，八风，九歌，以相成也；大小，短长，疾徐，哀乐，刚柔，迟速，高下，出入，周疏，以相济也。君子听之，以平其心。……若以水济水，谁能食之？若琴瑟之专壹，谁能听之？同之不可也如是。"(《左传·昭公二十年》）这里的"和"比史伯讲的"以他平他"的"和"丰富和深入了一些，指的是不同性质、力量、功能等对立面的结合，而"同"则是同一性质、力量、功能等的凑合，所以"和"能生物而"同"则会窒息物的生存。后来孔子也讲"和"，但他主要说的是人的处世问题，即"君子和而不同"（《论语·子路》），这是一种处世之道。

春秋时的史墨很重视对立面的地位和作用。他说："物生有两，有三，有五，有陪贰。故天有三辰，地有五行，体有左右，各有妃耦。王有公，诸侯有卿，皆有贰也。天生季氏，以贰鲁侯，为日久矣，民之服焉，不亦宜乎？鲁君世从其失，季氏世修其勤，民忘君矣，虽死于外，其谁矜之？社稷无常奉，君臣无常位，自古以然，故《诗》曰：'高岸为谷，深谷为陵。'三后之姓，于今为庶，主所知也。在《易》卦，雷乘《乾》曰《大壮》，天之道也。"（《左传·昭公三十二年》）《春秋》有"十有二月己未，公薨于乾侯"的记载，是说鲁昭公三十二年（前510）鲁国的国君昭公被大夫季氏驱赶在外，于十二月死在了乾侯之地。当时晋国的赵简子就问史墨，说"季氏出其君，而民服焉，诸侯与之，君死于外，而莫之或罪也"。史墨就讲了上引的那段话。史墨没有就事论事地说鲁君被逐这件事，而是从一般的道理和方法论上来作解释。史墨认为，世上的事没有孤立的，事事物物"皆有贰也"，即均处在与其对立面的相互联系中，且事物之运动、变化、发展均是由其相反相成的对立性所引起的。这里已有了矛盾对立和转化的思想倾向。

春秋时的孙武从军事斗争的视野讲矛盾对立和转化。他看到奇正、敌我、强弱、进退、攻守、虚实、利害、众寡、勇怯、迂直、动静、予取、分合、劳逸、治乱、险易、远近等的矛盾对立现象，认为对立着的双方在一定条件下要发生转化，如："凡战者，以正合，以奇胜。""战势不过奇正，奇正之变，不可胜穷也。奇正相生，如循环之无端，孰能穷之？"（《孙子兵法·势篇》）奇与正作为军事上的原则、方法、方式，是相互联系的和可以转化的。这是军事领域的矛盾论。

先秦时期，比较深刻的讲事物对立统一性的是《老子》《易传》。《老子》主柔，《易传》主刚。《老》《易》各从不同方面一定程度地揭示了事物的矛盾性在事物发展变化中的作用。

老子自觉地观察了社会、自然领域中相反相成的对立统一现象。他指出：

天下皆知美之为美，斯恶矣；皆知善之为善，斯不善矣。故有无相生，难易相成，长短相形，高下相倾，音声相和，前后相随。（《老子》第二章）

曲则全，枉则直，洼则盈，敝则新，少则得，多则惑。（《老子》第二十二章）

物或损之而益，或益之而损。（《老子》第四十二章）

物壮则老。（《老子》第五十五章）

祸兮福之所倚，福兮祸之所伏。（《老子》第五十八章）

老子观察到有无、多少、大小、长短、轻重、高下、左右、前后、正反、生死、静躁、刚柔、强弱、祸福、荣辱、智愚、巧拙、成败、损益、得失、难易、美丑、善恶、攻守、进退、同异、虚实、治乱、古今、兴废、与夺、阴阳、张翕、华实、雌雄、吉凶、亲疏、贵贱、慈勇、讷辩等相反相成的现象。这些现象是相反的，所以才是相辅相成着的。老子用"有无相生"一语概括了事物存在的这种相反相成的性质。他说："三十辐共一毂，当其无，有车之用。埏埴以为器，当其无，有器之用。凿户牖以为室，当其无，有室之用。故有之以为利，无之以为用。"（《老子》第十一章）毂是车轮中心用来插车轴之处，它外连车辐齿而内插车轴，故这个毂是中空的。但正是这个中空、空、无，却真正成就了车轮和车；车之所以是车，关键在其轮子，而轮子之为轮子，就在于其毂，在于毂的中空、无。器皿、房舍等东西亦然。车子、器皿、房舍等之所以能用，能给人的生存带来利益和好处，就在于它们的中空、无，倘若它们的中心、中部全是有，全是实的，那就没有车轮、器皿、房舍等可言了。这是从更深刻的意义上看到了有与无的对立与统一。

相反的力量本来就是对立的，当把它们联系、联合在一起后，就必然有对立和斗争；而这种对立和斗争就是一种力量，一种推动力，由此就有了事物的运动、变化和发展。对这种对立统一的道理，老子未必就全面、深刻地认识和把握了。但他的确看到了事物向其对立面的转化现象。他说：

甚爱必大费，多藏必厚亡。（《老子》第四十四章）

兵强则灭，木强则折。（《老子》第七十六章）

图难于其易，为大于其细。(《老子》第六十三章)

天下莫柔弱于水，而攻坚强者莫之能胜，其无以易之。弱之胜强，柔之胜刚，天下莫不知，莫能行。(《老子》第七十八章)

重为轻根，静为躁君。(《老子》第二十六章)

贵以贱为本，高以下为基。(《老子》第三十九章)

将欲歙之，必固张之；将欲弱之，必固强之；将欲废之，必固兴之；将欲夺之，必固与之，是谓微明。(《老子》第三十六章)

在老子看来，事物的变化并不是任意的，而是有其内在依据的，这就是在其对立面的作用下向相反的方面转化和发展。比如说，强大的东西达到一定的限度、极限后就不能再强大了，就要向弱小的方面发展、转化。盛转为衰、易变为难，弱变为强等都是如此。老子将此种转化总结、概括为一个命题，即"反者道之动，弱者道之用"(《老子》第四十章)。前文已说过，对老子这里的这个"反"有不同理解。与"用""弱"相对的这个"反"当可理解为正反、相反之反。所以，在老子看来，对立、反面乃事物之存在和变动的动力所在。这里已有辩证否定的思想倾向。

与《老子》的阴柔辩证法有别，《易传》是阳刚的辩证法。《易传》以"阴阳"这两种相反相成的性质、倾向、力量为宗纲，揭示了天地万物之运动变化的原因和动力。《易传》说："乾，阳物也；坤，阴物也。阴阳合德，而刚柔有体，以体天地之撰，以通神明之德。"(《易传·系辞传下》)"撰"即"撰述营为"之意。朱熹《周易本义》云："犹事也。"《古周易订诂》说："有形可拟，故曰'体'"，"有理可推，故曰'通'。'体天地之撰'，承'刚柔有体'言，两'体'字相应；'通申明之德'，承'阴阳之德'言，两'德'字相应。"这里是说，天地万物在存在性质、本性上是阴阳相反相成的对立统一，即"阴阳合德"。《易传》还说："乾，天也，故称乎父；坤，地也，故称乎母。震一索而得男，故谓之长男；巽一索而得女，故谓之长女；坎再索而得男，故谓之中男；离再索而得女，故谓之中女；艮三索而得男，故谓之少男；兑三索而得女，故谓之少女。"(《易传·说卦传》)在八经卦中，乾、震、坎、艮都是阳卦，故都象男；坤、巽、离、兑都是阴卦，故都象女。由乾、坤始，震、巽、坎、离、艮、兑之形成的过程就是"男女构精，万物化生"之过程。这里通过诠释八经卦之象，解说了天地万物之构成，而这一构成的基本元素就是阴阳。

《易传》从阴阳的对立统一出发，来说明天地万物的运动、变化问题。它说："一阴一阳之谓道""阴阳不测之谓神"（《易传·系辞传上》）；"神也者，妙万物而为言者也"（《易传·说卦传》）。"一阴一阳之谓道"是个深刻的命题。"道"就是阴与阳的统一，它不是纯阳的，也不是纯阴的，而是阳阴阴阳、阴阳阳阴的，是阴中有阳、阳中有阴；阴阳相反相成，这就产生出动力，就推动着事物的运动变化。所以《易传》指出："一阖一辟谓之变""刚柔相推而生变化"（《易传·系辞传上》）；"刚柔相推，变在其中矣"（《易传·系辞传下》）。这说得很明确，事物之变化是由阴阳、刚柔等相反相成的性质和力量来决定和左右的。

《易传》指出，事物在其内在矛盾的推动下，要发生转化，其转化的方向和趋势是向相反的方面发展。《易传》用一些卦象的变化来说明这一点。如《易传·序卦传》说："泰者，通也。物不可以终通，故受之以否。物不可以终否，故受之以同人。""剥者，剥也。物不可以终尽剥，穷上反下，故受之以复。""恒者，久也。物不可以久居其所，故受之以遁。遁者，退也。物不可以终遁，故受之以大壮。"事物的运动不可能永远终通、终否、终尽、终遁下去，到了一定的限度（"极"）就要向相反的方面转化。值得注意的是，《易传》看到了转化的条件性问题，这就是"极"，也叫"穷"。《易传·系辞传下》云："易，穷则变，变则通，通则久。"怎么达到这个"极"或"穷"呢？《易传》认为这有个量上的积累过程，它指出："善不积不足以成名，恶不积不足以灭身"（《易传·系辞传下》）；"臣弑其君，子弑其父，非一朝一夕之故，其所有来者渐矣"（《易传·文言传》）。还应看到，在谈事物的转化时，《易传》很重视人的积极进取作用。它说："大哉乾乎，刚健中正，纯粹精也"（《易传·文言传》）；"天行健，君子以自强不息"（《易传·象传上》）；"至哉坤元，万物资生"（《易传·象传上》）；"地势坤，君子以厚德载物"（《易传·象传上》）。这都是《易传》刚健进取的精神。但《易传》仍有不变论的倾向，如认为："天尊地卑，乾坤定矣"（《易传·系辞传上》）；"天地之道，恒久而不已也。……观其所恒，而天地万物之情可见矣"（《易传·象传上》）。这就过分看重恒或不变了。

还有战国末期的韩非，他提出了"矛盾"说，认为："夫不可陷之盾与无不陷之矛，不可同世而立"（《韩非子·难一》）；"以不可陷之盾，与无不陷之矛，为名不可两立也"（《韩非子·难势》）。韩非在此讲的"矛盾"是形式逻辑中违背了"矛盾律"的矛盾，还不是哲学上的既对立又统一的矛盾。但他以矛和盾这两种攻与守之性质和功能相反的兵器同时相遇为比喻，形象地说明了相反相成的道理。

从汉至唐，在关于事物运动变化之动因方面未有独创性的思想，但仍有一些见解。比如西汉的董仲舒有"凡物必有合"的思想。他说："凡物必有合，合必有上，必有下；必有左，必有右；必有前，必有后；必有表，必有里。有美必有恶，有顺必有逆，有喜必有怒，有寒必有暑，有昼必有夜，此皆其合也。……物莫无合，而合各有阴阳。"（《春秋繁露·基义》）这个"合"明显有对立面结合之意。董仲舒还注意到"合"中对立面相互渗透的现象，如说："于浊之中，以知其清；于清之中，必知其浊；于曲之中，必见其直；于直之中，必见其曲。"（《春秋繁露·保位权》）然而，董仲舒讲的"合"只是一些现象，一涉及本质，特别是社会历史的本质，他就走向"天不变，道亦不变"的不变论了。而且，他讲"合"的目的是使对立双方确定各自的地位，如说："阳之出也，常悬于前而任事；阴之出也，常悬于后而守空处"，并认为"天之亲阳而疏阴"（《春秋繁露·基义》）。所以他说："天之常道，相反之物也不得两起，故谓之一。一而不二者，天之行也。"（《春秋繁露·天道无二》）

唐代佛教华严宗提出了"四法界"思想，在讲"事事无碍"法界时有"六相圆融"论，还有"一多依持"等理论，这就有事物运动变化的原因等问题。例如，在讲"六相"中的成与坏之相时指出："成相者，由此诸缘，舍义成故，由成舍故，椽等名缘。若不尔者，二俱不成。"《华严一乘教义分齐章》这里以房舍为例来说明"成"之义。房舍是由砖、瓦、椽等东西构成的，房舍是总体相，这是"成"。但房舍之"成"的同时就包含有"坏"的因素，即"坏相者，椽等诸缘，各位自法，本不作故"（《华严一乘教义分齐章》）。这是说，椽、砖、瓦等诸因素在相联系、结合而构成房舍时，它们并没有和不能完完全全地变成房子而丧失掉自己的质性，它们仍是各自自身；既然各有自性而是自己，这对房舍来说就是"坏"了。所以，房舍成中有坏，坏中有成。这就有了对立统一的思想因素。

中国哲学对事物运动变化原因的探索，在宋明理学中有了重要进展。北宋王安石有"耦之中又有耦"的思想。他说："盖五行之为物，其时，其位，其材，其气，其性，其形，其事，其情，其色，其声，其臭，其味，皆各有耦，推而散之，无所不通。一柔一刚，一晦一明，故有正有邪，有美有恶，有丑有好，有凶有吉，性命之理，道德之意，皆在是矣。耦之中又有耦焉，而万物之变遂至于无穷。"（《临川先生文集·洪范传》）耦即偶，就是对偶，指对立面之间的结合和配合。王安石认为，在由五行构成万事万物时，事物在形、色、味、位等方面都有其对立面的配合，且对立双方中的每一方又有其对立面相配合，这就是"耦之中又有耦焉"。正是这种"耦中之耦"的对立统一，遂使"万物之变遂至于无穷"矣。

理学开创者周敦颐对事物动静之"几"作了思考。他以为，"太极动而生阳，动极而静，静而生阴，静极变动。一动一静，互为其根"（《太极图说》）。事物的动（运动）到了一定的程度和界限（"极"）就转化为反面，即静；同样，静到了一定的程度和界限（"极"）就会转化为动，万事万物就是动而静、静而动的，且动静是"互为其根"的。在周敦颐看来，动与静已是一种对立统一的内在关系，这两者都是"太极"的本性、自性，即可表示为"动—静"性。可见，周敦颐所谓的"动静互为其根"的"根"是"太极"；就是说，这里的"动"和"静"都不是单纯、单一的，而是在相互对撑中得以存在和表现的，这时既是动又是静，既不是动又不是静，是动静静动、静动动静的，它们动而非动、静而非静，动动静静、静静动动，这就叫"互为其根"。这里的这个"根"显然已有情境、境域性了。周敦颐说："寂然不动者，诚也；感而遂通者，神也；动而未形，有无之间者，几也。"（《通书·圣》）又说："动而无静，静而无动，物也；动而无动，静而无静，神也。动而无动，静而无静，非不动不静也。物则不通，神妙万物。"（《通书·动静》）这里的"几""神"都有"根"之义。"神"是事物的"感而遂通者"，是事物中相互感通的本性；"几"是"有无之间者"，是事物之动的内在契机，是一种动的势几、几势、趋势、趋向，这里的境域性是很明显的。周敦颐的动静思想有一定的深刻性。

张载对事物的运动之"机"作了认真探索。他指出："凡圜转之物，动必有机。既谓之机，则动非自外也。"（《正蒙·参两》）张载的确认识到"动必有机""动非自外"，认为事物运动及变化、发展必有其内在的动因、根据，绝不是由外面单纯加上去的。这个思想当然很深刻。那么，事物之运动变化的内在动因是什么呢？张载有"一两"说，即"一物两体，气也。一故神，两故化，此天之所以参也"（《正蒙·参两》）；"两不立，则一不可见；一不可见，则两之用息。两体者，虚实也，动静也，聚散也，清浊也；其究，一而已"（《正蒙·太和》）。张载说得很明确，有一就有两，有两就有一，一与两是对立统一、相反相成的。就事物的存在和运动来说，任何事物自身不是和不可能是单一的性质和规定，必有"两体"，即相反相成着的两个方面，比如虚与实、动与静、聚与散、清与浊等，正由于这相反相成着的两个方面，才是事物存在及运动变化的内在根据和契机。张载说："地所以两，分刚柔男女而效之，法也。天所以参，一太极两仪而象之，性也。"（《正蒙·参两》）事物不论从外形上还是从内性上均是"两"；这个"两"又不是完全分开的两个东西，它们又相结合而成为一个统一体，故有"两"就有"一"，有"一"必有"两"，一两两一、两一一两，这就是"参①"；有了这个"参"，事物必能运动变化和要运动变化。张载的这个"一两"观与其"太虚即气"的宇宙观紧密相关，他说："太和所谓道，中涵浮沉、升降、动静、相感之性，是生絪缊、相荡、胜负、屈伸之始。其来也几微易简，其究也广大坚固。"（《正蒙·太和》）"太和"之"气"本身就是个对立统一体，它内涵浮沉、升降、动静、相感等质性，故在存在形态上表现为絪缊、相荡、胜负、屈伸之变化。这是从气本论的角度揭示的事物运动变化之"机"。

张载的"一两"说揭示的是事物之变化的动因问题。同时，这也关乎到事物运动变化之形成、方向、道路等问题。张载将事物的运动变化区分为"化"和"变"两个既区别又联系的阶段和形式，即"变言其着，化言其渐"（《横渠易说·乾》）。张载认为，事物矛盾对立的前景、趋势、方向是"仇必和而解"的。他说："气本之虚则湛，本无形，感而生，则聚而有象。有象斯有对，对必反其为；有反斯有仇，仇必和而解。"（《正蒙·太和》）在张载看来，气的本然之态是清湛和一的太虚，这时气自身中的对立面达到"和之至"的"太和"状。但气自身中的浮沉等对立面之间是相互感应的，有感就有动，有动就会聚而为万物，万物间就有了形状上的区别和差别，就有了对立和争斗，争斗的结果并不是使事物彻底分裂而垮掉，而是"和而解"的，即达到一个新的和谐态，这就是一个新"太和"状。这个过程可谓一个否定之否定的过程。有人说张载

---

① 参：同"叁"。

的"仇必和而解"思想是循环论。但如果结合张载的气本论和气化论来看，这个"仇必和而解"一定程度地解释了事物运动变化的道路、趋势等问题。

二程也承认事物的运动变化，也看到事物的矛盾对立性在事物变化中的作用。他们说：

> 天地万物之理，无独必有对，皆自然而然，非有安排也。(《河南程氏遗书》卷十一)
>
> 万物莫不有对，一阴一阳，一善一恶，阳长则阴消，善增则恶减。斯理也，推之其远乎？(《河南程氏遗书》卷十一)
>
> 天地之间皆有对。(《河南程氏遗书》卷十五)
>
> 道无无对，有阴则有阳，有善则有恶，有是则有非，无一亦无三。(《河南程氏遗书》卷十五)
>
> 理必有对待，生生之本也。有上则有下，有此则有彼，有质则有文，一不独立，二则为文。非知道者，孰能识之？(《周易程氏传》卷二)

二程看到了事物间的对立，也看到了对立面之间此消彼长而导致的变化。他们还看到了对立双方间的"极"，提出了"极而必反"的思想。如程颐说："物理极而必反，故泰极则否，否极则泰。……极而必反，理之常也。"(《周易程氏传》卷一)事物发展到一定的限度("极")就要向反面转化。二程这一思想作为一个普遍命题当然不错。但一涉及社会秩序和礼教，二程则认为对立双方是不变的和不能变的。如说："阴阳尊卑之义，男女长少之序，天地之大经也。……男在女上，乃理之常。"这就取消了矛盾对立了。

南宋朱熹肯定矛盾对立的普遍性。他说："如天之生物，不能独阴，必有阳；不能独阳，必有阴，皆是对。"(《朱子语类》卷九十五)朱熹认识到，不仅事物之间有对立，且每一事物自身中亦有对立。他指出："一便对二，形而上便对形而下。然就一言之，一中又自有对。且如眼前一物，便有背有面，有上有下，有内有外，二又各自为对。虽说无独必有对，然独中又自有对。"(《朱子语类》卷九十五)朱熹看到了事物自身其性质、内性上的对立统一，这一思想有深刻性。朱熹还继承了张载的"一两"思想，认为事物自身中矛盾对立的双方是相渗透和作用的。他指出：
"阴阳虽是两个字，然却只是一气之消息。一进一退，一消一长，进处便
是阳，退处便是阴；长处便是阳，消处便是阴。只是这一气之消长，做
出古今天地间无限事来。所以阴阳做一个说亦得，做两个说亦得。"（《朱
子全书·理气一·阴阳》）"阴阳只是一气，阳之退便是阴之生，不是阳
退了又别有个阴生。""阳长一分，下面阴生一分。又不是讨个阴来，即
是阳消处便是阴。""一个阳，一个阴，每个便生两个。就一个阳上又生
一个阳，一个阴；就一个阴上又生一个阴，一个阳。"（《朱子语类》卷
六十五）"此只是一分为二，节节如此，以至于无穷，皆是一生两尔。"
（《朱子语类》卷六十七）朱熹认为，阴阳相互渗透，阴中有一个阴阳，
阳中亦有一阴阳，遂形成层层的阴阳渗透。正因为阴中有一阴阳，阳中
有一阴阳，所以每个"一"中都有个"两"，每个"两"组合为一个"一"。
朱熹说："两在故一存也，两不立则一不可见。""非一，则阴阳消长无自
而见；非阴阳消长，则一亦不可得而见矣。""'一'是一个道理，却有两
端，用处不同。譬如阴阳，阴中有阳，阳中有阴，阳极生阴，阴极生阳，
所以神化无穷。"（《朱子语类》卷九十八）这个"神"就是阴阳相感相生
的渗透性，这正是事物之运动变化的动因所在。很明显，朱熹的阴阳渗
透思想有深刻性。

至明末清初，方以智自觉地探索了事物存在的对立统一问题，提出
了"二而一，一而二"的关于对立统一的一般法则。方以智首先认为天地
万物皆有二端。他说："一切法皆偶也。丧偶者执一奇耶？奇与偶对，亦
偶也。"（《药地炮庄·齐物论评》）"虚实也，动静也，阴阳也，……尽天
地古今皆二也。两间无不交，则无不二而一者。"（《东西均·三征》）"吾
尝言天地间之至理，凡相因者皆极相反。……所谓相反相因者，相球相
胜而相成也。昼夜、水火、生死、男女、生克、刚柔、清浊、明暗、虚
实、有无、形气、道器、真妄、顺逆、安危、劳逸、剥复、震艮、损益、
博约之类，无非二端。"（《东西均·反因》）方以智细致地考察了天地万
物的存在与对持关系，得出了万物之存在"无非二端"的结论，即天下
万物皆是相对待的，皆在相反相成中存在着。方以智还认识到，事物相
反的两个方面要统一在一起，一个统一体又总有相互对立的两个方面。
他将此总结为一条法则："二而一，一而二。"方以智指出："有一必有二，
二本于一。""合无不分，分无不合。"（《东西均·反因》）"二而一，一而

二。分合，合分。可交，可轮。"（《东西均·张弛》）这个"二一、一二"的说法可谓后来的"既对立又统一"之说的初端，富有深意。方以智还用"交""轮""几"三个概念来说明事物矛盾运动的过程。他说："交也者，合二而一也；轮也者，首尾相衔也；……几者，微也，危也，权之始也，变之端也。""交以虚实，轮续前后，而通虚实前后者曰贯，贯难状而言其几。"（《东西均·三征》）"交"指事物内部对立面之间的相感和渗透。"轮"指事物运动变化过程中的前后相继。"几"指事物变化中的微妙契几或枢机。尤其是这个"几"，就是事物内部既对立又统一的矛盾性，这正是事物运动变化发展的动因所在。

明清之际的王夫之也比较深刻地探索了事物运动变化的矛盾性本质问题。他首先看到了矛盾对立现象的普遍性，说："天下有截然分析而必相对待之物乎？求之于天地，无有此也；求之于万物，无有此也；反而求之于心，抑未谂其必然也。""天尊于上，而天入地中，无深不察；地卑于下，而地升天际，无高不彻，其界不可得而剖也。……存必于存，邃古之存，不留于今日；亡必于亡，今日之亡，不绝于将来，其局不可得而定也。天下有公是，而执是则非；天下有公非，而凡非可是，……其别不可得而拘也。"（《周易外传》卷七）这是说天下没有截然分别而不相对待之物，事物间都是相互对待的，事物自身中也是相对待的。王夫之指出："一气之中，二端既肇，摩之荡之，而变化无穷。"（《张子正蒙注·太和》）一气之中就有二端即矛盾对立存在，此乃阴与阳，即"无有阴而无阳，无有阳而无阴，两相倚而不离也"（《周易内传》卷五）；阴阳结合，"合两端于一体，则无有不兼体者也"（《周易内传》卷五）；事物内部如果没有这种矛盾对待，"若不互相资以相济，事虽幸成，且不知其何以成，而居之不安，未能自得，物非其物矣"（《张子正蒙注·动物》）。王夫之还对矛盾对立面之间的关系作了探索，认为矛盾着的对立面之间有两方面的关系：一是"相峙而并在"，"判然各为一物，其性情、才质、功效，皆不可强之而同"（《周易内传》卷一、卷五）；二是"相倚而不相离"（《周易内传》卷五）。前者就是"分一为二"，后者则是"合二以一"。矛盾对立面之间的这两重关系又"其理并行，而不相拂"，"合二以一者，为分一为二之所固有"（《周易外传》卷五），"非有一，则无两"（《张子正蒙注·太和》）。王夫之还举了一个例子来说明这种矛盾关系，谓："呼之必有吸，吸之必有呼，统一气而为息，相因而非反也。"王夫之的"合二以一"和"分一为二"之说已很接近对立统一规律了。用事物的矛盾性来说明和表示事物运动变化之"几",已有相当的思想高度和深度。

总之,在探大化之赜方面,中国哲学对事物运动变化的动因问题做了有益探索,对"动静之机"的那个"机"有了一定程度的认识和把握。其重要思想成果就是已有对立统一规律之内容和形式的一系列思想和理论。这是中国哲学在大化方面的重要思想成就。

第四节　大化之道

中华民族是一个有文化的文明民族,其文化血脉传承了5000多年而历久弥新。中华民族的这个文化血脉就是表现在中国传统哲学中的形而上的本体思想。这一本体思想探索的是宇宙即天地万物之存在的本根、本原、本体问题。与此相一致,中国哲学还探索了宇宙存在的状态及性质等问题,这就是中国哲学中的大化之道。这个"大化之道"既包括关于天地万物之变的状态、规则(常)、动因(机)等方面,还关乎到宇宙万物之运行的起始与终结、其存在性质上的有与无、其运行过程中的有目的还是无目的等方面。现在就中国哲学中关于宇宙运行中的起始等问题予以概述。

中国传统哲学中没有纯自然哲学,即对宇宙(自然世界)作专门、纯粹的研究。《庄子·齐物论》曰:"六合之外,圣人存而不论。"这是中国圣贤的为学原则和方向,也是中国哲学的基本原则和方向。"六合"者四方上下也,这就是整个世界,就是宇宙。对宇宙之外的事,甚至人之外的那些天地之事,中国哲学不予以论及,起码不予以专门论及。但这只是一种倾向和思想大流,并不是说中国古人和中国哲学一点都不关心和探索天地方面的问题。人既然在天地间存在着,既然每日每时都头顶天、脚立地地生活和生存着,他当然就离不开天地,当然就要和就有对天地存在的探索,尽管此种探索不是中心、重心和主流、主体,但有探索,一定有。所以,中国哲学中有一些关于天地存在问题的思想。例如,《庄子·天运》言:"天其运乎? 地其处乎? 日月其争于所乎? 孰主张是? 孰维纲是? 孰居无事推而行是? 意者其有机械而不得已耶? 意者其运转而不能自止邪? 云者为雨乎? 雨者为云乎? 孰隆施是? 孰居无事淫乐而劝是？风起北方，一西一东，在上彷徨，孰嘘吸是？孰居无事而披拂是？敢问何故？"这里一连问了 14 个方面的问题，这些形形色色的现象其存在原因究竟何在呢？"敢问何故？"这个"故"即原因、依据，这就是中国哲学中宇宙论问题，就是关于宇宙存在之自然现象的探索，也就是中国哲学的大化之道问题。

那么，中国哲学中的大化之道是些什么思想和学说、理论呢？这些思想主要在先秦道家哲学中有所表现，概括如下。

一是关于天地之始与终的问题。人一来到世上，就生存在天地间，就遭遇到了天地万物。那么，这个天与地究竟从何而来呢？这涉及的就是天地（宇宙）如何生成的问题。从"盘古开天地"的神话故事到汉初《淮南子》讲的气先天地的生成论，都是在解说、说明宇宙起源的问题。这是中国哲学中宇宙论思想的一个重要方面。与此相关的亦属于宇宙论方面的另一个问题是：人并不是顺着宇宙的起始来追寻宇宙的形成，而是从现已形成的宇宙开始追溯上去或追溯下去，以之来寻找宇宙的开始（当然也可包括宇宙的终结）的。《庄子·齐物论》曰："有始也者，有未始有始也者，有未始有夫未始有始也者。"这里追寻的就是宇宙或天地的开端问题。我们的宇宙有一"开始"吗？若有，那么"开始"前是什么？即"开始"的"开始"是什么？倘若有个"'开始'的开始"的话，那么这个"'开始'的开始"的"开始"又是什么呢？这样可以一直追寻下去。这是追寻"开始"点。要追寻"终结"点也是一样。如果宇宙有个"终结"点，那么"终结"以后是什么？即"终结"的"终结"是什么？"'终结'的终结"的"终结"又是什么？这样也可以一直追寻下去。《庄子》这里的"有始也者，有未始有始也者，有未始有夫未始有始也者"，是一种追问式的语言表示方式或模式，同时也是一种思想方式或模式。依此模式，我们可以接着说"有未始有夫未始有夫未始有始也者，……"这会趋于无穷。这说明，宇宙存在的那个开始和终结是追不到的，宇宙存在是无有开始和终结的。

宇宙存在真的是这样吗？看来是真的，即宇宙的存在没有开端和终结。但是，宇宙存在真的没有开端点吗？如果它真的没有开端，那么它就开不了端，这样的话也就没有宇宙存在了；所以宇宙存在必有其开端点，当然也就必有其终结点。那么，宇宙究竟如何存在呢？到底有开端呢抑还是无开端？这里就涉及在宇宙起源问题上两种相关的哲学思想和理论，即宇宙生成论和宇宙本体论。就宇宙生成论言，宇宙是无开端的。但这样的宇宙却开始不了，也存在不了。为了使宇宙能开始和能存在，这里一定有一个宇宙本体论的思想和理论，这就是关于宇宙存在的本体、本原之所在。有了本原、本体，就有了自本自根之基点，这就是开端。所以，在宇宙生成论中一定逻辑地蕴含着一宇宙本体论。例如，《老子》第四十二章说："道生一，一生二，二生三，三生万物。"这是一个典型的宇宙生成论模式。在此模式中最关键也最难解的是"道生一"这一句或这一环节。"道生一"，表面看来说的是天地（宇宙）生成问题，即从"道"中生出个"一"；然而，"道"既然能生"一"，它必有"生"之性能；它既然有"生"之性质和功能，那它就是别的什么东西生出来的；它既为别的东西所生出，那它就不是开端了，也就没有"道生一"这一环节可言了，同时也就没有整个这一宇宙生成模式可言了。其实，这个"道生一"是个本体论问题，这里的"道"与"一"并非生与被生的从属关系，而是"道"乃"一"，"一"乃"道"，这是说"道"就是个独一无二的本原、本体，它自本自根地存在着，是一切存在的源头、根基；有了这个本体之"道"，宇宙才有开端可言，也才能真实地开始其存在和演化。

惠施是战国时期的著名辩者，是名家的代表之一。他的著作已佚，《庄子·天下》中保留有他辩论的10个命题，被称为"历物之意"。第一个命题说"至大无外，谓之大一；至小无内，谓之小一"。这个"大一"和"小一"都是宇宙存在之"极"，均有本原、本体的意义。从生成论，从现象看，宇宙无有边畔，故无所谓"至大"存在，当然亦无最后的原始基点，即那个所谓的"至小"或"小一"存在。但现实的、真实的宇宙却要开端，否则无法就出现和存在。惠施的这一命题就是从宇宙存在结构方面所说的宇宙存在的本体问题。从现代宇宙学或天文学方面言，由地球可扩至太阳系，从太阳系可扩至银河系，再到河外星系，再到总星系，其存在范围可以一直扩展下去；再从现代物理学（量子力学）所揭示的物质存在结构看，物质由分子构成，分子由原子构成，原子由原子核和核外电子构成，原子核由中子和质子构成，中子、质子为基本粒子，又由更小更基本的"夸克"构成，从理论上讲"夸克"还能分解，这样可以一直分解下去。这乃科学视野中的一幅宇宙存在图景，这里没有"大一"与"小一"之类的存在。但在哲学上言，就真实的宇宙存在言，宇宙不得不和不能不有本原、本体，故惠施的"大一""小一"就有本体的意义。

二是关于天地存在本性是有还是无的问题。有、无问题，看似本原、本体问题，但实则这关系到宇宙的存在与变化。有，就是存在，宇宙万物出现了，就存在着，这就是有。但是，只有"有"还不行，因为如此一来宇宙万物就是死的、静的，就没有变化发展可言了，所以还有、还需要"无"，无就是非存在，就是非有，有"无"就一定有变化发生，这样的宇宙才能生动活泼起来，才是活的宇宙。因此，在中国哲学的大化之道中，有、无问题是其中十分重要的思想内容。

最早涉及宇宙存在之有、无问题的人是老子。老子重"无"，认为"有生于无"。他说"天下万物生于有，有生于无"（《老子》第四十章）。这是说天地万物都是以形相生的，都是有，故都源于有和生于有。但"有"是从何来的呢？当然是由有来的。但这样一来就会有下去乃至无穷，这实际上就等于最终取消了有，即有无法生成和存在。因此，在由有生有的宇宙现象中必有一作为化生过程的开端、源头，这就是本原、本体，就是不同于有的"无"。所以，从本原、本体的意义上讲，"有生于无"是有道理的。然而，"无"既然是"有"的本原、本体，它就离不开"有"而只光秃秃地存在，作为"有"之存在本体的"无"一定要在和一定就在"有"之中，故有、无实则一体而不可分。所以老子才有如斯之言："有无相生"（《老子》第二章），"无，名天地之始；有，名万物之母。故常无，欲以观其妙；常有，欲以观其徼。此两者同出而异名，同谓之玄，玄之又玄，众妙之门"（《老子》第一章）。有离不开无，无离不开有，有无无有、无有有无，这就有了"有—无"性结构，这也就是境域、情境所在，这就是老子所说的"道"。老子的有、无思想有深刻的一面。

庄子也讲有无，其思想与老子有一致处。《庄子·齐物论》曰："有有也者，有无也者，有未始有无也者，有未始有夫未始有无也者。俄而有无矣，而未知有无之果孰有孰无也。"宇宙的存在如果是有，有就是一切，或曰一切就是有。既然一切都是有，那么有之外就是没有，就是无，作为整体的这个"有"只能源于"无"。但当你说"无"时，恰恰有个"无"在，这个"无"正好就成了有，它的存在就会一直被追寻下去而无有终结，这就是庄子这里所谓的"有有也者，有无也者，有未始有无也者，有未始有夫未始有无也者，……"的思想（思维）模式。如果按此思想方式走下去，宇宙根本就没有个头，没有个开端，也就终无宇宙产生了。

那怎么办呢？其实此种寻求方式表明，有、无不可直线式地追下去，这会陷进"坏无限"的泥沼而不可自拔。有、无本来就是相互关系、关联的，世上无有单纯的有，也无有单纯的无，总是有无无有、无有有无的，这就是由有无自身所构成的"环""圈""圆"，就是"道"或"道枢"。"彼是莫得其偶，谓之道枢。枢始得其环中，以应无穷。"（《庄子·齐物论》）庄子这里所说的有无统一的"有—无"性，就是"道"，就是"道"的存在结构，就是宇宙存在之本体，也是宇宙之运作之本体。《庄子》中有不少地方论说了有、无问题，如：

> 孰能以无为首，以生为脊，以死为尻，孰知死生存亡之一体者？（《庄子·大宗师》）
> 泰初有无，无有无名，一之所起，有一而未形。（《庄子·天地》）
> 光曜问乎无有曰："夫子有乎？其无有乎？"光曜不得问，而熟视其状貌，窅然空然，终日视之而不见，听之而不闻，搏之而不得也。光曜曰："至矣！其孰能至此乎！予能有无矣，而未能无无也；及为无有矣，何从至此哉！"（《庄子·知北游》）
> 有乎生，有乎死，有乎出，有乎入，入出而无见其形，是谓天门。天门者，无有也，万物出乎无有。有不能以有为有，必出乎无有，而无有一无有。圣人藏乎是。（《庄子·庚桑楚》）

庄子论有无的这些文字，有些是就一些特殊问题而起论的，但也有关乎宇宙存在与运行之源的方面。但无论如何讲，庄子关于"有有也者……"之说的思想深度在于揭示了宇宙存在、变化的"有—无"性本质。

有无问题是魏晋玄学讨论的核心，这时的有、无有明显的本体意义和价值。作为正始玄学的开端，也作为整个玄学思想开端的是王弼"以'无'为本"（见《晋书·王衍传》）的"无"本论。王弼以"无"作为有（存在）之本。经过竹林玄学的"自然"论，和西晋中期裴頠的"有"本论，到生活于西晋中后期的郭象从事玄学活动时，他认真思索了究竟什么是本体的问题，对之前的"无""有"本体作了整合。郭象说："谁得先物者乎哉？吾以阴阳为先物。而阴阳者即所谓物耳。谁又先阴阳者乎？吾以自然为先之。而自然即物之自尔耳。吾以至道为先之矣。而至道者乃至无也。既以无矣，又奚为先？然则先物者谁乎哉？而犹有物，无已。

明物之自然，非有使然也。"（《庄子·知北游》）这是郭象对本体问题明确而认真的思考。在他看来，他之前的那种"无"本体和"有"本体均不足以为本体。他说："无既无矣，则不能生有；有之未生，又不能为生。然则生生者谁哉？""世或谓罔两待景，景待形，形待造物者。请问：夫造物者有邪？无邪？无也，则胡能造物哉？有也，则不足以物众形。故明乎众物之自物而后始可与言造物耳。是以涉有物之域，虽复罔两，未有不独化于玄冥者也。"（《庄子·齐物论注》）这是说，"无"既然是无，是没有，它怎么能生出有呢？怎么能与"有"有关系呢？这从道理上讲不通！所以"无"并非真正的本体。那么"有"本体如何呢？"有"既然是有，是存在，它不是别的什么东西生出的，那么它就没有生或能生的质性，它也就不能生别的东西，就与别的东西无关；既如此，它还能是本原、本体吗？故以"有"为本在道理上也讲不通！就这样，郭象用极简练而要害之言否定了"无"本体和"有"本体。那么，究竟什么能作本体呢？郭象在此颇费思量。他以为好像应该有个本体，但又好像寻不出那种真正是"本"的东西。所以郭象说"未有不独化于玄冥者也"，他提出了"独化"概念。这种"独化"论的提出对郭象言有一种无可奈何的心情，似乎追不出本体了才不得不将视野投向现象存在，这就是每个东西的存在和变化，如斯而已！但实际上这个"独化"范畴颇有思想深意，它才是真正的本原、本体，它整合了以前的"无""有"本体，将它们融合在一个体系中。所以，"独化"范畴有其内在结构，这就是"有—无"性。这表明，单一的"无"和单一的"有"均不是和不能作本体，而"无"与"有"的结合、统一，即"有—无"正是本体，因为这从根柢处揭示了天地万物之存在和变化的依据，这就是：宇宙（及宇宙内的万物）作为存在首先必有"有"这一质性，有"有"之质性、性质，宇宙才能有，才能存在。但宇宙不能仅有"有"这一种质性，倘若它仅有"有"性，这个宇宙就会和就要一有到底，这样的话这个宇宙必为死宇宙，当然没有这样的宇宙存在。因此，当宇宙有"有"之质性时，它又有"无"的质性在。有"无"性，宇宙就能无、会无和要无，即要从有向无转化。但宇宙又不能仅有"无"性，因为倘若它仅有"无"性的话，它就会一无到底，就会最终蒸发掉而成为空无、虚无、零。所以，当宇宙有"无"性时又有"有"性。因此，真实的宇宙总是"有—无"性的存在，它有而无之，无而有之，有有无无，无无有有，有无相生而生生不息，这就是宇宙的大化流行。魏晋玄学从王弼的"无"论发展到郭象的"独化"论，建构完成了一宇宙本体论的思想理论，揭示了宇宙的存在和变化之道。

除老子、庄子、玄学讲有无问题外，尚有《墨经》、宋代的张载和程颢、明清之际的王夫之等也不同程度和不同范围地讲了有无问题，但其思想价值都不如老、庄、玄大。

三是关于天地存在及变化是有指使还是无指使的问题。这是关于宇宙存在及运动、变化的目的性问题。宇宙存在着，变化着，但此种存在与变化是自然而然的呢抑还是有目的的和受指使的？中国哲学对这个问题也有所思索。直接讨论这一问题的是《庄子》。《庄子·则阳》有少知和大公调①的一段对话，讨论的就是此问题。"少知曰：'四方之内，六合之里，万物之所生恶起？'大公调曰：'阴阳相照，相盖相治；四时相代，相生相杀。欲恶去就，于是桥起；雌雄片合，于是庸有。安危相易，祸福相生，缓急相摩，聚散以成。此名实之可纪，精微之可志也。随序之相理，桥运之相使，穷则反，终则始；此物之所有。……'少知曰：'季真之莫为，接子之或使，二家之议，孰正于其情，孰遍于其理？'大公调曰：'鸡鸣狗吠，是人之所知；虽有大知，不能以言读其所自化，又不能以意测其所将为。斯而析之，精至于无伦，大至于不可围，或之使，莫之为，未免于物，而终以为过。或使则实，莫为则虚。……或之使，莫之为，疑之所假。吾观之本，其往无穷；吾求之末，其来无止。无穷无止，言之无也，与物同理；或使莫为，言之本也，与物终始。道不可有，有不可无。道之为名，所假而行。或使莫为，在物一曲，夫胡为于大方？'"这里说季真提出了"莫为"论，接子提出了"或使"论。季真为谁？莫能知之。接子，可能就是《史记·田完世家》中所说的接子，是稷下学者。所谓"莫为"，就是没有所为者，即认为天地万物的存在均是自然生出来的，而并非什么力量作为的结果。所谓"或使"，就是或者有所指使，即认为总有个什么东西使天地万物得以出现和存在。在大公调看来，天地万物的存在及变化是精微无比，浩大无限，断言其或有所使，肯定其莫有所为，都未免于在物上立论，而终究是过而不当的。再说，"或使"的主张则太过拘泥，"莫为"的主张则过于空虚。而"或使""莫为"说都为言论所本，而与物象同终始，这是不合"道"的。大

① 大公调：寓言之人，有广大、公正和调和众物之意。

公调的看法当然代表了庄子（或庄学派）的看法,认为用这种"或使""莫为"之议都有所偏,都不足以说明天地万物存在和变化之根问题。那么,天地万物之存在和变化的根子究竟何在呢? 庄子认为就是"道"。

天地万物的存在和变动究竟有无指使? 是"或使"呢还是"莫为"? 这个问题就是天地之存在之运行究竟是有天意的还是自然的问题。在中国哲学中,早有不同的看法。有人认为天地万物的存在及运行是天意所为,指使它的乃天、神等超自然的力量。比如墨子有"天志"说,董仲舒有"天意"说,这都是"或使"说的表现。有人则认为天地万物之存在、运行并没有什么超物质力量的指使,乃是自然而然的,此即"自然"论。例如,孔子说"天何言哉? 四时行焉,百物生焉"(《论语·阳货》),就有"莫为"的思想倾向。老子则说"天地不仁,以万物为刍狗。……天地之间,其犹橐籥乎,虚而不屈,动而愈出"(《老子》第五章),就说得更清楚,天地运行乃是自然的,这正合于"道",因为"道法自然"(《老子》第二十五章)。庄子也有天地自然的思想,认为"天不得不高,地不得不广,日月不得不行,万物不得不昌"(《庄子·知北游》)。荀子说:"天行有常,不为尧存,不为桀亡。"(《荀子·天论》)这个"常"是指常则、规律,常则就非人为,而是自然的。东汉王充更是明确反对目的论,主张天地存在的自然性。他说:"天地合气,万物自生,犹夫妇合气,子自生矣。……天动不欲以生物,而物自生,此则自然也;施气不欲为物而物自为,此则无为也。……天道无为,故春不为生,而夏不为长,秋不为成,冬不为藏。阳气自出,物自生长;阴气自起,物自成藏。"(《论衡·自然》)这都认为天地之行并无"或使",皆是"自然"即"莫为"的。

或主张"或使",或主张"莫为",说来都有一些道理,但也都有所偏。如果宇宙存在是"或使"的,那么一切均是必然的,就是先天决定好的,世上就将无偶然现象和事件出现;而如果宇宙存在是"莫为"的,那么一切现象就均是自然的,也就是偶然的,这样的世界当无秩序可言。显然,这两种情况均非现实世界。实际上,现实的宇宙存在是必然与偶然的统一。在说宇宙生成问题时我们说过,生成论中逻辑地蕴含着一宇宙本体论,因为没有这个本原、本体,生成着的宇宙无法开始运作;而若果仅有本体而没有生成,本体也就无法存在和表现。所以,宇宙本体论与宇宙生成论本来就有统一性在。这里的"或使""莫为"说亦然,本来就有统一性。就是说，"或使"之"使"就是"莫为"之"为"，"莫为"之"为"正是"或使"之"使"。这就有了这两者之间的中间地域，有了既是"或使"又是"莫为"且既非"或使"又非"莫为"的"中"或"居中"性。这个"中"性是什么？中国古代哲学没有直说，却以一种形式将此"中"性之域表现、传达了出来，这就是中国哲学中的"神"观念。此"神"当然非神仙之神，也非神秘之神，乃神奇，神妙之神。老子有"谷神"说（见《老子》第六章），这是哲学意义上"神"观念的首出。但明确论"神"之功能的却首属荀子。《荀子·天论》曰："列星随旋，日月递照，四时代御，阴阳大化，风雨博施，万物各得其和以生，各得其养以成，不见其事而见其功，夫是之谓神。"这个"神"显然是天地万物存在变化过程中的神妙的功能、功用。《易传》多言"神"，曰：

　　神无方而易无体。
　　阴阳不测之谓神。
　　知变化之道者，其知神之所为乎？
　　唯神也，故不疾而速，不行而至。
　　易，无思也，无为也。寂然不动，感而遂通天下之故，非天下之至神，其孰能于此。
　　知几，其神乎。
　　神也者，妙万物而为言者也。

这些"神"不是神仙，也非神秘，乃神妙之功用。宋代哲人也多言"神"。周敦颐曰："大顺大化，不见其迹。莫知其然之谓神。"（《通书·顺化》）"动而无静，静而无动，物也。动而无动，静而无静，神也。动而无动，静而无静，非不动不静。物则不通，神妙万物。水阴，根阳；火阳，根阴。五行阴阳，阴阳太极，四时运行，万物终始。混兮辟兮，其无穷兮！"（《通书·动静》）邵雍也说："神者易之主也，所以无方；易者神之用也，所以无体。神无方而易无体，滞于一方则不能变化，非神也。""气一而已，主之者干也。神亦一而已，乘气而变化，能出入于有无死生之间，无方而不测者也。""所以造物者，神也。神不死，所更者四时也。""潜天潜地，不行而至，不为阴阳所摄者，神也。……神无所在无所不在。……道与一，神之强名也。以神为神者，至言也。"（《皇极经世·观物外篇》)张载也言"神",曰:"神天德,化天道。德其体,道其用。一于气而已。""神化者,天之良能。"(《正蒙·神化》)"天之不测谓神,神而有常谓天。"(《正蒙·天道》)"一物两体,气也。一故神,两故化。"(《正蒙·参两》)"气有阴阳,推行有渐为化,合一不测谓神。"(《正蒙·神化》)"气有阴阳,屈伸相感之无穷,故神之应也无穷;其散无数,故神之应也无数。虽无穷,其实湛然;虽无数,其实一而已。"(《正蒙·乾称》)张载的"神"是"气"之神妙变化之性,故:"散殊而可象为气,精通而不可象为神。""太虚为清,清则无碍,无碍故神。反清为浊,浊则碍,碍则形。""凡气,清则通,昏则壅,清极则神。""神者,太虚妙应之目。凡天地法象,皆神化之糟粕尔。"(《正蒙·太和》)气之本体是"神",气的运动过程也是"神"。"天下之动,神鼓之也。""惟神为能变化,以其一天下之动也。"(《正蒙·神化》)"惟屈伸动静终始之能,一也,故所以妙万物而谓之神,通万物而谓之道,体万物而谓之性。"(《正蒙·乾称》)张载以深刻的"神"论,揭示了天地万物存在和变化之因。程颢也讲"神",指出:"盖上天之载,无声无臭,其体则谓之易,其理则谓之道,其用则谓之神。"(《语录》卷一)"生生则谓易,生生之用则神也。""冬寒夏暑,阴阳也,所以运动变化者,神也。""穷神知化,化之妙者神也。""唯神也,故不疾而速,不行而至。神无速亦无至,须如此言者,不如是不足以形容故也。"(《语录》卷十一)程颢认为,"神"乃天地运动变化的内动力,这个"神"就在气中存在和表现着,"气外无神,神外无气,或者谓清者神,则浊者非神乎?"(《语录》卷十一)中国哲学中"神"的思想,就是一种宇宙存在和运行的无目的的目的论和目的的无目的论,这可谓对"或使""莫为"说的综合和升华。

总之,在中国哲学中,对宇宙万物之存在运行的"大化之道"有不少探索,也有不少思想见解。终始、有无、或使莫为,是中国哲学"大化之道"的重要方面。

第三章 立成人之道

中国古代哲学思想的精髓与价值，不仅体现在它探索存在和价值的终极依据的本体论、揭示宇宙变易动静的规律论之上，更体现在它据此精心设计、不断完善的有关如何养心炼性，功德不朽的"立成人之道"上。这也是党政干部在新时代修身明德，治国善政，培育和践行社会主义核心价值观的智慧泉。

作为全书中心部分之一的本篇，以前两篇的本体论和规律论为基础，首先依照《大学》有关"止、定、静、安、虑、得"的修身论逻辑，对中国古代哲学有关人性、道性、佛性、心性、修身的思想，进一步作了纵向梳理和横向比较，以突显其善养浩然之气，正谊明道，全性保真，坚持心性修养与个人行为相统一，哲学与生活相结合的儒释道墨法等各家理论优势，同时也剖析了其偏于闭门思过，直觉感悟，脱离社会实践的历史局限性。

接着，为体味中国古贤知、情、意相统一，全面发展的理想人格和崇高的精神境界，本篇从天下大同的理想社会高度，通过中西比较与圣哲故事，分述了儒家的仁义忠孝、修齐治平，道家的自由旷达、率性而为，墨家的兴利除害、兼爱天下，法家的重利守法、强国集权，佛家的慈悲为怀、普度众生的人生理想论，以说明中国古哲先贤的致知通变，明政治国，大道为公的共同追求，为人类实现人我和谐及社会和谐之道，所作出的伟大历史贡献。

第一节 人性论

人性论这一哲学问题，在中国古代哲学思想史上占据很重要的地位。

它不仅关联着如何成人、持家、立国这些重要的社会命题，还关联着中国传统社会中的其他文化现象，如宗教、艺术、文学、礼仪、风俗、人生价值追求等。因此，对人性问题的认识和理解，关系到中国古代哲学尤其是儒释道各家对人的本质、人的属性，人的道德规范，乃至对人生意义的理解。

一、"生之为性"

"性"，在中国古代哲学史上意义重大，但并非从一开始就和道德产生联系的，而是不断演变的结果。早在《诗经》时代就已经出现"性"字，但比"生"字晚出，且是从"生"字衍变而来的。生的本义是草木从土里生长出来，作名词用时则表示出生之后的生命形态，作动词用时表示从无到有的出现。"性"和"生"在古籍中时见互用，但各有其独立意义。

语言学的性，从心。古人用"心"表示人的感觉、知觉、意念等，因而"性"原指人生而有之的欲望、能力等，相当于"本能"。这种本能与生俱来，是存在于生命之中的质素，并非后天造就。这是"性"早期的意义。如《诗经·大雅·卷阿》里"俾尔弥尔生"，其"生"就作为"性"解。

性的本源与道德范畴原无关系。但道德问题毕竟是中国传统哲学的重要课题，它使得与生命意识和原始宗教密不可分的古代中国人性论，很快就通过人文精神的觉醒，形成了道德意识，令人对自己的行为有了责任心和担当意识。这一点首先见于周人在改朝换代后，祭天祀祖时的"敬""忧患""礼"诸意识的出现。"敬德"使周人节制、消解自己的生理欲望，集中精神敬畏上天并谨遵祖训；"礼德"以礼仪规范来训导培育良善的人性，"忧患意识"则贯穿于人生宝典的《周易》始终，它不仅以殷鉴令周人保持高度的警惕，而且成为中华民族日后持续强化自身的道德责任感的精神动力。

为《周易》作传，并时常慨叹"周监于二代，郁郁乎文哉，吾从周"的孔子，也因此将道德与人性相结合，作为儒学关注的核心问题之一，毕其一生深思细考，最终提出了"外礼内仁"的人性论。此即以"礼"为人性养成的外部规范，以"仁"为人性向善的内在动力。此见于颜回问仁时，孔子有关"克己复礼为仁。一日克己复礼，天下归仁焉"（《论语·颜渊》）的回答。孔儒这一"仁者爱人"的"仁学"命题，远离神性论，与普遍把道德问题归于伦理学、神学范畴，认为与哲学无直接关系的西方哲学明显不同。东方儒学向来把道德问题作为人性论首要的哲学问题，宋明以降更是将人的道德问题直接提升到形而上的本体论高度。

不过，人性的道德问题虽极为重要，孔子在《论语》里直接提及"性"的地方却仅有两次。其一为"性相近也，习相远也"（《阳货》）；其二为子贡转述的"夫子之文章，可得而闻也。夫子之言性与天道，不可得而闻也"（《公冶长》）。一般认为，孔子这里所说的"性"，指的只是生理意义的气质之性，并非道德之性。但孔子从来没有关于气质之性的论述。他只是在回顾自己从"志于学"到"不逾矩"的成长过程时，提到了"五十而知天命"的感受而已。值得注意的是，孔子这里所说的"天命"与"天道"相仿，并不是偶像化的"天"，而是孔子以超验方式对人性的深刻理解，即人性通天性，人性合天性。这种人性必知必畏的"天命"，不仅关涉人的命运，更是一种人必须担当、绝不能违背的道德责任。孔子对天生就该如此的人性的生命觉悟，充满了人之为人的敬畏心和自觉承担的道德精神。他所强调的"君子有三畏：畏天命，畏大人，畏圣人之言。小人不知天命而不畏也，狎大人，侮圣人之言"（《论语·季氏》），已经成为今人敬天重德，摒弃无知无畏，虚纳圣贤良言的忠告。

令人费解的是，如果说孔子所说的"天命"，是指人必须敬畏于心的先验道德的话，那么他所说的"不知命，无以为君子"（《论语·尧曰》）的"命"，那仅仅对个人而言的带有时运、命运之义的"命"，又到底与人之"性"有何内在关系呢？这方面最精要的回答，见于千年之后，从郭店一号楚墓与《老子》同时出土的另一部竹简本。这部题为《性自命出》的儒家作品指出："性自命出，命自天降。"它直接用"天"和"命"论"性"，把"性"作为由"天"而定的质素。在这里，"性"已然初具道德内涵。道德由此借助"天"和"命"进入"性"，成为"天性"。这就为人性道德之根问题理顺了逻辑关系，找到了源头。只不过这里的"性"，还不是孟子所言的性善之性，而是类似于告子所言的本然之"性"。

告子的"生之谓性"，是与孟子辩论时坚持的重要观点。告子认为，"性"就是"生"，就是人和物生而有之的自然的生理特性。换言之，一个人的本性就是他天生的素质，是自然天成的。白羽毛的白就是白雪的白，白玉石的白，三者是同样的质素，都是自然天成的，并无本质差别。为表述得更明确，告子进一步用"食色，性也"来说明。饮食和男女之爱也是人生而有之的东西，所以也是人之本性。这就是说，尽管人的饮食之欲及男女之爱可以不同方式呈现，但其本质都是一致的，都是人生来就有的天性。

春秋时代多数人的观点与告子一致。但他们认为人性就是指生物包括人与生俱来的生理本能和欲望，是生命体的人的饱腹之欲、暖身之欲、性爱之欲等，实际上将"性"等同于生物性，抹杀了人性的精神及心理部分，使人性丧失了精神的超越性，是此说的重大缺陷。

二、性之善恶诸说

"心"字的字面意义，原指人体的心脏。它和眼、耳、鼻、舌和其他脏腑一样，都是人的身体器官。然而，由于古人多从知觉、感觉的角度来谈论心，赋予"心"以人所具有的各种认知能力与欲望，所以当人们提及"心"这个概念时，其实已经不仅仅把"心"作为单纯肉体的心脏来看待了，而是特指人的心灵、思想意识和精神活动等。心，由此上升为一种与人性密切相关的抽象概念。

孟子通过长期的生活实践观察，注意到"心"和"性"之间的密切关系。由此开始，"性"开始摆脱生理欲望的束缚，上升到了道德层面，使人性成为人之为人且别于动物的质素。孟子对道德层面的人性发现意义重大，它将人从低等动物升华为有道德追求的人，推动了学界对人的道德根性的追索，对性善与性恶的辩思讨论，并发展为影响中国 2000 余年的重要的社会思潮。

"性善论"是孟子思想的基础，它以"心善论"为根据。善性的根据在于善心。只要有了这些自然天成的善心，就会有人固有之的善性。这就是孟子的心善论和性善论。对于有些人为什么不善的问题，孟子回答说，是不善之人没有细细思考反省罢了，并非因为他们没有与生俱来的善的素质。恻隐之心、羞恶之心、恭敬之心、是非之心等"四心"及其表现出来的仁义礼智"四德"，原本就是每个人都具有的，彼此之间没有区别。只不过在后天的人性形成过程里，一个人如果追求善性，就能得到善性；如果放弃善性，就会失掉善性。因此人之不善，并非天生不善，而是他自己放弃了原本就具有的"四心"。善与不善，这是一个后天选择的问题。这就是孟子关于人人都可以为善的"人性善"的主张。

主张"性恶论"的荀子则不这么认为。他对孟子的"性善论"加以反驳，提出了相反的"性恶论"主张。荀子首先指出，孟子没有很好地区别出"性"和"伪"。而性和伪的区别在于，前者是生而有之的东西，而后者是后天造就的东西。荀子通过进一步分析"性"和"伪"后指出，"性"是先天如此的资质，正如人的各种自然欲望，都是生而有之的，所以不可学，不可事。"性者，本始材朴也。"（《荀子·礼论》）"生之所以然者谓之性。"（《荀子·正名》）"不可学，不可事，而在人者，谓之性。"（《荀子·性恶》）"性"既然是先天就具有的，因而是人人皆有之，人人相通的。"君子之与小人，其性一也。"（《荀子·性恶》）"性恶"是君子和小人共同的天性，而性善则是君子和小人后天的努力追求，是道德思想影响下的行为及其结果。它并非"性"的本质，故只能称为"伪"。"夫感而不能然，必且待事而后然者，谓之生于伪。"（《荀子·性恶》）"虑积焉，能习焉，而后成谓之伪。"（《荀子·正名》）荀子区分性与伪的目的，在于阐明他的人性主张：善性不是天生具有的，而是后天教化和自我习得的结果，也就是"伪"（人为也）的结果；性恶才是人生而有之的本性。

荀子通过生活观察，发现了人的天性和后天教育之间的差别。人们饥饿时都要想法填饱肚子，寒冷时都想取暖，劳累时都想休息，彼此的自然本能并无差别。而人之所以饥饿时看到长者而不敢先吃，劳累时看到长者而不敢先休息，都是因为受到了后天的礼义教育，明白了道理，所以才懂得自我约束。因此，人的善性是后天教化的结果。人性恶才是人之"性"，人性善只是"伪"。只有通过后天教化和自我修养，性恶才能转化为性善。

"性善论"和"性恶论"是中国古代两种最为著名的人性论思想观点。这两种思想尽管看起来彼此对立，但是其根本目的并不是单纯的学术斗争，而是为了从人性的认识中寻找到真正的道德根源。孟子、荀子及其追随者们，其实都希望从人性善恶根源出发，去探究如何树立道德观念，促进社会安定及进步。

告子的"性无善无不善论"，是中国古代"性善论""性恶论"之外的第三种人性论观点。它建立在告子所言的"生之谓性"基础上。告子认为，既然本性是人天生的质素，是人生下来就带有的东西，所以就无所谓善与不善。这点类似于西方所言的"存在即合理"。人之本性就是自然的存在。正如饮食之欲和男女之爱，无论人喜欢与否，都会自然存在着，没有好和不好的差别。告子说:"性犹湍水也,决诸东方则东流,决诸西方则西流。人性之无分于善不善也,犹水之无分于东西也。"(《孟子·告子上》)人性并没有善恶之分,就像水流无所谓东流还是西流,区别在于如果在东边开了口子,水自然会流向东边;如果在西边开了口子,水自然会流向西边。人性也如是,并没有善恶的区别。告子用"食色"这种生理欲望来解释人性,忽略了人性的社会性和道德性,使之与人性的生理本能相混淆。

当然,尽管告子持有"性无善无不善论"的观点,但他同时也认为人是可以接受教化的,善正是教化的结果。"性,犹杞柳也。义,犹桮棬也。以人性为仁义,犹以杞柳为桮棬。"(《孟子·告子上》)告子用柳条来打比方,他认为人性就好像是柳条,义就好像是用柳条制作而成的器物。人并非天生就具有"义"这种品格,只是后天教化的结果,这实际上还是承认了人性具有善的道德因素。

与上述人性论不同的其他人性论观点,还有"人性可以善,也可以不善"和"有的人本性善,有的人本性不善"等。主张前者的论者认为,人并非天生为善,也并非天生为不善,人性可以是善的,也可以是不善的,就看人们选择哪一种。显然,这种人性论观点认为,人性善恶并不是与生俱来的东西,是后天选择的结果,这就突出了人的自我选择的主动权。主张后者的论者则认为,善与不善本来就是先天各自具有的本性,先天就各有差别,并非后天习得。这样的观点显然综合了孟子的"性本善"和荀子的"性本恶",认为这两种情况都是可能的,只是在不同人的身上呈现出不同的先天质素。

总体而言,中国古代哲学的人性论,因受"天人合一"的"性自命出"思想的深刻影响,而自成系统。其中无论主张何种人性论,都强调身心合一,不仅关注人性本质,更关注人生价值、人生意义,以及人与社会的和谐发展,追求人的精神道德与人的生理欲望整一、共存和优化。与此不同,西方传统的人性论因受二元论的影响,往往将人的身心分裂开,认为灵魂圣洁且不朽,而肉体不洁且生灭,故抬高道德灵魂的重要性,否定生理欲望的合理性。西方分裂的人性论容易导致道德上的苦行主义和禁欲主义,也容易导致其反面的享乐主义和纵欲主义。而中国古代人性论虽然更重视精神道德至善的追求及培养,但也承认人之物质欲望的合理性,因而使得中国传统人性论中的"人",是身心统一,既有理性又有情欲的完整的"人"。

三、佛性与道性

佛性，是人之所以能成佛的先天之性。在佛教传播初期，"佛性"专指佛祖的本性。直到道生首倡"一切众生皆有佛性"，《大般涅槃经》传入中国又予以证实之后，佛教界才普遍将"佛性"理解为众生觉悟之因、种子和众生成佛的可能性，使佛性具有了本体的意义。如禅宗就认为"佛性"是人之"本心"。"佛性"之说亦由此从原始佛教的"缘起说"，到小乘佛教带有浓厚"神我"色彩的佛性说，"补特伽罗说"，再到"如来藏"说、"佛性我"说等，终于在大乘佛教中期于"佛本体"论基础上建立了"佛性论"，成为成熟的佛性理论。

要言之，佛性理论的抽象本体不仅是佛性论本体，还作为整个大乘佛教的佛本体。"佛性"是梵文的汉译，也译作如来界、如来藏、佛界、佛藏。佛性在不同佛教经典中又被称为真如、涅槃、般若、法性等。名称各异，实质无别，都是指宇宙万法之本原。佛教认为，"四大"与"五蕴"皆空，世间的一切都是虚假的，唯有佛"本体"才是真实的。学佛的真正目的就是要体证佛性，复归本体。因此，佛教自佛性的论证出发，最后又落脚于佛性的实现。

"性"在佛教理论的发展过程中，经历了一个视角转变的过程。初期，佛教论及"性"的时候，多是从"染""净"的角度切入。这是因为佛教的本体是抽象的，非人格化的。早在小乘佛教的义理中，佛性就已初见端倪。如小乘佛教的不少派别中，就已开始出现"佛性"的概念，并对佛性进行了基本的论述。如早期佛教所提出的有关"释种子"的话题，就已带有浓厚的佛性意味。如《长阿含经》言："若有人问：汝谁种姓？当答彼言：我是沙门释种子也。"可见在当时，佛教已认为人人平等，无论出身如何，都可出家修行成佛。这也就是说，人人身上都带有佛教修行所需的天生质素，即类似于后来被称为"佛性"的东西。

小乘佛教坚持认为，佛只有释迦一人，别无他佛，一般修行者都不能达到成佛的目的，他们的最高修行果位只能是"阿罗汉"。因此，小乘佛教所探讨的，主要是那些具有"种子"的修道人，如何修成阿罗汉的方法。值得注意的是，糅合如来藏学与瑜伽学的《佛性论》，依《瑜伽论》"应得因、加行因、圆满因"等三因佛性的"三持说"，所立的"住性性、引出性、至得性"等三种佛性，以及《佛性论》有关"小乘诸部，解执不同。若依分别部说，一切凡圣众生，并以空为其本。所以凡圣众生，皆从空出故，空是佛性。佛性者，即大涅槃"之说。它实际上已明确提出了"空是佛性"的观念，这成为佛性说的重要特色。

"佛性论"的充分发展，是佛教在"援易入佛"的中国化进程中，吸收了中国哲学的人性论之后。它使得中国佛教的"佛性说"在《易经》揭示的"天人合一""厚德载物"等人性善进化论的影响下，淡化了超脱人世，索然无味的"空性"说，而变得更为道德化和生活化。如禅宗后来在修养佛性时，所提倡的农禅生活与禅茶的艺术品味等。又如盛唐之后的大乘佛教，根据"众生平等""人人皆可成佛"的"佛性论"认为，大千世界有无数佛，不仅释迦牟尼可以成佛，普通修行者也可以成佛。并提出了"如来藏"说，认为人人都有"如来藏"。"如来藏"即佛性和成佛可能性。众人之所以未能人人成佛，是因为他们的佛性被贪、嗔、痴遮蔽了，故只有去除这些遮蔽，才能使自性清净心得以显现而成佛。可见，大乘佛教"如来藏"的提出，从理论上肯定了众生都有佛性和成佛的潜力。任何修行者如果能够去掉烦恼和客尘遮蔽物，揭掉遮蔽在如来藏上面的烦恼和客尘，都能看到其中的佛性智慧，看到人的自性清净心和佛性而觉悟成佛。如此一来，中国化的佛教根据《易经》等古代经典的"随机摄化，义不相违"的原则来"六经注我"，将两晋前流行的"性空"般若学，变成了晋宋后成为主流的"妙有"佛性说。

唐宋之后，由于受到重视人性善恶和人性教化的儒家文化的影响，佛教不仅根据与《涅槃经》"一切众生悉有佛性"之说一脉相承的六祖慧能《坛经》之说，主张"人虽有南北，佛性本无南北"，认为"菩提自性，本来清净，但用此心，直了成佛"。同时也开始从"善""恶"的角度论"性"。这就最终完成了一个由"空性"到"妙有"的佛教中国化转变，从印度佛祖主张的抽象佛性，转向普天下众人皆有的实在佛性。

与此不同，与天台宗、华严宗、禅宗等主张"人人皆可成佛"后成为中国佛教主流的"佛性论"不同，"唯识宗"提出了五种种姓说。"种姓"又称"种性"，是梵语"种子"的译词。根据玄奘所译《成唯识论》卷二的说法，种子又分成"习气积集种子"和"真如所缘种子"两种。后者又称为"真如种子"，是唯识宗所说的成佛的可能性。它以"转依"来解脱、涅槃。转依就是舍杂染，转化为清净，亦即将妄识转变为"智"，即所谓"转识成智"。唯识宗通过以上对众人心中的"种子"的种类及其"无漏种子"的是否存在，来界定众人的"佛性"有无，认为只有"无漏种子"才能产生由因缘和合造成，处于生灭变化中的"菩提"的精神作用，让众生懂得外境非实、离心无境的道理，转变所依，脱离苦海而成佛。

"道性论"即道家的人性论。它是在道家"道"论基础之上展开的。道家经典虽几乎没出现过"性"字，却存在着道性论。和儒家不同的是，道家并不直接言"性"，而是通过其他方式，如言说"道""德"与"命"等概念来阐释"性"。故可以说道性论来源于道，立足于道。"道"是生命本原，万物的由来，也是宇宙本体，是万物依凭的根据。道存在于万物之中，万物之中皆有道。"昔之得一者，天得一以清，地得一以宁。"（《老子》第三十九章）这里的"一"就是"道"，是世间万物之所以存在的根本，自然也包括了"性"和"人性"。在老子看来，天之所以能够保持清明，地之所以能够保持安宁，物之所以充盈，都是因为其中有"道"的运化。"道"就蕴含在天地及万物之中。"道"虽然看不见摸不着，无形无迹，但是它通过"德"在天地及万物中显现。

道性自然。这也就是说，"道"生成万物并成就了万物之性，它是自然而然成就的，而并非一种刻意而为之的违反自然的行为。这就是道之本然、自然的本性。"德"则是"道"在天地万物中尤其是在人性构成中的具体表现，故可将"德"视为符合"道"的自然规律，将人性的道德属性视为道的本性显现。"人法地，地法天，天法道，道法自然。"（《老子》第二十五章）前几句的"法"有"效法""遵循"之意，后一句"法"则专指"道法"。它说明，世间万物都有其规律可循，人的道性养成也是如此。人遵循地的规律，地遵循天的规律，天遵循道的规律，而"道"的规律是自然而然的。此自然即为道的内在属性，亦即人的道性的自然养成之道。这就是说，"道"自身的"道性"就是"自然性""本然性"。它自生，自化，自成，是内在的变化，没有外力施加，却最终规定了人的道性的存在与升华。此可谓道家人性论独有的养成法。

正因为如此，老子主张"道"成就人性的生命方式离不开清静，它不是"有为"，而是"无为"。"无为"在道性养成上，代表的是自为自成，不受外力影响的一种内在的自化过程。这是因为，天地万物包括人的道性的生成，都是道的自然运化的结果，都有其内在的生长规律、变化规律，这也就是"道"的体现。"无为"不是不作为，而是指顺其自然地做事。无为并不放弃努力和行动，而强调首先要尊重事物的规律，不做有违规律的事，只做符合规律的事。因此，"无为"就是顺乎自然之理，取得自然而成之功的自然之为；它不是放弃也不是消极懒惰，而是一种更积极的"为"，即"不妄为"。这种"不妄为"顺乎了"道"而能"无不为"，因此能促进万物生长，自然而然地成就天地万物，体现出人顺应自然，尊道贵德的"道性"，以及道家所说的"无为而无不为"的"道性自然"。

由此可见，老子的"道法自然"所规定的"道性自然"，实际上包含了几层意思：①道生成万物，产生的物性以及人性，并不是为了什么目的，而是自然而然的生成过程；②道生成万物、形成物性和人性的过程中，没有任何外力的施加，而是道自身规律性的演化过程；③道生成千变万化的各种物类时，没有任何意志作用，物类成为什么样就是什么样。"天地不仁，以万物为刍狗。"（《老子》第五章）天地不以行仁的目的去生成万物，而万物及其物性（包含人的道性）形成也不是天地刻意行仁的结果，它完全是一个自然而然的过程和结果。

庄子亦十分强调人性的自然与本真。它具体显现为对自由人生的真切追求。在他眼中，"泽雉十步一啄，百步一饮，不蕲畜乎樊中"（《庄子·养生主》）。泽雉宁愿每天辛苦，十步才啄到一点食物，一百步才能饮水，也不愿意被豢养在鸟笼之中。自由自在地生活在广阔的天地之间，这正是庄子所推重的人性，即宁愿辛劳也不放弃自由的本真之性。《庄子·马蹄》中说："彼民有常性，织而衣，耕而食，是谓同德。一而不党，是谓天放。"在他的眼中，所谓的"天放"，正是人自有的本真的天性。他们自然而然地自己织布做衣服，自己耕种获得食物，这是人类共同的本能。没有偏颇私心，天然放情而任意。

老庄道家认为，除了自然以外，道性还有本真的天然性。本真，也属于自然，但是它更强调真实，不妄然，不矫饰。故自然和本真其实是道性相互联系的两个方面。前者是道之本然，后者是道之原初状态，也就是道的存在状态，道生万物的状态。万物因为保持了本真而符合道的自然，又因为遵循了自然规律而保持了本真状态。和儒家的人性善恶论不同，道家的道性并不作是非对错的判断，它始终关注人性之根本。

道家主张，在人性之根本这个层面上，人性并无善恶之分，都是最自然，最真实，最自由，最纯朴的。这也正是指"道性"的自在状态。具体来说，它就是事物和人的原初状态。也即老子所说的婴儿状态、最朴素的状态："知其雄，守其雌，为天下溪。为天下溪，常德不离，复归于婴儿。……知其荣，守其辱，为天下谷。为天下谷，常德乃足，复归于朴。"（《老子》第二十八章）在这里，老子提到的"婴儿"和"朴"，均为道之本真状态。保持这一常德即道性充足。它说明老子的"朴"就是"道"，这不是一般人通过矫饰和妄为所能达到的。

四、天地之性、气质之性和"变化气质"说

宋代大儒张载的人性论思想，建立在"气"本体的基础上。他综合了此前的各种人性论，提出了二元"人性论"。张载认为，人人都有至善的"天地之性"，因而人人皆有成为圣人的可能；但是每个人又天生带有恶之因——浊气，所以皆需要接受后天的道德教化。以"气"论人性，是张载超越前人单纯以善恶论人性的见解独到之处。他在中国哲学史上率先用"气"的两分法对人性进行了深层次的阐述，用"虚"和"气"的结合来定义"性"，并将人之本性分为"天地之性"和"气质之性"两层。前者是与生俱来的人性质素，是人皆共有，纯粹而恒常的；后者则是气化而来，由后天聚合而成的人性质素，是有变化，有差别的。

张载认为，由于两种本性的来源不同，也就有了本质的不同。"性"是由"虚""气""有无虚实"构成的。"有无虚实通为一物者，性也。"（《正蒙·乾称》）"合虚与气，有性之名。"（《正蒙·太和》）在人之"性"的两层结构中，其"天地之性"来自天道，是道德本体，普遍而绝对；而"气质之性"气化而成，是感性存在，具体而相对，包括人的素质、本能等。由此可知，人的"天地之性"是至善的、澄澈的，人和人之间并无分别；而人的"气质之性"却因清浊厚薄的不同，产生了各种差别，具有善与恶的可能性。要言之，张载认为人性有善也有恶，至善基于"天地之性"的绝对澄澈层面上，善恶则分别则基于"气质之性"的清浊厚薄的层面上。这就从哲学上解决了为什么人人都具有"太虚"的"天地之性"，却会因清浊厚薄、轻重不一的"气质之性"，出现昏明的差距，而"天地之性"最终是不会被"气质之性"完全遮蔽的。

"天地之性"和"气质之性"并存于人中，但两者并非平行的关系。张载认为，人一出生就同时具有了"天地之性"和"气质之性"，而前者

才是决定人性的关键因素。"形而后有气质之性，善反之，则天地之性存焉。故气质之性，君子有而弗性者也。"（《正蒙·诚明》）"气质之性"虽然也可以表现为不善，但是只要人善于学习和自我反省，就能纠正和克服"气质之性"中邪僻的成分，使得"气"之偏回到正位，返回到自身原本存在的"天地之性"。因此，按照张载的观点，一个人从不善到善的过程，并不是人性本质的变化过程，而是通过后天教化和自我修养，逐渐消除"气质之性"的偏颇和遮蔽，回到自身的"天地之性"的过程。这与其说是一个自我改造的过程，不如说这是一个类似老子所说的"复归于朴"的回到原初和本真的过程。在这个意义上，张载充分肯定了后天教化的重要性。后天教化可以改变人的"气质之性"。而从善的过程并不是要丢弃"气质之性"，而只是改变不好的"气质"，克服"气质之性"中偏移的成分。这也就是张载所说的"变化气质"。

"变化气质"并不完全否定"气质之性"，而是"气质之性"去偏归正的过程。张载认为"气质"包含了生理的和心理的因素。生理因素是指人和动物的本能；心理因素是指人的先天禀性，如缓急、刚柔等。"湛一，气之本；攻取，气之欲。口腹于饮食，鼻舌于臭味，皆攻取之性也。"（《正蒙·诚明》）"气质犹人言性气。气有刚柔、缓速、清浊之气也；质，才也。气质是一物。"（《经学理窟·学大原上》）"攻取"是气之本性，也即食色这样的人之本性。"气质之性"是指人生理的欲望本能以及心理的脾性、体性、知性等。一般人的"气质之性"不可能都清正，难免有偏移，这就会导致"天地之性"受到遮蔽。只有"知德者"即"圣人"，才能避免"天地之性"被遮蔽。因此，张载强调后天学习和自我反思的重要意义，并主张"为学大益，在自求变化气质"（《经学理窟·义理》），以保持"天地之性"的纯正，为做学问的最高境界。

王夫之在张载此观点的基础上，提出了"太虚即气""理依于气"的气一元论思想，以及"理欲合性""性日生则日成"等主张。他认为，人性由后天形成，离开后天的生活环境空谈先天人性，只能是妄加猜测。人性中本身就包含了"欲"和"理"两种元素，是两者的有机结合，肯定了天理人欲不相离，理以欲为本，通过欲表现出理，所以不应离开人欲只讲道德之理。"夫性者，生理也，日生则日成也。则夫天命者，岂但知初生之顷命之哉？"（《尚书引义·太甲二》）虽然人之本性是天生的，但也并非固定不变的，而是随着人的后天成长而逐渐发展形成的。这也就是王夫之的"日生日成"说。

王夫之认为有两方面因素可以促成人性的"日生日成"。一是依靠上天赐予，二是人区别于动物的自由选择。而"习以性成"，则是他根据孔子"性相近，习相远"的旨意，在高度重视与尊重人的主体性的前提下，对人性论及其人性修善成圣论的新阐释："生之初，人未有权也，不能自取而自用也。惟天所授，则皆其纯粹以精者矣。天用其化以与人，则因谓之命矣。已生之后，人既有权也，能自取而自用也。自取自用，则因乎习之所贯，为其情之所歆，于是而纯疵莫择也。"(《尚书引义·太甲二》)王夫之认为，人性中的天赐部分，是人力所不能掌控的，但人性可以通过人的后天自取自用得以改变。只不过，改变人之本性的前提是要顺乎个体的"习"与"情"，不断进行"自取自用"。这就是所谓的"习以性成"。它使人性因选择而有了纯疵的分别，有了善与不善的差别。王夫之承认人性与生俱来，但同时又认为人性可以通过后天的个体选择而改变，即承认个体后天的选择决定了人性的善恶。王夫之不赞成任性妄为的"自取自用"。他认为只有顺乎个体的"习"和"情"去"自取自用"，人性才能得到合理改善。它是顺势而为的过程而非强制性的人为改变。

比较张载的"变化气质"与王夫之的"习与性成"论，可见二人在人性的后天教化方面各有独到见解。只不过张载仅停留在气论表述上，而王夫之则更进一步提出了合理的后天教化方式，主张在尊重个体的习惯和性情的基础上去努力改善人性。这是一种进步的人性论思想，符合当代教育学尊重人的主动性，激励人性自我善化的德育规律。

中国古代哲学与马克思主义都认为，人性是人的自然性和社会性的统一，不能离开人的社会性空谈自然的人性。实际上，中国先贤如王夫之等均认为，在社会化的人类世界，人性的社会属性比起自然属性来，更占主要地位。与西方更注重分析与强调人性的个性，人性与兽性(生理本性)难以调和的分裂性不同，中国古代儒释道的人性论殊途同归，大都更注重人性的共性和平等性，人性的社会性以及人性的后天改良的可能性。马克思说："人的本质不是单个人所固有的抽象物，在其现实性上，它是一切社会关系的总和。"[1] 这就说明，人性的善恶问题、人性的自然性与社会性问题，人性的趋善化与德育发展问题，均需要置之于后

① 《马克思恩格斯选集》第一卷，人民出版社 2012 年版，第 139 页。

天的社会环境条件下，置于人与人的社会关系中，才能得到合理的解答。从上述儒释道三家的人性论阐释看，中国先贤们主要通过人之本性的根源及善恶讨论，力图为人的后天道德教化，找到修儒、修道或修佛的教化途径，以通过各自的优化方式弥补或者完善人性的缺失，实现儒释道三家各自成为圣人、真人、真佛的理想目的。

第二节　心性论

中国古代哲学的心性论，是立足于人性论的心本论拓展与深化，是研究人的心性的本质、结构和人的自我价值如何实现的哲学理论。它通过探讨人的认知、情感、本性及道德修养之间的关系，说明人的生命、性情、欲念、知觉与道德、精神境界的逻辑关系，以及自我觉悟，施教化人的心性修养的办法，从而弥补人的心性缺陷，以达到成圣、成道、成佛的精神境界为目的。此亦即中国的儒释道修身共同指向的"心性"之道。其中尽管存在许多文化差异，却有着改良心性、修身向善的共同价值取向。无论是儒家的"尽心知性"，道家的"修心炼性"，还是佛家的"明心见性"，其本质都与儒释道"心性论"的人生价值与理想相关。

一、道家的心性论

早期道家著作里虽然没有直接出现对人的"心性"问题进行专门讨论的章节，但这并不代表道家诸子没有心性论。相反，早期道家通过"道""命""德""朴""素""真"等概念，很早就对心性问题进行了深度思考，并将道家心性论牢牢地建立在"道"的基础上。如尹喜在《关尹子》一书里关于"圆尔道，方尔德，平尔行，锐尔事"，"操之以诚，行之以简，待之以恕，应之以默，吾道不穷"的主张，就是如此。

老子最早强调了道本体的"心性"之本然。在他看来，心性范畴的"德""仁""义"都与"道"有关，是"道"在心性上的具体显现，但其间有一种因与道的距离不同而生的递减关系，即所谓"故失道而后德，失德而后仁，失仁而后义，失义而后礼"（《老子》第三十八章），体现出心性特征的不同"德性"，在老子看来都受到"道"的制约，都是"道"的彰显。由于道性是自然本真，是事物本来的面目，故道家强调的德与心性，都主张要保持心性的自然与真诚状态。老子所谓的"常德不离，复归于婴儿"（《老子》第二十八章），盛赞的其实就是人在婴儿时期那最自然、最真诚的原初状态下，那颗赤子之心。这是道家心性论的一种理想状态。

"虚"和"静"则是道家心性理想状态实现的途径。它集中体现在老子对"致虚极,守静笃"（《老子》第十六章）的简要阐明上。老子的"虚"高深莫测，不同于佛家彻底的"空"。老子指出：车子因为有了车毂的中空，才有了车子的功用；房子因为四壁中空，才能居住；器皿因为中空，才有了实用价值。同样，人心里有了虚空，才能容得下道。相反，如果人心中充满了欲望而陷入社会繁杂事务中，被名利包围，被生活假象迷惑，那就无法认清"道"了。人只有通过虚涵至极静，心性才能到达涤除玄鉴的境界，看到真道之存在。

老子强调"涤除玄鉴"（《老子》第十章），是因为心虚才能包容万物，心静方可识道循道，涤除杂念。老子认为："五色令人目盲，五音令人耳聋，五味令人口爽，驰骋畋猎令人心发狂，难得之货令人行妨。"（《老子》第十二章）意指贪婪只会带来心智迷狂，心性缺失，社会矛盾激化。因此，去除贪欲，保持素朴心态和生活，才能保证"道"的自然运化，社会的和谐安定。这与但见于空，不见不空，断言"贪欲即道"，认为只要"教圆、理圆、智圆、断圆、行圆、位圆、因圆、果圆"，就可圆融一切善法恶行，通达佛道的天台宗观点旨趣不同。

老子深信"清静可以为天下正"（《老子》第四十五章），他一贯主张清静无为，认为万物生长皆无用心，无目的，完全是自然而然的。故顺乎自然，顺乎天性，没有外力干涉的"无为"，才是一个人真正得道的具体表现。它显示出人不受外来的诱惑，不去干预自然的能力和无妄为的虚静心态。这对道家产生了很大影响。《淮南子·原道训》认为："清静者，德之至也。"《老子想尔注》也认为："道常无欲，乐清静，故令天地常正。"学道者"当自重精神，清静为本"。

努力求道而清静无为的庄子，亦十分强调没有偏颇私心，放情而任意的天然心性。他追求自由的决心，源于对于等级社会中艰辛人生的清醒认识。庄子认为，人生始终都处于一个"芒"字之中。"人之生也，固若是芒乎？"（《庄子·齐物论》）人既有外在的他力束缚，也有内在的自我束缚，但是人自己却昏昧迷茫，不知终日辛劳的人生意义何在。"终身役役而不见其成功，苶然疲役而不知其所归。"（《庄子·齐物论》）人生既受"外刑"肉之苦，又受"内刑"心之累。"外内之刑"的身心煎熬，几乎无人幸免。"夫免乎外内之刑者，唯真人能之。"（《庄子·列御寇》）这就是说，能够免除"外内之刑"的，只有抛弃贪欲，不为物累心烦所扰，活得自由自在，保持天真本性心态的明道"真人"。这对人们如何去除心病也不无启示。

"无用"是庄子应对人生困境、治疗心病的解决方案。他认为"无用"才能既免于"外刑"，又免于"内刑"，全真而保性。"山木自寇也，膏火自煎也。桂可食，故伐之；漆可用，故割之。人皆知有用之用，而莫知无用之用也。"（《庄子·人间世》）"有用"之"用"往往被别人利用和伤害，"无用"之"用"才能自我保全，只是一般人很少知道这一点。如"山中之木，以不才得终其天年"（《庄子·山木》）。不过，庄子也承认，"无用"有时也会带来损害。比如，不会叫的鹅会最早被杀，做成食物，因为它不能看家护院，没有利用价值。所以不如跳出"有用"和"无用"的框定，追求人生的大自由——"逍遥游"。

庄子的"逍遥游"，是他心性论的最高理想。这就是人要真正地做物的主宰而不是做物的奴隶，只有这样人才能从内心解脱，获得心灵自由。庄子认为："小人则以身殉利，士则以身殉名，大夫则以身殉家，圣人则以身殉天下。"（《庄子·骈拇》）他们都是为了外物而伤性身殉的人，从人的心性养成和自由追求看，其实是不值得的。庄子认为，"心性"其实就是"同德"和"天放"。"同德"是所有人共有的本能，"天放"就是天赐自由。追求自由正如追求食色一样，都是人心之本性。因此，庄子认为追求生命自由，才是顺乎人性的心性解放。

道教为中国本土宗教，一向尊老子为教主，以庄子为"南华真人"，以老庄著作为道教经典。"道"是道教的最高存在，也是道教信仰和崇拜的人格化对象。长生久视、得道成仙是道教的教义及核心信仰。如以东汉方士于吉所传典籍作为道教始建的宣言书的《太平经》，就以阴阳五行学说为理论基础，以"无为而无不为"的黄老学说为治国方针，提出了天、地、人三统共生，人治不得，天必降灾，殃及后人，灭国亡家等观点，构筑了早期道教的神学思想体系，为帝王治国平天下提出了统治术，为教徒提供了食气养性等方术和形化为神的心性守一之道，可谓古代道家、方仙道、黄老道等学术思想向宗教信仰转化的产物。

道教认为，"玄道"永恒存在于宇宙之中，存在于万物，也存在于人体和心性之中。存在于人体和心性内的"玄道"就是"真一""元一"。人如果能"守一"，与"元一"合二为一，就能通神且永生不死。此即"守一纯真，乃能神通"（《抱朴子·地真》）。因此，道教宣扬，人只要通过"修心主静"的道性养成法去"合道""得道""入圣"，即通过修心而得道，就能获得"玄道"这种神秘的生命力，"与道同身而无体"，像"道"一样永恒存在，成仙永生。

二、儒家的心性论

中国哲学史上，早在殷周时代就出现了"心""性"范畴的萌芽。此后，儒家心性论虽然自先秦至隋唐都一直在持续发展，但直到宋明心性论建立前，都仅停留在人性论与道德心理感情融合的层面，还没有上升到形而上的哲学高度。

作为古代"天命观"的延续，儒家心性论早先只是把道德的根源和保障归之于天，把敬天、崇德作为自己的心性论传统，相信天具有"奖善惩恶"的道德属性。而"时命观"的出现，则促成了儒家"天命观"的革新和转化。孔子发现，许多人一生辛苦努力的付出，往往与回报并不对等，德福一致的传统天命观由此逐渐消解。人们开始意识到人的命运既不被天左右，也不被人的意志和德性左右。德福并非一致，个人的道德修为也并不能改变天的意志，不能得偿所愿。这正是孔子周游列国，颠沛流离十多年，理想付之东流之后的彻悟。作为补救，孔子提出了"中庸之道"的道德心性修养方法，提倡中道与节制，反对过犹不及的极端。

孔子以"仁"和"礼"为其思想基础，建立了一套系统的儒家心性道德学说。这也成了中国心性论的主流。其中"礼"源自周代的礼乐制度，是孔子政治思想的集中体现。"仁"源自对以往相关概念的改造，是孔子道德思想的集中表现。孔子认为，人人都可以成为一个好人，都能自觉遵守道德礼仪，这也就是"仁"。"克己复礼为仁"和"仁者爱人"是"仁"的两面。前者要求人们从内心控制自己的言行；后者要求人们根据血缘亲疏，将相亲相爱的亲情发展为道德感情。简单来说，"礼"是封建社会存在的根本，"仁"则是尊礼循礼。

据传为孔子所作的《易传》，融合了儒家心性修养与认识论，提出了以"穷神知化""穷理尽性"实现人与天地合德的目的。"穷神知化"要求人们认识天道阴阳;"穷理尽性"要求人们发挥自己的认知能力,透彻理解天命。从天地之道到人伦之常,皆由阴阳变化而成。"昔者圣人之作易也,幽赞于神明而生蓍,参天两地而倚数,观变于阴阳而立卦,发挥于刚柔而生爻,和顺于道德而理于命。"(《易传·说卦传》)人道的仁义模仿天道阴阳、地道刚柔,人只有顺应之,才能透彻了解事物道理,从而懂得天命。简言之,《易传》的心性修身法分为两个步骤:"知险""知阻"是对世事的省察;"自强不息"和"谦虚""谨慎"是心性修身的具体行动。

儒家真正深入并系统地论证"心性"问题,自孟子始。孟子的尽心、知性、知天奠定了中国心性论的基础。孟子以前,心指的是感情、认知、意欲的心,也即"情识"之心。眼耳鼻舌这些感觉器官之欲都是心的功能的表现。到了孟子所处的时代,心的概念不仅包括认知,还包括善与恶等心性和道德,因此是混杂不清的。但是孟子提出的以性善论为基础的"心",却一开始就具有了纯洁且严格的含义。尽管他提及心的时候含义颇多,但主要还是关注道德层面的心。孟子把心的活动从感官功能中脱离出来,摆脱了生理欲望,使心有了独立的心性主体活动。这就是孟子所称的"本心"。本心即原本就具有的心,道德层面的心。它摆脱了生理欲望之后,自然呈现出"四心"的活动。这就是孟子所说的恻隐之心、羞恶之心、恭敬之心、是非之心。

孟子认为上述的"四心",是人皆有之的心之"四端",即人的四种良好品质的端倪,是性本善的人性论基础。从孔子"有教无类"的平等观看,人人先天平等,人心和他人之心是先天共通的,故继承儒学的孟子心性论,也认定"四心"是人的生命中先天就有的质素,没有任何人会与众不同。故孟子在《告子上》篇说:"恻隐之心,人皆有之;羞恶之心,人皆有之;恭敬之心,人皆有之;是非之心,人皆有之。恻隐之心,仁也;羞恶之心,义也;恭敬之心,礼也;是非之心,智也。仁义礼智,非由外铄我也,我固有之也,弗思耳矣。"这就是说,"四心"即良心和本心,都是人人皆有的。只不过它们都是内在的,并不能直接被看到,只能通过人的行为,表现出仁义礼智这些具体呈现的善性。因此,而孟子之所以提出此"四心",是因为他认为人与人的本性是共通的。因此,这"四心"人皆有之,是每个人彼此都能够共知和会通的。"尧舜与人同耳"(《孟子·离娄下》),"圣人与我同类者"(《孟子·告子上》)。换言之,这四端的活动形态，虽然要在经验事实之中显现出来，但是并不会被经验事实束缚，而是可以独立自主的。孟子发现了心独立自主的活动，正是人之所以能成为道德主体的心性原因，最终以性善论主导了中国古代哲学心性论的发展方向。

孟子认为，人不能改变天的意志，但至少可以在自己掌控的范围内努力改变。寿命，贫富都不是人可以掌控的，不是人能改变天意的，但是德性修养却可以由人自己控制。而且，德性还可以带来比物欲更多的幸福感。比起各种声色物欲，"仁义道德"能带来更多的自我满足感。这时候，道德追求和修养就完全成了维护个体生命的内在的东西，和上天脱离了联系。自此以后，道德追求也就脱离了功利性目的，成为纯粹个体的心理活动及实践行为。孟子还提出了"我善养吾浩然之气"的"养气说"。他认为道德心性修养就是首先培养自己的正气，而身心居正才能培养出浩然正气。

荀子则主张用礼义教育来改造人之心性。虽然他认为人性先天就是恶的，恶是人共同的本性，但他特别强调了社会环境和后天教育对人之先天本性的改造作用。这就是荀子提出的"化性起伪"的修养方法。他所说的"性"是指先天人性。"伪"是指后天教育和自我修养形成的品质。荀子强调"涂之人可以为禹"（《性恶》），即人人都可以通过后天教化而成为圣贤，每个人都可以将先天拥有的自然资质转变成后天人为的道德特质。正是基于此，荀子重视人的认知能力及道德修养，提出了"虚壹而静"的学习境界。这是一种不受已有知识影响的空明心态，只有保持好这一心态，才能够"制天命而用之"（《天论》），认识天地万物的变化规律，并利用自然规律为人服务。这正是荀子强调人的作用，以及协调人与自然关系的重要性的原因。

孔伋所作的《中庸》，提出了以"诚"制"性"的儒家心性论思想。这也就是说，人要用道德来严格控制喜怒哀乐之性情。此即《中庸》坚称的"天命之谓性，率性之谓道，修道之谓教"。它认为天赋予了人之"性"，人本性的自然伸展也就是"道"，故要通过后天教化的方法，实现修道成圣的目的。而"诚"则是天道和人道的共同本性。"诚"既是天道，也是人的真实无妄的道德品质。人道就是要努力做到"诚"。而后天教化的目的就是要实现"诚"的心性。《中庸》还提出了"自诚明"和"自明诚"的道德修养方法。前者是充分发挥"天命"赋予人的"诚"之心性来控制喜怒哀乐之情，后者是指通过学习、力行、修身达至"三达德"和"五达道"。这两种心性修养方法的结合，就可以到达天人合一的境界。

与《中庸》同为儒家经典"四书"之一的《大学》，明确提出了"大学之道，在明明德，在亲民，在止于至善"的"三纲领"，以及格物、致知、诚意、正心、修身等心性修养的思想。格物、致知是主静认知的功夫，就是在认知事物之时，人要保持平静的心理状态。诚意、正心是情感控制的功夫，就是在培养人的道德意识时，要注意控制各种情感的泛滥，不受其困扰。做到这两点，心不受外物外情侵扰，居正无偏，自然就达到了完善心性的"修身"目的，就可以齐家、治国、平天下了。

此后，在经过了汉代董仲舒的"性三品论"、王充的"才性三品论"、荀悦的"命三品论"的第一阶段；唐代韩愈的"性情三品对应论"、李翱的心寂性静情动的"复性说"的第二阶段；通过吸取道家的心性自然和阴阳五行思想，以及禅宗的"众生皆有佛性"、皆可成佛的观点，实现了与道家、佛家心性论的圆融互补后，儒家心性论最终发展到了宋明程朱理学、陆王心学的第三阶段，以"心性本体论"恢复了有关人通过心性道德修养，皆可成圣贤的先秦儒学心性观。

董仲舒提出的"人副天数"说，将人视为天的副本，认为人的身体和性情都源自天。他还从阴阳五行的天道出发，根据天人感应说，提出了"性三品"说，把人性分成上、中、下三等。具体而言，就是上等人具有不教而能为善的圣人之性，中等人具有可以教化的中民之性，下等人具有难以教化的斗筲之性。王充所提出的"才性三品"说，分析了人的性、才、命三者之间的关系，认为人的气禀厚薄，才是造成人性的善恶之分和才质高下之别的原因，它由此影响到了人的命运和贵贱差别。扬雄则提出了"人性善恶混"，打破了此前董仲舒和王充的性三品说，给予了每个人向善成圣的希望。

唐代的韩愈批判继承了性三品思想，提出了"性情三品"对应论。"性"的内容是仁、义、礼、智、信五德，人人先天本有，但是又有差异。韩愈认为，上品的人性以一德为主且通于其他四德；中品的人性有一德不足，其他四德也有不足；下品的人性违反一德，其他四德也不符合。"情"的内容是喜、怒、哀、惧、爱、恶、欲，也有三品之别。即上品之人虽有情动但是在道德范围之内；中品之人情有过和不及；下品之人任情妄为，违背道德。

此后，李翱扬弃了韩愈的"性情三品说"，以"心通"解释《中庸》的"明诚"，以"人生而静，天之性也"解释《中庸》的"天命之谓性"，把"人之文"分为圣人、希圣人、贤人、庸人四等，提出了先进入"无思无虑"的"正思"的虚静境界，再进入"动静皆离""性情两忘"的"至诚"境界，以恢复人之本性的"复性说"，凸显出汉唐时期儒道佛心性论相互影响的时代特征。

三、佛教的心性论

印度佛教自传入中国后，就以小乘佛教及其经典论及了"心性本净"和"自性清净心"的心性论问题。自性清净心就是真如心、法性心，与之相对的是妄心，即烦恼、无明之心。真如心清净而常住不变，众生皆有之，只是被烦恼杂染而已。故去掉这些杂染之物，即可呈现真如心，得到解脱。此后，在注重心性学的中国哲学影响下，佛教对"人"之心性更为关注，从而将中国佛教心性论之本体论、修行解脱论与人性论汇通圆融为一体。从此，中国佛教的心性论，不仅是本体论，也是修行解脱论。作为本体论，它立足于心、佛、众生"三法"之中，以修行解脱论的成佛为心性修行的终极目标。

一般认为，佛教所言的"心性"，是指众生称之为"心"的本性。佛教所指的"众生"是对人及一切有情识生物的统称，包括天、人、阿修罗、地狱、恶鬼、畜生；"心"则指"众生"各个本具之"心"，在佛学中有各种层次划分和不同的含义。概括而言，心可分为肉团心、缘虑心、集起心和坚实心等四种。肉团心即肉体的生理性的心；缘虑心指心有六识等认知功能；集起心包含了心的多种性质；坚实心即真心，是众生成佛之形而上本体。"性"的佛学含义也很丰富。一般解释为"法"的自相，也就是"自性"。由于佛教经常将"心"与"性"连用，使"心性"的语义更为复杂，但一般亦可简单理解为"心之本性"。

中国佛教心性论的思想来源，最早源自印度部派佛教对众生本性的讨论。经历了由原始佛教的"心性本净"论到大乘佛教的涅槃佛性论，再由"心性本不净"到瑜伽行派的"阿赖耶识"说的两个阶段。原始佛教心性论只停留在心理学和伦理学层面，没有进一步深入，故"心性本净"论到了部派佛教才最终形成。针对佛陀所言的人生痛苦源自"无明"，原始佛教提出"诸行无常"和"诸法无我"两个观念，并以缘起论及五蕴论进行了哲学论证。"无明"即众生不理解无常、无我的道理。"行"即迁流变化，生灭相续的无限活动。"诸行无常"指世间没有恒常不变的样态，一切事物均时时处在无始无终、瞬息变化的过程中。佛教里的"我"有"常、一、主、宰"四个意思，"缘"指生成的条件，"蕴"指聚积。原始佛教认为，构成世界的五蕴元素时时处于变易之中，世间一切事物和现象都因缘而起，不会固定不变，故众生只能依缘而存在。此外，人只不过是五蕴和合之产物，一旦五蕴离散，人也就幻灭了。所以，"我"其实也是不存在的。这就是原始佛教心性论基点的"无我论"。

佛教从魏晋南北朝开始，200年间曾出现了多种学派。他们各自研究大小乘佛教的某一部分经典，通过阐释，互相论辩，涉及真心与妄心、理体与心体、本净、本觉等诸多佛性问题。这一时期最重要的代表人物是提出涅槃佛性和顿悟成佛说的竺道生。他有关人人皆有佛性，众人都可成佛的观点，震惊当时社会各界，推动了佛教的中国化发展，奠定了中国佛教宗派产生的基础。唐宋之后，佛教受儒家文化的影响，从"善""恶"的角度论"性"，由此从抽象的佛本体论转向了中国人熟知的"心"。如天台宗就对"心"这个概念进行了阐述，认为"心"才是一切诸法的本体，是一切现象的总根源，"己心"及"众生心"均与"佛心"相通等。这使得印度作为抽象本体的"佛心"，和中国作为具体心性的"己心"及其统称的"众生心"等，借助天台宗之佛心论进行了有效的沟通。

这一隋唐时期的佛教各宗派之中，天台宗、三论宗、唯识宗、华严宗和禅宗的哲学色彩，比律宗、密宗、净土宗等较为浓厚，并以各自的心性论为讨论重点。中国佛教心性论也在此时期正式形成。与保有印度佛教式样，在中国流行了30年后慢慢冷淡的唯识宗相比，天台宗、华严宗和禅宗的心性论，显然更值得重视。

中国佛教史上最早创立的佛教宗派天台宗，与华严宗、禅宗一样，都认为一切众生皆有佛性，佛性是成佛的关键，但对佛性含义的理解却又有重大分歧。天台宗认为佛性有善恶净染。如湛然提出无情有性说，认为无情万物皆有佛性。无情指世间一切无情识的东西，包括草木瓦砾。他认为，佛性遍及宇宙的一切事物，不因有情无情而间隔。故"心"不仅指真心，也指妄心。

天台宗心性论包含了"性具善恶""生佛互具""一念三千"和"贪欲即道"的修行解脱论。"性具善恶"是说善与恶不是隔别的两样东西，而是统一的一体两面。性善及性恶皆为众生的天然德性，本来就具有，永恒存在而不会消失。这一点天台宗显然与华严宗及禅宗观点不同。后两者均认为佛性纯善，不可能具有恶性。"生佛互具"，是说众生与佛、心三者互为包含，其中任意一者皆具足另外两种。"生佛互具"体现了天台宗的生佛平等观念。"一念三千"，是说众生的每"一念心"都包含了三千法界及三千世间。其世间、出世间诸法虽各有自性，却浑然一体，不可分割。世间万物的差别，都是因偶然的一个念头而刹那间出现的。一切诸法皆由心而生，每一个念头都具足一切诸法。"三界无别法，唯是一心作。"(《摩诃止观》卷五上)"贪欲即道"作为天台宗的解脱论，是指不能离开贪欲而另求菩提，也不能离开菩提而只说贪欲。贪欲和菩提原本就共生共存。

华严宗则认为，佛性至善纯净，无染无恶；有情众生才有佛性，无情万物仅有法性；世界上一切现象皆由"一真法界"随缘生起，宇宙万物皆处于大统一之中，事事圆融无碍。"一真法界"也即"一心"，即华严宗所指的真心、本觉真心、清净心、如来藏自性清净心。华严宗认为，"真心"即本体，佛性融于真心。"依真起妄"和"真妄交彻"是华严宗对心体与理体关系的表达，并由此提出了"即生即佛"的心性论。命题含义为：众生均在佛心之中；佛在众生心中；生佛互为因果；如果没有迷妄的众生，则生佛皆融合无存。众生皆具本觉真心，因此原本就是佛，返归心源就可成佛。华严宗诸多观法中的"妄尽还源观"认为，清除心与境的互为生起的关系，还原到无生、无念、无欲的寂静淡泊，原本就有的清静之心体，便自然显现出自在的本相。

比之其他宗派，禅宗是最典型的中国化的佛教宗派，分为北宗禅、南宗禅及分灯禅等。六祖慧能的南宗禅最具代表性，其心性思想的整体性也最强，许多命题皆包含了理体与心体、生佛与心性、心性与解脱等三种意蕴。禅宗主张不立文字，以心传心，强调本心对于成佛的重要作用，其"明心见性""见性成佛"的心性理论，体现了自性自度的修行原则，即"一念觉，即佛；一念迷，即众生"。特别是慧能提出的"自心"，将心性合一，超越真妄对立而成为"当下现实之心"。他认为本心与现实心、真心与妄心应体用一如。"呈自本心"就是指不离妄求真，要即妄显真。这样做既不用念经，也不用持戒，更不用礼拜，甚至不需要出家，只靠己心的顿悟，就可以涅槃成佛。

禅宗不关心外部世界，只重视禅修方法，以求参禅成佛，并提出了"无念为宗，无相为体，无住为本"的心性修行法门。此即慧能提出的"三无"。其"无念"属于心用范畴，指的是人心的识见不受外界环境浸染，不受他物扰乱。虽在世俗世界却不受困于世俗世界，对外境、内境心知而不执着，来去自由，自性常清静；"无相"是心体原本的清静状态，不仅不要去执着一切现象（离相），而且因离相而呈现自心清静；"无住"是指一切法都无所依凭，皆迁流不息，没有固定之相可住。人的自性本来就念念不住，前念、今念、后念相续不断，过而不留，也就不会被系缚了。

比较古印度佛教多关注本性净与染的问题，禅宗认为"心性本净"，人人都有成佛的可能；中国佛教更注重将"心性本净"阐发为"心性本觉"，认为心性本来觉悟，人心本来就是道德和精神的圆满状态。

四、三教合流与心性论

儒、释、道三家在不断发展过程中，曾经相互排斥，但也相互影响，取长补短，最终促成了三教合流的文化繁荣局面。其标志之一就是宋明义理之学的成熟。宋明理学整合了佛、道学说中有关宇宙论、心性论的内容，使儒家传统道德理性与自然规律统一并成为宇宙本体，由传统儒学的道德主体论上升到了本体论高度，建立了一套系统的儒学心性哲学、理气哲学、心学体系等。这使得宋明理学借助于三教合流成为古代儒家思想发展的最高阶段。

受佛教影响，宋明理学将儒家思想从道德情感层面上升到了形而上层面。孟子虽然开始将心、性概念联系起来，使心、性有了合一的可能，但是孟子的学说体系中，"心"仅仅作为道德主体存在，还属于主体范畴，并不属于本体论范畴。此后儒学始终在主体范畴内讨论，直到宋代借鉴了佛教心性本体论后，才建构起了完整的道德形而上体系。程朱理学"人人有一太极，物物有一太极"和"理一分殊"等思想，吸收了华严宗"理事无碍"的思想，建立起"理"为本的形而上学体系。陆王心学吸收了禅宗的心性思想，提出了"吾心便是宇宙"及"心外无物"等命题，建立了以"心"为本的形而上学体系。儒家心性论与佛家心性论都是以修养或修证为目的，区别只是，前者的目标是超越个体情欲成为道德高尚的圣贤，后者的解脱是超越情欲贪念、名利痴心而觉悟成佛。

道家心性论则主要以天道论人道的思维方式，深刻影响了儒家心性论。以往孔子、孟子的心性论都基于人的生理欲望、道德情感以及伦理，以阐明人之自我价值在于道德理性。道家道法自然的天道观、阴阳五行思想等，则给了儒家很大启发，扩展了儒家的视野，对儒家产生了深远影响。孔孟之后的儒家，开始采用以天道论人道的思维方式，从人与自然的关系来论证人之本性、心性及自我价值。宋明理性更是以类似"道"的"天理"之说，超越了仅仅关注人的伦理道德的局限，将人性论、心性论上升到了本体论的哲学高度。

借助儒、释、道三教合一大智慧的宋明理学，是从宇宙本体论开始构建自身体系的。周敦颐率先建立了"无极而太极"的儒家初步的宇宙本体论架构，并提出"诚"源自"太极"的观念。正是由于他突出了"诚"的重要性，才使其理论具有了宇宙本体意义。周敦颐认为，诚之本体寂然不动，人才能达到感通的精神境界。"诚"是性命之源，纯粹且至善，贯穿在人的思维和道德修养之中。"诚"的道德意志是人的共同本性，同时也有心理气质的个体差异。因此，他提出的修养方法是"主静立人极"。无欲，才不生"妄心"，然后才能做到"诚心"。

张载认为，人人都有至善之性和成圣的可能，但皆需要后天的心性道德教化，进而在《正蒙·参两》中，提出了后来由朱熹概括且十分赞赏的"性静情动"说，即对心理感情进行自我调解的思想。张载立足于《易传》的"一阴一阳之谓道"的思想，提出了太虚之气的本体论。他认为无形的太虚之气聚合为实有的"诚"，"诚"就是太虚的本性。人的仁义礼智都来源于天，人性包含天地之性和气质之性。天地之性就是宇宙本体，也就是"诚"，因此道德是恒常的，不灭的。张载所言的"诚"既有太虚之气的实有性，又是"仁之本"。"诚"是天与人的共同本性。人的先天差别在于气质之性。张载还提出了"德性所知"的心性修养境界，可以通过"尽心""尽其心""大其心"等功夫来实现。"大其心，则能体天下之物。"（《正蒙·大心》）

程颢明确将"理"提到了本体地位，并由此产生了"理学"之名。程颢曾不无自豪地说，"吾学虽有所受，天理二字却是自家体贴出来的"（《二程集》）。以此表达了其本体论思想是通过他自身的功夫修养"体贴"而来的。他也因此更强调"自得"。程颢还提出了"定性"和"识仁"的工夫论。主张通过修养功夫实现内心安宁，从而懂得"仁"的道理，再以"诚"和"敬"加以存养。程颢的"敬"是真实无妄的意思，强调直觉和体验。他认为，"道即性也。若道外寻性，性外寻道，便不是"（《二程集》），"道"即其所言之"理"。

程颢提及的"理"即"性"，至其弟程颐则更明确地提出了"性即理"。程颐特别强调"致知"工夫。"致知"即体悟本体。"学者固当勉强，然不致知，怎生行得？"（《二程集》）他认为，要达到"反身而诚"的境界，仅凭诚敬工夫还不够，还必须"致知"。"主敬"和"格物"是程颐提出的心性修养法。程颢提出的"诚敬"工夫，更重视证悟本体，"诚敬"则位居证悟本体之后。程颐则更重视"敬"本身。他对"敬"的践行进行了细致说明。行为上以"礼"的规范自我约束，自然能生出"敬"。心中有了"敬"，精神集中，杂乱的思虑便不会再产生了。程颐的"敬"重在外在修持和学习。"格物"即"穷理"。"理"在人心，也在事物，"格物"也是对人与事而言。程颐工夫论可以概括为"涵养须用敬，进学则在致知"（《二程集》）。

朱熹综合了张载与二程兄弟的理路，在对"理"与"气"以及万物的关系的探究中，确定了"理"的本体地位：理无形，气有形，理不离气，理气结合，理在气先。朱熹还提出了"理之二重性"与"理一分殊"说。前者指一理呈现两态，具体之理和本体之理，这是源于气之存在。后者之"理一"，即本体之理是唯一的，"分殊"即具体事物中呈现的不同之理，原因也是气有清浊厚薄之分。朱熹认为，善性普遍存在，人皆有善性。但具体的人性却有善与不善。仁义礼智之理被朱熹定为人类共有的"天地之性"。他还很注重道心对人心的控制。心的知觉活动若觉于理则为道心，若觉于情欲则为人心。"圣人千言万语，只是教人存天理，灭人欲。"（《朱子语类》卷十二）故要泯灭那些"不循理"或"不正当"的人欲。鉴于心兼有性与情，心主宰性情，朱熹提出了"心统性情"、主敬涵养及格物穷理的心性修养论。他要求人们在感情未发之时就要保持内心的涵养，格物致知以保证情感的正确发展方向，而不是等到感情已发之后再格物致知。朱熹强调"敬"如"畏"，主敬时要有一种承大祭的虔诚心态。

心学先驱陆九渊将道德心性上升成为"宇宙便是吾心，吾心便是宇宙"，用"心"阐释"理"而建立了"心"本体论——心即理。"心"就是本心，不是指人的认知心，而是指超验的普遍存在的本心。宇宙本体和道德理性都是人之本心。陆九渊认为，"人心至灵，此理至明。人皆有是心，心皆具是理。心即理也"（《陆九渊集》卷十一）。但常人的本心却大都是被遮蔽的。陆九渊的"心"和朱熹的"理"的意义大致一样，区别在于朱熹认为遮蔽先天即有，而陆九渊则认为遮蔽是后天各种习气所导致，所以解决方法应是"减"而不是"添"，即不必借助于朱熹的格物穷理。故陆九渊提出了"发明本心"的修养方法。具体来说，就是通过存心、养心、求放心的内省方式，克服和消除各种欲望、见解，以彰显心之理。这就是主观精神的自律道德。陆九渊认为解除心蔽的方法只能是"剥卦"所说的"剥落"，通过师友之间切磋学问，清除邪说，恢复本心。

心学集大成者王阳明继承了陆九渊的本体论思想，提出"心即理""知行合一""致良知"，用"良知"释"心"而建立了"良知"本体，进一步把道德感情的心性一元论系统化。王阳明所言的"良知"即真知，"心"指的是伦理学意义的道德知觉，是道德是非的判断能力。他把生理欲望、言听视动、学问思辨和良知所引起的一切活动都称为"知行合一"，认为身之主宰是"心"，心之本体是"良知"，而诸如言听视动、学问思辨及良知皆由心而生。王阳明的"致良知"是知行合一的发展，是直截了当的工夫，是实实在在的人生道德实践，无关于知识积累。故它以良知为是非判断和行动的标准，强调良知的自我觉悟，要求"随时就事上致其良知"，以成为圣贤。

王夫之继承了张载的"气本""气化"的哲学思想，进一步确立"太虚即气"的气本论。他提出"理依于气""理欲合性"的观点，认为气是理之气，理是气之理。理涵气中，气外无理。完整的人性包含了"欲"和"理"，二者有机结合。天理人欲不分离。王夫之还认为"心"有善无恶，"意"有善恶；"心"在于我，"意"因事而生。他以"心"与"意"的关系说明"存养省察"的道德心性存养法，即"意在省察，而心唯存养。省察故不可不慎，而存养则无待于慎"（《大学传》第十章、《读四书大全说》卷一）。

简言之，纵观中国儒、释、道三家心性论的发展史，虽然在"心性"的阐释上各有千秋，在求"道"之路上也各有差异，甚至曾相互排斥，但是在长期并行发展的过程中做到了求同存异、取长补短，最终完善了彼此的心性论体系。因此在某种意义上可以说，没有中国古代哲学史上的儒、释、道三家的思想碰撞，就没有儒学发展的最高阶段宋明理学的丰硕成果，就没有中国佛教心性说的中国化和深入人心，也没有道家及道教对中国社会人生的广泛影响。林语堂所言的"道家及儒家是中国人灵魂的两面"，既可以概括儒道两家心性论对中国人心性人格的意义所在，也说明了儒治世、道治身、佛治心的三家合流，殊途而同归。

若我们再放开环球学术视野，当见中国以"统而论之"见长的心性论哲学，确有以"分而析之"见长的西方哲学难以企及之处。西方哲学对人性论和心性论的研究，往往被分散在心理学、伦理学、道德学、政治学、社会学、教育学、宗教学，乃至生理学诸学科中，彼此间缺少系统的整合与人生观、道德观、理想观的主旨，因此很难全面真切地观照人性与心性、人心与道心的逻辑关系和其中生成、变化、完善的奥妙道理。这对真正打开人类的人性、心性内宇宙的神秘宝库，洞察其中的精微秘奥，是有缺憾的。当前，深入研究中国古代哲学以人性论为基础的心性论，吸收借鉴当今包括西方科学、社会科学、哲学在内的相关研究成果，对于我们梳理和传承中国古代哲学智慧，修身治国，复兴中华，也是大有裨益的。

第三节　人生修养论

中国哲学的"人生修养论"建立在"人性论"和"心性论"的基础之上。它以修身求舍身成仁之尽美，以博施济众求尽善。其实质是从人的人性和心性的定义出发，研究人生修养的目的、必要性、途径和方法的实践论。旨在说明，人之所以为"人"的成长过程，其实就是一个从模糊到逐渐清晰的自我认识过程，一个对"我"的生命本质及其自我的完善的认识深化过程，一个从认识"我"身体的存在，到"我"意识的存在与自我价值所在的道德升华过程。它由此产生了比较注重客观外在的规范和后天培养的倾向，以及更注重主观努力和自我修为的两种倾向。

当前，全球均将强化学习者的主体性作为教育改革的方向，强调人主观能动性的自我修养愈显重要。当然，这并不意味着执政者就因此可以减轻自己改善国民客观生存环境的重大职责。因为人的修养固然有赖于主观驱动，却始终离不开人所处的客观环境和各种社会关系。因此，国人的人生修养无论古今，无论在何处，以何种方式进行，都必须以其能力范围内对人文环境和社会关系的改善，以其良政善治绩效和社会道德评价作为其修身成败标准。

可以说，在以习近平同志为核心的党中央的积极倡导和大力弘扬下，"修身"这一由先秦两汉、魏晋隋唐、宋元明清传承至今，以中国儒学、道学、佛学文化为根基的中国古代哲学智慧，已成为中华优秀传统文化的核心部分。它不仅令无数先贤哲人、英杰楷模心向往之、践而行之，培育出光耀史册的中国圣贤、民族脊梁，而且为当代国人坚定文化自信、振奋民族精神、升华生命价值，提供了借鉴，成为广大党员、干部、群众提升和强化自我人生修养、培育和践行社会主义核心价值观的精神食粮。

一、"我善养吾浩然之气"

传为曾子所作，列为"四书"之首的《大学》，可谓大业宏图之学，大人养成之学，是千百年来深刻影响了儒释道三教的"儒家圣经"。这一以"天下大同"为理想的《大学》开篇即提出："古之欲明明德于天下者，先治其国。欲治其国者，先齐其家。欲齐其家者，先修其身。自天子以至于庶人，壹是皆以修身为本。"而这一修身之道，在被二程赞为"孔门传授心法"的《中庸》里，亦获得"故君子不可以不修身，思修身不可以不事亲，思事亲不可以不知人，思知人不可以不知天"的充分肯定，并依照孔子关于"道不远人，人之为道而远人，不可以为道"之旨意，依据"天道敏生，人道敏政，地道敏树"的规律，按"取人以身，修身以道，修道以仁"的标准，被定位于"仁"德的起点上。也就是孔子所说的"好学近乎知，力行近乎仁，知耻近乎勇。知斯三者，则知所以修身，知所以修身，则知所以治人，知所以治人，则知所以治天下国家矣"（《中庸》）。

那么，《大学》确立的这个涵盖了世间一切真理、善德、美好人性的"至善"目标，如何才能达到呢？《大学》认为，这只能是依照"物有本末，事有终始"的发展规律，按照其"知止而后有定，定而后能静，静而后能安，安而后能虑，虑而后能得"的修身进阶去修成。文字学的"止"与"趾"相通，兼有"停止"与"趋向"两种意思，故"止于至善"，亦兼有趋向并到达最高善德境界的意义。《大学》在论述"知止"时，曾引用了《诗经》"绵蛮黄鸟，止于丘隅"的诗句。孔子深有感触地说，正如鸟知道应停留在可栖居的丘隅那样，人也应知道根据自己的身份，追求至善的具体目标。简言之，那就是"为人君止于仁，为人臣止于敬，为人子止于孝，为人父止于慈，与国人交止于信"。如果一个人能根据自己的身份做到这些，就是将"修止"落到实处，将"至善"做到家了。

孔子另一句名言"仁者乐山，智者乐水"，对"修止"而言也大有深意。众所周知，"山"是《易经·艮卦》的卦象，意为"停止"，亦有易德修养"当止则止"的意味。高山仰止，爱山敬山，"止其当止"的"艮止"精神，有利于仁者培育"稳重崇高"之艮德。同时，"止"成为修身之基，还因为艮卦之"止"并非消极止步、被动地锁定于某处，而是兼有阻止非道德行为的积极意义。即孔子所说的"非礼勿视，非礼勿听，非礼勿言，非礼勿动"（《论语·颜渊第十二》），故"修止"不但不是消极止欲，而且是"克己复礼为仁"的积极进取。

"修止"应从何处发端呢？孟子认为，应从仁义礼智之"四端"开始。这是因为，人只要见到小孩要掉进井里，都会有惊惕恻隐之心，伸出援助之手；这并非因为自己认识小孩的父母，也不是为了要得到乡亲们的称赞，或是讨厌小孩的哭叫声才这么做，而只是因为人之为人的人性自然流露而已。所以在孟子看来，凡以此四端修身者，就能将这一人性之气不断扩充者，像火之始然，成燎原之势；如泉之始达，润养充沛，最终可以像先王那样，"以不忍人之心，行不忍人之政，治天下可运之掌上"（《孟子·公孙丑上》）。反之，如无仁义礼智，不注意充沛正气，那不仅不能保有天下四海，甚至"不足以事父母"。

在中国历史上，有许多志坚如山的仁人志士，无不注意时时抵御各种贪念侵蚀，让身上充沛着一股浩然正气。这也正是孟子所说的"养心莫善于寡欲""我善养吾浩然之气"（《孟子·尽心下》）。在长期主导中国意识形态的孔孟之道影响下，我们可以看到宗师于仲尼，留意于仁义，推崇于道的儒家修身，是如何依照《大学》以修止为起点，日新其德，聚养浩然正气，培养出以德为基，以道为谋，以气为养，与天地一心的"大人"的。

"大人"就是止于至善、吸收了宇宙正能量、实现了天人合一、品德崇高的大人物。用《易传》的话说：他与上天大地合德同心，与丽日皓月同明同光，与春夏秋冬四时合序共进，与鬼神心意暗合知道吉凶变化。

他能先天下而行而天不违背他，能后天下行动而奉行天时规律。天都不违逆他。用孟子的话说，他光明正大，浑身具有一种大气度、大胸怀、大能量的浩气。它"至大至刚，以直养而无害，则塞于天地之间。其为气也，配义与道；无是，馁也"（《孟子·公孙丑上》）。这就是说，这浩然正气一旦不能与道德相配，就会气馁乏力。所以绝不能企望仅凭一时冲动就可以永获这股浩然正气，而要依靠日积月累的道德修养去充沛正气。同时，孟子还以拔苗助长的寓言提示，离开日积月累的道德修养而去增长浩然正气，只能是劳而无功。从南宋末期，在刀光剑影，九死一生的抗元之战兵败被俘后的文天祥，在幽暗土室里吟唱的："下则为河岳，上则为日星。于人曰浩然，沛乎塞苍冥。""是气所磅礴，凛烈万古存"的《正气歌》里，我们可清楚看到，孟子所主张的"大人"应如何在艰苦砥砺过程中，涵养浩然之气，更理解他所说的"天将降大任于斯人也，必先苦其心志，劳其筋骨，饿其体肤，空乏其身，行拂乱其所为，所以动心忍性，曾益其所不能"的深刻含义。

当年，自言"宇宙便是吾心，吾心即是宇宙"，满怀浩然正气的宋明心学开山鼻祖陆九渊，曾和理学大家朱熹发生过一场史称"鹅湖之会"的激辩。他认为朱熹要求学子博览群书，再归之于约的"道问学"方法太支离，没重点！而朱熹则在反驳之余，也不禁以"德业流风夙所钦，别离三载更关心。……只愁说到无言处，不信人间有古今"的诗句，在表达出自己对陆九渊浩然之气钦佩不已的同时，也对其"脱略文字，直趋本根"的学术主张，易流于空泛的隐忧，留下了儒学公案的一段佳话。

二、正其谊不谋其利，明其道不计其功

"知止而后有定"的"定"，是明确"修止"方向后，坚稳固守的定力，是不懈努力的坚定意志，故成为儒家次第修身的第二步。公孙丑曾问孟子说："老师，如果您当上了齐国的卿相，得以推行仁道的话，成就的事业与王霸也没有什么不同了。如果真能这样，您会动心吗？"言下之意是探询孟子，如果事业成功而过上奢华生活，会动心吗？孟子回答道："不，我40岁后就已不动心了。"这印证了孔子有关"四十而不惑"的说法，成为检验君子修身"止而后定"的实例。而在当时礼崩乐坏的战国乱世，要想像孟子这样不为名利诱惑，定力强，行仁道，必须靠内心修养和提早预谋。即如《中庸》所言："凡事预则立，不预则废。言前

定则不怯，事前定则不困，行前定则不疚，道前定则不穷。"

董仲舒就是一个为使儒家的政治主张和修身之道广行天下，做足事前准备，蓄积了足够定力的儒生。公元前134年，当他得知汉武帝下诏征求治国方略时，立即在著名的《举贤良对策》中提出了"天人感应"的"大一统"系统学说，迎合了汉武帝实行集权统治的需求，得以实施其"罢黜百家，表彰六经"的政治文化主张，为维护汉代强盛期的社会政治和经济的稳定作出了贡献。在辞去诸侯国相后，董仲舒回家著书，将周代以来的宗教天道观和阴阳五行学说结合起来，吸收法家、道家、阴阳家思想，建起汉代官方统治哲学体系，系统解答了当时一系列哲学、政治、社会、历史问题。如"天人感应"论就是董仲舒根据《公羊传》所推崇的"春秋大一统"之旨。它把夏商周以来的天下"大一统"视为天经地义，视"天"为超自然的人格神，为人世间的一切都作了合理的安排，从而为"王权神授"制造了理论根据。董仲舒借用"天人合一"说、"阴阳五行"说，为修身之道寻找了哲学与人性的基础。如他用天有阴阳比附人性有善恶，认为性善的圣人是天生的统治者，小人只能接受圣人的统治，而中人则可教化变善。同时，董仲舒还将"阴阳"与封建社会人际关系紧密联系起来，谓君阳臣阴、父阳子阴、夫阳妻阴。故"君为臣纲，父为子纲，夫为妻纲"等尽取于天，而人生修养也要以"三纲"为原则。时至今日，时代变迁，我们自然不可将早已被"五四运动"彻底批判的"三纲"作为修身纲要，但在批判继承传统道德的基础上，以社会主义核心价值观处理好上下级关系，亲子关系、夫妻关系，依然是当今中国和谐社会不可或缺的。

"五常"是董仲舒确立的修身之道的主要内容。他把"仁、义、礼、智、信"五德，与金、木、水、火、土之五行相比附，列为维系中国社会大一统政局中，与"三纲"并举的最恒常的道德伦理规范，其中最重要的是"仁"德。董仲舒根据"仁者以财发身，不仁者以身发财"的《大学》理念，坚决反对王侯高官"身宠而载高位，家温而食厚禄，因乘富贵之资力，以与民争利天下"的社会现象（《汉书·董仲舒传》）。有一次，在易王刘非赞扬自己时，董仲舒一边自谦，一边鲜明地提出了"夫仁人者，正其谊不谋其利，明其道不计其功"的观点，认为仁义之人应为正义事业而不谋求私利，应申明循道理念而不计较功名得失。此后，尽管这句名言被清初学者颜元反其意改为"正其义以谋其利，明其道而计其功"的命题，但董仲舒这两句"修定"防欲的修养正道仍然具有广泛的影响。它根据"天人感应"说以及"积善在身，犹长日加益，而人不知也；积恶在身，犹火之销膏，而人不见也"的积德说，提出了必须谨承天意以顺命、明教化民以成性、正法度别上下以防欲等三项举大本的修身方法。

从历史发展的角度看，"仁义礼智信"诸德的产生，经历了2000多年的儒道切磋互补，以及社会的检验而逐渐完善。起初，《中庸》最早将孔子提出的"仁、义、礼"，作为"仁以爱人，义以尊贤，仁义生礼"的儒德规范。此后孟子提出"四端"，加入"智"构成"仁、义、礼、智"四德（《孟子·告子上》）。再后董仲舒又加入"信"，构成中国价值体系中的"仁义礼智信五常之道"（《贤良对策》）。其中"仁"一指"己所不欲，勿施于人"，二指"己欲立而立人，己欲达而达人"。"义"指处事得宜和合理；"礼"指以礼仪、礼制、礼法等人际关系规范来定亲疏，决嫌疑，别同异，明是非；"智"指明辨是非，懂道理的智慧；"信"指诚信，信义，与义、礼、智诸德均是实现"仁"的美德。

孟子说，君子希望国家有辽阔的土地和众多的人民，但他的快乐不在于此。君子乐于站在天下的中心，安定四海人民，但他的本性不在于此。君子修养的本性，虽得志也不增益，虽穷困也不减损，这是天分已定的缘故。而要达到这一将仁义礼智深扎心中的"修定"的境界，一方面如孟子所说，要反求诸己。另一方面，可参照相生相克的五行观，让急功近利的金德者先修养水属智德，变得聪明宁静，在他增长了智德后修养木属仁德而变得慈祥博爱，接着在他增长仁德后修养火属礼德变得更识礼纯朴，让他增长了礼德再修养土属信德变得更守信平和，最后让他增长了信德后修养金属义德，变得更重义轻利。这种五德相生式的修身法，也许有利于提高我们的思想道德境界、滋养社会主义核心价值观。

三、涵养与主敬

《中庸》认为："唯天下至圣，为能聪明睿知，足以有临也。宽裕温柔，足以有容也。发强刚毅，足以有执也。齐庄中正，足以有敬也。"《大学》则以"定而后能静，静而后能安，安而后能虑"的步骤，将修静、修安、修虑作为修定之后必不可少的三个修身阶段。

对于"静"，《易传·系辞传下》的一番描述可译为："'乾'啊，他安静时也十分专一，行动时也刚直无比，所以促生壮大了无数生命。'坤'呢，她安静时也翕合收敛，行动时也开辟扩张，所以深广化生了天下万物。"精研《易经》可使我们明白，古代圣贤是如何依据乾坤动静、天地道义来成就美德的，同时也可更深入地理解宋明理学开创者周敦颐，以无极、太极、阴阳、五行、主静、至诚、无欲、顺化等理学范畴所构成的理学修身体系。

周敦颐号称"理学开山鼻祖"，却自小得益于道家文化的滋养。如他的"无欲故静"的观点，就源于"我好静而民自正，我无欲而民自朴"的老子名言。周敦颐年少时很喜欢到离家不远的月岩洞中游玩，后干脆筑室于此读书。他喜欢从洞内的不同位置，观察景物的神奇变化。洞里的一弯残月，从镰刀、小船变为一轮皓月，再变成蛾眉月，使周敦颐明白了"无极而太极"的道理，体悟出从陈抟老祖处看到的太极图原理，以200多字的《太极图说》，为宋明理学的发展立下"发端之功"。其后二程的"再扩大"，朱熹的"集大成"，实际上都是在周敦颐原有思想基础上，进一步使"道学"理论更加完善化、系统化而已。

周敦颐倡立的"道学"，引入了老子的"无极"与清静无为观，设立了"太极"等宇宙本体论的范畴和模式，顺应了当时儒佛道合流的形势。但它终究不是老子以道为本体的"道学"，而是儒家以"天理"为本体的"理学"。它以"静"为宗，提出了"主静立人极"的封建伦理观和人生修养观，将老子的"无极"、《易传》的"太极"、《中庸》的"诚"以及五行阴阳学说等熔铸一炉，奠定了宋明理学的基础。如果说"一本《通书》读到老"，是如今人们讽刺那些墨守成规的人的话，其原意却是赞扬周敦颐那本能够将世事通达的道理说透，使人受用一生的好书。这就是仅有3000余字，却精辟简要的《通书》。其全文40章可分为四，各篇主旨如下：

"圣贤诚敬篇"以"成圣以诚"为主题，含1、2、3、4、10、11、20、23、34、38、39诸章，开篇明义地将"诚"视为圣人与五常之本、百行之源。强调君子只有立下"圣希天，贤希圣，士希贤"之志，效法"道德高厚，教化无穷，实与天地参而四时同"的孔子，将圣人之道"入乎耳，存乎心，蕴之为德行，行之为事业"。才能成为"诚无为，几善恶"，感而通，"诚、神、几"兼备，静虚动直，明通公溥的圣人。周敦颐本人言行一致。如有一年，他调南安军司理参军。有一囚徒依法罪不当斩，转运使王逵却想重办！面对王逵这样的酷吏，只有周敦颐一人与他辩论。但王逵根本听不进去，气得周敦颐要弃官而去，说："如此尚可仕乎！杀人以媚人，吾不为也。"王逵终于醒悟，囚徒得以免死。这说明周敦颐爱民之真诚，与说明他哲学思想的核心就是一个"诚"字。诚就是无为无欲，分辨善恶，察知微妙，感而通神，虚静明达，公正利民。他熟知《中庸》有关"故至诚无息，不息则久，久则征，征则悠远，悠远则博厚，博厚则高明。博厚所以载物也，高明所以覆物也，悠久所以成物也。博厚配地，高明配天，悠久无疆。如此者，不见而章，不动而变，无为而成"的道理，故把"诚"作为天道、人道、天人合一之道的最高境界，在《太极图说》中指出，人与万物之源都是太极，再由太极推及人极，从而为"诚"的理论奠定了宇宙论基础。

"师友修道篇"以"师友同修"为主题，含7、8、14、15、24、25、26、28、29、33诸章。周敦颐认为，天地间，至尊者道，至贵者德，而想身有道义贵且尊，"非师友则不可得也已"。因此，他首先强调要尊师："师道立则善人多，善人多则朝廷正而天下治矣。"故学圣要得师友之助，不愤不启；不悱不发，发圣人之蕴。其次要闻过则改，不护疾而忌医。再次要以道德为实，以文辞为艺，务实而不图虚名。最后要中节，即"中节也，天下之达道也，圣人之事也。故圣人立教，俾人自易其恶，自至其中而止矣"。意思是，人性的刚柔善恶都不完美，懦弱邪佞的柔恶，与凶猛狭隘的刚恶固然不好，但过于直断严厉的刚善，与过于慈爱驯服的柔善也不佳；只有适中才是最完善的人性。故只有通过修静，惩忿窒欲，迁善改过，做到无私无欲，刚柔兼济，恩威并重，以道充为贵，身安为富，才是理想人格，成为至圣。"故君子悉有众善，无弗爱且敬焉。"

"动静顺化篇"以"慎动明静"为主题，含5、6、9、16、22、30、31、32、35、40诸章。周敦颐画卦以示易理阴阳动静变化的宇宙规律，强调守好圣人仁义中正之道，须慎动守静。他根据"至诚则动，动则变，变则化""动而正曰道，用而和曰德"和"公于己者公于人"的社会规律，提出君子修身要做到慎动，为公，明势，时中的观点。在"修静"方面，周敦颐一是以"教人向善，进德修业"为教育目的；二是以"六经为主，以诚为本"为教育内容；三是以"自学为主，重在启发"为教育方法。他深受老子清静观的影响，以"静"与"无欲"为修身论要诀，认为只有"主静""慎动"，才能实施好"天道行而万物顺"的治国方略。而"顺"

正是"圣德修而万民化"的理想境界。

"礼乐法治篇"以"执法明礼"为主题，含 12、13、17、18、19、21、27、36、37 诸章。周敦颐既采纳法家主张重势用刑的主张，同时也强调儒家礼乐文化，主张要纯其心，务实胜，制礼法，修教化，政养民，肃以刑，这体现了援道用法，述而少作，勤于思考，上承孔孟，下启程朱的周敦颐，官位虽不高，却清廉正直，理政有方的政治智慧。当年他舅舅任分宁主簿时，曾为一桩案子久久不决。周敦颐赶来后，经讯问立刻辨明了是非曲直。人们都惊呼："老吏不如啊！"由于周敦颐"风节慈爱，吏治彰彰"，故深得龙图阁学士舅舅郑向的喜爱，知他酷爱白莲，就在郑宅前西湖凤凰山下构亭植莲，让他负笈其间，参经悟道，写下了《爱莲说》《拙赋》等千古名篇。此后，由于周敦颐尊师重道，治学有方，故宋理宗下诏从祀孔庙，其理学奠基者的地位受到官方承认。

和老师周敦颐观点一致，勤奋好学，注重德育、自我修养、"格物致知明本末"的程颐，认为人生的"涵养须用敬"，主张居敬穷理，格物致知，探求事物之理，同时强调由外知以体验内知，被《宋史》认为是"学本于诚，以《大学》《论语》《孟子》《中庸》为指南，而达于'六经'"的儒者，其思想成为朱熹理学的源头。而程颐之兄程颢，则更注重个人内心体验。他认为人生的最高境界就是发明本心，与万物一体，因此强调内心静养的修养方法，不大重视外知。他借助孟子的"不动心"思想，吸取佛道的修养经验，提出了所谓"定性"，即使人内心安宁与平静，接触却不执着于任何事物，"内外两忘"，超越自我的"定心"之法，后来发展为陆九渊"心学"的源头。程氏两兄弟长期讲学于洛阳，创立了力主"天理"的洛学学派，作品合编为《二程全书》。他们的学说内容基本一致，皆认为"理"是先于万物的"天理"，强调"无人欲即皆天理"，被朱熹接受发展成教人"存天理、灭人欲"，在哲学上发挥了孟子至周敦颐的心性命理之学，由修静而修安。

静修安身而成事，即为《大学》的"修安"。孔子说："君子安其身而后动，易其心而后语，定其交而后求。君子修此三者，故全也。危以动，则民不与也。惧以语，则民不应也。无交而求，则民不与也。莫之与，则伤之者至矣。"（《易传·系辞传下》）孟子认为，"夫仁，天之尊爵也，人之安宅也"；"有安社稷臣者，以安社稷为悦者也。……有大人者，正己而物正者也"（《孟子·尽心上》）。通观孔孟所言的安身、安宅、安国、正己，方能"修安"的道理，其大意是，我们只有通过修身获得人身安全之后，才可以采取行动；和别人推心置腹后才交流，稳定了交情后才有所求。而人们"修安"失败的原因，大都是忘了居安思危之故。成为孔子在《易传》里所揭示的那样："凡是处境危险的，都是安恋它既得的地位所造成。凡是灭亡的，都是力图保住它现存的利益所造成。凡是动乱的，都有它治理不当的原因。所以君子安居而不忘危险，保存而不忘灭亡，治理而不忘动乱。这样才能己身安全而国家永保。"

在这方面，程颢可谓精通者。在北宋士大夫变法与反变法之间"犹冰炭之不可共器，若寒暑之不可同时"之际，他始终站在人多安稳的阵营中，颇有温柔敦厚的君子之风。程颢去世后，宰相文彦博尊称他为"明道先生"。程颐赞他："使圣人之道焕然复明于世，盖自孟子之后，一人而已。"而二程的修养论在当时亦广受欢迎，追随者众。如毅然放弃高官厚禄，拜程颢为师的进士杨时，于程颢去世后，又与游酢一齐到洛阳拜程颐为师。当时，正遇上程老闭目养神。两人求师心切，冒着飞雪，恭恭敬敬侍立一旁，不言不动，直等到程颐慢慢睁眼时，门外积雪已经一尺多厚了，而杨时和游酢依然神情谦恭。这就是流传千古的"程门立雪"佳话，可见当年求学者尊师之敬，求学之诚。

安而后虑为"修虑"。"人之有德慧术知者，恒存乎疢疾。独孤臣孽子，其操心也危，其虑患也深，故达。"（《孟子·公孙丑上》）"故君子尊德性而道问学，致广大而尽精微，极高明而道中庸，温故而知新，敦厚以崇礼。是故居上不骄，为下不倍。国有道，其言足以兴，国无道，其默足以容。诗曰：既明且哲，以保其身。其此之谓与？"（《中庸》）这一由孟子、孔伋所阐述，今古皆知的深谋远虑，明哲保身的修身道理，朱熹可谓身体力行。他沿着程颐的修身理路发展，也强调主敬涵养，并把"敬"提高至"圣门之纲领，存养之要法"的高度。这就是说，敬未发时的涵养是敬之体，已发时的省察行义是敬之用。朱熹还强调主敬与格物穷理结合，使之"互相发"，集理学大成为"程朱理学"。

在官场上，朱熹不求仕进，但一有机会，他也会深思熟虑后应诏力陈己见。如他曾向宋孝宗面奏三札：一札论正心诚意、格物致知之学，二札论外攘夷狄之复仇大义，三札论内修政事之道。在学术上，朱熹致力于教育和著述。其名作《白鹿洞书院揭示》，反对只学杂乱知识，写华丽文章，沽名钓誉，谋取利禄，要求按儒家经典读书穷理，修己治人。这一《学规》后来成为南宋元明清各朝书院学规的范本，就连明代主张"心学"的王阳明，也赞叹"夫为学之方，白鹿之规尽矣"（《阳明全书·紫阳书院集序》）。后来，朱熹在赴"鹅湖之会"时，虽然没能与陆学调和矛盾，但依然通过论辩讲学作了反省，在重读细思二程著作后，独创了"中和新说"。

四、佛教的人生修行论

佛教于东汉时期传入中国。其确切坐标，就是汉明帝为纪念为蕃僧驮经而来的白马之功，将所赐皇家住所改建而成的洛阳"白马寺"。从此以后，西来佛教在中国大地上找到了适于生长的土地，在以易经为根基的中华文化巨树上嫁接而生，成为与本土儒教、道教同根繁茂的三教之一，至今已近2000年。

乔达摩·悉达多，是生于尼泊尔的王子。他通过苦行修身终在菩提树下悟道，成为佛教创始人释迦牟尼。根据佛教说法，佛陀圆寂后的500年间为正法时期，以有教、有法、有证为标志；此后1000年为像法时期，以有教、有法、无证为标志；再往后的10000年就是如今的末法时期，以有教、无法、无证为标志。同时，佛教认为，人一出生就犹如漂浮苦海中的孤独者，早晚会因无望无助、无德无能、犯戒恶业，在包括菩萨、罗汉、人、阿修罗、畜生、饿鬼的"六道轮回"中，堕入地狱受煎熬。故芸芸众生只有谨遵佛法，真心修行五戒十善，才能借助自度的"小乘"渡船，或共度的"大乘"渡船，脱离苦海，到达西方极乐世界的彼岸。这也就是日后中国化的人间佛教，为信徒所指明的增加福报、增长智慧、健康长寿，成为一个入世的快乐修行人的方向。

综观如今末法时期的汉传佛教区，无外乎两大显赫教派所倡导的两种修行法。一是净土宗倡导，目标具体实惠，主要依靠他力，适合一般人，较容易实行和见效的修行方法。二是中国最大佛教宗派禅宗所倡导，目标宏大高远，主要依靠自力，适合较有智慧和毅力者，较难实行的"菩萨道"的修行方法。而这两种修行法的前提，都是要多闻佛法，了解佛法修身的基本常识，如"五戒十善""四摄六度"等。

所谓"五戒"，即不杀生、不偷盗、不邪淫、不妄语、不饮酒。它是佛门弟子必须遵循的戒律与行为准则，体现出佛教止恶行善的根本精神。其中"不杀生"不仅体现出佛法"大慈大悲"的精神，也是人类建设生态文明，保护自然生命链体系的需要。"不偷盗"是人类经济秩序的保障。佛经认为擅自将他人财物占为己有即为盗，凡以非法途径巧取豪夺的财物，均违背佛戒。"不淫邪"是人类社会伦常关系的道德准则。放纵贪婪淫念去胡作非为，不仅会破坏社会人伦秩序，还将危害家庭，祸及子孙。"不妄语"是诚信的基础。佛教《十地经》说："妄语者，法不入心，故难解脱。"《楞严经》云："譬如平民，妄号帝王，自取诛戮。""不饮酒"可防止酗酒乱性，为非作歹，导致酒精中毒的生命危险。

如果说，根据《法华经》所说的"精进持净戒，犹如护明珠"，《大智度论》所说的"人虽贫贱，若能持戒，香闻十方，名声远布，天人敬爱"的经义，"五戒"重在止恶，是远离恶法，防止犯禁的修行基础的话，那么"十善"就是增光生色，重在扬善的如法修行。《十善经》体现为：以救生离杀生的放生之善、以布施离偷盗的布施之善、以净行离邪淫的清净梵行之善、以诚实语离妄语的实语之善、以和合语离两舌的和合利益之善、以爱语离恶口的柔和软语之善、以质直语离绮语的质直正言之善、以不争观离贪欲的清净梵行之善、以慈悲观离嗔恚的慈忍之善、以因缘观离愚痴的正信正见之善等。

佛教把人所做的事都称为"业"。其中杀生、偷盗、淫邪之事属于"身业"。"妄语"中，导人淫欲邪念的陈词滥调的"绮语"；搬弄是非、挑唆互斗的"两舌"；舌剑伤人，发人隐恶，辱人父母等的"恶口"，均属于"口业"。而不肯将财物施舍于人的"悭"，欲将他人之财归己的"贪"，所合成的"悭贪"；见人有得而愁忧愤怒，见人有失而幸灾乐祸，一味逞强霸气欺人的"嗔恚"；不信为善得福，作恶得罪，不信因果报应，轻侮圣言，毁佛经教的"邪见"等，则属"意业"，又名由"贪嗔痴"恶念造成的"三毒"。"十善"修行即以"戒定慧"除"意业"去"妄语"，表明了佛教重视心性修养，重视言教身教，净心为本的持戒要义。

佛经的修身法门有几万种之多。其中较知名的是"四摄"法门。"摄"指导引、摄受。"四摄"即菩萨导引大众时，所坚持的四种方便法——"布施"即六度中的"施度"，"爱语"即用慈爱的言语和态度对待众生，"利行"即为大众利益服务，"同事"即在生活和活动方面同化于大众。同时，菩萨教化众生时，不仅要慈悲为怀，慈眉善目，必要时也应外现金刚怒目式的大威德相，即兼用摄受和折服的软硬两法，使那些刚强固执，好言不听，善法难调的众生，知所畏惧，离恶向善。其"六度"法门，即以布施到彼岸、持戒到彼岸、忍辱到彼岸、精进到彼岸、禅定到彼岸、智慧到彼岸，可以自度度他、福慧双修、三学具足的菩萨修行法。它包括以下方面。①"施度"，菩萨可借其治悭吝贪爱烦恼，使苦人得乐，迷者受益。如财布施可以帮助穷苦人改善生活；无畏施可用爱心安慰苦难者，使他们没有恐怖感；法布施可以向世人宣说佛法，使众生转迷成悟。②"戒度"，即菩萨修一切戒法和善法后，能断人身口意一切恶业，让身心清静。③"忍度"，即菩萨修后遇挫折毁谤，能不怨不怒，忍受一切辱骂打击和外界一切寒热饥渴，断除嗔恚烦恼。④"精进度"，即菩萨精进不怠，能修一切大行，成一切善法，彼岸自达。⑤"禅度"，即调伏六根，定止散乱，禅定成佛。⑥"慧度"，即菩萨博览群经、远大学识、历练世故，能够辨才无碍，圆通万事，通达本空之智，断除烦恼，证得真性之慧，获得修行者的最高智慧。

同时，针对末法时代的社会，人溺于物，事竞于争，上与天斗，下以人斗，内与心斗的现象，选用外定类的求神，问卜、打卦、风水、命理、星座、塔罗牌、香薰、催眠、音波治疗、能量医学；内守类的茹素、持戒、持名、念咒、赞诵、打坐、参禅、修密、真善忍、身心灵之类的"心灵修法"时出现的种种毛病，如："浅俗"，重实践而轻知解，如禅修打七，枯坐腿麻；"拼凑"，说佛，讲气、讲经络；"附会科学"，大谈电子、能量、磁波、宇宙场、行星周期、量子力学，将自然疗法、民俗疗法加以改头换面等①，菩萨修行时还有渐修与禅定的不同方法。"渐修"是禅宗"北宗"创始人神秀法师的修行方法。他弘扬了四祖道信的"念佛禅"，主张以"心体清净，体与佛同"，把"坐禅习定""住心看净"作为一种慢慢来的观行方便修行方法，又称"渐门"。"南宗"创始人六祖慧能的"顿悟"法，以禅直指人心为"顿门"，形成南顿北渐之分。但在即以菩萨之道思维真理，清净六根，定止散乱，通过禅度、禅定修炼成佛的方法上，南北禅宗还是一脉同门的。

有个禅门修定故事，对我们理解什么是忍辱到彼岸、禅定到彼岸、智慧到彼岸的菩萨修行法，颇有启示。苏东坡生于书香门第，满腹经纶，通达儒释道，名列唐宋八大家，做过北宋宰相、翰林院大学士。他筑堤惠民，政绩不凡，虽命途多舛，屡遭贬斥，却一生幽默豁达。有一次，

① 龚鹏程:《儒门修正法要》，东方出版社2015年版，第3页。

他对世间"八风"即"称、讥、苦、乐、利、衰、毁、誉"这八种境界忽有所悟，忙提笔写了一首偈颂："稽首天中天，毫光照大千。八风吹不动，端坐紫金莲。"派人送给好友佛印禅师欣赏。谁料佛印禅师却批回了四个字"放屁！放屁！"苏东坡一看批条就火了，立刻渡江找佛印理论。佛印禅师早已在江边笑面相迎，苏东坡一见他就责问："你这个老和尚，为什么在我的偈子上批'放屁'？"佛印笑答："哦！你为此而来啊，你不是'八风吹不动'吗？怎么我写两个字就把你吹过江来了？"苏东坡一想也是："我自诩八风吹不动，怎会竟被这两个字吹到江边来了？"于是羞愧地回去了。

佛法自在，道法自然，儒法自强。中国传统社会里，儒、释、道三教兼容，互为阐发。相对于老子的"复根曰静"和周敦颐的"主静"命题，佛教亦提出了"六根清净"的命题。这就是照察事物时要如莲花生于污泥而不染，看紧"眼、耳、鼻、舌、身、意"这"六根"，看破"色、声、香、味、触、法"这"六尘"，看清"眼识、耳识、鼻识、舌识、身识、意识"这"六识"，以实施菩萨六根清净的修行之道。同时，在实施菩萨修行道时，还要具备"慈悲喜舍"的"四无量心"。"无量"指广大无边，再配以"慈悲喜舍"即成为佛教倡导的四种广大的利他心：慈无量心，不同于自求快乐，还要求修习者求一切众生都得到快乐；悲无量心，不同于自求解除痛苦，还要忘记自己的痛苦，拔无量众生之苦；喜无量心，不同于只为自己快乐，还要见人离苦得乐皆欢喜；舍无量心，即不执着慈悲喜三心，又舍弃一切分别执着。

五、主静无欲、性命双修与全性保真

《易经》牢笼天地变化之太极易理，肯定了动与静在运动变化过程中互相依存、互相蕴含、互相转化的关系。从易理八卦之象看，正是天、风、雷、火之主动，地、山、水、泽之主静，形成了阴阳和谐、动静平衡的自然运化。老子由此发展出清静无为的治国理念和"至虚极，守静笃"的修身法。受老子影响，喜严刑酷法的韩非亦主张："人主之道，静退以为宝。不自操事而知拙与巧，不自计虑而知福与咎。"（《韩非子·主道》）此后，从秦末的乱世纷争中走出困境，采用老子清静无为的"黄老之治"，建立了大汉盛唐伟业的历朝明君们，无不采用道家主静无欲的修身方法，这对好动喜功的儒家亦深有影响。

　　反观老子哲学体系中的"形而上之道"，主体为"恒道"，规范为"玄德"，主修为"清静"。再从世界万物所构成的"形而下之器"看，掌握"物""制""民""国""兵"等要素的主体为"人"，规范为"法"，落实于"用"。兵动则危，民静则安。故立国者只有慎动主静，才能"清静以为天下正""重积德而无不克"（《老子》第四十五、第五十九章）。这也说明，老子的"清静观"，对形成道家体系的价值观、生命观、行为观，以及道教的教义、道规、道医、静功、修道等方面的重要意义。

　　所谓"清静"，它的第一重意义，即道家"天清地静"的宇宙化生意义。它包含了事物性质的"清"和空间形态的"静"，与老子的修身治国息息相关。如《黄帝阴符经》以"天动地静"与"男动女静"之语，将美妙的生命画卷描绘出来！从重视"清静"的角度看，汉帛书甲本老子比通行本老子的 10 个"静"字多出 1 个，可谓为具有"真知明恒道之本，清静守玄德之正，贵身行无为之治"特色的老子哲学体系增光添色！其赫然在卷的"水善利万物而有静"之"静"字，最能说明老子上善若水之修身，所具有的道之恬静上善的美德。

　　它揭示出"清静"的第二重意义，即内宇宙"神清心静"的修身意义。老子认为，平凡坚实而又虚怀若谷的人，才能以"通达清静的心境达致身心和谐的极点。心灵守静无欲，就可以缘督而保身。万物在身旁运动作为，我以清静之心观察它的反复生息。天下万物芸芸众生，都将各自复归于它们的根本，这就叫作清静。清静自然，这就是复归本命。复归本命，是恒常的天道。知道恒道的是明白人。不知道恒道的太愚妄！狂妄胡作更凶险！知道恒道的就能心容天下，心容天下于是公正无偏，公正无偏于是能治国。治国于是能顺天行事，顺天行事于是能合道。合乎恒道于是能长久，终身都不会有危险"（《老子》第十六章）。这段话又引出了老子"清静观"的第三重意义，即"清静为本"的治国安邦意义。它体现出老子"重为轻根，静为躁君""轻则失本，躁则失君"（《老子》第二十六章）的清静修身思想。其"重"对于党政干部而言，就是把国家重器、重要事业、重大决策放心头，看轻其余闲杂事。其"静"，则是心态的心清性静，头脑冷静，政局的宁静和谐，社会的安静祥和，生活的清静廉洁。以免轻重倒置，躁动盲干，危害国本。老子认为，执政的"重"与"静"应居于主导地位，而"轻"与"躁"则是被支配的。执政者要清静明察，爱惜国力，抓牢重器，不轻举妄动失去治国根本，不急躁莽撞失去理智的主宰。

应该说，老子这一修身观极有见地。它不仅是为政者的为人处世和身心修炼问题，而且事关为政者驾驭全局的水平和行政作风。它要求为政者在政治舞台上要始终保持清醒，头脑冷静，这样才能够衡量轻重，分辨得失，抓住最重要的关键性战略决策问题，避免急躁失误。《汉书·艺文志》因此对道家的评价最高，认为其明史"然后知秉要执本，清虚以自守，卑弱以自恃，此君人南面之术也"。这自然是著者对汉初黄老之术德治功业的切身体会，也是对道家清静治国的精准概括。在对外关系上，老子也主张静以制动，柔静胜强，妥善解决国际纷争。酌用老子此法，当可建立大小国家间的和平友好关系。实际上，善用"清静无为"不仅可使万物自化，天地自正，人民自富自朴，还可通过修身至虚极守静笃，观万物知其复，知常明身不殆，达到悟道清静境界。

这也就导出了老子"清静观"的第四重意义，道教的宗教意义。它具有深得中华传统文化精髓的道医、养生、修炼、仙学的文化意义。所谓仙学，是中国道教协会原会长陈撄宁于1933年最先提出的道家性命双修之学。他在"仙学院"执教时，以道家的道学，道教的仙学为主体，并与道医、易学、数术、兵学、文学、天文、地理等相结合。对于主静无欲、性命双修，全性保真的道教来说，影响十分深远。陈撄宁还借鉴本原于"恒道"，规范为"玄德"，"清静"得"真知"，"返璞归真""顺应自然""贵身尚柔"的道家修身法，提出了少私寡欲，恬静闲适，养神延寿的仙道养生法。

老子是圣人而非神，却在世界哲学史上第一次将圣人摆在了神的高度，赋予人与神"两不相伤"的平等权利，消解了原始社会遗传的"神道治国观"，奠定了由人主宰，清静无为的以道治国观，影响了东方文化圈2000多年。而中国本土的道教也一方面利用《封神演义》中老君一气化三清的故事，抬高"道"的地位；一方面将历朝历代，官府民间的善人侠士，清官良将，如关公、包公、李冰、八仙等，都请进神庙，形成了中华神仙谱系的正能量弘道偶像群，树立了扬善抑恶的道教修身榜样，增强了中华民族凝聚力。

老子清静观对于古代仙学修身也有根本性的指导意义。仙学典籍《真仙直指语录》引全真七子之一马丹阳之语说："清静者，清谓清其心源，静谓静其气海。心源清则外物不能挠，性定而神明。气海静则邪欲不能作，精全而腹实。故澄心如澄水，万物自鉴。养气如护婴儿，莫令有损。气透则神灵，神灵则气变，此清静所到也。"它提示当今道士、道医、执政者，心理学家们都不约而同地发现，"生命在于运动"固然重要，但经常保持清静状态也同样重要，且更有益身心健康和社会和谐的。这是因为，唯有清静能解放身心，调节功能，帮助疗疾，生发智能，孕育生命，和谐人际关系。这是人在混乱、热烈、躁动、焦虑的状态下所无法达到的。这也正是许多气功、内丹功、中医疗法乃至印度瑜伽等，都要求练习者要有一个清静的环境，保持清静心态，通过静坐调息、定心静气来练"静功"的原因。

对于如何静坐、静心、静气以达到"入定""坐忘""入静"——进入浑然忘我，神清气爽，清静无为的修身心境，老子曾有生动的描绘：严肃恭敬啊，就像招待尊贵的客人；漫漫涣散啊，就像冰凌消融的春泽；混沌无知啊，就像粗朴原木；水深沉沉啊，就像污水浊浪；宽旷深广啊，就像幽深山谷。混浊的静止净化它，就会渐渐地使它清洁澄净。此外，老子还有清扫心灵，冲气虚静的"涤除玄鉴"法，对后世亦有很大影响。《淮南子·原道训》认为"清静者，德之至也"；《老子想尔注》认为"道常无欲，乐清静，故令天地常正"；学道者"当自重精神，清静为本"；葛洪的《抱朴子内篇》认为"仙法欲静寂无为，忘其形骸"。道教尊奉的三大圣君也分别以玉清、上清、太清为号。"清静无为"逐渐成为澄心入道的阶梯，成为顺天之时，随地之性，因人之心，清神静心，顺应自然，返照虚无，尘垢一空，生出真精真气真神的道学精髓。

清静淡泊，澄心生慧，是老子引导人们通达至虚妙境，达致身心和谐极点的修行方法。在遵循佛道互融的"同清净信，同清净解，同清净念，同清净行，同清净身，同清净心，同清净意，同清净果，同清净报，同大慈心，同大悲心"（《玉皇经》）的教规的同时，《太上老君戒经》虽也以戒杀、戒盗、戒淫、戒妄语、戒酒为"五戒"，但同时认为五戒在天为五纬，天道失戒则现灾异；在地为五岳，地道失戒则百谷不成；在数为五行，五数失戒则水火相薄，金木相伤；在治为五帝，五帝失戒则祚夭身亡；在人为五脏，五脏失戒则性发狂。五戒失一则命不成，显示出比佛教五戒更出彩更接地气的中国文化特色。

老子修身还倡导统治者践行"故贵以身为天下，若可寄天下"（《老子》第十三章）的"贵身观"，是世界上第一个把身体和事业的关系论析深透，处理得当的人。尊奉老子贵身观，主张"炼养为真"的道教，从《庄子·缮性》《吕氏春秋·贵生》《淮南子·精神训》《韩非子·说苑》等古籍中，接受了道家杨朱学派的影响。在道教早期经典中，亦常见贵身、重生、贵生之义。如："人最善者，莫若常欲乐生"（《太平经合校》卷四十），"公乃生，生乃大"，"道大、天大、地大、生亦大，域中有四大，而生居其一焉"，"多知浮华，不知守道全身"（《老子想尔注》），"道不可见，因生以明之。生不可常，用道以守之。若生亡则道废，道废则生亡，生道合一，则长生不死"（《太上老君内观经》），等等。

庄子的修身法也主静。他认为："古之畜天下者，无欲而天下足，无为而万物化，渊静而百姓定。"（《庄子·天地》）同时他还强调："水静犹明，而况精神？圣人之心静乎！天地之鉴也，万物之静也。"（《庄子·天道》）这对统治者循道修身治国有深刻影响。其要义就是，为政者和修道者都切不可性躁狂热失德，而须清静淡泊以明德，性命双修而有"大智慧以烛道，大精神以任道，大力量以扶道"（黄元吉《训及门语录》）。性是命之根，命是性之蒂，无命性无依，无性命无主。故修命造命必须先清心寡欲，固精聚神，然后方可长寿安邦。这也正是道家"清静观"对贤明政治家深有启示的原因。如六出祁山，七擒孟获，鞠躬尽瘁，死而后已的蜀汉丞相诸葛亮，就曾在《诫子书》中说过："夫君子之行，静以修身，俭以养德。非淡泊无以明志，非宁静无以致远。夫学须静也，才须学也。非学无以广才，非志无以成学。"

在主张"归根曰静，静曰复命"的老庄修身学说，以及认为俭既不守，慈亦不存；巧取豪夺，人将相食，故要"全性保真，不以物累形"的杨朱思想影响下，金代创立全真派的王重阳，亦在《立教十五论》中指出："修者，真身之道；行者，是性命也。名为修行也。"他强调修道者要重视主体身心的修行，如过分追求名利声色，将违反自然之性，被外物支配命运。故须知我命由我，制命在内，不去物、不有物，无求于外，以己身炼养来取得延命长生。

力主三教平等的全真道，还以《道德经》《般若心经》《孝经》为三教宣传口号，以《道德经》《四子真经》《文始真经》《清净经》《四品经》为祖经；以内丹为修行方术，主张"性命双修，全性保真"，反对贪得无厌，为外物伤生；主张养性立命，性成命立，不违自然之所好，不逆万物所好，保持和顺应自然之性，主宰自己的命运。由此可见，修真养性，确是道士除情去欲，明性见道，心地清静，返璞归真，证道成仙的修道方术。然而，成仙虽是道教的基本信仰，但全真道并不追求肉体不死，而是追求真性不灭和阳神升天，以澄心遣欲为真功，以明心见性为基础。丘处机奉答成吉思汗时称："学道之人，……世人爱处不管，世人住处不住，去声色，以清静为娱；屏滋味，以恬淡为美。"王重阳亦对全真道教义、教规以及方术等作了如下规定："凡人修道先须依此一十二个字：断酒色财气、攀援爱念、忧愁思虑。"将全真道发展为与正一道并立的道教两大派之一。

正一道的前身是汉末的天师道。它以天师为最高领袖，由祭酒统领教徒，主张各安其位，努力修道，按照"忠孝诚信、行善积德"的道诫，"积善成功，积精成神，神成仙寿"，实现"治国令太平"的理想。这影响了魏晋时期曾官封关内侯的著名医药学家葛洪。他当年赴任途中得知罗浮山有神仙洞府后，决定弃仕隐居罗浮山，修行炼丹，著书讲学。在《抱朴子》一书中，葛洪全面总结了道教的神仙理论与方术，并与儒家名教相联系，开融合儒道哲学体系之先河。他主张神仙养生为内，儒术应世为外，强调"欲求仙者，要当以忠孝和顺仁信为本。若德行不修，而但务方术，皆不得长生也"，使道教的发展渐与儒教主流相融合。此后，南北朝时，出身于北朝贵族家庭的寇谦之，对天师道进行了改革。出身于南朝士族名门、主张三教合流的陆修静，亦首将《灵宝经》分为"三洞四辅十二类"，为后来的《道藏》打下了基础，并制定完善了道教修身戒律。

隋唐道教兴盛，前身为天师道的正一道融合各派后更为壮大。自宋真宗召见第24代正一天师张正随，至第35代天师张可大，几乎代代正一天师都获宋帝赐号，为符箓派道教取得统领地位。此后，明太祖下诏让正一天师世代掌管全国道教，使之在祖庭龙虎山重发复兴之势。元末明初武当派始祖张三丰，亦把丹道五行、人体五经等与儒家五德相对应，强调"德包乎身，身包乎心，身为心用，心以德明，是身即心，是心即身，是五德即五经，德失经失，德成身成，身成经成，而后可以参赞天地之五行"（《五德篇》），主张道家修身，心之五德、身之五经，天地五行，缺一不可。

儒教方面，治学广博的戴震，主张士通经化理，克敬其事。在宇宙观上，他指出作为宇宙本体的"道"，既包括物质性的"气"，也包括气的运动规律"理"，从而完满地解决了中国哲学史上道、理、气三者之间的关系问题。在《孟子字义疏证·原善》中，他认为"善"既是自然规律、社会法则，也是人的道德。所以宇宙间阴阳二气有规律地运动、变化、发展，也就是"仁"的状态。从"仁"是自然界和人类社会运动和发展的总规律，也是人的道德的最高准则出发，戴震推出了"仁者，生生之德也。……一人遂其生，推而与天下共遂其生，仁也"（戴震《孟子字义疏证》）的政治结论，将人欲的正确处理作为天理，驳斥了宋儒的"存天理，灭人欲"的主张，以"理宅于心"肯定了人的正常欲望是道德的基础。鉴于戴震在思想史上成就斐然，胡适在《戴东原的哲学》中，赞扬他建立起"清朝学术全盛时代的哲学"，"可说是宋明理学的根本革命"。

六、修养与践行

从上述五部分可见，发源于东方的中国儒释道三教，尽管主张各有不同，方式也不完全一样，但彼此宽容互补，最终融汇出"三教合一"的人生修养法。所以先贤的"虑而后能得"的修养法，使我们明白"道得众则得国，失众则失国"之本；懂得"是故君子有大道，必忠信以得之，骄泰以失之"之理，明白"道善则得之，不善则失之矣"之要。而这一"道得众则得国""忠信得大道""道善得之"的《大学》"修得"法，圆融了志在必得的大儒、积德得道的真人、修佛悟道的高僧们的修身理论，显示出都强调心性道德修养与自己的行为、与社会生活相统一的三教特色，形成了中国古代哲学各家各派共同的优良传统。其中所蕴含的古人通过问道求索，禅定顿悟，实修信行，觉悟得道的践行过程，成为大人、真人、圣人、佛菩萨的大智慧，成为我们今天立德循道，明哲保身，通权达变，造福人类，滋养社会主义核心价值观，实现人生价值的精神源泉。

孟子关于"修得"亦有段名言："求则得之，舍则失之，是求有益于得也，求在我者也。求之有道，得之有命，是求无益于得也，求在外者也。"（《孟子·尽心上》）可以说，自汉武帝独尊儒术以来，倡导积极入世的儒家有识之士，大都遵循"尊德乐义，则可以嚣嚣矣。……穷则独善其身，达则兼济天下"的孟子主张。但此后他们也都在长期政治实践中，渐渐发现了老子清静观的独特价值。清静的背后是智慧，无为的背后是有所为有所不为。老子所讲的清静是由反而正、由静而动，由退而进的领袖统御术。这就给后世许多只知道鼓吹博学强记、先发制人、急功近利的儒学大家以难以磨灭的深刻印象。宋代大儒朱熹，就曾用两句打油诗给老子画了一幅像："一个老头笑嘻嘻，退后一步占便宜。"从而含蓄地肯定了由老子清静无为思想发展出来的黄老之学，是比儒家狂热性躁、好大喜功的统治术更高明的"君人南面之术"。

在某种意义上，儒家修身观的人生价值，不限于那些中国封建社会里长期占有主流地位的"四书五经"，更在于后世大儒们的不断创新。他们虽亦受儒道修静观、佛家"舍得"观的影响，却更强调积极入世，忠君爱国，建功立业的儒者主动性。如精通视变化为宇宙唯一不变真理的易学的王夫之，就认为动与静可以互相包含，不可分离。他深刻地指出，方动即静，方静旋动；静即含动，动不舍静；静者静动，非不动也。这种以动为本，视静为动的一种形式，认定"动"比"静"具有更高意义的阐析，较好解决了动与静的辩证关系，是更受好动喜功的儒官、儒将、儒商们推崇的"动静观"。

另如同样深明易理、身处变法与反变法激烈斗争旋涡里的程颢，也似乎有一股中正诚敬，动静合宜，敦厚仁顺，在中国官场上更能应对裕如的君子之风。他一方面坚持成德成圣的修养观，以"中、正、诚、敬、恕"诸德为立身处世原则；一方面坚守"公、德、仁、顺、和"的治国理政之道和义利观，留下了如天理良心、诚心诚意、天理难容等经典格言，直接影响了中国人的思想和行为。即使是炙手可热、好大喜功，刚烈火暴、咄咄逼人的当朝宰相王安石，也不禁对程颢尊敬有加，为这位比自己小 11 岁的政敌所言的"天下事非一家私议，愿平气以听"的真诚劝谏而"愧屈"。

法家集大成者韩非，也深知积德"修得"的重要性。他认为"德者，得身也。凡德者，以无为集，以无欲成，以不思安，以不用固"。在动静关系方面，他认为必须处理得当适节，方能免祸省虑，否则"盲则不能避昼日之险，聋则不能知雷霆之害，狂则不能免人间法令之祸。书之所谓治人者，适动静之节，省思虑之费也"（《韩非子·解老》）。在修静修虑方面，他强调"知治人者其思虑静，知事天者其孔窍虚。思虑静，故德不去。孔窍虚，则和气日入。故曰'重积德'"。主张"积德而后神静，神静而后和多，和多而后计得，计得而后能御万物，能御万物则战易胜敌，战易胜敌而论必盖世，论必盖世，故曰'无不克'"（《韩非子·解老》）。这些来自老子修身观的解悟，又都与《大学》从修止、定、静、安、虑到"修得"的修身路径有异曲同工之妙！

在发源地印度几乎湮灭的佛教，在东土却因得益于中国化而广泛流播，走上了爱国爱教、报恩国家、报恩父母、报恩众生的"人间佛教"的康庄大道。这其中就有在中国文化史上一批修身持戒、舍身求法的大德高僧如法显、玄奘、昙曜等，为中国哲学、宗教、艺术文化所作出的重大贡献。他们以身作则的如法修行，可谓精学"戒定慧"，反对"贪嗔痴"的菩萨道。《大乘庄严经论》记录了九种善行：

一、善行生死菩萨，成就道业，为化导有情，虽出没于生死中，不为生死染着。譬如病人，服苦涩药，但为除病，不生嫌弃也。

二、善行众生菩萨，于诸众生，起大悲心，设有病苦，常行救济，不生疲怠。譬如良医，亲近病者，心无厌舍也。

三、善行自心菩萨，能调伏自心，破除烦恼，增长菩提。譬如有智之人，善能调伏奴仆之类也。

四、善行欲尘菩萨，虽处欲尘而不染着，精修梵行，增长法财。譬如商人善于贩卖，获大利益也。

五、善行三业菩萨，精修于身口意二者之业，思惟策励，悉令清净。譬如善浣衣人，能除秽垢也。

六、善行不恼众生菩萨，于诸众生，常起怜悯之心，虽有加恶于我，不生嗔恼。譬如慈父，爱念小儿，虽有秽垢，不生憎恶也。

七、善行修习菩萨，修习菩提之道，勇猛精勤，心无间断。譬如以木钻火，未热不息也。

八、善行三昧梵语三昧，华言正定，菩萨修习下定，不乱不昏，遂使功德资长。譬如出财与人，得人保息，方获利益也。

九、善行般若，梵语般若，华言智慧，菩萨以清净智，照了世间一切诸法，心无疑惑。譬如幻师，知诸比事，悉由幻作，求其真实，皆不可得也。

比起佛教行菩萨道正面引导的善行法，源于东方而后影响西方人修行的基督教，则主要以反面惩戒来止恶。具体说教则以人类始祖亚当、夏娃偷尝伊甸园禁果的神话，预设人与生俱来的"原罪"，然后让这些"罪人"自愿地在无处无时不在、无所不知不能的上帝严密监控下，依照

"不可说谎、不可偷盗、不可犯奸淫、不可妄用耶和华的名义……"的"十诫"方式赎罪解脱，最后在临终时经过上帝的公正裁判，因品行良好而升上天堂。而那些屡犯十诫不改者将堕入地狱，万劫不复。据一部当今流传甚广的《最好的传福音短片：你是好人吗？》所示，执行十诫的原罪者们的修行途径，难度极大。这是因为，他们的受罚机遇极大。因为他们只要稍微一动邪念即为犯罪，即使按1天5次犯罪，1年1825次计，到70岁亦可高达12.7万次之多，进入天堂的可能性几乎为零。

总之，与西方主张"哲学就是爱智"不同，中国古代哲学更爱讲身心修养，强调哲学与日常生活相结合，以突出哲学的社会政治功能为特色。同时，西方民主，主要通过外在的制度规定的游戏规则，强制人们执行；而东方中道，则主要以内在的自我完善的修身法则，让人们自觉践行，但在人生思想修养方法上有脱离社会实践的倾向。如过于依赖闭门思过、直觉感悟等。这一历史局限性，只能在改造客观世界的社会实践中不断地改造主观世界，从而在提高人的思想觉悟和精神境界的过程中，予以逐渐消除。

第四节　人生理想论

一、儒家仁义忠孝、修齐治平的人生理想

儒家的人生理想是"成圣"。在回答子贡关于救济众人的是不是仁人的提问时，孔子说："这何止是仁人，已经是圣人了！"圣人不仅具有"己欲立而立人，己欲达而达人"的仁者情怀，能够"博施于民而能济众"，在思想境界上能天人合一，追求"成贤""成君子"的人生理想，而且能够在物质贫乏的状态下，如孔子一般"饭疏食饮水，曲肱而枕之，乐亦在其中矣"（《论语·述而》）；如颜回一般"一箪食，一瓢饮，在陋巷，人不堪其忧，回也不改其乐"（《论语·雍也》），始终保持这"孔颜乐处"，与天地相参，与万物同体，义气干云，坚贞豪迈的乐观修身精神。

儒家教育的人生理想是"望子成龙"。跨入儒门，奉行《大学》的"止、定、静、安、虑、得"的修身实证功夫的国人，其人生最高理想就是成为以德为基，以道为谋，以气为养，与天地一心的"大人"。此亦即

飞天腾海，大有作为之"龙"。孔子在为百经之首的《易经》插上"十翼"时，以日落东升，澎湃不绝的宇宙原动力精神，鼓动"龙的传人"百折不挠，创业守成，止于至善。而从孔子诠释的这一易德修身观看，"龙"正象征着君子一生从潜伏、露头、跃动、发奋、腾飞到收敛、聚变的应势而为，以及始终如一，自强不息的奋斗精神。

具体而言，"吾十有五而志于学"，"潜龙勿用"的初九"潜龙"，如同当今好学少年，正处于确立人生"修止"目标的起步阶段。他所应做的，就是不求虚名，隐居而不烦闷，喜欢的事就去做，忧愁的事不做，志向坚定不动摇。

"三十而立"，"龙现于田"的九二"田龙"，如同现代经历了大学、硕博连读的十几年系统教育，"修定"有成，基础坚牢，才华出众的青年才俊。他作为讲话守信，行为谨慎的中正之人，能抵御邪恶侵袭，保持真诚本性，行善于世而不自夸，道德博大而教化人民，终将得到大人的引荐任用。

"四十而不惑"，"夕若惕"的九三"惕龙"，如同积累了十余年"修静"功夫后，忠诚守信，修习辞令，安居立业的中年人。他明白至大无穷的道而追求它，懂得精妙的道理而无所迷惑，知道最终的目标并努力实现它，以保存事物的义理。他居上位而不骄傲自满，处下位也不忧愁悲观，时时保持高度警惕，虽遇险也不会有错；他终日奋发图强，能够追随时代而积极行动。

"五十而知天命"，"或跃于渊"的九四"渊龙"，如同年富力强，忠于职守的中坚层，正处于"修安"阶段的考验期。他无论地位时上时下，也不做坏事，脱离群众，而是进德修业，及时果断，积蓄力量，摸索求变，在时机尚未成熟前跃跃欲试，积极演练。

"六十而耳顺"，"飞龙在天"的九五"飞龙"，在长期修炼中经受住了严格检验。他作为精力充沛，地位显赫的壮年人（德智成熟者不一定60岁），能在"修虑"期听取忠言，在人生巅峰期明白天下"云从龙飞，风随虎啸"的道理。故大有作为，万民都争睹他的风采。

"七十而从心所欲，不逾矩"，"亢龙有悔"的上九"亢龙"，正处于老谋深算，志得意满，得心应手，游刃有余的"修得"年龄段，故只要甘于奉献余晖，不持过去的功劳簿贪求无度，就会无悔平生了。

孔子以上对人生成长的描述，与他期盼的治国人才的理想境界密切

175

相关。据《孔子家语》所记载，有一次，在回答鲁哀公有关如何选拔理想的治国人才的时候，孔子回答说：只要能辨清以下这五种人而善用之，就能通达治国之道。

一是"心不存慎终之规，口不吐训格之言，不择贤以托其身，不力行以自定；见小暗大，不知所务；从物如流，不知其所执，此则庸人也"。

二是"心有所定，计有所守，虽不能尽道术之本，必有率也；虽不能备百善之美，必有处也。是故：知不务多，必审其所知；言不务多，必审其所谓；行不务多，必审其所由。知既知之，言既道之，行既由之，则若性命之形骸之不可易也；富贵不足以益，贫贱不足以损，此则士人也"。

三是"言必忠信，而心不怨；仁义在身，而色无伐；思虑通明，而辞不专；笃行信道，自强不息，油然若将可越，而终不可及者，君子也"。

四是"德不逾闲，行中规绳，言足以法于天下，而不伤于身；道足以化于百姓，而不伤于本；富则天下无宛财，施则天下不病贫，此贤者也"。

五是"德合于天地，变通无方，穷万事之终始，协庶品之自然，敷其大道，而遂成情性；明并日月，化行若神，下民不知其德，睹者不识其邻，此谓圣人也"。

从上文可见，孔子心目中修身有成，接近或达到理想境界的，主要是后三种人，即足以在世间立德楷模的圣人、立功济世的贤人与立言笃行的君子。这些人在他的弟子中，有七十二贤人以及堪称圣人的复圣颜回、述圣子思、宗圣曾子等。而孔子花笔墨最多的，是围绕他身边的三千弟子。他们属于最需要修身成才的士人，以及那些不吐训格之言，不择贤以托其身，不力行以自定，不知所务，不知其所执的庸人。他们都需要修心性，只不过士人已心有所定，明白损益之方，进步之路，而庸人却心无规矩，身如飘蓬，无所适从。

对照《孔子家语》的五类人，参悟《易经》《大学》的修身六段论与人生理想，参酌七旬儒圣孔子，根据自身实证体悟的"龙德修身法"，党政干部可不必拘泥于自身年龄的对号入座。因为当今时代飞速发展，人的进步升职、破格提拔已使青年才俊早早登台。但各人还是可以深入思考一下：自己如何才能顺利通过从初九到九四的人生考验，尽可能长期地保持人生辉煌阶段，如龙一般"天行健，君子以自强不息"，敢于担当，勇于磨炼，创新拼搏，戒贪止骄，在个人的顺逆处境变化、职务升降中"日新其德"，历练成熟，实现人生理想呢？

从儒、释、道三家共同遵奉的处世宝典《易经》看，这就需要我们不断修养与时俱进的"随德"、谦虚谨慎的"谦德"，以及"君子以厚德载物"，做好配角的"坤德"；明白孔子在《易传》里所揭示的"天人合一"的中华龙智慧：在大地微微暖气吹的春寒时节，潜心等待时机；在阳光普照，大地惊蛰的盛春，修养中正品德，等大人的引荐；在初夏之夜，整日研习，孜孜不倦，警惕危险；在欣欣向荣的盛夏，敢于腾渊自试；在德才兼备，万物丰熟的金秋，尽展积养多年的雄厚实力，不违天时民心，做一番大事业；在初冬空荡荡的田野上，不因亢奋而倦悔，勇于纠错，迎接新的挑战。

《大学》垂世立教的是儒学"三纲八目"的修身理想。所谓"三纲"为明明德、亲民、止于至善；所谓"八目"，是指格物、致知、诚意、正心、修身、齐家、治国、平天下。后者是达到"三纲"的条目功夫与进修阶梯。它可以让儒子登堂入室，通过逐渐深入的"格物、致知，诚意、正心"的"内修"功夫，一步步建立起"齐家、治国、平天下"的"外治"业绩。而"修身"这一联接"内修"和"外治"的枢纽，既可为"内修"而"独善其身"的道德基础，又可为日后"外治""兼善天下"的人格力量保证。数千年来，一代又一代有志向、道德高尚的中国知识分子，无不像北宋名臣范仲淹《岳阳楼记》里的名句所描写的那样："居庙堂之高则忧其民，处江湖之远则忧其君"，时刻不忘国家安危，不忘仁义忠孝、修齐治平的人生理想，不忘"穷则独善其身，达则兼善天下"的高尚情怀，以实现"博施于民而能济众"的"成贤""成君子""成圣"的人生目标。如按照古人十人九儒之说，其人数确远超那些出道入佛，闲云野鹤般的隐士。

孟子在回答浩生不害提问时，以近于希腊哲学的"真、善、美"并列的方法，将"善、信、美"并举，作为"成贤""成君子""成圣"和"孔颜乐处"的人生理想，那就是："尊贤使能，俊杰在位，则天下之士皆悦而愿立于其朝矣。市廛而不征，法而不廛，则天下之商皆悦而愿藏于其市矣。关讥而不征，则天下之旅皆悦而愿出于其路矣。耕者助而不税，则天下之农皆悦而愿耕于其野矣。廛无夫里之布，则天下之民皆悦而愿为之氓矣。"（《孟子·公孙丑上》）他认为这样就能让百姓闻王钟鼓管乐之声，而庆幸吾王无病，使君王从"独乐乐"变为"众乐乐"，修身成圣了。

"成圣"也是荀子人生修养的最高理想。这位大儒虽因提出了"性恶论"和厚今薄古的"法后王"说，未被列入孔门"四圣"，但终因将"近时"的王者视为理想"后王"的进步历史观，而被尊为儒家"后圣"。在修身问题上，荀子早在战国时期就率先抹平了贵族与平民之间的血缘界限，认为在天生的情性方面，圣人其实与普通人一样，同样都需要经过后天的努力，才能够成就自己。因此他极力"劝学"，强调"圣人者，人之所积而致也"。可以说，在肯定后天修养所造就的君子高尚气质和文化教养要远超凡人方面，荀子与孔孟理念一致，都相信圣人教化能让众人向善。如孔子认为："不学礼，无以立。"（《论语》），主张实行"道之以德，齐之以礼"的德治，而孟子也把体现"辞让之心"的礼作为德行之一。同样，荀子也很重视"礼德"，视"礼"为"治辨之极也，强国之本也，威行之道也，功名之总也"（《礼论》），并鲜明地提出了"隆礼尊贤而王，重法爱民而霸"的隆礼观，认为"礼"是从调节人的利欲关系中产生的，故在"礼义"并称时多指道德，"礼法"并称时多指制度，成为先秦既顾及现实的利欲追求而又坚持道德理想的杰出思想家。同时，从"虚壹而静"的修身观出发，荀子还认为"凡以知，人之性也；可以知，物之理也"，主张人要采用既不让已有的知识妨碍接受新知，又不以胡思乱想淆乱正常思维的"修静"之法成圣，充分显现出他务实的现实主义倾向。

北宋大儒张载是理学支脉"关学"创始人。如今，眉县政府复建了张载当年讲学的横渠书院，以国际关学研究中心及旅游胜地来纪念这位以"气"构建"一元论"哲学体系的古代哲学家。张载闻名于世的"横渠四句"，首句"为天地立心"，出自程颢受老子"圣人之在天下，歙歙焉，为天下浑心"的名言启示，内含仁者博爱济众之意。第二句"为生民立命"，源于孟子"存其心，养其性，所以事天也。夭寿不二，修身以俟之，所以立命也"（《孟子·尽心上》）的"立命"思想。表达了"民胞物与"的崇高道德境界。第三句"为往圣继绝学"，是指将"往圣"的孔孟学说传承发展，将中断的儒学弘扬复兴。末句"为万世开太平"，则廓然大公地表达了先儒永恒的政治理想，让沦落的人性复归合道全性、明德诚敬的人类精神家园，最终实现儒家至高的大同理想，即"大道之行也，天下为公，选贤与能，讲信修睦。故人不独亲其亲，不独子其子，使老有所终，壮有所用，幼有所长，矜、寡、孤、独、废疾者皆有所养，男有分，女有归。货恶其弃于地也，不必藏于己；力恶其不出于身也，不必为己。是故谋闭而不兴，盗窃乱贼而不作，故外户而不闭，是谓大同"（《礼记·礼运》）。

二、道家尊道贵德、清静无为的人生理想

道家以尊道贵德，清静无为，成为真人、至人、圣人为人生理想。在道祖老子心中，真正的圣人，是那些身怀"三宝"，"慈故能勇，俭故能广，不敢为天下先，故能为成器长"的"含德之厚者"。他们以百姓心为心，爱护人民，治理国家，不用狡诈权谋；他们聪明通达各种事理；让万物成长而不主宰它们。他们一向没有贪欲私心，在治理天下时，安祥和合，成为天下人的浑厚爱心。百姓们就像是自己耳目一样，圣人把他们都当成孩子来关爱。最终为他们建立一个"甘食美服，安居乐俗"的理想国。

一般认为，老子的修身论和人生理想，与孔子的修身论和人生理想形同水火不容，但这显然与孔子多次虚心求教，老子耐心指点的史实不符。如《史记》就曾记载了老子对前来问礼的孔子谆谆教诲说："子所言者，其人与骨皆已朽矣，独其言在耳。且君子得其时则驾，不得其时则蓬累而行。吾闻之，良贾深藏若虚，君子盛德容貌若愚。去子之骄气与多欲，态色与淫志，是皆无益于子之身。吾所以告子，若是而已。"但有的学者不是据此作为老子反对孔儒礼教，孔子与老子"道不同，不相为谋"的铁证，就是干脆认定为虚构。

事实上，不仅最古老的郭店楚墓的竹简本《老子》，找不见"毁仁弃义"之句，而当年曾长期被视为伪书，而今已被出土文物证实为先秦典籍，其内容与篇幅规模远超《四书》，被赞为"儒学第一书"的《孔子家语》，更是赫然记载了孔子尊老子为师的诸多往事。如孔子在回答季康子、子夏等问及五行、万物时重温老子教诲，多次谈及"吾昔闻老聃""昔丘也闻诸老聃""吾昔闻老聃亦如汝之言"的往事，并曾对南宫敬叔说："吾闻老聃博古知今，通礼乐之原，明道德之归，则吾师也。今将往矣。"此后，这位一生注重尊卑之礼的"人之道"，深叹"道于今难行也"的孔子，在获得老子有关"夫说者流于辩，听者乱于辞，知此二者，则道不可以

忘也"(《孔子家语·观周》)的忠告后，不禁感叹自己虽熟知鸟兽鱼的习性，懂得用什么工具去捕捉这些会飞、会跑、会游的动物，却绝难追踪那能像"龙"一样直飞云天而思想精微深邃的老子！

但孔子毕竟是老子欣赏的"人中之凤"！他在老子教诲下经过深思熟虑，终于对"道"的普遍性、重要性有了深入了解。他不仅大致明白了与老子的"天之道"有关的"天道成而必变，凡持满而能久者，未尝有也"，"夫自损者必有益之，自益者必有决之"(《孔子家语·六本》)的"损益观"，而且从道与德的修身角度加以发挥。孔子一方面指出"聪明睿智，守之以愚；功被天下，守之以让；勇力振世，守之以怯；富有四海，守之以谦。此所谓损之又损之之道也"(《孔子家语·三恕》)；一方面对曾子强调"夫道者，所以明德也。德者，所以尊道也。是以非德道不尊，非道德不明。虽有国之良马，不以其道服乘之，不可以道里"(《孔子家语·王言解》)。

同时，对于老子有关"水善利万物而有静"的"上善若水"论，喜观东流水，感慨"逝者如斯夫"的孔子，也从养德修身论角度作了出色发挥，那就是水"以其不息，且遍与诸生而不为也，夫水似乎德；其流也，则卑下倨拘必循其理，此似义；浩浩乎无屈尽之期，此似道；流行赴百仞之嵚而不惧，此似勇；至量必平之，此似法；盛而不求概，此似正；绰约微达，此似察；发源必东，此似志；以出以入，万物就以化洁，此似善化也。水之德有若此，是故君子见必观焉"(《孔子家语·三恕》)，这就把儒德五常与道之德善有机结合了起来。

由此可见，在受到老子临别相赠的"凡当今之士，聪明深察而近于死者，好讥议人者也；博辩闳达而危其身，好发人之恶者也。无以有己为人子者，无以恶己为人臣者"的忠告后，"问礼于老聃，访乐于苌弘"的孔子，最终虚心地以"敬奉教"为谢。他不仅赞同老子的尊道贵德论与"反者，道之动"的主张，获得了"夫道不可不贵也"(《辩政》)，"是故反本修迹，君子之道也"(《孙子家语·六本》)的心得，而且取得了"自周反鲁，道弥尊矣。远方弟子之进，盖三千焉"(《孔子家语》)的弘道伟业。

受老子思想影响，初期道教，如太平道的《太平经》所说，以建立人人劳动、周济贫穷的平等社会为理想，反对昏君贪官过度剥削的不平等社会，认为天人一体，人治不得，天必降灾，灭国亡家。而"替天行道"实现这一理想的道者,自然已超越了只顾个人的"羽化成仙"者。在老子看来,他们能以修德之身反观自身,以修德之家反观自家,以修德之乡反观本乡,以修德之国反观祖国,以修德天下反观天下大势,能以玄德修养自身,让品德高洁纯真;以玄德修养全家,让家德充实富余;以玄德修养乡里,让乡德发扬成长;以玄德修养全国,让国德盛大丰美;以玄德修养天下,让玄德更深厚广博!(《老子》第五十四章)他们能"居善地,心善渊,予善仁,言善信,正善治。事善能,动善时"(《老子》第八章),自觉缩小国家机器,减少人口膨胀(所谓"小国寡民"),生活在人民安住在自感舒适的居所里,以家常饭菜为甘甜食物,以朴素的民族服装为美,以享受家乡淳朴的风俗文化为乐,快乐长寿至老死,也不你争我夺地相往来的理想国。

庄子效仿老子,追慕无为自化的圣人,以达到"至人无己"的自由境界为人生理想。他觉得人活世上犹如"游于羿之彀中",时时伴君如虎,难免拍马碎胸,不如做一只要吃就吃,想喝就喝,自由自在,在旷野水泽地中的野鸡,也不甘心囚禁笼中。为此,庄子主张摒弃人为之"伪",在读书遐想,漫游观察的过程中,追求丰富的精神生活,与天地相通,齐物逍遥,适志无为,赤子泽稚,紧守心斋,追求"天地与我并生,而万物与我为一"(《齐物论》)的自由人生理想,成为与周游列国推行仁义,到处碰壁的孔子不类,通达权变的"至德之人"!

此外,庄子还向往如老子一样,不妄为而有所为,即"无为"的人生理想。这可见于他"巧论三剑"的故事。当时,赵文王非常喜欢剑术,投其所好的剑士们纷纷前来献技,日夜在王宫里拼杀得昏天黑地,每年死伤者数以百计,闹得民间尚剑风大盛,耕者日减,国力渐衰。应赵国太子赵悝所请,庄子向赵文王生动描述了"三剑"之别。"天子之剑"雄威无比,它以燕溪、石城为锋,以齐国、泰山为锷,以晋、卫两国为背,以周、宋两国为首,以韩、魏两国为把,包以四夷,裹以四时,绕以渤海,系以恒山,制以五行,论以刑德,开以阴阳,持以春夏,行以秋冬,匡正诸侯,威加四海,德服天下。"诸侯之剑"次之,它以智勇之士为锋,以清廉之士为锷,以贤良之士为背,以忠圣之士为首,以豪杰之士为把,用时如雷霆震动,四海宾服。最差的是"庶人之剑",挥剑的剑士们蓬头突鬓,怒目相向,出语粗俗,斩颈刺肝,与斗鸡般命丧黄泉,于国事却丝毫无补。赵文王听庄子畅论三剑后,沉思良久,三个月不出宫门,自此不再好剑，一心治理国家，而那些剑士也都纷纷散去了。

《庄子·杂篇》里《说剑》的这个故事，借剑喻理，阐述了治国之剑"上决浮云，下绝地维"的治世理想。亦反映出爱民护国，安定天下，天人合一，以道治国的道家"无为而治"的高深智慧。其与孔孟的区别，一是老庄主张的是"至德之人"的"无为而治"，而不是惹虎拍马，不知君心国情的蛮干。二是老庄所提倡的是道德化、人文性的"自然"，一种和谐的、自由自在的人生理想状态，而不是人为造作的"伪"文化。儒道修身理想的区别，在于儒家强调以"仁"为核心的三纲五常，将人践行道德伦理看作政治理想；而道家则更重视顺应天道，保全天性，爱护生命，以清静无为的道德修养，"天人合一"即顺应人心民意的完善治理为理想。

庄子继承与发展了老子高度重视修身之于社会秩序的重要性的思想，赞扬以大道真髓修身，教化天下的人做到了"至人无己，神人无功，圣人无名"（《庄子·让王》），并描绘了那遥远的姑射山上，住着的一位体道神人。他皮肤润白如雪，体态柔美如处女；他不食五谷，只吸清风，饮甘露，乘云气，驾飞龙，游四海。他神情专注，使得世间万物不受病害，年年五谷丰登。他的德行混同于万事万物，使天下得到治理。外物不能伤害他，滔天大水不能淹没他，天下大旱使金石熔化、土山焦裂，也不能灼伤他。他留下的每一粒尘埃，都可造就出尧舜那样的圣贤仁君，更不会把忙着管理万物当作己任！

庄子描述的这一"至人"的人生理想，就是向内打通自我，向外与他人他物相融，达到物我界限消除的精神与宇宙一体化的境界。庄子认为唯有道德之乡才能让人真正逍遥自在，理想的政治社会应奠定在尊重每个人的个体生命及其自由的基础上，将尽个人性命之情看作"做人的起点"。因此，庄子以大柱可撞破城门却不能塞住洞口，骐骥日驰千里却捕鼠不如狸猫，猫头鹰夜能明察毫末白日却不见丘山为例，说明每种事物、生命都各有不同的用途、技能、性能，故要善加使用的道理。

鉴于此，道教将在宇宙观基础上讲性功修持的《清静经》，与阐敷至道之玄机，剖露性命之根蒂，以登真之路径，为度世之梯航，讲命功修持的《心印经》相结合，作为道教的性命双修之大法，研发出了一系列修心修道之术。如符箓、外丹、内丹、辟谷、行气等。特别是其中的"内丹"术，将人体拟作炉鼎，以人体内的精、气为药物，以人心性之"神"

为导引，将精气神凝聚成"内丹"，以达到长生成仙的人生理想。这对后人似也不无调养心性，安神健身之好处。

三、墨家兴利除害、兼爱天下的人生理想

中国古代的杰出思想家墨子，以兼爱天下，尚贤选能，非攻止战，兴利除害，作为他改变春秋战国时期，民不聊生的战乱局面的治国良方，表明了他坚定站在劳动人民立场上的政治主张和理想信念。而他所制定的"非攻"和"墨守"这一和平主义的后发制人战略，以及亲身参加数次守城战的实践，为后世治国者如何兼爱修身，制止一切非正义战争，提供了宝贵的历史借鉴。

与儒家重视仁德的人生内在价值不同，墨家在讲兼爱的内在价值时，也讲其功用价值。如胡锦涛曾在耶鲁大学演讲中所提到的诸子名言："天下之人皆相爱，强不执弱，众不劫寡，富不侮贫，贵不傲贱，诈不欺愚。"就出自《墨子·兼爱中》。体现了墨子的人生理想，就是天下人人相爱，强权不压弱者，人多不劫掠人少，富人不欺侮穷人，贵人不鄙视贱人，狡智的人不欺骗愚笨的人，从而使天下的灾祸怨恨都不再发生，人人相爱成为可能。

简言之，墨子所谓"兼相爱，交相利"的主张，是根据尧舜时代所设计出来的人爱人，百姓互爱互助，不互怨互损，大国不侵略小国，国与国之间无战事，和平共处的大同世界的理想模型。它以人与人之间的互爱互利作为社会稳定的基石，防止人与人之间的互怨互损而引发灾祸，是墨子认定"天下兼相爱则治，交相恶则乱"（《墨子·兼爱上》），视兼爱为"体"，"非攻"为"用"，以"兼爱"为国家之间交相利的准则，而儒家对墨家无君无父，无异禽兽的攻击，确是狭隘偏见。同时，墨子还认为："今用义为政于国家，人民必众，刑政必治，社稷必安。所为贵良宝者，可以利民也，而义可以利人，故曰义天下之良宝也。"（《墨子·耕柱》）故此墨家坚持反战，珍惜生民，热爱和平，为止战而摩顶放踵，在所不惜。墨子还以晋国贪婪的智伯将军，终遭韩、魏、赵三家之主合击而大败为例，认为只要人们能以此事作借鉴，就知道好战的吉凶了。

春秋战国是中国历史上充满了政变、侵吞、兼并、瓜分、欺诈和屠杀的时代。孟子对此的批评是"春秋无义战"；庄子的怒斥是"窃钩者诛，窃国者为诸侯"；墨子的质问是，一个损人利己的人，对别人的损害越大，

他就越是不义，罪责也越深重，世上有道义的人都明白这个道理。但现在最不义的攻打别的国家，却不知其错误，反而将侵略他国说成道义的。这不正是说明普天下的君子们，在区分道义与不道义上是多么混乱吗！这说明，墨子上述具有鲜明的时代性和深刻的人民性的战争观与"非攻"思想，并不是一味排斥战争的空想，而是有是非，有标准，有策略，能践行的一套完整的思想体系，它主要由四方面内容所组成。

一是注重战争性质，分辨"义战"。墨子始终站在民众的角度，以是否对民众有利来作为义战的标准，驳斥了站在统治者立场上的好战者的种种谬论。他认为带领百姓发展生产，使百姓得到利益，获得大家敬奉，才称得上"圣王"，自然"贵为天子，富有天下，名参乎天地，至今不废"了。这就是墨子的"圣王之道"的真义，是他兼爱非攻政治的理论基础。

二是注重修身，不事空谈，注重践行。墨子在《修身》里认为："志不强者智不达，言不信者行不果。"他提出道义标准是"君子之道"，即不仅交友上要做到"据财不能以分人者，不足与友；守道不笃、遍物不博、辩是非不察者，不足与游"，而且行为上要做到"士有学，行为本，战虽陈，勇为本"，即通过交友修身，成为拥有钱财而能与人分享，信守原则，守道专一，知识广博，是非分辨明察的君子。这就是墨子设定兼爱非攻道德标准的修身路径。

三是注重政令统一，选贤用能，尚同尚贤。墨子根据"天子唯能壹同天下之义"的古代政体制度，力主"选天下之贤可者，立以为天子"（《墨子·尚同上》），采用人民同于天子，天子同于天，尚贤任能，政令统一的组织路线和行政管理方法。他认为："夫尚贤者，政之本也。"那些有力量而急于助人者，有财产而尽力与人分享者，有道德而教导他人者，才是真正的有德有才有力的理想贤才。对这样的人要任人为贤，公正选拔，辟除私怨，以免造成没有贤才的国家灭亡后果。

四是注意"墨守"，后发制人。"墨守"并非诬墨者冷嘲的"墨守成规"，而是注重科技、止战实力、后发制人的战略战术。如中国作为军事强国，却一直坚持不首先动用核武、后发制人的和平防御国策，长期韬光养晦等，都可称为现代的"墨守"国策。而墨子的《公输》篇，更是"墨守"的示范。当时墨子行十日十夜紧急面见好战者公输盘，先是以"杀所不足，而争所有余，不可谓智；宋无罪而攻之，不可谓仁；知而不争，不可谓忠；争而不得，不可谓强"的"四不"论，驳得公输盘哑口无言；再以"公输盘九设攻城之机变。子墨子九距之。公输盘之攻械尽。子墨子之守圉有余"的战争推演，挫败了公输盘对其新式武器"云梯之械"的自信，最终在摧毁其谋命求胜的阴谋后，以外交的道义高地和军事的武备实力，说服楚王放弃了这场不义之战。这也是墨子"求兴天下之利，除天下之害"的"圣人之道"的理想。

四、法家严刑酷法、重利务实的人生理想

管仲是春秋时期资格最老的法家代表人物。在体现他主要思想的《管子》一书中，不仅有"心能执静，道将自定""心静气理，道乃可止。……修心静音，道乃可得"（《内业》）的论述，而且有对无为而无不为、虚静以应物修身方法的细密叙述，体现出管子对虚静自得的道家无为修身之向往。可以说，管子以"九合诸侯，一匡天下"，称霸中土的业绩，实现了他"授有德，则国安；务五谷，则食足；养桑麻，育六畜，则民富；令顺民心，则威令行"（《管子·牧民》）的人生理想。

以重"法"立信，刻薄少恩称世，为秦国一统天下奠定基础的改革家商鞅，在精辟分析了古者先德治，今者重刑法的世情变化后，主张圣人要不法古，不修今，坚决反对儒家的礼义廉信与墨家的非攻和平。他指斥礼乐诗书、修善孝弟、诚信贞廉、仁义非兵、羞战等为误国之"六虱"，倡导重本抑末，重农重战，重刑少赏，弱民强国，同时宣示了他的"天下行之，至德复立"的人生理想。那就是："圣君知物之要，故其治民有至要，故执赏罚以壹辅仁者，必之续也，圣君之治人也，必得其心，故能用力。力生强，强生威，威生德，德生于力。圣君独有之，故能述仁义于天下。"（《商君书·靳令》）

以重"势"著称的慎到，是专攻"黄老之术"，受道家影响的法家创始人物之一。他认为天下国家并不是天子、国君、官长的私产。而关系普天下国计民生大事的"法者，所以齐天下之动，至公大定之制也"。故无论是立法者、司法者还是役法者，都要守法处势，令行禁止，做到"公而不党，易而无私"，"官不私亲，法不遗爱，上下无事，唯法所在"（《慎子·君臣》）。而他的人生理想，就是建立一个"明君动事分功必由慧，定赏分财必由法，行德制中必由礼。故欲不得干时，爱不得犯法，贵不得逾亲，禄不得逾位，士不得兼官，工不得兼事，以能受事，以事受利"（《慎子·威德》）的法治社会。

以重"术"著称的另一位法家创始人申不害，同样深受道家影响，主张"天道无私，是以恒正；天道常正，是以清明。地道不作，是以常静；地道常静，是以正方。举事为之，乃有恒常之静者，符信受令必行也"（《申子·君臣》）的道法治国，追求"明君治国，而晦晦，而行行，而止止。三寸之机运而天下定，方寸之基正而天下治"的人生理想，使韩国国政稳定十余年。但他过于依赖君主"一言正而天下定，一言倚而天下靡"的术治弊端，也随着韩昭侯和他本人的离世而显露，使韩国不久又衰落下来。

荀子的高足、法家集大成者韩非，以著书"解老"，明道弘法而著称于世。在所著《韩非子》一书里，韩非主张实行与儒家修静、道家"清静无为"之旨意相似的修身理政主张，认为"有道之君"的人主之道，应该是"静退以为宝"，做到"外无怨仇于邻敌，而内有德泽于人民"（《韩非子·解老》）。在以法治国方面，韩非强调："奉法者强则国强，奉法者弱则国弱。"（《韩非子·有度》）"故明主之治国也，明赏则民劝功，严刑则民亲法。劝功则公事不犯，亲法则奸无所萌。"（《韩非子·心度》）"故明主使法择人，不自举也；使法量功，不自度也。能者不可弊，败者不可饰，誉者不能进，非者弗能退，则君臣之间明辨而易治，故主仇法则可也。"（《韩非子·有度》）主张坚持不自举，不自度，以法择人量功；同时也坚决反对保守复古，反对儒以文乱法，侠以武犯禁，奉法治为治国神器，体现出儒道法对"道""德""法"的不同理解，以及法家人物忽略道德建设，一味强调严刑峻法的历史局限性。

简言之，韩非确立的法家执政的人生理想，就是依靠明君治国："正明法，陈严刑，将以救群生之乱，去天下之祸，使强不凌弱，众不暴寡，耆老得遂，幼孤得长，边境不侵，君臣相亲，父子相保，而无死亡系虏之患，此亦功之至厚者也。"（《韩非子·奸劫弑臣》）反映出这位韩国公子亲闻桓公成霸，孝公得商君而地广兵强，目睹申子逝后国运日衰，总结他们以法术势治国的经验教训后，决意以"法治"取代"人治"，锐意改革的深刻认识。这也是韩非不屑于守株待兔，能够将老子的辩证法与商鞅之"法"、申不害之"术"和慎到之"势"融为一炉，构建成完整的法家理论体系，指导秦王嬴政建立起中国第一个大一统的封建帝国，影响后世法治社会2000余年的重要原因。

五、佛家慈悲为怀、普度众生的人生理想

佛教的人生理想是"成佛"。"佛"梵语意为觉者。佛经说，只有证得无上正等正觉，做到自觉、觉他、觉行圆满之人，才是真佛。成佛之道即修行，它要求按照大千世界的宇宙真相及其宇宙规律，修正人的"贪嗔痴"等不良习气，在意、言、行上都展现出自己本真的"佛性"，才可能通过修行获得开悟，涅槃成佛。同时，佛教因果报应的六道轮回说还认为，人们的现世遭遇都是由往时的"造业"所决定的，而众生要脱离茫茫苦海，到达理想的西方极乐世界，就要走佛教创始人释迦牟尼指明的成佛之路。

释迦牟尼这位古印度迦毗罗卫国的王子，目睹当时老百姓生老病死的种种痛苦后，心怀怜悯，决心前往檀特山修道求解。数年后，当他习文学武，历试外道邪法，精研各派学说，与众多修学者激辩后，终于在菩提树下苦思出了成佛之道，并以口授开示信徒的方式，成就了法门万千的浩繁佛经。佛祖认为世界由"地水火风"组成，"贪嗔痴"等是造成人生老病死等一切皆苦的原因。人如果能认识"苦"的根源就在于自己欲望所造之"业"，懂得"业报"会有"善有善报，恶有恶报"的结果，依照佛法长期修道，涅槃寂灭，就能在"三界"中跳出六道轮回，成为没有烦恼功德圆满的"佛"。

樵夫出身、大字不识的慧能，自追随五祖弘忍求法，深悟《金刚经》精髓后，不仅以嘉言懿行，由弟子编录成了中国人所著唯一佛经《坛经》，还被毛泽东赞为劳动人民的佛经，荣登禅宗六祖之位，以禅宗"一花开五叶"推动了汉传佛教。而慧能融通儒释道，开示国人成佛的偈诗也因此遍传于世，以"不悟即佛是众生，一念悟时众生是佛"的修行法，为世人找到了禅宗法门顿悟成佛之路：

> 心平何劳持戒，行直何用修禅？
> 恩则孝养父母，义则上下相怜。
> 让则尊卑和睦，忍则众恶无喧。
> 若能钻木出火，淤泥定生红莲。
> 苦口的是良药，逆耳必是忠言。
> 改过必生智慧，护短心内非贤。

日用常行饶益，成道非由施钱。

菩提只向心觅，何劳向外求玄？

听说依此修行，西方只在目前。

据《无量寿经》介绍，这一由阿弥陀佛接引修得正果的众生，所前往的理想极乐世界，景象美好：那里人人容色殊妙，香洁如莲，手有诸宝，所需衣食用具，珍妙华香，随意即至；菩提道场上华果光照，金珠珍妙，微风吹叶，演出无量妙法音声，清畅和雅；讲堂精舍，宫殿楼观，皆庄严自化，遍布宝树，香气普熏；功德池里宝沙映彻，盈满清净，香如甘露，菩萨及众人入池后，深浅冷暖随意，开神悦体，荡除心垢，清明澄洁，净若无形……

佛教认为，佛寺大雄宝殿上，代表过去往世、掌管今生现世、代表未来来世的三位佛尊中，主要由与佛祖如来并肩而坐的"未来佛"弥勒佛，负责接引信众到达这一理想境界。弥勒信仰因此在中国由来已久，自东汉起就有《弥勒成佛经》等问世；至隋代起更有了传遍民间、坚信"弥勒要出世"的佛门预言。有意思的是，信众最后并没有将弥勒佛的荣称献于权势显赫者，如自称弥勒佛转世的女皇武则天，而是将弥勒信仰应化为后梁的一位极普通的大肚和尚契此，并在《宋高僧传》《景德传灯录》等书中，留下了他在田里劳作时出口成章的《插秧歌》："手把青秧插满田，低头便见水中天。心地清静方为道，后退原来是向前。"

传说中，这位头大腹鼓，出语无定，随处睡卧，生于乱世的浙江奉化僧人契此，自立志出家后，就云游四方，到处化缘。他性情豪放，喜结善缘，广受欢迎。直到他晚年端坐盘石，说罢偈语"弥勒真弥勒，化身千百亿；时时示时人，时人自不识"，悄然圆寂之后，人们才恍然大悟，原来这位笑口常开，热爱劳动的胖大和尚，就是弥勒佛的化身！众人还依稀记得，他时常背一个布袋，袒胸露臂，乐呵呵地助人为乐，有时还分身有术，同时帮几家人干农活。但一旦等到这些人家上门答谢，争着请他吃饭时，他却哈哈大笑，借机推脱，乘大家只顾争执到底该轮到谁家先请时，悄悄溜走了。而契此随口吟出的这首《插秧歌》，看似浅显，却富含哲理，饱蕴禅机，饶有情趣，表现出这位"欢喜和尚"，善于深入浅出地宣扬成佛理想的乐观精神。如歌里的"手捏青苗种福田"，颇有修佛不忘耕耘的农禅之旨；"低头便见水中天"，有心想事成之妙；"心地清静"既有清理稻根污泥，便于栽种的表面意思，也暗指成佛净心的方便法门；而成"稻"与成"道"的谐音，与"后退原来是向前"一样，都暗喻着修身成佛之"道"，以及老子以退为进的辩证法。

后来，民心所向的弥勒应化为契此和尚的说法，越来越多地得到官家和佛门认可，便由匠人们按照他的模样塑成了一尊大脑壳，阔嘴巴，圆肚皮，人见人爱的胖佛像，供奉在寺庙入口处的天王殿中。从此，契此天天以那憨态可掬，"大肚能容，容天下难容之事；笑口常开，笑世上可笑之人"的大肚弥勒佛形象，笑迎四方纷至沓来的善男信女，最终取代了佛教的正统弥勒佛，名扬神州千百年，留下了许多济公式的传说。虚云和尚曾在开示里意味深长地说："佛法非同异，千灯共一光。你们今日插秧，道就在你手上。坐卧是道，插秧也是道。低头就是回光返照，水清见天，心清就见性天，则六根清净，处处是道。"

在佛教的三乘佛法中，与专修"佛乘"，以成佛度众为理想的汉传大乘佛教不同，以南传为主的小乘佛教专修"声闻乘"和"缘觉乘"，以实现人生理想的最高果位"阿罗汉果"。这些佛教徒一生的追求就是破除一切烦恼，出家成为一名僧人，以重视传统、谨守教义，敬重长老、僧俗分明、盛行头陀、礼敬佛塔等修为，确保成为佛经所说的"罗汉"。与这些专做一个"自了汉"的罗汉相比，果位在罗汉之上，诸佛之下，亲驾大乘佛教之巨舟，苦海慈航，以普度众生为人生理想的众多菩萨，却获得了更多信众的尊崇敬仰。

要评价菩萨的人生理想，可参照一般修德层次划分的"三士"标准，那就是：修下士者，先利己后利他，在利己的同时利他，但绝对不能损人利己；修中士者，先利他后利己，以利他为目的同时利己；修上士者，舍己利他，达到无私忘我状态。如果说，"利他"是三士共有的道德基础的话，那么显示其道德境界高低的，则主要体现在利己方面。利己利人的下士修人道，先人后己的中士修天道，舍己为人的上士修菩萨道。这也正是菩萨在民间影响广泛，人们把爱国为民，舍生取义者尊为烈士，把公而忘私，恪尽职守者奉为榜样，把毫不利己，专门利人的张思德、白求恩、雷锋等尊为道德楷模，把舍身为民者如解放军战士都赞为"活菩萨"的原因。而"四大菩萨"能在峨眉山、五台山、普陀山、九华山各布道场，特别是闻悲苦声应声而到的观世音菩萨，发誓"地狱不空，誓不成佛"的地藏菩萨等，之所以能在中国久享盛名，正在于他们虽未成佛，与"真佛"还有无着境界的差距，却代表着一个正在修行者，对众生那执着的关爱与顾念！这也正是那果位较低的菩萨却更与民众贴心，更受欢迎的原因吧。

六、"三不朽"说

孔子心目中最理想的"郁郁乎文哉！吾从周"的周朝社会，根据血缘定亲疏尊卑，从天子、诸侯、大夫、士、平民到奴隶，将国人分成尊卑有别的六种人，再将诸侯分成"公侯伯子男"等五种爵位。它与后来儒法合流的九品制官阶一起，形成了两千多年封建社会的官僚等级制。如今，随着时代进步和人类平等意识的觉醒，古代社会的封建等级制已被扬弃。但由于党政军民、工农商学等各行业的社会分工依然存在，每个人的职务、职称、社会职责与社会地位也有所不同，故与古代所谓"奴、徒、工、匠、师、家、圣"的社会分工一样，至今犹存社会身份高低级差。鉴古知今地深入探索其中人们自身的德才修养及其功业实绩的关系，对我们理解中国哲学的人生理想不无裨益。

众所周知，今天的中国社会里，已经没有那些依附权贵、完全丧失人身自由的"奴隶"。但如果还要找出带些"奴"性的人的话，自然早已不是指古代迫于生计，不得不受人奴役者，也不是那些勤奋挣钱还债、自我调侃的"房奴""车奴"之类；而只能是指那些未明人生意义，毫无创新精神和主动性，完全靠他人监督、驱策、指使才被动工作的惰性十足者。至于那些被那些不思进取的啃老族"啃"的老人，是否算"奴"那就全视他们是否甘愿还是无奈了。"奴"们远不如那些"徒"。他们清楚地知道自己技不如人，自觉放下身段，虚心学习，终会有一天掌握一技，成为自食其力的光荣劳动者。而"徒"们的师傅，就是学徒期满后，学以致用，按规矩做事的"工"。"工"们遍布各行各业，无论是电工、车工、泥水工等"技工"还是民工、农民工，都是推动社会发展的坚实力量，其翘楚为"技师级"的"匠"，他们不仅精通一两门技艺或手艺，靠劳动创业致富，而且是大国工匠精神的体现者，工程质量的保障者。各行业中身正为范，学高为"师"者，是众匠人和社会各界共同推崇的师傅。他们不同于普通的教师即一般自嘲的教书匠，也非如今满天飞的自封"大师"，而是自古就与"天地君亲"并列，不仅掌握了知识、技艺，还明白做人准则，并且能将学问、技艺、职业道德都传授给学生和弟子的德才兼备者。"家"是"师"群中更为出类拔萃,有坚定信念,创意精神,刻苦专研,能以擅长的专业让人更明事理,生活更美好的专家、名家、大家。"圣"则是百年难遇,重道立德,视野广阔,广闻多识,能积众"家"所长,与时俱进,独辟蹊径,开宗立派,明睿博大,精研事理,通达万物,大公无私,为民立命的大人、引路人。

有人以为,孔子的儒家思想源于并强化了等级社会,与当代人人平等的普世价值相违背,故只有法律才能统一人的行为规范,不再有圣人恶人之分、道德高低之分、社会等级之分;甚至认为圣人是对平等和法律的挑战,圣人不死、大盗不止。这种重法轻德,绝对否定修身成圣的论断,不仅有悖于古今"以德治国"的理念,而且与中国人才史不合。《易经》认为,世界上唯有"变易"才是"不易"的。人的社会等级也一样。中国社会里,无论"奴、徒、工、匠、师、家",都有通过修身立德,建功立业、著述立说而成才、成功、成圣之可能。如出身低微的筑路工傅说、垂钓水边的渔夫姜太公、用五张黑羊皮换来的亡国俘虏百里奚、秦末慨叹"王侯将相,宁有种乎?"后成为农民起义军领袖的陈胜等,后均成为治国贤臣或推动了历史发展的名人。特别是隐士傅说,当年卖身为奴,戴铐筑路,直到商王武丁做梦发现他,才被起用。后来因他辅佐"武丁中兴"之功,而被奉为傅氏始祖,留下圣人美名。再如舜、禹等,尽管出身也很卑贱,但也终因其功大德高而获王位留圣名。究天人之际,通古今之变,忍辱负重,秉笔直书,被尊为"史圣"的司马迁,在记录了上述这些人物事迹后,感慨地说,"人固有一死,或轻于鸿毛,或重于泰山"。其立意与春秋时鲁国大夫叔孙豹的说法一致,那就是:"太上有立德,其次有立功,其次有立言。虽久不废,此之谓不朽。"(《左传·襄公二十四年》)此即后人所谓修身达到的"三不朽"最高境界的由来。

事实上,"国无德不兴,人无德不立",每个人的"立功""立言",都须以"立德"为本。如当年犯事潜逃的关羽,桃园结义后,因读《春秋》,明忠义,拒高官,轻财宝,单刀赴会不畏险,终以辅佐刘备扶汉室而名传于世。儒教视他为与孔子平起平坐的武圣人,道教奉他为关帝圣君,佛教尊他为护教珈蓝菩萨,商界当他武财神膜拜,最后受各朝加封,由侯而王而帝而圣,被尊为"武圣"。这说明,在儒、释、道三教看来,无论地位高低,职业分工,只要立德立功立言,就可成为万众崇敬的圣人。如"文圣"孔子,就因创儒教,护道统的功德言行,后来被朝廷加封为"大成至圣文宣王",在全国广设孔庙祭祀。就连他的杰出弟子,也被列为配祀圣贤。其中有德行出众的颜渊、闵子骞、冉伯牛、仲弓;能言善辩的宰我、子贡;理政有才的冉有、子路,以及文学出色的子游、子夏等。特别是有安贫乐道精神的颜回,虽早逝仍称"复圣",与勤奋好学的"宗圣"曾子,上承孔学,下开孟子心性论的"述圣"孔伋,以及继承发扬孔子的思想的"亚圣"孟子一起,并称"孔门四圣"。

其实,中国人的心目中,圣人并非高不可攀。不仅儒门可成圣,那些各行业德才兼备的大家,亦可成"圣"。如名列"中国古代圣人"者,除了文圣孔子、武圣关羽、亚圣孟子、商圣范蠡、史圣司马迁外,还有发明了浑天仪、地动仪的天文学家、数学家、发明家、地理学家"科圣"张衡;东汉末年广泛收集医方,写出了中国第一部确立辨证论治法则的医学专著《伤寒杂病论》的"医圣"张仲景;知天文,晓地理,谋略高超,鞠躬尽瘁,死而后已的蜀国丞相"智圣"诸葛亮;博采众长,自成一家,笔势遒美健秀,代表作《兰亭序》被誉为"天下第一行书"的"书圣"王羲之;精于茶道,著成世界第一部茶学专著《茶经》的"茶圣"陆羽;爱国忧民,苦心推敲,著成盛唐诗史的"诗圣"杜甫;唐代长于壁画创作的"画圣"吴道子等。此外,当代为国争光,在世界围棋界屡夺桂冠的聂卫平,也有"棋圣"美名。这说明一个人无论最初是奴是徒是工,只要能立志修身,虚心好学,精湛技艺,点燃创意,立功、立言、立德,由大匠、大师至大家,就可能再进一步成圣而不朽。其要在于不傲于匠艺精美,不醉于师道尊严,不惮于独家创意,乐于以文化精品献世,便有可能达到"圣"境之超越。

这一"成圣"的道家理想境界,是明白"损有余而补不足"的恒道规律,培养见素抱朴,少私寡欲的"玄德";保持"水善利万物而有静"的清静心态,懂得"贵以身为天下",真知安民、用兵、治国之道,像葛洪那样道医养生,像丘处机那样传道行善,建树大汉盛唐般的伟业。这一"成佛"的理想境界,就是修养大乘佛教大慈大悲,闻声寻苦,普度众生的佛德,立下地狱不空,誓不成佛的地藏菩萨誓言,像法显、玄奘、慧能一样舍身求法弘法,广传中国化的人间佛教。这一"成圣"的儒家理想境界,就是牢记"君子疾没世而名不称焉"(《论语》),做到天人合一,"博施于民而能济众"。为此,无数古代先贤大儒不仅在义理上论证了心性修身可能性,更以"为天地立心,为生人立命,为往圣继绝学,为万世开太平"的亲证实修,以立德、立功、立言的不朽贡献,实现了自己的人生理想和人生价值。

如与邵雍、周敦颐、程颐、程颢合称"北宋五子"的张载,就因著书言简意宏,发扬光大中华民族圣贤学术精粹,论述了宇宙本体是"气",独树"关学"而在中外思想界产生了"张氏有声名四海,载公气韵炳千秋"的重大影响。再如陆九渊年少读古书见到"四方上下曰宇,往古来今曰宙"之语,悟出人与天地万物都处于无穷之中后,提笔写下了"宇宙内事乃己分内事,己分内事乃宇宙内事"的名句。如今在金溪县城衙门前,两侧镌刻"学苟知本六经皆注脚,事属分内千经有同心"的对联,以示对这位"百世大儒"一生为心学呕心沥血的"不朽"纪念。此外,明代心学大儒王阳明的传奇经历也说明了这一点。他自小就以做圣贤为读书目的,苦学程朱理学,却始终不能格物致知。直到他因弹劾刘瑾被贬贵州龙场,日夜苦思后才悟出了"心即理"之理。他从此认定满街都是圣人,任何人都有良知,只因私欲才遮蔽了良知,如明镜被尘染一样,故提出致良知就能成圣的著名修身主张,影响颇大,成为与孟子、朱熹齐名的配祀孔子的大儒之一。

明儒罗伦说:"生而必死,圣贤无异于众人也。死而不亡,与天地并久、日月并明,其惟圣贤乎!"(《罗伦文集》)而一生治学严格,不唯古是从,曾提出"学贵专精不贵博"的戴震,就是这样的清代考证学的典型代表。他对于所研究的经典达到"深求于语言之间,以至其精微之所存"的程度,他校勘的《水经注》亦获乾隆帝御诗褒扬。如今"戴震纪念馆"里,仍有"治经先考文博学冠群伦;千古不朽作原善共疏证"的称誉楹联。

若再深探历代修贤成圣之境,可重读秦末黄石公所作、兼有安邦谋略、修身正己法门、汉朝时就被称为天书的《素书》。它说透了人生修养的四种境界。一是人们遵守纲常伦理,勤恳劳作,安于现状,不思进取,没有更高追求的自然境界。二是一些人通过升学、考官、经商,立功立事,谋求个人更大的发展、更多的财富、更好的社会地位,以改善自己生活的功利境界。三是宽仁慈爱,能够设身处地为他人着想,体贴爱护别人,甚至能舍生取义,兼善天下的道德境界。四是使万物各得其所欲的德者的天地境界。他们无为而无不为,与自然和谐相处,内心光明如日月,具有化育众生的伟大精神。这就是圣人的理想境界。

实际上,中国哲学的数千年流变,从先秦百家争鸣造成总道术第一次分裂后，已从汉代黄老之道的第一次整合，魏晋玄学的第二次整合，唐代儒、释、道兼容的第三次整合，宋明理学心学的第四次整合，发展为清代以来儒、释、道三教合流，你中有我，我中有你的第五次大整合，在更高层次上复归并升华了中华学术体系的总道术。

因此，无论是比较符合抱雄心、登高位、展宏图、建奇功的建功掌权者的心态的儒家智慧，还是较能解除苦闷厌世，看破红尘，寄希望于来世者苦恼的佛家智慧；或是比较适合自由超脱、无拘无束、热爱自然的人们的道家智慧，对修身立德，清静无为的民族精英都是不无启迪的。而国人那甘食美俗，乐业安居，看淡名利，柔顺无争，合则留，不合则去，自由无拘，自然和谐的人生态度和乐天性格，亦由此合成。当然，每个人的资源禀赋与社会属性从来都不是一成不变的。一旦人生命运逆转，或升迁发达，或失势落难，都会或多或少地根据自己的新处境来选择不同人生观，调整心态，重塑人性，再创新生。

总之，中国古代哲学的大智慧和大贡献，就是建立在本体论、规律论、人性论、心性论和修身论基础之上的人生理想论。尽管历代圣贤的理想论都难免有历史局限性，但作为其主题诉求的人我、心灵、社会和谐之道，却是人类共同追求的理想。党政干部只要有志于为国为民的服务事业付出艰辛劳动，就算一时立不了大功，也完全可从小功小德做起，积沙成塔。功无大小，业无贵贱，各行各业都会有自己的佼佼者，因为自己的立德、立功、立言，鞠躬尽瘁为国家，实现了自己的人生价值，而受到人民的崇敬和永久爱戴。

七、老子恒道主义及其文明晕染理想

全面发展的理想人格和崇高的精神境界，是中国古今著名哲学家乃至今人的共同追求，是当今中国领导人倡导"人类命运共同体"的和平共生理念，引领全人类战胜疫情与霸权主义等天灾人祸的传统理想文化资源。

作为最早说明道物体用、知、情、意关系的伟大哲学家，老子独创了最早最完整最精辟的道论。其洞察宇宙自然规律与人类社会发展规律的深刻远见，见微知著，丰富精深的辩证法与恒道观，对儒家、法家、佛家的思想都产生了深刻影响。如孔子有关"天下之无道也久矣"（《论语·八佾》）的说法，就受到老子关于"人之道损不足奉有余"的社会批判思想的影响。诚然，老子从没有明确地为自己最看重的"道"下过定义，但我们通过梳理他以恒道、玄德、清静、治国等九观归一"道"的哲学体系后，依然可以从世界哲学体系与中华国学体系的中西话语的双重角度加以创新，为其核心价值观——"道"定义如下。

"道"是宇宙的本体及其全息全能、澎湃不息的原动力，在人类悟真向善尚美的自由活动辅助下，通过永久性、自然性、对立统一性的万物演化，实现形而上的最高价值，从而永恒地保持了自组自化自平衡的自然时空机制。

"道"乃以负阴抱阳、包容万物的无名恒常之体及其生之覆之、周行不殆的原动力，激励人类积德贵身，和光同尘，虚心实腹，慈俭谦柔，清静无为，安居乐俗，实现自然化生，大器晚成，大象无形之最高价值的宇宙稽式。

立于人类文明史之理想高度，以"中道"为核心的中国思想史为参照，透过以西方文明主导的人类思想史的背景，我们可以清楚地看到，贯穿了世界哲学史的本体论、认识论、语义论三阶段，以道为核心，构建起恒道、玄德、清静、真知、无为、贵身、安民、用兵、治国等完整哲学体系的"老子恒道主义"，是雄立于全球学术之林而光耀千古的中华理想文化精华，是世界上最早以个人命名而影响深远的"主义"，体现出世界哲学之父的智慧风采。

人类文明史上，以个人命名的"主义"鱼龙混杂，但能够为世界各国哲学家、政治家创立的诸多主义提供丰富文化资源，持续产生千百年重大国际影响的，独有老子恒道主义及其文明晕染论。它不仅为中华古代文明繁荣作出过如同大汉盛唐时期那样的贡献，而且至今还启示着世界人类文明进程。它不仅使古老的中华文明焕发活力，还使人类文明发展受益匪浅，凸显了老子恒道主义贯穿于2500多年来人类追寻美好未来的伟大理论的穿透力。它早在西方哲学萌芽之初就崭露头角，此后更是穿透了2000年来世界哲学史本体论的层层内核、认识论的重重迷障，进入了当今语义论的深入探究中。在某种意义上，以老子"上善若水"之道德伟力，"冲气以为和"方式所实现的"文明晕染"理想，与美国著名国际政治学家亨廷顿所谓"文明冲突"的悲剧预言，是当今东方与西方之间无法回避的关于人类最终命运的理性对话。

自公元前6世纪前后的人类文化轴心时期以来，马克思关于"任何真正的哲学都是自己时代的精神上的精华"①的精辟观点得到一再证实。中华文化精髓并不限于偏离原儒而趋保守的儒学，也不限于具有超越性而疏于实操性的佛学，而主要在于以"道为总纲"，曾给中国带来强汉盛唐景象的老子恒道主义。其设计的"小国寡民，使十百人之器勿用，使民重死而远徙。有车舟无所乘之，有甲兵无所陈之，使民复结绳而用之。甘其食，美其服，安其居，乐其俗。邻国相望，鸡狗之声相闻，民至老死不相往来"（《老子》第六十七章）理想国，所实行的缩小国家机器与行政开支，控制人口暴增，限制重型武器，防止天灾人祸造成的大量难民迁徙与混战，去除狡智过俭朴生活，尊重天人合一的各民族多元文化，以及安居美食，乐业修文，防止彼此敌意交往的治国战略，可谓老子心仪的挫锐解纷，和光同尘，上善若水的"文明晕染"理想。

这一"晕染"来自人类文明的和平交流而非毁灭性的冲突。自晕染画法由印度传入东土后，中国画更是对其加以发展而登峰造极。诚如中国著名美学家宗白华所赞，晕染法"开始于一画，界破了虚实，留下了笔迹，既流出了人心之美，也流出万象之美"。故老子盛赞的善利万物，谦柔居下，无坚不摧的"水"，不仅能以物理之力，溶解各色染料，以水墨或颜色的渐次浓淡，烘染物像与透视效果，用"晕染"法绘制出美丽彩图，而且能以"上善至柔"的文化力、经济力、政治力"冲气为和"，有效消解世界文明冲突，将亨廷顿眼中由不同的人种、民族和国家构成的不同文明造成的断层线或冲突线，化为人类各大文明之间互鉴与融合的"晕染线"。

事实上，如果我们承认人类理想之花现存的多样化丰富色彩，将体现人类智慧和信仰的东方文明与西方文明所内涵的理想之光，借喻为宗教文化色彩的基督教之黑、东正教之白、儒教之红、伊斯兰教之绿、佛教之黄的丰富色调，乃至颜色革命的多元政治色调；那么，老子恒道主义，将有望以柔性道德的无比强大的理想之"水"，在人类聚居的地球上，自然而然地渗透，晕染出多彩绚美的幸福之花。

从这一意义出发，人类文明史上，由不同的人种、民族、宗教、国家及其利益集团的多元文化，所创造的多元文明，自然不应在亨氏"文明冲突论"影响下，建立如美墨间、巴以间那样的隔离墙，作为文明间

---

① 《马克思恩格斯全集》第一卷，人民出版社1995年版，第220页。

的一条断层线或冲突线；而应该在老子"文明晕染"理想的感召下，像拆除东西柏林墙、取消南北越的分界线与鸿沟那样，在各大文明及其内部各国各大政治势力之间，营造一条足以消解宗教的、国家的、集团的、意识形态分歧的文明晕染线与融合线。

总览世界上所有经历过或正经历着"后黄金时期"而力欲振兴的伟大文明，分析了阿拉伯文明雄起，西方文明衰落，中华文明复兴等，人类新文明多元体系力量消长后，面临百年大变局的世界终将发现：人类命运共同体之共建，将在全球伟大文明实践的硬实力基础上，增强老子恒道主义之中华文化软实力，提升人类自由理想的感召力与吸引力。

这是因为，自私狭隘的政治家只看到表层与眼前利益，时代的真正哲学家才看到文明的实质与未来。"文明冲突"之所以存在，起因于文明主体间不能尊重彼此的价值观和根本利益，缺少"上善若水"的真理包容力与伟大道德力所致。故人类应以文明晕染取代文明冲突，远溯人类文明史源头，在哲学与宗教理想里，找到共有共信共荣之"道"，走向未来新世界。

实际上，早在18世纪，中华文明就曾以汉唐明清的盛世景象，纳少厚赠、睦邻友好的朝贡册封关系，以及类似汉代开辟东西商道、唐代鉴真和尚渡海赴日传播佛教文化、明代太监郑和率庞大船队出远洋和谐友邦的壮举，对周边国家以及海陆丝绸之路所达的欧亚各国，产生过并非由军事占领、殖民统治所产生的深远影响，由中华文明晕染与文化传播的重大影响。故此，在公元前2世纪就已集体开渠筑路，创立了农业文明的中国人看来，"文明"并非依照丛林法则弱肉强食的"人类部落"而是其终结，它将在全球国际联盟遵守和平共处原则的和谐社会基础上，建立"人类命运共同体"。

作为第一个实现古代大农业化的中华文明，东方创造了延至近代的农耕式的古代灿烂文化。它与西方创造的资本家的近现代商业文化比较，凸显了两种文明各自的鲜明特征如下。

西方文明似乎更为重商信教，渡海拓疆，冒险好斗，善于征服自然，喜研究如何激发创意热情、物欲私念，主张个人奋斗、人本主义，是竞强好胜，以培养商人和鼓励利己者成为社会动力的自由型文化，是以丛林竞争、优胜劣汰为西方终极部落文明的文化。

中华文明似乎更为重农祭祖，辟地筑墙，安居敬业，乐于自然而然，常精思如何修身净化心灵，克制欲念，主张顾全群体、天人合一，是以柔克刚，以修成圣人和推崇利他者成为社会榜样的礼制型文化，是以族群融合、扶贫济困为东方终极文明的文化。

汉代开始，所有明智的中国帝王，都一直实施着与穷兵黩武的"霸道"相反的施行仁义的"王道"，从而时多时少地体现出老子恒道主义的理想，即以"人之道"效仿"天之道"为修身之途、立国之本、治国之法与睦邻之道。其精义如下。

修身养性方面，强调圣人无常心，以百姓心为心；善者吾善之，不善者吾亦善之，为天下浑心。主张天道无亲，恒与善人；主张不上贤，使民不争；不贵难得之货，使民不为盗；不见可欲，使民不乱。做到尊道贵德，虚其心、实其腹、弱其志、强其骨，清静无为，慈俭贵身。

治国方面，主张"治人事天莫若啬""孔德之容，唯道是从"，以正治国、以奇用兵、以无事取天下，以"损有余而益不足"的"天之道"，改良"损不足而奉有余"的"人之道"，进以圣人的去甚，去大，去奢、唯啬（格物分治、重农务本），挫锐解纷，和光同尘，化解社会因贪欲争战，造成朝甚除、田甚芜、仓甚虚、服文采、带利剑、厌饮食、财货有余却贫富不均的社会矛盾。

圣君道治方面，承认国中四大王居其一，坚持以"孰有余以奉天下"为道者标准，以江海能为百谷王者为榜样，强调受国之垢，是谓社稷主；受国不祥，是谓天下王，主张作为统治者的圣人，要甘居民下而不争，使天下乐推而不厌，做到我无事而民自富、我无为而民自化、我好静而民自正、我无欲而民自朴。

国家关系方面，强调爱好和平，反对争战，认为天下有道，却走马以粪。天下无道，戎马生于郊。罪莫大于甚欲，祸莫大于不知足，咎莫大于欲得。因而强烈反对称霸和强占他国土地与财物，认为物壮则老，谓之不道，不道早已。并根据"大国不过欲兼畜人，小国不过欲入事人"的相互需求，以大小国家之间或下以取、或下而取的方式和平共处。

人类文明发展方面，以"慈、俭，不敢为天下先"为"三宝"，以内修善政，外筑长城，防守为要，避免国内外的"文明冲突"。故只有国内居民先遭到外部草原游牧民族掳掠侵扰，才虽远必诛，靖边安民，形成了对内甘其食、美其服、安其居、乐其俗；对外怀柔四邻、同化异族、以柔弱胜刚强、化干戈为玉帛的"文明的晕染"之和平方式。

　　然而，中华文明的上述修身治国之道与文明晕染理想，如中国的与邻为善，朝贡制度的薄收厚施，对少数民族怀柔汉化、繁荣文化的进步政策，有道明君良臣的廉政爱民传统等，所形成的强大权威、秩序、等级制和集体高于个人的中国儒教传统等，竟被亨廷顿等统统视为对中国民主化形成的阻碍以及东西方文明冲突的要素，可谓大谬不然。其实，正如通过西方民主中国化，中国式民主可以将东方文明的权威秩序，变成对民主的保障一样；"集体高于个人"的东方原则，也可吸收西方自由平等的人权精华来"保障个人权益"。因此，亨廷顿无视中华文明的老子恒道主义、天下大同的文化理念与中国的和平发展轨迹，以中华儒教历来抛弃个人主义、盛行"软"独裁为由，断言中国未来将会像以往西方列强一样称霸东亚，断言冷战后中国将在世界挑起"文明冲突"的错误观点，是完全站不住脚的。

　　福勒曾指出，"文化是冲突的载体，而非原因"。麦哲也认为，国家之间"冲突的真正原因是社会经济，而不是文明"。中国人曾向西方老师学习，却总是被老师痛打。痛感于此，中国人才不忘这丧权辱国的百年国耻，坚信"天之道损有余以补不足"而坚持济贫扶困，与向往王道一统和大同世界的儒教，与笃信极乐净土，顿悟成佛的佛教，相信上帝、赎罪上天堂的基督教，主张真主万能，互助共济的伊斯兰教以及道教和印度教等和谐共处，在同一国度、同一文化圈、同一地球共同绽放人类文明之花，各美其美，美美与共，和平共生，让世界人民远离战争、重税和夭亡早故，实现人类永恒之道的伟大理想。

　　总之，纵览中华文明发展史，我们不难发现，中国人从内在层面的"正心""诚意"，达到的"格物致知"的"修身"，实际上是一场伟大的人性与道德完善的精神革命。它不仅培养出如同讨伐民贼的商汤王与周武王、救民于水火的陈胜与吴广、不辱使命的苏武、忠贞不二的颜真卿、心忧天下而与民同乐的范仲淹、一腔正气的文天祥、廉洁奉公的海瑞、天下为公的孙中山与无数英烈楷模的中华人杰贤良，而且以他们通过社会层面的"齐家"努力与"治国"业绩，不断强化中华民族"上善若水"的伟大道德力，为人类文明"平天下"的和谐发展作出了伟大贡献。可以预言，在中华优秀传统文化滋养下不断增强的中华道德力，与世界其他伟大文明的道德文化交融后，一定会在未来化解一切冲突的"文明晕染线"上，创造人类命运共同体的新奇迹！

第四章　求致知之方

　　中国是世界四大文明古国之一，有着灿烂的文明，文化历史传承唯一没有断过片的泱泱大国，其存在的价值不言而喻。从哲学认识论的视角探讨其认知门径、认知归宿、综合思维能力、直觉体悟能力、辩证思维方法、中庸境界、价值取向和知行合一谋略等，皆有浓郁的中国民族特色和个性。本章主旨在于探寻中国传统智慧产生的各种方式和手段，名之曰"求致知之方"。

第一节　"知"范畴的来源及属性

　　"知"是中国传统哲学"求致知之方"的核心范畴，在中国哲学的发展过程中，它凸显于认识论与道德论相结合的底色，体现了中国哲学及其认识论的主要特征。

一、"知"范畴的形成

　　现存的甲骨文中没有"知"字，却有"智"字，可见"智"是"知"的本字，"知"是对"智"的简约。

　　甲骨文中的"智"字，由三个部分组成：干、口、矢。干：武器，借代行猎、作战；口：述说、谈论；矢：依然指代武器。可见，"智"的本义是谈论和传授行猎、作战的经验；后引申为经验、常识、真理；又引申为聪明的、有战略的、有觉悟的；由谈论和传授行猎、作战的经验引申为了解、懂得、通晓、明白、能体会；又由了解、懂得、通晓、明白、能体会等，引申为管理、主持。

　　"知"字至迟在春秋时期已有。《说文解字》："知，词也。从口，从矢。"徐锴 ① 系传："凡知理之速，如矢之疾也，会意。"《说文解字》释"知"字不明此字来源，徐锴据此说解当属望文生义。知为知识之义是对的，但前人训释并不可信。知为知道之意。典籍知或读为智，义为智慧，如《荀子·正名》："故知者之言也"，杨倞 ② 注："知读为智。"古亦用智为知，郭店楚墓竹简《语丛四》："母（毋）命（令）智（知）我。"

"知"字的字形构造包含在"智"字里。从人类认识产生发展的规律看，知字为后出，本义当为知觉，后逐渐引申、发展，具有了智慧、知识、主体的认知本能、感知、心之征知等多重相互联系、沟通的复杂含义，逐步上升为一个范畴。

先秦时期各家各派提出了各自的知的理论。《左传》首次把知行范畴并举，提出"非知之实难，将在行之"（《昭公十年》）的见解，认为认识一件事并不难，但把认识付诸实行就比较困难了。孔子提出"生而知之"（《论语·季氏》）的命题，又强调"学而知之"（《论语·季氏》）。孟子从认识理论的角度论证仁义之善性是先天固有的良知。荀子继《左传》之后进一步强调，认为"知之不若行之"（《儒效》）。墨家强调"知，接也"（《墨子·经上》），即认为认识源于人的感官与外物接触。孙子提出"知彼知己，百战不殆"（《孙子兵法·谋攻》）的思想，强调察知兵道，对敌我双方都要有充分、客观的了解，才能立于不败之地。《管子》提出主客体对立的修此以知彼的思想。韩非提出因参验而知是非的思想。如此丰富多样的知范畴理论，各自为中国哲学智慧的发展作出了贡献。

先秦时期各家各派对知的理解，都具有认知的意义，尽管对认识的来源、途径、对象，以及对知行的先后有不同的见解，但在以认知来界定知的意义上，各派的观点则是相同的。这种对知的认知含义的认同，为先秦各家展开对知范畴理论的讨论，提供了一个基础，也对后世产生了影响。

---

① 徐锴（920—974），南唐文字训诂学家，平生著述甚多，今仅存《说文解字系传》40 卷（世称"小徐本"）、《说文解字韵谱》10 卷。

② 杨倞，唐宪宗年间弘农（今河南灵宝县南）人，著《荀子注》一书，是现今流传《荀子》的最早注本。

二、"知"范畴的演变

（一）秦汉时期：知为实知

这一时期，社会走向统一，思想家们在总结先秦百家争鸣取得的思想成果的基础上，着重探讨事物的真实的一面。与此相应，知为实知，是秦汉时期知范畴理论的主要倾向。

王充是实知论的主要代表人物，他认为万物禀气而生，皆为实，以实作为认识的基础和根据，而提出"须任耳目以定情实"（《论衡·实知》）的思想。他认为认识源于耳目感知，耳目感知来自客观实在，并提出"立实以效"（《论衡·宣汉》）的重效验思想，以实效检验认识的是非。

除王充的实知论外，《吕氏春秋》提出以察验而知是非的思想，主张"上揆之天，下验之地，中审之人"（《序意》），对天、地、人这三方面的实际情况都加以察验，然后知认识的是非。这包含着实知的思想因素。董仲舒亦强调"必知其实"（《春秋繁露·立元神》），认为名是用来反映事物的真实情况的，实为第一性，名为第二性，名取决于实，以此批评"诛名而不察实"（《汉书·董仲舒传》）之弊。这些方面都反映了秦汉时期的实知思想。

（二）魏晋时期：知为无知即"不知而知"

崇尚自然，以"无"为本，是魏晋玄学思潮的重要内容，并以此主导了学术发展的方向。与此相应，在知范畴理论方面，玄学家以知为无知，不知即知，表现出对自然无知的崇尚和认同。

王弼提出"用智不及无知"，认为"智慧自备，为则伪也"（《老子道德经注校释》二章），智慧自备于心，不须人为地用智。指出"婴儿不用智，而合自然之智"（《老子道德经注校释》二十八章），婴儿无知，不需用智，但却合自然之智。即以无知为知。

郭象在"知出于不知，故以不知为宗"观点的基础上，提出"不识不知而冥于自然"（《庄子集释·天地》）的思想，认为知之为自知，自知即不知，若用己心则必与自然相对，要冥合于自然，就须忘己而不知不识。由此反对人为的知，强调知止其所不知，艰险以知为不知。

受玄学影响，僧肇提出般若无知论，认为俗知有所知，则有所不知；而般若无知，故无所不知。他说："夫有所知，则有所不知。以圣心无知，故无所不知。不知之知，乃曰一切知。"（《肇论·般若无知论》）其般若无知，即是指佛教的般若之智无世俗的所谓知，其知为无知，而无不知。

（三）隋唐时期：知为本觉之智和空寂之知

隋唐时期，佛教大盛，佛教知的思想占据了这一时期知范畴理论发展的主导地位，而儒家学者则很少论"知"。

与僧肇的般若无知论强调般若无知而无所不知的无知的一面有所不同，神会提出本觉之智能知的思想，着重强调知的一面。其知为本觉之智固有的属性，知的对象是涅槃之境、空寂之体，故其知不是世俗的认识。他说："其智证者，本觉之智也。今言智证者，即以本觉之智能知故，称为智证。"（《荷泽神会禅师语录》）其本觉之智指本来觉悟的智慧，也即是般若之智。神会认为，知是般若自有的属性，把本觉之智自有的知发挥出来，以印证空寂之体，与之吻合，即为智证，并指出空寂之性体上，自有本觉之智，其本智之知的作用在于照涅槃之境，这种本觉之智的知以涅槃为观照对象，不是世俗的认知，而是佛教的特殊认识。

宗密提出"即此空寂之知，是汝真性"（《禅源诸诠集都序》卷二）的思想，以知为空寂之知，而空寂之知即人的真性。其知不凭借因缘而生，不因尘境而起，无念无形；空寂之心具有灵知不昧的属性，心本自知，此知之一字，乃为一切事物的根据，亦是修行的妙门。此空寂之知由顿悟可知，故既非感性认识，亦非理性认识，知乃灵知之心即真性所自有。其空寂之知不仅是真性，亦即是心，知与心性密切相连，促进了知范畴理论的发展，并对后世中国哲学产生了影响。

（四）两宋时期：知即物穷理致吾知

两宋时期张载提出知由内外之合的思想，认为人的认识是主体认知之心与客观外界事物相结合的产物。陆九渊提出知本即知心的思想，以心为本，以事物为末，强调知本、知心，充分发挥主体思维的能动性，以认识内在的道德理性。各自从不同的角度发展了知范畴的理论。

在知的思想方面，朱熹继承程颐，进而提出"致知便在格物中"（《语类》卷十八）的思想，强调致知是格物的目的，把认识分为两个阶段：即物穷理是第一阶段，在此基础上致吾之知是第二阶段。整个认识过程就是即物穷理致吾知。这一思想代表了当时知范畴理论发展的水平。朱熹并主张知先行后，知轻行重，知行相须互发，强调穷理致知的目的是力行；明确提出以心之知去知物之理的主客体对立的"主宾之辨"。从各个方面丰富和发展了中国哲学知范畴的理论。

（五）元明时期：知即致良知和"思与见闻之会"

朱熹的即物穷理致吾知之说及格物致知论自宋以来风靡一时，占据了学术界的主导地位。与之相对应，王阳明则继承并发展了陆氏心学，提出致良知说，以知为良知。在批评程朱即物穷理外求知识的基础上，王阳明强调致知不是扩充知识，而是求心内之良知。他说："致知云者，非若后儒所谓充广其知识之谓也，致吾心之良知焉耳。"（《大学问》）其良知既是认识主体，又是认识对象，所谓认识即是就自己心内之良知上扩充体认，向内用力，反对向外求知、探索未知，从而堵塞了求知于外的道路。王阳明并以致知代替格物，以致知为本，格物只是一种主观意念的活动，是体现致知的功夫。又提出知行合一说，其"知"为良知，其"行"为一念发动，而不是实践活动，强调在一念发动时，就要克掉不善的念头，不使其留藏在胸中，如此即是知行合一。这充分体现了王阳明良知说提倡道德自律的特点。

与王阳明同时的王廷相则继承张载气学，提出"思与见闻之会"为知的思想。他说："知者，不过思与见闻之会而已。"（《雅述》上篇）认为所谓知，不过是思维与见闻的结合，主张在闻见之知的基础上，把感性认识与理性思维相结合，以获得对事物之理的知，并强调知行兼举，于实践处用功，通过行，以得到真知。王廷相知的思想重视对客观事物的认知和实践，在此基础上提出思与见闻相会为知的思想，从而丰富了元明时期知范畴的理论。

（六）明清之际：知为形、神、物三相遇所发

明清之际，天崩地解，社会发生大变动，思想家们对以往的思想作了认真清理和批判总结。其代表人物王夫之在知范畴理论方面提出"形也、神也、物也，三相遇而知觉乃发"（《张子正蒙注·太和》）的思想，把知的产生建立在主体对客观事物反映的基础上。其所谓知，即是感官、心官之思维、客观事物三者结合的产物。其心知以见闻之知为基础，通过问学、思辨，以认识事物之理。这与否定闻见之知是心之知和德性之知的基础的思想划清了界限。王夫之并提出行先知后，"行可兼知"，而知不可兼行的思想，以批评"先知后行"和"知行合一"之说。在重行、重视实践的基础上，把知行双方有机结合起来，强调知行相互为用，互相促进使认识通过力行达到真知，并付诸实践，以实现认识的目的。

王夫之提出的形、神、物三相遇而产生知的思想及其"行可兼知"

说，以其对宋明理学知的思想的批评总结和扬弃发展，而达到了中国古代哲学知范畴理论发展的高峰。

三、"知"范畴理论的特征

通观中国哲学知范畴固有的内涵及其理论的历史发展，可以概括出其所具有的以下基本特点。

（一）感性与理性相结合

中国哲学知范畴既是感知又是心知，即感性认识和理性认识。与之相应，其知范畴理论的特点之一便是两种认识的相结合。

荀子把知分为感知和征知两个方面，《荀子·正名》中把认识过程区分为"天官当薄其类"和"心有征知"两个阶段，前者指人们天然具备的感觉器官接触各类事物后形成感性认识的阶段，后者指人们天然具备的思维器官对感性认识加以验证、认为仅有感官获得的感知还不够，还必须使心参与到认识活动中来，在"缘天官"的基础上，用心之征知对感知作出分析、辨别，使其上升到理性认识的阶段，从而把感性认识与理性认识结合起来。后来许多哲人都是这种倾向，即把感性认识与理性认识相结合的特点。

（二）主体与客体相结合

纵观中国哲学知范畴理论的历史发展，即区分了主体与客体，同时主要强调二者的结合，这是中国知范畴理论的一个显著特点。

朱熹重视在认识过程中主体与客体的分辨，注意区分认识主体与认识对象。他说："盖人心之灵，莫不有知；而天下之物，莫不有理。"（《四书章句集注·大学章句》）其认识主体是人心之知，认识对象是事物之理，理不离物，故以物为客体。朱熹进一步以主宾之辨来强调主客二分。他说："知者，吾心之知；理者，事物之理。以此知彼，自有主宾之辨。"（《朱文公文集》卷三十三）把吾心之知确定为主，把事物及其理归结为宾。宾相对于主体而言，指客体、对象。朱熹明确提出了主客体对立的"主宾之辨"，又主张"以此知彼"，把主体与客体相结合，充分体现了中国哲学知范畴理论主体与客体既对立又结合的特点。

（三）认识论与本体论相结合

知作为认识论的哲学范畴，与主体之心密切相连。在佛教心学和宋明理学之心学的思想体系里，心为宇宙本体，知在某种程度上也具有本体的意义，故知范畴理论亦是认识论与本体论的结合。这在王阳明知的思想里表现得尤为明显。

理学思潮中心学一派对此观念吸取甚多，陆九渊、王阳明不仅以心为认识主体，而且把心作为宇宙本体。陆九渊提出知本即知心的思想，以知心作为认识的目的。心既是认识主体，又是认识对象，亦是宇宙本体；通过知本，把认识论与本体论联系起来。王阳明继承佛教心学和陆氏心学把认识论与本体论相结合的思想，提出著名的致良知说，直接把知范畴作为其哲学体系的核心和主要内涵，这为中国哲学知范畴发展史上所仅有。王阳明认为，知是心之本体，亦是心中固有的良知。良知作为宇宙本体，天地万物均依赖良知而存在，万物不过是良知的流行发用；良知又是认识主体，心之主体自然会知，"凡意念之发，吾心之良知无有不自知者"（《大学问》）。先验的良知还是分辨是非的标准。与佛教知的思想有所不同，王阳明的良知说不仅是认识论与本体论的结合，而且由于良知具有儒家伦理的内涵，故亦是认识论、本体论、道德论的统一。

（四）认识论与道德论相结合

哲学与伦理相结合，是中国传统哲学的重要特征。表现在知范畴理论上，则是认识论与道德论的结合。这也是有别于西方哲学的一个突出特点。

对后世产生深远影响的儒家经典《大学》首次提出"格物致知"这个认识论命题，兼具伦理学意义。其"知"的对象是大学之道，其言曰："大学之道，在明明德，在亲民，在止于至善。知止而后有定。"知是以明明德、亲民、止于至善为认识对象的，这些都具有伦理道德的意义，由此体现了认识论和道德论相结合的倾向，或者说治理好国家和完美的道德境界是认识的目的和归宿，"格物致知"我们将在下一章重点讨论。

此外，张载的认识论提出尽心以知德性的思想，其德性之知是不萌于见闻的超验的认识，亦是道德理性。就其具有诚明的属性而言，德性之知对于它所作用的对象，有着一种既超越感性认识，又超越理性认识的直觉的明鉴；就张载通过尽心以知德性而言，表明其认识的重点是认识德性，这体现了宋明理学强调发挥主体的能动作用，以认识内在的道德理性的特点。这亦是认识论与道德论相结合的表现。

总之，感性认识与理性认识相结合，主体与客体相结合，认识论与本体论相结合，认识论与道德论相结合，体现了中国哲学知范畴理论发展的主要特点。

第二节　格物致知说

格物致知是中国古代儒家思想中的一个重要概念或命题，它源于《礼记·大学》八目——格物、致知、诚意、正心、修身、齐家、治国、平天下。但《大学》文中只有此段提及"格物致知"，却未在其后作出任何解释，也未有任何先秦古籍使用过这个词语而可供参照意涵，遂使"格物致知"的真正意义成为儒学思想的难解之谜。

一、格物致知说的蕴意

《礼记·大学》："欲诚其意者，先致其知；致知在格物。物格而后知至，知至而后意诚。""格物致知"的出典就在于此。"格物致知"，"格"就是推究，"物"就是事物，"致"就是获得；此意思是推究事物，方能获得对事物的认知。

《大学》教诲人们"格物致知"的很多，比如要知"三纲"、知"八目"、知"六步骤"等；直接在文中出现"知"字的也很多，如，知至："物格而后知至，知至而后意诚"；致知："欲诚其意者，先致其知，致知在格物"；知止："知止而后有定"①；知之至："此谓知本，此谓知之至也"；知本末："大畏民志，此谓知本"②；知先后："物有本末，事有始终，知所先后，则近道矣"，此晓"知先后"的重要；不知："食而不知其味"；莫知："人莫知其子之恶，人莫知其苗之硕"；知恶："故好而知其恶"；知美："恶而知其美者，天下鲜矣。"

确实，"格物致知"是一种认知事物的智慧，即在对万物的探索中认识万物，在对万事的研究中认知万事。"格物致知"，也成了中国古代认识论的一个重要命题。人们对"格物致知"作出了千年的诠释，其中涵蕴了极为丰富的思想积淀。

---

① 又说："在止于至善"，"为人君，止于仁；为人臣，止于敬；为人子，止于孝；为人父，止于慈；与国人交，止于信"。此可见"知止"的丰富性。

② 又云："壹是皆以修身为本"，"其本乱，而末治者否矣"；"德者，本也；财者，末也"；"外本内末，争民施夺"。此可见"知本末"的紧要。

二、格物致知说的演变

（一）汉、唐学者对"格物致知"的阐发

东汉郑玄对"致知在格物"有如下解读，其注云："格，来也。物，犹事也。其知于善深，则来善物；其知于恶深，则来恶物。言事缘人所好来也。此致或为至。"（《礼记正义》）"格"，就是来、招来、引来的意思。一个人对于善知之甚深，那么就会招来善物；一个人对于恶知之甚深，那么就会招来恶物。这是说事物的招致，因人之所好而定，你好善则善事至，你好恶则恶事至。

唐代孔颖达对郑玄的注释进行了疏解："致知在格物者，言若能学习，招致所知。格，来也。已有所知，则能在于来物。若知善深，则来善物；知恶深，则来恶物。言善事随人行善而来应之，恶事随人行恶亦来应之，言善恶之来缘人所好也。"

郑玄、孔颖达的解读很明确，是从人与外在的事物之间的对应关系来说的。"格物"就是使事物来到，"致知"就是通过学习获致所知。具体地说：自己能知善爱善，则会招来善事物；自己知恶喜恶，则招来恶事物。

（二）宋代学者对"格物致知"的阐发

宋代理学家不满意汉唐人的解读，而作出新的解读。

1. 司马光的解读

司马光不仅著有《中庸大学广义》，还曾写下《致知在格物论》（《温国文正司马公文集》卷七十一）。比如司马光说："人之情莫不好善而恶恶，慕是羞非，然善且是者盖寡，恶且非者实多。何哉？皆物诱之也，物迫之也。"之所以"桀、纣亦知禹、汤之为圣"，"盗跖亦知颜、闵之为贤"，然而终于不能成为圣人贤人，就是因为"物诱之""物迫之"，那就是"欲心""利心"在诱迫之。因此就要"解蔽"："于是依仁以为宅，遵义以为路，诚意以行之，正心以处之，修身以帅之，则天下国家何为而不治哉！《大学》曰格物在致知，格犹也、御也。能捍御外物，然后能知至道矣。郑氏以格为来，或者犹未尽古人之意乎。"他解释"格物致知"的"格"为"御"，只有御外物，才能"知至道"。虽与程颐、朱熹的"格物致知"说不同，但也有他的独立见解。

2. 北宋程颐的解读

北宋程颐的解读要点。其一，格物即是就物而穷其理。程颐说："格，犹穷也，物犹理也。犹曰穷其理而已矣。穷其理，然后足以致知。欲思格物，则固已近道矣，以收其心而不放也。"（《河南程氏遗书》卷十八）其二，知是人所固有的，但要通过格物而致知。程颐说："知者吾之所固有，然不致则不能得之，而致知必有道，故曰致知在格物。"又说："致知在格物，非由外铄我也，我固有之也，因物而迁，迷而不悟，则天理灭矣，故圣人欲格之。"（《河南程氏遗书》卷二十五）其三，"格物"至于"致知"的积习贯通的过程。程颐说：这个过程，"须是今日格一件，明日格一件，积习既多，然后脱然有贯通处"（《河南程氏遗书》卷十八）。

3. 南宋朱熹的解读

朱熹格物致知包括三个方面的内涵：物、穷理和致极。其要点如下。
①四字之释。格，"致也"；物，"犹事也"；致，"推极也"；知，"犹识也"。②格物就是穷尽事物的理。朱熹说，"穷至事物之理，欲其极处无不到也"；"所谓致知在格物者，言欲致吾之知，在即物而穷其理也"（《四书章句集注·大学章句》）。③"致知"，就是"推极吾之知识，欲其所知无不尽也"（《四书章句集注·大学章句》）。④朱熹还说："格物致知，便是要知得分明；诚意、正心、修身，便是要行得明白。若是格物致知有所未尽，便是知得这明德未分明。"（《朱子语类》卷十四）朱熹认为，物心同理，欲明心中之理，不能只靠反省，必以"格物"为方法。穷尽万物之理后，心中所具之理方能显出来。朱熹所说的"格物"，指对事物，也包括读书思辨、道德修养等。

4. 陆九渊的解读

"宇宙便是吾心，吾心即是宇宙。"（《象山先生全集·杂说》）他说："人皆有是心，心皆具是理，心即理也。"（《与李宰书》）一般人是"蔽于物欲而失其本心"，是"自沉埋""自蒙蔽"，必须去此蔽而恢复其本心。强调为学之道要"先立乎其大"，必先"知本"。"立大""知本"就要知心即理，发明本心，心有所主，即可以应天地万物之变。他认为朱熹的穷理致知的功夫是"支离"，没有抓住根本。他在与朱熹争辩时，赋诗曰："易简工夫终久大，支离事业竟浮沉。"另外，在"太极""无极"问题和治学方法上与朱熹进行了长时期的辩论。

（三）明代王阳明对"格物致知"的阐发

王阳明继承和发挥了陆九渊的学说，成为陆王心学，形成陆王学派。王阳明于"格物致知"则有"格心"之说。王阳明说："天下之物本无可格者。其格物之功只在身心上做。"(《传习录·门人黄以方录》)王阳明又说:"格者,正也。正其不正以归于正之谓也,正其不正去恶之谓也。"(《大学问》)王阳明又说,"致知格物者,致吾心之良知于事事物物也";"致吾心之良知之'天理'于事事物物,则事事物物皆得其理矣"(《传习录·答顾东桥书》)。王阳明在《传习录·门人黄以方录》曾说了这样一件事:

> 众人只说"格物"要依晦翁,何曾把他的说去用!我着实曾用来。初年与钱友同论做圣贤,要格天下之物,如今安得这等大的力量?因指亭前竹子,令去格看。钱子早夜去穷格竹子的道理,竭其心思。至于三日,便致劳神成疾。他这是精力不足,某因自去穷格。早晚不得其理,到七日亦以劳思致疾,遂相与叹:"圣贤是做不得的,无他大力量去格物了。"及在夷中三年,颇见得此意思,乃知天下之物本无可格者。其格物之功,只在身心上做。

这已经成为学术史上一个传统的著名的"段子"了。要做圣贤人,就要格天下之物,结果一位是对着庭院里的竹子格物,只是三天就"格"出"劳神成疾"。王阳明自己去对着竹子"穷格",结果虽坚持到七日,但终于还是"以劳思致疾"。这触使他反思:程颐、朱熹所说的是去格物穷理,今日格一物,认识一事,明日格一物,再认识一事情,积累多了就会上升到对天理的认识,因为天理就在事物之中,但是王阳明认为此路不通。于是他从潜心于程朱理学,而转向佛学,终究因不得其要,转入陆九渊的"心学"。

王阳明是弘治进士,授刑部主事,改兵部主事。早年因反对宦官刘瑾,被谪为贵州龙场驿丞。据说在生活条件艰苦的龙场,他终于悟道:"忽中夜大悟格物致知之旨,……始知圣人之道,吾性自足,向之求理于事物者误也。"(《王阳明全集·顺生录之八》)于是后来他力倡陆九渊的"象山之学",提出"心即理""心外无理""心外无物""心外无事",并创造"致良知"说,即是"致吾心之良知之'天理'于事事物物,则事事物物皆得其理矣"。王阳明还针对朱熹的"知先后行"提出"知行并进""知行合一"。他成了"心学"的集大成者。在《传习录》中还有这样一段美妙的记载:

> 先生游南镇,一友指岩中花树问曰:"天下无心外之物,如此花

树在深山中自开自落，与我心亦何相关？"先生曰："你未看此花时，此花与汝同归于寂。你来看此花时，则此花颜色，一时明白起来。便知此花不在你心外。"

还有这样一段对话：

> 先生曰："你看这个天地中间，什么是天地的心？"对曰："尝闻人是天地之心。"曰："人又什么叫作心？"对曰："只是一个灵明。""可知充塞天地中间只有这个灵明。人只为形体自间隔了。我的灵明，便是天地鬼神的主宰，天地鬼神万物，亦没有我的灵明。如此便是一气流通的，如何与他间隔得。"

在王阳明和陆象山看来，心中有理，心中就有天地、万物。从这些方面，或可以看到所谓"心学"的一隅。

（四）明清时代王夫之、颜元等人对"格物致知"的阐发

1. 王夫之的解读

王夫之的解读要点如下。①从功效来看，王夫之说，"大抵格物之功，心官与耳目均用，学问为主，而思辨辅之"；"致知之功，则唯在心官思辨为主，而学问辅之"（《读四书大全说·大学》）。②"格物致知"的又一种理解。王夫之说："博取之象数，远征之古今，以求尽于理，所谓格物也。虚以生其明，思以穷其隐，所谓致知也。"（《尚书引义·说命中二》）又说，"非致知，则物无所裁，而玩物以丧志。非格物，则知非所用，而荡智以入邪"；"二者相济，而抑各有所从"（《尚书引义·说命中二》）。

2. 颜元的解读

颜元说："此格字乃手格猛兽之格，格物谓犯手实做其事"（《言行录》）；"手格其物而后知至"（《四书正误·大学》）。所谓"犯手"，就是动手。颜元强调要动手实践，而后获得真知，"见理于事"，这是先行后知的理念。

三、格物致知说的思想内涵与理论价值

格物致知说的特点是其包含实践的观点，是中国传统哲学与现代哲学特别是与马克思主义哲学发生联系的结合点。中国哲学或中国文化要

想在工业化的今天有所发展，离不开紧密联系的现实生活。除此之外，"格物致知"论所蕴含的其他深刻意义对于当今社会仍有一定的借鉴价值，因此，如何对其充分挖掘和利用就显得非常重要。

（一）传统儒家"格物致知"论的伦理价值

王阳明的"格物致知"论与其"致良知"说紧密相连。他认为良知是心之本体，是心的本然状态，永恒存在。现实中，人们因受私利物欲的影响，不能时时将良知呈现出来，所以需要有"致良知"的功夫，也即用"格物"来扫除人心的物欲障碍，保持良知本体。在王阳明看来，"格物"就是"正心"或"正念头"，即内视本心，格正心中的意念。"格物致知"体现了王阳明思想强调人的道德实践自觉、自律、能动的主体性价值，对于现代人道德人格的培养具有启示意义。从和谐社会构建和生态文明发展两个层面思考王阳明的"格物致知"论的当代价值。

首先，就和谐社会的构建而言，王阳明认为，良知即天理，具有普遍性特点。"夫良知即是道，良知之在人心，不但圣贤，虽常人亦无不如此。"（《传习录·答陆原静书》）如果人人皆能发扬孔子"己欲立而立人，己欲达而达人"和"己所不欲，勿施于人"的精神，人人自觉以良知为善恶的标准和个人行为的准则，良知得以彰显，社会即得和谐。这并不意味着排斥外在的规范，而是要强调二者的协调，如果没有道德主体真正的自觉，外在规范就会流于形式，甚至造成社会处处浮显虚伪，所以，唤醒道德主体内心的良知来使其觉悟，才是提高现代人道德修养水平的根本路径，道德修养水平的提高有利于人与人之间的和谐相处，促进良好社会秩序的构建。

其次，全球生态危机愈来愈威胁人类的生存，究其根源，人类在改造自然的过程中没有严格遵守自然界的规律，以致造成恶果。如果人类在改造自然、创造自己美好家园的时候，在一个平等的层面上来看待自然、善待自然，也不致招来自然的报复。这与我国当前强调人与自然和谐相处的生态文明发展战略不谋而合。学生道德认知与实践、和谐与生态的理念培养也是当前教育的重要任务，倘能利用中国传统文化，"吾日三省吾身""见贤思齐""见不贤而内自省之"的道德自我约束，利用"天人合一"等优秀的传统教育资源，让学生了解过去数千年间中国传统的优秀思想，以及践行这种理念所取得的成果，对于现代教育来说，会取得较好的教育效果。此外，司马光的"格物致知"论强调排除外物的诱惑、使人心不受外物干扰，这也有助于让世人浮躁之心归于宁静。一些人往往因内心欲望太多，却又不能一一实现而感到痛苦，轻者郁郁寡欢，重者与他人争执不休，甚至自我伤害或伤害他人。为什么有些看起来拥有很好的外部生存条件的人，内心却比很多生存条件很差的人还要烦恼和痛苦？一个重要的原因可能就是无节制的欲望，不能知足常乐。当然，这里并不反对人正常的进取之心，而是说要具备某种阈限意识，认识自己的能力和环境状态、认识自己内心真正的需要，认识自己的能力限度，凡事尽力而为。倘能如此，人心就不至过于浮躁，而归于宁静。此时，人们才会发现身边生活中诸多平时被忽略的美好内容，实现自我的和谐。

格掉内心物欲杂念的干扰，使心归于本然，有利于世人不因身处事中而迷惑，冷静地作出正确的判断，即所谓"当局者迷，旁观者清"。世界万事万物都在不断变化发展，须以宁静本心来应万变，有利于在教育中帮助学生正确应对学习和生活中的各种问题，作出符合客观实际的判断。

（二）传统儒家"格物致知"论的认识及实践价值

认识论方面，朱熹认为"格物"的含义就是"即物""穷理"和"至极"。"格，至也。物，犹事也。穷至事物之理，欲其极处无不到也。"（《大学集注》）"致知"就是推致吾心固有的知识，"致，推极也。知，犹识也。推致吾之知识，欲其所知无不尽也"（《大学集注》）。借用现代哲学的主客体概念，格物就是主体对客体的作用过程，致知就是客体的本质经过认识过程在主体处的反映，格物是手段，而致知是目的。关于从"格物"到"致知"的过程问题，朱熹认为，由"格物"到"致知"要经历一个量的渐进积累过程，"一物格而万理通，虽颜子亦未至此，惟今日而格一物焉，明日又格一物焉，积习既多，然后脱然有贯通处耳"。这里所体现的是一个由积累到贯通的循序渐进的过程。积累相当于事物处于量变阶段，贯通相当于事物已处于质变阶段。有积累（量变）才有贯通（质变），贯通（质变）是积累（量变）的发展和超越。这种主张启示我们，认识事物、学习技能、做科学实验或处理实际的事务，应尽量遵循循序渐进的原则，不急躁，不气馁。做学问亦是如此，只有经历"衣带渐宽终不悔，为伊消得人憔悴"的艰难积累过程，才会有"蓦然回首，那人却在灯火阑珊处"的豁然贯通。对教育来说，尤其如此。程朱的"格物致知"论还主张，人们要尽可能地接触、探究事物。他一方面强调通过读书来扩展知识；另一方面也强调要在实践中，通过与事物的直接接触来获得对事物的感性认识，在此基础上提炼、总结、概括，实现对事物本质和规律理性认识的升华。重视实践的价值，也体现在人们的日常言行举止之中。就道德实践而言，重视实践，就是要求人们不仅要认识人伦道德知识，更能将其贯彻到实际生活中去。就社会实践而言，重视实践，就要求人们从实践中通过探究，获得理论性的认识，再将其进一步应用到新的社会实践中去。

近代科学引入之后，学者们将其与我们的"格致"传统相联结，称其为"格致之学"。冯焌光、郑藻如的《再拟开办学馆事宜章程十六条》即言："泰西之学入我中国，自明天启中利玛窦始，继踵而至者如汤若望、南怀仁、蒋友仁、戴进贤诸辈，各有撰述，所阐格致之学，略有端倪。《清会典》亦载：'凡格致之学有七，一曰力学，二曰水学，三曰声学，四曰气学，五曰火学，六曰光学，七曰电学。'此全为物理学所属无疑。"

通过以上研究可以发现，传统儒家"格物致知"论主要有伦理道德以及认识、实践等方面的内涵，而其现代价值也正体现在这些方面。作为中国传统儒家哲学的一个重要命题，"格物致知"强调"实践"的作用，具有明显的基于经验的认识论命题特色。对于以社会伦理和修身为主的传统儒家思想体系来说，是十分宝贵的现代性转换思想资源。

第三节　整体性思维

整体性思维是中国传统思维方式的一个总体特征。本章力求阐明整体性思维在中国古代的具体体现，研究分析整体性思维对可持续发展观的影响，并以此为契机寻找传统思维模式和可持续发展观的现代结合点。

一、中国古代哲学整体观的基本倾向

中国古代哲学的整体观是建立在整体性思维方法基础上的。依照现代系统论的说法，所谓整体方法，就是从整体的角度出发，注重事物之间的相互联系和相互作用，达到理解和规定对象的一种思维原则。这种整体的方法，为"观物取象""类比推衍""象数预测"三种思维形式。

这三种思维形式本质上又是统一的，它们分别从不同的侧面表现了

中国整体观的特征。

（一）观物取象

所谓"观物"是主体对客体省察、体验的过程，但又不同于通常的认识方法，它对客体采取的是仰观俯察、远予近取的方式，是对对象的总体及其联系进行多角度、多层次、多方位的观察。在观物过程中，往往把对象当作整体的"一"，即完全的统一整体加以对待的。他们认为，只要通过对事物的直接观察和内心的经验感受，即可完全领悟和把握对象之间的联系和宇宙的本质。"取象"是观物的直接结果，是对观物过程中所获取的关于对象的感受和表象的进一步概括和凝练，是使客体对象主体化的过程。《易经》的八卦图像就是取象过程中所获得的一套形象的符号系统。

八卦图像不同于概念。概念是通过抽象的方法，对于对象先行分解，舍弃掉其中个别的特殊的东西，抽取其中共性的东西，而后综合地去把握对象。"象也者，像也。"（《易传·系辞传下》）八卦图像当然也是一种抽象，但它是对主体对象的模拟和象征，通过直接的方式去表征和反映对象之全体，不需要像概念那样把对象先分析然后再综合为一个整体。

中国古代文字基本上是象形文字，它以线条图案反映对象，本质上具有类似于八卦图像那样的特征和功能。因此，在此基础上通过意象提取所得到的八卦图像，它所表征的就不是对象的某个部分、方面，而是对象的全体或普遍联系，即全息式的对象整体。

（二）类比推衍

"类比推衍"的思维形式与观物取象相比具有普遍的意义，在认识活动中它所运用的概率远远高于后者。从思维程序看，观物取象是客体主体化，而类比推衍则是主体通过对于个别和局部的观察所获取的认识，进而以类的比附和推衍为手段，获得关于宇宙的普遍联系和整体的认识，其认识程序是由客体主体化的过程。

因此，从某种意义上说，它是在观物取象基础上发展起来的并且是包容了前者的一种方法。一般地说，观物取象的过程，由于受观察主体所触及的对象所限，它所获取的意象往往表征的是个别整体或类的整体。而类比推衍则具有在获得有限整体的基础上，通过类推而超越有限，最终获得无限的趋势。此方法与一般的演绎推理方法也不同，它不是通过概念的演进和逻辑推理的形式获得对象，而是通由类的推衍和比附去认识和把握对象，这意味着把握于个体或局部就可以认识宇宙整体。

老子所说的"以身观身"直至"以天下观天下"（《老子》第五十四章），就是一种类比推衍的方法。人是同类的，因此，可由个体之身经过推衍，进而认识他人直至人的全体。万物莫不同类，"不出户，知天下"，由个体或局部可以领悟宇宙全体之奥妙。荀子"以类度类"的主张，是对类比推衍法更为明确的表述。他认为，只有同类才可以推衍，但是，类的区别并非绝对的，类上有更大的类，推而极之，存在无所不包的类，"万物虽众，有时而欲遍举之，故谓之物"，"物"是大共名，包括大地万物。

天地万物虽然异类，但又可以说是同类。因此，通过"以人度人，以情反情，以类度类"的手段，即可获得宇宙全体的认识。

由上可知，类比推衍本质上也是一种整体的方法。由于其出发点是关于事物的个体或局部的整体认识，因此，最终获得的必然是关于事物的普遍联系或宇宙整体的认识。

中国哲学是"从直觉的价值出发"，即偏向于对象的直观审察，从中领悟对象的本质，因此，它不注重对象的区别，由此获得的是一种连续性的无限整体观。

（三）象数预测

象数，易学术语，是《易经》的组成要素。在《易经》中，"象"指卦象、爻象，即卦爻所象之事物及其时位关系；"数"指阴阳数、爻数，是占筮求卦的基础。具体表现为多种模型系统，如八卦、六十四卦，阴阳五行，河图洛书，等等。这些系统模型都是表述宇宙时空某些相互联系的特征。而模型本身不具有物质性，所表达的只是联系关系与演变过程。

以《易经》即六十四卦为例：太极——表示所论域，即我们所观察对象的整体；两仪——确立一分为二的演绎模式，表达了事物内部相互制约、相互依存、相互转化的互补关系；四象——为模糊思维逻辑之肇始，把二元系统发展为四元系统；八卦——为相对完整的时空模式，将空间划分为三维八隅，表达了事物发展的进程，所以它可以作为粗略的预测工具；别卦——进一步把八卦体系细致化，以充分表达事物由渐变到突变的转化程序；六十四卦——由八卦两两组合，排列成六十四种图像为总系统、个卦为子系统、阴爻阳爻为基本要素，其作用在于"是故《易》有太极，是生两仪，两仪生四象，四象生八卦，八卦定吉凶，吉凶生大业"(《易传·系辞传上》)。

《周易》的思想博大精深，被誉为群经之首、大道之源、三玄之冠。其本身包含"大道"，更体现了现代人所说的"分析工具"，大可治理天下，小可占卜吉凶，从其功能本质上可以理解为研究"事物规律"的工具，是最古老的哲学经书。《周易》中所提"八卦定吉凶，吉凶生大业"，其"八卦"本身会相重而生出六十四卦三百八十六爻，因此，此"八卦"不能简单的认定为 8 个卦象，而是包括了各类因素在内。

可以整体地理解为社会、人生发展的"好与坏""利与害""成与败"等发展的各类辩证关系。能否成就大业，能否真正成功，从《周易》智慧来看，其决定因素在于发展因素的"吉凶"关系，是吉大于凶，则成，凶大于吉则败，这本质上就是辩证关系。而吉凶之间本身可以转化，凶可规避、吉可发扬。然而，决定吉凶的因素则在于"八卦"所体现的各类关键要素，如天时、地利、人和等。不同的事物会面临不同的环境和不同的因素。"八卦定吉凶"的过程，定得好则"吉"，定得不好则"凶"，本身是一直"运转""生息"的过程。发展中随时出现吉凶，皆因"八卦"变化所生，需要不断创新、调整、优化"八卦"格局关系，方能"逢凶化吉"，成就大业。因此"《易》有太极，是生两仪，两仪生四象，四象生八卦，八卦定吉凶，吉凶生大业"，表达了完善的整体观这种综合性思维的能力。

二、中国传统哲学整体观的基本特征

基本特征可以具体地概括为以下几个方面。

（一）宇宙的有机整体

中国哲学惯用的大、全、一概念，就是从不同的侧面对整体结构无限性的称谓。宇宙万物的普遍联系与无限性时空形式的统一，表征为宇宙整体在结构上无限性的特征。

中国古代哲学往往把物质存在本身自然地看作时空形式本身，或者说，物质形态概念本身就是时空形式概念本身，因此，整体结构的时空无限性同时就是物质存在的无限性。

"计四海之在天地之间也，不似礨空之在大泽乎？计中国之在海内，不似稊米之在大仓乎？"(《庄子·秋水》)照庄子所说，往下推之，宇宙可到"至精无形"，往上推之，宇宙可到"至大不可围"。显然，庄子是从时空结构的角度来解释宇宙结构的无限，但是，这些时空序列的概念同时也是物质存在序列的概念。中国哲学的其他一些概念，诸如氤氲、太虚、虚廓、太极和天地、阴阳、五行等，大都有一身而兼二任的职能。

古人的"内外"之说，就包含这样的意义。因此，世界可以概括为人与万物或人与天两个最基本的部分。一般地说，中国哲人们强调的不是天人之间的对立和区别，而是强调"一天人""合内外"。视天人之间相互联系而为一体，是中国传统哲学最基本的观念之一，从孟子倡导"尽心，知性，知天"起，中经汉代人强调"以类合之，天人一也"(《春秋繁露·阴阳义》)，直至宋明哲学，从"性即理"的主张到"人与天地一物"(《传习录·门人薛侃录》)终，其间的说法可能因时因人的不同而有歧义，但"天人合一"的观念却一直是古代哲理的主流。

在"天人合一"的整体结构中，人与其他万物相比较具有无比优越的地位。人有理性、有道德、有情感，能够体天或天道。因此，只有人才能构成与天地并立的结构格局。老子的所谓人是"域中"的"四大"之一，孟子的所谓"万物皆备于我"，荀子的所谓人"参与天地"；《中庸》的所谓人"赞天地之化育"等，都从不同层面肯定了人在宇宙中的独特地位和独特价值。"人为天地立心"，中国哲学议论天或天道，最终都是落脚于人或人道，或者说，本质上是以人或人道去规范天或天道的。因此，"天人合一"的整体结构，实质上是以人为中心要素的整体观。以人为中心要素，可谓中国传统哲学整体观最基本的特征之一。

（二）生生不息、大化流行的整体

中国古代思想家在对客观世界的反复审察中，发现作为不可分割连续性宇宙整体，具有生生不息、大化流行的功能特性。

这种功能特性具体表现为：第一，类似于生命机体的变易原则；第二，整体从无序到有序的演进及反复。

张岱年先生认为，"中国哲学有一个根本的一致的倾向，即承认变是宇宙中之一根本事实。变易是根本的，一切事物莫不在变易之中，而宇宙是一个变易不息的大流"[1]。中国哲学强调变易的思维倾向已为学术界所公认。然而，中国哲学关于宇宙的观念，其特征不仅在于把世界看作变动不居的过程，而且在于把变易视为宇宙整体的有如生命机体那样的功能。中国的哲学家并不都认为宇宙本身是个有情趣、有意志的类似人的

---

[1] 张岱年：《中国哲学大纲》，江苏教育出版社 2005 年版，第 109 页。

生命机体，而是认为，宇宙是个恒常不息连续性变化的过程，它具有生生不息，化育万物的特性，而这个特性是非生命体所不具备的。包括自然界和人类社会在内的宇宙整体，只有在变易中才能维持自身的稳定和平衡，只有在运动中才能实现自己的存在。"天地之大德曰生"（《易传·系辞传下》），"天只是以生为道"（《河南程氏遗书》卷二上）。宇宙的本质曰"生"，即是个万物生化不息的生命过程。而且，具有生命特性的宇宙整体，其运动变化的形式也不是如同非生命体那样，只是一种简单的机械运动、物理运动或化学运动，而是由于万物之间相互联系和相互作用的内在机制，表现为一个新陈代谢、日日生新的过程。所谓"日新之谓盛德"（《易传·系辞传上》），"苟日新，日日新，又日新"（《大学》）就是这个意思。关于这种变化日新的过程，王夫之形象地比喻为"爪发之日生而旧者消"，"肌肉之日生而旧者消"。由此也可以说明，宇宙整体的变易确有生命过程的特性。

（三）宇宙的整体稳定和谐

追求宇宙和谐化的整体目标，整体最终所达到的有序化状态，实际上指谓整体的和谐化和稳定化。

强调万物之间的协调，求得整体的和谐和稳定，是中国传统哲学整体思想的根本目标。但似乎不能由此确认古希腊哲学就不讲求整体的和谐与稳定，实际上他们对这个问题也给予了相当的注意。因此，关键不在于中西哲学有无这个问题，而在于指明双方的差异的根据何在。

中国传统哲学对此至少有以下几个方面的特征。以整体的和谐化为目标的致思倾向。追求整体的和谐，向来是中国哲学家的基本观念之一，而在古希腊哲学那里却远非如此。早在西周末和春秋时期的史伯、医和、晏婴等人就提出了和谐的理论并明确了它的价值。他们注重不同要素之间的"相济相成"，强调整体的平衡和稳定，认为"和"才有美声、美色、美味，才能造就万物，才能"平心""平政"，保持身体的健康和社会秩序的稳定。

他们反对"过"和"同"，认为"过则生灾"，"同则不继"，是对整体稳定性的破坏及一种不正常的状态。这种追求整体和谐的观念，逐渐积淀为中国传统哲学的一种基本的思维定式。即使是学派林立、异说蜂起的先秦诸子时期，当时的思想家大都接受了这种观念并从不同的侧面发展了它。例如，《论语》中所说的"礼之用，和为贵"和荀子所主张的

"群居和一之道"，即是着眼于以礼节制人们行为，避免社会矛盾的激化，使社会整体保持一种和谐化和稳定化的状态。

庄子说，"一上一下，以和为量"（《庄子·山木》），"调理四时，太和万物"（《庄子·天运》）。他认为和谐乃是宇宙万物存在变化的首要原则，"守其一以处其和"（《庄子·有宥》），应该成为人生最基本的态度。《管子》也认为，"和乃生，不和不生"（《管子·内业》），整体的和谐乃是万物生存和人类社会发展的前提。

三、整体观的局限与现代性转向

省察整体观的不足，实现传统整体综合思维的变革与现代转向、创新思维方式，是我们发展文化、促进社会进步面临的任务。

（一）注重整体性，缺乏分析性

中国传统整体综合思维在观物取意时，习惯于从整体上去把握对象，而不是把对象分解为要素和特定基质。例如，惠施强调"泛爱万物，天地一体也"；《易经》提出有机整体论；《黄帝内经》视人体和天地为一个整体。这些整体综合思维直接对认识对象加以全面综合，不重视主客体的对立以及概念的逻辑化；它们讲究以统一和谐为本来把握差异与矛盾，以"和谐"为最高价值原则。

中国传统整体综合思维模式具有积极的引导作用：一是整体性的思维使人们形成整体高于局部、集体高于个人的思维模式，这有益于形成全民族强大的凝聚力和向心力；二是"天人合一"和谐相处的整体综合思维是治理工业发展过程中破坏自然、浪费资源、实施可持续发展战略的思想基础。与此同时，中国传统整体综合思维模式也具有一定的消极作用：一是它忽视具体分析方法，没有对事物及其局部的定性、定量分析，因而不能支持以精确计算为特征的近现代科学技术的产生；二是整体思维强调"天人合一"，把人看成世界整体的一个部分，主张以统一和谐为本来把握差异与矛盾，所关注的是如何保持人与自然、人与社会的平衡关系，不注重从事物内在的区别与对立中具体分析并把握事物的规定性。从而使人们形成忽视个性张扬、淡漠理性和创新精神的人格特征。

（二）具有跳跃性，缺乏科学性

中国传统思维的直观整体性导致思维活动过程和结论的笼统性。例如，"天人合一""道器合一""身心不二""体用一如"等主张宏大而笼统、强调万物一体化的思维造成认知的整体模糊，这主要表现在以下方面。一是事物概念缺乏严格界定，理解的伸张度极大。如老子说"道可道，非常道；名可名，非常名"。即感觉到的"事理"无法"道"出来，只能在"玄"的模糊中去"体悟"。二是表现在这种思维方式崇尚语言表达的"文约意丰"特点，造成文字内缩，意义外张。三是这一思维表达多是非概念术语或象征性联想。

这种从整体把握事物模糊思维在许多方面可以给人以启迪，例如中医理论把生命运动看作是有机体各个脏器功能相互作用的结果，这体现了模糊思维的积极价值。但思维活动和结果的整体性，使人们形成的思维概念不清晰、思辨内容笼统，不具有逻辑推理。而科学性的理性思维则要求认识应可确定的、具有逻辑推理，用文字符号和数学关系精确表达，所以整体综合思维决定了其科学性的欠缺，使得基于分析综合和精量计算的自然科学在中国古代无法发展起来。

（三）重视直觉性，缺乏实证性

中国人的直觉思维过程偏重于直觉经验性感悟，不依靠明确的分析活动、缺乏逻辑推理，而是从整体出发，用猜想、跳跃、压缩思维过程的方式直接对认知对象作出判断。例如，春秋战国时期扁鹊感性直觉应用中医望、闻、问、切四诊法。在直觉思维方式支配下，人们认为大自然只是一个感性的现象世界，只能用体验的内心直觉思维去体悟出道理。例如，儒家讲宁静而知、佛家讲定能生慧、道家讲营魄抱一，这些都主张在直观中调动人的潜意识进行思维，从而得出结论。这种思维模式虽然突破认识的程序化、为思维发挥提供巨大的想象空间，但是它不是从事物存在及其变化状况探索自然现象，不是从物体内在结构说明其属性，而对事物的原因也缺乏实证分析和逻辑推理。这一认知模式的模糊性和逻辑的不严密使认识往往停留在事物的表层和混乱状态的感性认识，不能成为反映事物本质和规律的科学知识。

中国传统的整体、模糊、直觉性综合思维方式对认识世界有一定的积极意义，但也有其明显的局限性。必须对中国传统整体综合思维进行变革、创新。

中国传统整体综合的思维方式是在相对封闭的农耕经济和宗法家族化政治结构的社会基础的特定社会环境和历史条件下形成的，不可避免带有历史局限性。因此，我们要从现代科学和现代社会发展的需要，抛弃中国传统思维的封闭性和保守性，弘扬其思维过程的精华，吸收当代创新思维的优势。

中国传统整体综合思维是一种经验的、直观的、带有主观臆测的思维，它注重对事物的整体把握而忽视把事物分解为单元、要素的具体分析和理性的升华。现代整体综合思维方式则是一种集具体综合和系统观念分析于一体，以逻辑思维为基础，体现着"综合—分析"的双向思维活动。我们应运用从逻辑分析入手剖析事物本质的方法，"分析—综合—分析"地研究客观事物。只有中国传统整体综合思维方式转向现代整体综合思维方式，才能在探索自然、研究社会、发展理性科学中显示活力，才能成为认识发展和科学创新的内在驱动力，从而有效地指导社会进步。

第四节　直觉体悟

直觉思维方式是中国传统思维的重要组成部分，表现出对人的生存价值和终极意义的探究，从而使中国传统哲学显示出不同于西方传统哲学的文化特质，同时也具有不可避免的历史局限性。

一、直觉体悟的基本特征

直觉在我国古代哲学中有着重要的地位。这种思维方式在中国传统哲学中的表现。不论是"灵感""顿悟"抑或"直觉"，大都有如下共同特点。

（一）非逻辑性

直觉思维是一种超越感性和理性的内心直观方法，是指心智直接觉悟的一种思维活动。主要通过主体的内省来把握思维对象。古代中国人所使用的概念往往没有明确的含义，具有很大的模糊性，因而概念间的关系无法明晰地判定，它们之间没有严格的界限。"道"是老子哲学的基本概念，它是万物的本源，但在老子看来，"道"是无象、无形、无名的，是"视之不见""听之不闻""搏之不得"的，因而连他本人也感到很难确切地表述它的含义。庄子也认为"道"无为无形，可传而不可受，可得而不可见"。"道"这个概念在中国人的哲学史、思想史上影响极大，但始终没有人对它作过清晰、精确的界说。

　　"仁"和"礼"是儒家学说最重要的概念，儒学创始人孔子及后来的荀子、董仲舒等，对此从来都没有作过明确的规定。在《论语》中，孔子对"仁"和"礼"的论述有多处，但这些都是在不同的场合针对不同的人和事对"仁"和"礼"作出的不同解释，而不是关于"仁"和"礼"的具有普遍意义的定义。比如，孔子一会儿认为"仁者爱人"，一会儿又断言"克己复礼为仁"。

　　"气"也是中国哲学史上一个十分常用、重要的概念，关于它的含义也是仁者见仁，智者见智。孟子认为，"气"指人内心中潜养的且能给人以智慧和聪明的道德力量；荀子认为，"气"是构成物质性的天地万物的原材料；董仲舒认为，"气"是神秘的天的意志的表现。张载可谓"气"论的集大成者，但通观他的学说，也找不到有关"气"的清晰定义。中国人的哲学、理论呈现出明显的历史承续性和相对稳定性。因为，概念的模糊，可以使它成为人人都可以用以表达自己思维的工具。

　　中国自古以来的思想家、政治家、学者都可以在不同场合、不同意义上凭借自己的主观意会而毫无顾忌地使用"仁""礼""阴阳""气""道""性""心""命""体用""格物致知"等一些基本的哲学范畴，他们完全不必担心前人或同时代的其他人是在何时何地使用上述概念的，张冠李戴，错用概念之类对他们来说丝毫不必顾忌，可以根据自己的意会赋予其新的内涵与外延，而使自己的论证自圆其说。更有趣的是，同时代的人或后人读完他们的论着，也能够从上下文中意会到经过他们意会过的一些概念的基本意义。

　　古代中国人之所以没把获得结论性命题的推导过程写出来，是因为这些过程本来就无法复述出来。因为他们的思想不是从简单自明的命题开始，然后遵循严格的逻辑推理规则推导而出。其所以如此，一是由于概念、判断的含混性使他们无法构成严格的逻辑推理过程。二是由于由已知到未知的途径、方法是多样的，绝不仅限于演绎、归纳，直觉也是由已知到未知的方法。

　　（二）主体内省性

　　主体内省是古代中国人直觉思维的基本途径。中国人的传统文化更重视人的内在精神。在这个问题上，道家强调人的自然性，儒家则强调人的社会性；道家提倡个体意识，儒家则提倡群体意识。但他们都不主张建立西方人所热衷的那种精神哲学。所谓自然性实际上被超越化了，社会性则又被赋予了"自然"的特征。总而言之，他们都把人和自然合一了，或者是把自然人化了，或者是把人自然化了。在中国佛教哲学中，玄奘和窥基所创立的唯识宗一派，确实具有外来宗教哲学的特点。主张心理意识的分析，有所谓"八识"之说，并强调"能"与"所"，"性"与"相"的对立，即主观同客观的对立。但这种学说在中国文化史上并没有得到发展，未能被普遍接受。

我们再以儒、道两家为例，对古代中国人所提倡的主体内省思维作一具体说明。

儒家推行伦理主义，其根本目的在于教诲人们如何做人。按照《礼记·大学》的概括，儒家追求的理想人格是"内圣外王"的境界。即"格物、致知、诚意、正心、修身、齐家、治国、平天下"。达到这种人生境界的基础是"修身"。《大学》要求从天子到百姓都要以"修身为本"。而这种道德修养的基本方法就是内省。所谓内省，在这里其主要内涵似乎限于伦理学范围，指人们要以儒家的道德规范为准则，经常在内心反省自己的思想、言论、行动，即曾子所说的"吾日三省吾身"，以期除恶趋善，使自己的人格向"内圣外王"的境界发展。由此可见，内省法乃是伦理主义的一种必然选择。

道家的自然主义，固然对古代中国人的科学思维产生过重要影响，但更重要的是，它把"自然"规定为人的内在本质，变成人的本性，这样一来，"自然"便不仅是外在的东西，而且是内在的东西，变成了人的存在范畴。因此，道家的思维仍然主要是内省思维。老子说，"道可道，非常道，名可名，非常名"（《老子》第一章）。认为对于绝对的道的认识，不是通常的认知方法所能获得的。他还说："不出户，知天下；不窥牖，见天道。其出弥远，其知弥少。"（《老子》第四十七章）不出户、不窥牖，所知所见的只不过是天下的一隅又一隅，天空的一方又一方，而不是"天下""天道"的整体、全部。"天下""天道"并不是它的各个部分的简单相加。不能用认识相对事物的办法去认识绝对事物。愈是试图用认识相对事物的办法去认识绝对的道，则愈是远离真正的道。老子甚至认为。人接触外界的具体事物多了，反而会造成认识上的混乱。在老子看来，要想体道，必须"致虚极，守静笃""涤除玄鉴"，也就是说，必须使主体内心清静、虚寂达于极点，不受一点外来干扰，尽管老子的本意是为了使主体返归于自然，但这个自然不是指的实体性的自然，而是指的自然而然的本然状态。只有在这种状态中才能获得人的本性的自由境界，才能体认出道来。

（三）整体综合性

在中国先哲那里，不存在一个纯粹的认识主体，也没有一个纯粹的认识领域或称"纯思"的客体。这种综合能力在于"悟"，抛开论证，认为直觉不可言说，是体认、体验、顿悟、意会，是对事物本质的直接把握。

这种直觉思维的综合性在内容上包括两大视阈：其一，思维主体的对象是一个连续的无限有机整体，不是有限的个体或实体；其二，思维主体不是纯思主体，而是作为知、情、意相统一的有机整体的主体。

主体活动的结果并不单单是获得对象世界的某种知识，而且包含着对美的感受、对善的体验和实践。主体的知、情、意对象化为真、善、美，所得到的是一个"天人合一""情景合一""知行合一"的整体性精神境界。主、客体的整体性，决定了中国思维方式的直觉思维特征以及中国直觉的综合能力的特质。

二、直觉体悟的主要表现

根据上述特征，主要体现于作为中国古代学术主流的儒、释、道三家之中。

（一）儒家

传统儒学一直是在"天人合一"的基本思维模式下进行的，亦即认为人们通过修养心性、完善人格，最后达到与天道合一的境界。而心性究竟应该如何修养才能最后达到与天道合一的境界呢？子思、孟子以降，传统儒家遵循的都是"尽心、知性、知天"的思想路数，"心"如何"尽"？"性"与"天"又如何"知"？先秦儒家似语焉不详，倒是宋明新儒家对此作出了进一步的发挥。朱熹认为：性即心中之理，"尽心知性"亦即尽心知理，"极其心之全体而无不尽者，必其能穷夫理而无不知者也"（《孟子章句集注·尽心上》）。而在朱熹的学说中，"理"与"天理""天道"是相通的，因而"能极其心之全体"，也就能知"天理"而合于"天道"了。至此，儒家之思维方式已经是呼之欲出了。此中有句话是至关重要的，亦即朱熹所说的"极其心之全体"。既然是"全体"，就是绝对的、不可分析的。对于这样一个"不可分析"的"绝对"的认识，或者更明白点说，离开"直觉"又有什么更合适的思维方式。

儒家讲"尽心、知性、知天"还有一个重要的方法，亦即"反观"。此在孟子为"反观而诚，乐莫大焉"，在李翱为"复性"，在张载为"善反"，在邵雍为"观之以心""观之以理"，等等。此中自然碰到一个问题，即"反观"什么？如何"反观"？儒家已经屡屡语及"反观心性"，问题是要进一步探究此"心性"究竟为何物？在儒家学说中，"心性"乃是一个"万物皆备"的精神实体或者本体，而对于此精神实体或者本体之观察、直观或曰直觉，无疑是一种最好的思维方式。在儒家学说中，"尽心、知性、知天"的另一种方法是"自诚明""自明诚"。此"诚"为何物？如何"明"？孟子曰："诚者，天之道也；思诚者，人之道也。至诚而不动者，未之有也；不诚未有能动者也。"（《孟子·离娄上》）《中庸》曰："诚者，天之道也；诚之者，人之道也。诚者，不勉而中，不思而得，从容中道，圣人也。"后儒更有"自诚明，性也；自明诚，学也"（《伊川击壤集》）等说法。凡此诸说，都把"诚"看成一个化生天地万物的精神实体，同时也是一种最高的道德规范，认为人之修养，最终目标就是达到"至诚"，只要"至诚"了，就能"赞天地之化育""照天地而无遗"。

因此，作为成贤为圣根本途径的道德修养，在儒家学说中是一个带根本性的问题。进一步说，既然道德修养在儒家学说中是一个带有根本性的问题，那么，修养的方法以及这种方法所依托之思维方式，在儒学中的地位当然是至关重要的，从这个意义上说，"直觉"思维方式确实是儒学最基本的一种思维方式。

（二）道家

老子最有代表性的观点是"绝学无忧""绝圣弃智"的主张。在老子的学说中，其所要认识的对象，不是某种具体的事物，而是那个不可言说的"道"。应该如何去认识这个"道"？首先自然要弄清楚这个"道"究竟为何物。用老子自己的话说，此"道"乃"惟恍惟惚""窈兮冥兮"，"绵绵若存"而可为"天地根"。也就是说，此"道"虽无形无相，却无所不在，它既是不可言说的，又是天地万物之本原。对于这个"道"，先哲时贤异说纷纭，有的称之为本原，有的认其本体；有的说它是一种精神实体，有的则认为它是一种物质性的东西，但不管哪一种说法，都很难一语道破它究竟为何物。实际上正如有些学者所指出的，不要说现在的学者很难给此"道"下定义，就连老子本人也没有说清楚此"道"究竟为何物，在其仅存的5000言的《老子》中，"道"本身就是一个"惟恍惟惚"的"混沌",一个无所不包的"大全",这就难怪后来的学者越想"说清楚"它,反而越说不清楚了。

道家另一个重要代表人物是庄子。与老子相似,要探讨庄子的思维方式,必须先弄清楚庄子学说中"道"之内涵。因为"道"在庄子的学说中是最高范畴,其认识论的最高境界也是认识和把握"道"。庄子对于"道"的论述很多,但最有代表性的当推《大宗师》中所说"夫道有情有信,无为无形。可传而不可受,可得而不可见。自本自根,未有天地,自古以固存;神鬼神帝,生天生地。在太极之先而不为高,在六极这之下而不为深,先天地生而不为久,长于上古而不为老"。此"道"究竟为何物,这里不拟详加讨论,但它是一个无形无象而又无所不包的"绝对"则是毋庸置疑的。

通过直觉去把握"道"的思想,在《庄子》中是作为一种基本的思维方式提出来的,而不是偶尔语及的。以老庄学说为重要理论依据,掺糅中国古代传统宗教和神仙方术建立起来的道教,在思维方法上也继承了道家的传统,即注重直观体悟。在相当长的一个历史时期内,道教强调修身养生,因而提倡丹药、方术,尚没有多少哲学理论。但是到了后来,特别是到了提倡三教合一的全真道时,就把"与道合一"作为修行的最高境界。此种境界的实现,绝非往日道教所提倡的修身炼形或者一般修持学问所可企及的,而必须借助于身心对"道"之体证。此种"体证"之最根本的途径或方法,也唯有直观、直觉。可见,就思想理论上说,直觉体悟也是道教的基本思维方式之一。

（三）佛教

最具代表性,是中国化了的佛教禅宗慧能的思想。慧能之重顿悟,《坛经》言之凿凿,俯拾皆是,这里仅简撮几条,以窥大概。他说:"掂知一切万法,尽在自身中,何不从自心顿现其真如本性";"若悟无生顿法,见西方只在刹那。不悟顿教大乘,念佛往生路遥。迷来经累劫,悟则刹那间"。如果说,以前佛教界所说的顿悟尚且以渐修为基础,那么,到了慧能,其顿悟说则可以不假修习,当下大悟,立地成佛。此种修行方法经慧能倡导之后,就成为禅宗的一个基本原则,慧能的后学多循此说,且越走越远。慧能的嫡传弟子神会曾以"利剑斩束丝"比喻以顿悟断除一切烦恼业障,并以顿、渐为标尺,把神秀为代表之北宗推到了"傍门"的地位;此后马祖门下的慧海和怀海的弟子希运更是把顿悟说推到了极致，视之"唯一法门"。慧海曰："唯有顿悟一门，即得解脱。"(《顿悟入道要门论》) 希运说，历世苦修，"只是历劫枉受辛苦耳"，"纵使三祇精进修行，历诸地位，及一念证时，只证元来是佛，向上更不添一物"(《筠州黄檗山断际禅师传心法要》)。提倡"直下便是，运念即乖，然后为本佛"，"直下顿了，自心本来是佛，无一法可得，无一行可修，此是真如佛"(《筠州黄檗山断际禅师传心法要》)。总之，中国佛教自竺道生之后，"顿悟"的修行方法一直为佛教界所注重，虽然多数思想家并不主张完全废弃"渐悟""渐修"，但一般地总是把"顿悟"摆在比"渐修"更高的地位。这里人们碰到这样一个问题，为什么中国佛教会把"顿悟"作为一种更根本的修行方法？要回答这个问题，必须联系到中国佛教的基本思维模式，即本体论的思维模式问题。从理论上说，"顿悟"的修行方法是与特定的思维模式相对应的，换句话说，当佛教发展到以本体论作为一种最根本的思维模式后，其修行方法必定要随之发生相应的变化。因为"本体"之为物，是"无声无臭""无形无象"的，它不同于某种有形有像的"实体"，如果说，实体是可以由"部分"相加而成，那么，再多的"部分"相加也不能构成"本体"。因此，对于本体的把握不可能通过积累"部分"的认识来实现，用佛教的术语说，要"得本称性""反本归极"，唯有"顿悟"，不能"渐修"。

诚然，大乘佛教并没有完全否定"渐修"，但是这种"渐修"只能为"顿悟"创造条件，奠定基础，用竺道生的话说，只是"资彼之知"，虽不无"日进之功"，最终目标之实现，则非"顿悟"不可。因此，大乘佛教多以"顿悟"为极致。

大乘佛教对于达到最高境界何以要"顿悟"而不能"渐修"，曾有过许多颇为深刻的论述。例如，相传为僧肇所著的《涅槃无名论》就说过这样一段话："心不体则已，体应穷微。而曰体而未尽，是所未悟也。"既悟则属全体，不可能这次悟此部分，下次悟另一部分。"理"是不可分的。竺道生以"反本称性""得本自然"为佛，而此"本"乃是一纯全之理体，是一而不二的，故体悟此本体的智慧也应以"不二之悟，符不分之理"。至于禅宗，把"本来是佛"之"本心本体"视为一包罗万象之整体，对此"本心本体"之证悟，只能"默契意会""直下顿了"，故禅宗倡"以心传心""直指便是"，反对在语言文字上讨意度。

总之，不管是竺道生还是禅宗，甚至天台、华严各宗，由于它们都以本体论的思维模式为依托，因此，都以"反本归极""体证佛性"为终的，都把"回归本体""与本体合一"作为最高境界，而这一境界的实现，又都借助于"悟"，特别是"顿悟"。从思维方式的角度说，这无疑是一种超时空、非逻辑的直接体证，亦即直觉体认。虽然它与儒家的"尽心知天""反观心性"有所不同，但就其采取非逻辑的、跳跃式的直觉思维说，二者是一致的。既然中国传统哲学的主流在儒释道三家，而直觉思维又是它们的一种重要的甚至是带根本性的思维方式，可见，说直觉思维是中国传统哲学中一种重要的思维方式，是完全符合历史实际的。既然发掘、弘扬中国历史上哲学遗产是建设现代哲学不可或缺的一环，那么对于中国传统哲学中直觉思维的研究无疑是当前哲学研究中一项有意义的工作。

三、直觉体悟的局限性

中国重直觉的思维方式有它的优点，也有它的缺点。作为强调和谐统一整体的中国哲学，认为人同自然界水乳交融，不可分割。主体的认知活动同时伴随着情感性因素，思维的潜力得以充分发挥，思维活动也具有自由性、能动性的特征。从而创造出了中国古代灿烂的民族文化。

中国直觉思维重形上而轻形下，崇道贬器的思想，有利于道德培养，同时对中国古代的艺术理论和创造都发生过重大影响。中国思维的整体性以及直觉思维的整体性认知方式，同现代世界上流行的系统论有相近之处，因此受到西方人士的青睐。西方一贯严格区分物质和精神，尽力排除认识上的主观因素，对人生和社会的认识也采取这种孤立的分析的态度，分化物质和精神世界，使人类精神难以找到故园，除了信仰上帝而无所追求，"上帝死了"，人类将去向何处？这样便可能丧失思维主体所应有的热情、活力或想象力，引发了一系列社会问题的产生。因而20世纪西方掀起一股直觉主义思潮，提出借鉴东方文化的观点也兴盛起来，这足以证明中国传统哲学所特别强调和重视的直觉思维代表着人类思维发展的一种方向，可以成为人类把握世界的重要方式之一。

整体性直觉思维是中国古代哲学的特点，其局限性在于，中国的直觉思维未能从整体思维中分化出一个单纯的认知主体与认识对象，并把认知活动等同修养论导向道德伦理领域和个体精神生命领域，使得中国人生哲学高度发达，而所获得的知识缺乏科学性、精确性，具有跳跃性、非系统性。过度重视直觉而轻视逻辑的方法，必然影响科学理论的发展。

但是恰恰是直觉却与大多数重要的科技发明结下了不解之缘，如古希腊阿基米德的"洗澡中的启示"，牛顿"落地的苹果"、伦琴的 X 射线，爱因斯坦震惊世界的那些普遍定律等。为什么中国的直觉思维却与之失之交臂？科学却在西方高度发展起来？这就说明了西方的直觉思维与中国的不同，它是建立在逻辑分析的基础上，它是科学的起点和感性向理性的顿悟式飞跃，而中国的整体性直觉阻碍了认知的进步和科学的发展。其实，直觉思维与逻辑思维并不是对立的，而是有内在联系的，不能厚此薄彼，而要兼容并蓄，实现融通。这应是思维发展的方向，应加以倡导。

第五节 "两一"的辩证法思想

中国古代的辩证法以阴阳为核心范畴，从而把"两一"关系视为思想方法论的主要问题之一。"两一"是中国古代辩证法的特殊表述。

一、"两一"说的提出与确立

"两一"是中国古代哲学辩证法最早的，也是最重要的哲学范畴之一，它形成于春秋战国时期。

在中国哲学史上"两一"范畴与"阴阳"范畴的关系非常密切。"一"常表示阴与阳的统和；"两"常表示阴阳两者的对峙。"两一"范畴是"阴阳"范畴的进一步发展，是通过"一"和"二"两个抽象的数字，来表达事物的辩证关系。"两一"和"阴阳"皆渊源于《易经》。《易经》从复杂的自然现象中抽象出阴爻和阳爻两个符号。"—"为阳爻，代表积极、向上、刚强、进取等特性；"--"为阴爻，代表消极、向下、柔弱、退守等特性。宇宙就是在这两种事物对抗性的势力的运动下发生、发展着的。

宇宙事物的滋生、发展的规律是和"数"的规律相对应的。《易传·系辞传上》：《易》有太极，是生两仪，两仪生四象，四象生八卦。"—"代表事物的整体，"--"则代表事物内部对立的两个方面。

（一）萌芽期

"两一"观念在《易经》和《左传》中已经露出端倪。《易经·泰卦》说，"无平不陂、无往不复"。平与陂、往与复，既相对立又相统一，二者是相互依存的，又是相互转化的。

春秋时期，史墨在评论季氏出其君时，提出了"物生有两"的命题。他说："物生有两，……体有左右，各有妃耦。王有公，诸侯有卿，皆有贰也。"（《左传·昭公三十二年》）

（二）生成期

"两一"观念在老子的辩证法思想中已经很清晰了。"道生一，一生二，二生三，三生万物。万物负阴而抱阳，冲气以为和。"（《老子》第四十二章）"反者道之动，弱者道之用"（《老子》第四十章），是老子辩证法思想的精髓所在。"反者道之动"这命题有三义。

其一，相反相成。老子承认在自然界和社会领域中矛盾是普遍存在的，是绝对的。诸如《老子》书中有贵贱、祸福、美丑、善恶、生死、有无等近百对矛盾。这些矛盾双方是相互依存的。"故有无相生，难易相成，长短相形，高下相倾，音声相和，前后相随。"（《老子》第二章）

其二，相互渗透。"常无，欲以观其妙；常有，欲以观其徼。"（《老子》第一章）正因为有中摄无、无中统有，所以才有可能在无中观其妙，在有中观其徼。有与无是相互渗透的。

其三，相互转化。老子认为："祸兮福之所倚，福兮祸之所伏，孰知其极？其无正耶？正复为奇，善复为妖。"（《老子》第五十八章）"曲则全、枉则直、洼则盈、敝则新。"（《老子》第二十二章）"物或损之而益，或益之而损。"《老子》第四十二章）"弱者道之用"这一命题讲的是矛盾的转化。

（三）发展期

《易传》则从更积极的方面推进了老子的"两一"观念的发展。《易传》作者提出了三个精湛的辩证法命题，一是"生生之谓易"（《系辞上》），认为宇宙万物是生生不息的。"生"即创造，"生生"即不断地产生或创造出新事物，不断地以新事物代替旧事物，这就是"易"。"在天成象，在地成形，变化见矣。"（《系辞上》）二是"刚柔相推而生变化"（《系辞上》），"刚柔相推，变在其中矣"（《系辞下》），世界万物变化的根源是刚（乾）柔（坤）相互作用的结果。换言之，阴阳的对立是万物变化的根源。三是"一阴一阳之谓道"（《系辞上》）。阴阳两个对立面既相互对立又相互联系，既相互依存又相互转化。"立天之道曰阴与阳，立地之道曰柔与刚，立人之道曰仁与义。……分阴分阳，迭用柔刚。"（《说卦》）肯定了对立面的相互联系、相互推移是事物发展的普遍规律。这是中国古代关于对立统一规律的最早的表述。

韩非子作为新兴地主阶级的思想代表，则明确地提出了"矛盾"这一概念，进一步发展了老子"两一"观念。他所谓矛盾主要是指"不可两立"的意思："夫不可陷之盾与无不陷之矛，不可同时而立"《韩非子·难一》）；"夫冰炭不同器而久，寒暑不兼时而至，杂反之学不两立而治"《韩非子·显学》；"士与当涂之人不可两存之仇也"《韩非子·孤愤》）。这是韩非对《老子》的一与两观念的重要发展，也是中国哲学史上唯一强调斗争性的思想家。

（四）成熟期

成书于战国末年的《黄老帛书》吸收了《老子》《易传》《韩非子》等著作中的"两一"观念，是一部充满辩证法思想的哲学著作。可以说，它是先秦"两一"观念的集大成者。

其一，阴与阳的矛盾现象充斥于宇宙间。在自然界，"天阳地阴，春阳秋阴，夏阳冬阴，昼阳夜阴"，"天地之道，有左有右，有牝有牡"（《黄老帛书·称》）；"天有晦有明，有阴有阳"，"地有山有泽，有黑有白，有美有亚（恶）"（《黄老帛书·十六经》）。在人类社会，"大国阳小国阴，重国阳轻国阴，有事阳无事阴，信（伸）者阴（当作"阳"）屈者阴，主阳臣阴，上阳下阴，男阳（女阴），（父）阳（子）阴，兄阳弟阴，长阳少（阴），贵（阳）贱阴，达阳穷阴，取（娶）妇姓（生）子阳有丧阴，制人者阳制于人者阴，客阳主人阴，师（军队）阳役（劳役）阴，言阳黑（默）阴，予（给予）阳受阴"（《黄老帛书·称》）。

其二，矛盾双方相互斗争又互相依存。"静作相养，德（春生）虐（秋杀）相成。两若有名，相与则成"（《黄老帛书·十六经》）；"夫天地之道，寒湿（热）燥湿，不能并立；刚柔阴阳，固不两行。两相养，时相成"（《黄老帛书·十六经》）。动与静、德与虐、寒与热、燥与湿、刚与柔，阴与阳、"固不两行"，但它们是"相养"又"相成"的，是矛盾的统一。

其三，矛盾向双方各自相反的方向转化。"极雨〔反〕者，天之生（性）也"，"极而反，盛而衰，天地之道也，人之李（理）也"（《黄老帛书·经法》）。物极必反，盛极必衰，这是自然界的规律，也是人类社会的规律。这和《管子·重令》篇中说的"天道之数，至则反，盛则衰"，是一个意思。

其四，矛盾双方的转化是永恒的。"乡（向）者已去，至者乃新。新故不婴，我有所周。"（《黄老帛书·十六经》）在客观世界中，陈旧的东西已经过去了，而来到的总是新生的东西，陈旧的东西和新生的东西不会纠缠在一起，总是不停地更替，周流运转，没有穷尽。这里，已经朴素地提出了新陈代谢是事物发展的永恒规律的思想。

其五，提出"度"这一哲学概念。所谓"度"，就是矛盾双方存在于统一体中的界限，如果超过了"度"，就会破坏矛盾双方的依存关系，而向对立面转化。所以，《黄老帛书》十分重视"度"的作用，强调在处理事情中，必须注意"审度"。"审知四度[①]，可以安天下，可安一国。"（《黄老帛书·经法》）这正是新兴地主阶级进取精神的反映，是它比《老子》前进的地方。

二、"两一"说的演进与发展

（一）两汉阶段

两汉时期，随着封建大一统帝国的建立，汉初统治者采取一系列进步措施，经济有所发展，社会矛盾有所缓和，所以许多思想家关于一与两的论述，多是从某些方面对《老子》《易传》思想进行补充和修正。

汉初，贾谊在《鹏鸟赋》中提出"忧喜聚门，吉凶同域"的观念，用来表示对立两方面的统一。《淮南子》提出的"转而相生"（《人间训》）的思想也是精湛的。这是对转化思想的发展。

董仲舒和扬雄都从不同的角度提出了"凡物必有合"（《春秋繁露·基义》），"阳不极则阴不萌，阴不极则阳不牙（雅）"（《太玄·玄摛》），皆强调了对立面的统一和转化的思想。

东汉末年的《太平经》虽是一部道教经典，但是也提出了"两两为合"的命题。它说，"天虽上行无极，亦自有阴阳，两两为合"，"然地亦自下行何极，亦自有阴阳，两两为合。如是一阴一阳，上下无穷，傍行无竞"（《太平经·庚部之十五》），即认为阴阳"两两为合"构成的天地，在空间上是无限的，其运行也是不息的。

（二）隋唐阶段

隋朝的杨上善在注释《黄帝内经·太素·设方·知针石》时。在我

---

① 四度：君臣、贤不肖、动静、生杀。

国最早提出了"一分为二"的命题。他在解释老子的"道生一，一生二，二生三，三生万物"时指出："从道生一，谓之朴也。一分为二，谓天地也。从二生三，谓阴阳和气也。从三以生万物，分为九野、四时、日月乃至万物。"在这里，他用"一分为二"来表述一与两的关系，是十分精湛的。

在佛教的宗教理论中，尤其是华严宗在"心尘互缘"和"四法界"的神学思辨中，提出的"六相圆融""一多相摄""相即相成"，也有丰富的辩证法思想，但是它却是结胎于宗教哲学之中，披上厚厚的相对主义与诡辩的袈裟。

隋唐时期在中国辩证法发展史上是一个相对沉寂的时期。虽然有黄老之学，儒学的今古文学，魏晋玄学，佛教诸宗，纷然杂陈，但实质内容并没有多大的创获，然而从中国古代辩证法发展史来看，却是一个必经的阶段，它为宋明辩证法的新发展作了必要的准备。

（三）宋明阶段

从北宋起，随着理学思潮的兴起，《易传》为新儒学的重要经典之一。在哲学界关于一与两的讨论，以注《易》的形式呈现出一个新的高潮。

北宋著名社会改革家王安石在探讨运动根源时，提出了"道立于两，成于三，而变于五"（《洪范传》）的观点，即认为道（元气）是建立在对立面的基础之上，矛盾对立的结果形成新事物（成于三），从而引起天地间五行之物的无穷变化（变于五）。

张载在中国哲学史上第一次以"一物两体"的命题来表述对立统一法则。"一物两体（者），气也，一故神，两在故不测。两故化，推行于一。此天之所以参也。"（《正蒙·参两》）张载认为"气"之所以运动变化，主要是由于气体本身包含的虚实、动静、阴阳、聚散等两个对立面之"相感"。他把"一"与"两"用来表述矛盾法则，指出"一"中有"两"即气这个统一体内包含有对立的两部分，故神妙、莫测；"两统于"一"故能生化。"一"与"两"的关系是"两不立则一不可见，一不可见则两之用息"（《正蒙·太和》），统一体与对立面之间是互相依存的。但是，"一物两体"的学说，存在两方面的缺点。其一，片面强调"仇必和而解"。"有象斯有对，对必反其为。有反斯有仇，仇必和而解。"（《正蒙·太和》）其二，还没有深入地剖析统一体中对立面之间的矛盾关系，因而也未能真正阐明运动变化的根源问题。

二程及其门徒都有相当精彩的一与两的思想。二程既承认矛盾的普遍性，又承认矛盾的相互转化。程颢说："天地万物之理，无独必有对"，"万物莫不有对，一阴一阳，一善一恶"（《河南程氏遗书》卷十一）。程颐亦说："天地之间皆有对，有阴则有阳，有善则有恶。"（《河南程氏遗书》卷十五）

北宋邵雍在解释《周易》时，即用"一分为二"的模式来解释"太极生两仪"。他说："太极既分，两仪立矣。阳下交于阴，阴上交于阳，四象生矣。阳交于阴，阴交于阳，而生天之四象，刚交于柔，柔交于刚，而生地之四象，于是八卦成矣。八卦相错，然后万物生矣。是故一分为二，二分为四，……合之斯为一，衍之斯为万。"（《观物外篇·先天象数》）

朱熹承袭张载、二程的思想，称赞张载的"一物两体"的思想"极精"。他在发挥张载的"一物两体"思想时，提出了一些值得重视的观点。第一，他认为宇宙万物"只是一分为二，节节如此，以至无穷，皆是一生两尔"（《朱子语类》卷六十七）。第二，认为矛盾双方是"包"在一个统一体中的，"天下的道理，只是一个包两个"（《朱子语类》卷七十九）。第三，认识到矛盾双方的相互渗透，相互包含的关系，指出"事好中有不好，不好中又有好，沙中有金，玉中有石"（《朱子语类》卷十二）。第四，不但承认"无独必有对"，而且提出"独中又自有对"的命题。他说："虽说无独必有对，然独中又自有对。"他还进一步提出对立是变化的根源的思想，"凡天下之事，一不能化，惟两而后能化。且如一阴一阳，始能化生万物"（《朱子语类》卷九十八）。

南宋的叶适提出了"道原于一而成于两"（《别集·进卷·中庸》）的命题。王廷相提出了"阴阳相待"的辩证法命题。

（四）明清之际

明清之际的方以智则在他的《东西均》一书中，以独特的方式丰富和发展了"一"与"两"的学说。在《东西均》一书中，他提出了"交""轮""几"三个概念："交也者，合二而一也"，"交"就是对立双方互相作用、互相渗透；"轮"也者，首尾相衔也"，"轮"就是表示对立双方互相推移、相互转化；"几者，微也，危也，权之始也，变之端也"（《三征》）。"几"是变化的开始，是运动变化的内在根源。这些命题，都充满着辩证法的精神。

王夫之在张载、王廷相和方以智思想的基础上，全面论述了"分一

235

为二"和"合二以一"的矛盾法则。

其一，他在《张子正蒙注》中提出的"阴阳行乎万物之中"，"物物有阴阳，事亦如之"以及"无孤阳之物，亦无孤阴之物。……合两端于一体，则无有不兼体者也"等命题，充分肯定了世界上任何事物都是"合二端于一体"的矛盾统一体，这是讲矛盾的普遍性。

其二，他由此进一步探讨统一体中两个对立面的辩证关系。一方面，他承认对立面之间"相峙而并立"（《周易内传》卷一），"相反相仇则恶……阴阳异用，恶不容已"，"刚柔、寒温、生杀，必相反而相为仇"（《张子正蒙注·太和篇》）等"分一为二"的矛盾斗争关系。另一方面。他认为矛盾双方不是"截然分析而必相对待""截然分疆而不相出入"（《周易外传》卷七），而是"相倚而不相离"（《周易内传》卷五）的"合二以一"的矛盾同一关系。

其三，正因为对立面之间具有二重性，所以"一气之中，二端既肇，摩之荡之，而变化无穷"（《张子正蒙注·太和篇》）。由此可见，王夫之提出的"合二以一"和"分一为二"的观点，是在更高的理论思维基础上对矛盾规律的表达。可以说，王夫之是中国古代关于一与两辩证法的集大成者。

三、"两一"辩证法思想的特质及其影响

较早涉及"两一"关系问题的哲学家是老子和《易传》的先哲们。《老子》第四十二章写道："道生一，一生二，二生三，三生万物。万物负阴而抱阳，冲气以为和。"这里的"二"是指阴阳二气；《易传·系辞传上》写道："《易》有太极，是生两仪，两仪生四象，四象生八卦。"隋代学者杨上善在注释《黄帝内经·太素》时，借鉴《老子》和《易传》的观点，提出"一分为二"一词，用以说明宇宙万物的生成过程。就是说，用"两一"来说明事物运动变化的动因，构成"两一"辩证法思想最丰富的内容，也是中国古代辩证法思想的基本特质，一直影响到我们今天的哲学思维。

到宋代，哲学家们把两一问题从宇宙论中剥离出来，从方法论的角度加以深入研究，并且形成两种不同的思想倾向。一种倾向是强调"分"。如北宋道学家创立的"先天之学"，把一分为二说成发展演化的一般规律。朱熹的辩证法思想倾向也是"分"，他曾说："一分为二，节节如此，以至

无穷，皆是一生两尔。"强调对立面相分的思想在中国由来已久。战国时期的辩者就提出过"一尺之棰，日取其半，万世不竭"。

另一种倾向是强调"合"。明末清初的哲学家方以智针对"一分为二"，提出"合二而一"的新命题。他说："'交'也者，合二而一也。""交"就是交合，指对立面双方结合在一起，相互转化。比较全面地处理两一关系的哲学家当属张载和王夫之。张载认为"两""一"密不可分地联系在一起，每个统一体都包含着内在的矛盾，即包含着相互对立的两个方面。对立的双方既对立又统一，从而引起事物的运动变化。他说："一物两体，气也。一故神，两故化，此天地之所以参也。"他以"气一元论"为基础，说明"两"与"一"的辩证关系：气是对立面统一的物质基础，倘若离开了这个基础，矛盾双方失掉内在联系，当然就谈不上统一。每一个具体事物都是阴阳二气的表现形态，阴阳二气本质上是一个，然而又是矛盾着的两个方面，这正是气的神妙莫测之处；阴阳两个方面既对立又统一，这正是运动变化的动力源泉。

张载自始至终都把对立（"两"）和统一（"一"）紧紧地联系在一起，他强调说："两不立则一不可见，一不可见则两之用息。"在他看来，对立离不开统一，统一也离不开对立。张载关于"两一"关系的看法无疑是比较全面的。王夫之作为张载的继承者，对"两一"关系也有比较深刻的见解。他认为，气是对立统一规律的客观基础，"一气之中，二端即肇，摩之荡之，而变化无穷"。对立着的两个方面相互依存，相互转化，互为前提，互为条件，任何一方都不能脱离对方而孤立地存在。"无有乾而无坤之一日，无有坤而无乾之一日"，"阴阳不孤行于天地之间"。他已经认识到，对立是统一体中的对立，把这条原则概括为"分一为二"；还认识到，对立的双方有内在联系，把这条原则概括为"合二而一"。并指出这两条原则是不可以割裂开来的，二者都是事物辩证发展运动过程中的不同侧面，"合二以一者，为分一为二所固有"。王夫之的这种理解相当精确地抓住了对立统一规律的基本精神。

哲学有着深刻的文化内涵，代表着工业文明所必需的文化精神，它对少数人来说是一种专业，而对多数人来说是一种社会文化素养，它具有改造国民传统心理、建设人类的美好精神家园，为社会塑造出一种崭新风貌和人文精神的历史使命。中国古代的辩证法思想虽然尚处在自发阶段，而未达到自觉的程度，但其基本精神同马克思主义辩证法思维是相通的。我们应当认真继承和弘扬中国古代辩证思维的优良传统，提高中华民族的理论思维水平。

中国传统哲学对于合理解决当代人类发展所面临的人与自然、人与社会的矛盾和冲突提供了富有启发性的观点，为中国哲学的发展奠定了坚实的思想基础，对民族精神的形成和国民性格的塑造起到了至关重要的作用。建立马克思主义的当代形态，需要吸收中国传统哲学的精华。毛泽东同志从中国古代哲学中找出"一分为二"的命题，重新加以解释，用来说明对立统一规律，遂使之成为具有崭新意义的唯物辩证法命题。

一个民族要想立足于世界强国之林，一刻也离不开哲学思维，而当今世界许多哲学问题的解决，都依赖于哲学观念的转变以及正确方法论的指导。从总体上把握当代中国的改革开放和现代化建设，由此引发对民族生存方式和社会发展的哲学思考，在思维方式上自觉接受和运用辩证的思维方式，具有深远的现实意义。

第六节　中庸之道与中道观

中庸思想是中国古代儒家倡导的道德实践原则和处世方法，是立身处世的大智慧。

一、中庸的含义

中庸是儒家思想的最高道德标准和君子理想人格，也是儒家待人处世的重要思想方法。"广大"而"精微"、至诚无息、德合天人、合外内之道，是天道与人道、仁与礼、忠恕中和的统一。

中庸是最高的道德标准，"中庸之为德也，其至矣乎！民鲜久矣"（《论语·雍也》）。孔子认为中庸是最高的道德标准，大家已经很长久地缺乏它了。主要体现在三个方面。

第一，中庸是天之德。"天地之道，可一言而尽也，其为物不贰，则其生物不测。"（《中庸》第二十六章）天地的道理是诚一不二，化育万物而不可测。"至诚"则"可以赞天地之化育、可以与天也参"，中庸就是至诚尽性，可以通天，天之德就是广博、深厚、光明，承载万物，作为人是天的衍生，应该效仿天，做到心胸广阔，厚德载物，树立远大的抱负。"今夫天，斯昭昭之多，及其无穷也，日月星辰系焉，成物覆焉。"（《中庸》第二十六章）

第二，中庸是圣人人格精神的外化。在孔子出生的年代，周天子已经不能号令天下了，天下处于"子弑父、臣弑君、君臣僭越、陪臣执国命"礼崩乐坏的局面，在孔子眼中，只有尧、舜、禹、商汤、文武、周公才是符合中庸之道的，推行中庸之道，就要向这些大圣人学习践行，用圣人的人格精神来熏陶自己。"舜好问而好察迩言，隐恶而扬善，执其两端，用其中于民，其斯以为舜乎！"（《中庸》第一章）舜之所以受人爱戴，能把国家治理好，因为他恪守中庸之道治国，是极聪明而富有智慧的人。

第三，坚定地实践中庸精神。实践中庸精神不是一件容易的事，人们处事不是过头就是不及，很难做到无及无不及，恰到好处。"知者过之，愚者不及"与"贤者过之，不肖者不及"，聪明者过头，愚笨者不及，贤德者过头，不贤者还不及，在孔子眼里"过"与"不及"都是不好的。"人皆曰予知，择乎中庸而不能期月守也。"（《中庸》第七章）人们以为自己达到了中庸，实行中庸之道一个月也很难以坚持"天下国家可均也，爵禄可辞也，白刃可蹈也，中庸不可能也"（《中庸》第九章），国家可平定，爵位可辞掉，锋刃可踩踏，但中庸之道却不容易恪守。从根本上说，实践中庸精神难度太大了，它不仅要求内在慎独修身，外在做到知行合一，还要在价值判断上做到"无一事不合理"，可见实践中庸精神是难能可贵的。

从根本上说，"中庸之德"，是一种内在的心性与外在的修为的统一，既是一种人格境界，也是历代圣贤"修身、齐家、治国、平天下"的心诀。

二、中庸思想的发展演变

儒家中庸思想源于前人"用中"和"尚和"的思想。孔子创立中庸，系由周公的"中德"观念和史伯、晏婴的"和同"说发展而来。一方面，孔子将"中德"改造为中庸，并宣布为"至德"，这说明中庸是孔子所认定的道德真理；另一方面，孔子又对中庸作了"过犹不及""和而不同"等的表述，这说明中庸又兼有哲学方法论的意义。孔子在《论语》中对中庸概念作了一些解释。

如《论语·先进》篇的著名论断"过犹不及"。再如《论语》中的其他论述，"君子矜而不争，群而不党""君子欲而不贪""君子泰而不骄""君子威而不猛"等，都可以看作孔子对中庸概念的表述。这说明孔子已经认识到保持平衡是事物发展的关键所在，从而提出对待事物必须坚持适度、合宜的原则和方法。孔子关于中庸的见解为儒家中庸思想搭建了一个基本的框架。

孔子之后，由于其弟子对孔子思想的理解不尽相同，儒家分成了不同的流派，其中，对孔子中庸思想进行了创造性发挥的当属子思一派。子思，是孔子的嫡孙。据传，他通过对孔子言论的整理总结，再加上自己的理解和补充作了《中庸》，进一步完善了孔子的中庸思想，为其后来的发展和流传打下了一个完善而坚实的理论基础。首先，《中庸》首章提出："喜、怒、哀、乐之未发，谓之中；发而中节，谓之和。中也者，天下之大本也；和业者，天下之达道也。致中和，天地位焉，万物育焉。"子思用"中和"来解释"中庸"，将"中和"视为自然界和人类社会恒常存在、普遍运用的最高原理和根本法则，遵循这个法则天地万物就可以各得其所、繁荣兴旺。他将"中庸"形而上学化，由"至德"提升到"大本""达道"的哲学高度，上升为世界观。

将子思"君子时中"观念进一步发挥的是孟子。提出以"权"释"中"的理念。《孟子·离心上》说："子莫执中，执中为近之，执中无权，犹执一也。"这里的"权"就是权变的意思。有了"权"，才不会执着于一点，做到中庸。《孟子·离娄上》进一步阐明了"权"的思想，"淳于髡曰：'男女授受不亲，礼与？'孟子曰：'礼也。'曰：'嫂溺，则援之手乎？'曰：'嫂溺不援，是豺狼也。男女授受不亲，礼也；嫂溺授之以手，权也。'"孟子"执中而权"的思想是对中庸观念的一大发展。

西汉的董仲舒认为中庸大用可以治国安邦，小用可以安身立命，颐养天年。董仲舒承袭了子思将中庸本体化的路数，最早提出"天人合一"论断。他认为中庸反映了天道的要求，这个天道又具体体现为"王道之三纲"，即封建社会的基本统治秩序和道德规范。这样中庸的内容就由奴隶社会的宗法礼治转变为封建伦常纲纪。这是董仲舒对儒家中庸思想的重要发展。

中庸思想最终在两宋时期迎来了它的巅峰时代。以二程、朱熹为代表的理学家们对中庸思想推崇备至。朱熹更认定"中庸"是由尧舜禹、文武周公、孔孟子思一脉相承的道统。因此，他将《中庸》从《礼记》中抽出来，与《大学》《论语》《孟子》合并而成《四书》。宋儒们将中庸提高到"天下之定理"的高度，从而使中庸在整个儒学伦理范畴体系中的地位大大超过前代。通过他们的解释，中庸成为不偏不倚、无过与不及、恒常不变的"天理"。程朱还把中庸向封建纲常的转化继续推进，将君臣、父子、夫妇之间统治和服从的关系推向极端。认为"男女有尊卑之序，夫妇有倡随之礼，此常理也"。由此提出的孀妇不能再嫁是因为"饿死事极小，失节事极大"。由于宋儒将中庸一变而为人们的行为铁律，成为人们必循遵守的伦常之理，成为人们生活中带强制性的行为准则，终于使早期儒家的中庸观念走向了自己的反面。从此《中庸》成为儒家学者的经典读物，为广大儒生视为圭臬，奉行不悖。

纵观儒家中庸思想的发展演变过程，可以看出，由于封建经济的闭塞性和封建皇权的专制性，中庸越是发展，其绝对化、神秘性、片面性的倾向就越明显。人们对"中庸"有着较深的偏见和误解。时至今日，仍有不少人认为它是不思进取、故步自封和保守主义的代名词。随着时代变迁和岁月的沉淀，中庸思想也逐渐地融入我们的民族性格和社会心理之中，成为一种根深蒂固的民族文化传统和社会文化心理。可以说，中华民族在历史上创造的灿烂和辉煌与中庸思想的精华息息相关，而中国封建社会的缓慢脚步与中庸思想的糟粕也颇有不解之缘。辩证地看待、有选择地吸收，是我们今天正确对待它的基本前提。

三、中庸思想与佛教中道观

佛教自传入中国之日起，便与儒家思想结下了不解之缘。二者互相冲突而又互相融合。但相对作为统治意识形态的儒学，佛教一直处于一种弱势地位。佛教徒或佛教同情者虽常谈儒佛互补、释孔不二，只不过是为佛教在中国尽量争得一席之地，多攀缘比附之词，与平心静气的学术研究相去甚远。只有在儒家思想不再成为官方意识形态的今天，我们才有可能将儒佛两家思想作理性的比较。

佛陀的学说和孔子有一致之处，就是对人生的高度重视。佛陀关注的不是人和社会的关系，而是作为个体的人怎样解脱自己的烦恼与痛苦。据史料记载，在佛陀以前或当时，印度思想界有许多派别，大致可以分为纵欲与苦行两个倾向。这两种态度的主要代表是顺世论和耆那教。顺世论学说的一个重要特征就是反对禁欲主义，肯定人在现实世界中过幸福生活的合理性，认为人的唯一目的就是通过感官的快乐进行享受。他们认为来生前世不存在，因果报应和轮回解脱的理论都不能成立，那么人在世界上拼命追求享乐，也不是不道德的。另一极端以耆那教为代表，即偏于苦行。苦行在印度的历史上非常悠久，早在吠陀时期就存在。耆那教徒以种种对肉身的折磨与摧残来减轻罪孽，以求早日获得解脱。佛陀认为，这两种方法均不可取，遂提出了"苦乐中道"。《中阿含经》卷五十六有一段对原始佛教"苦乐中道"较典型的论述："五比丘当知，有二边行，诸为道者所不当学：一曰着乐贱业，凡人所行；二曰自烦自苦，非贤圣求法，无义相应。五比丘，舍此二边，有取中道，正见乃至正定，是谓为八。""八正道"，即八种合乎正理的成佛途径，具体为：正见、正思维、正语、正业、正命、正精进、正念、正定。原始佛教的"苦乐中道"对"苦"与"乐"的极端都作了否定，但佛陀不是绝对否定二者，实际上是主张对二者要适度的肯定。

孔子罕言天道与性命，对于鬼神之事，也采取一种存而不论的态度。同样，《中阿含经》中之《箭喻经》记载：佛陀对十四个形而上的问题，如世界是否永恒、是否有限、理想人格（如来）死后是否尚存、灵魂与肉体的关系如何等，都拒绝回答。这就是"无记中道"，表明了佛陀在处理具体理论问题时的态度与方法，即对待有完全相反答案的一些问题均不作明确的肯定或否定。在他看来，这些问题的两种相反答案都不能表明事物的实际情况，都有片面性。若肯定一种或为了肯定一种而否定另一种，将是走极端，对人格和智慧的提升都没有帮助。基于这种考虑，佛陀就对这些问题"不为记说"。我们可以看到，孔子之所以不谈论这些形而上的问题，是因为他不相信这些问题于人生有益。佛陀拒绝谈论形而上的问题，是因为他不相信通过语言可以把握道的真相。

佛陀在创立佛教的时候，着眼的是人生世间的苦难，拒绝讨论在佛陀看来无关紧要的形而上问题，但一种宗教的发展与成熟，不可避免地要探讨一些终极性的问题。对于什么是"中道"，佛教有一系列完整的看法。从认识的角度说，所说道理，不堕二边，即为中道。《大宝积经》卷五："若说有边则无有中，若说有中则无有边，所言中者，非有非无。"《大智度论》卷四十三说："常是一边，断是一边，离是两边行中道。"又言："诸法有是一边，诸法无是一边，离是两边行中道。"部派佛教一般都继承了原始佛教的"中道"观，反对"断见"与"常见"，即坚持"断常中道"，另外，也坚持"有无中道"，对世界的存在与否不作明确的回答。

大乘佛教兴起，在佛教的许多理论方面都有创新与发展，"中道"方法或原则比之于原始佛教与小乘部派佛教要实行得普遍与彻底一些。佛教的"中道"思想在《般若经》中有了重要发展，《般若经》的作者认为小乘佛教有偏执之处，但其主要的纠"偏"是说一切有部的执"有"的问题，但在纠正"有"的过程中，《般若经》虽初步表露了大乘佛教的"中道"思想，如主要反对"有"，但其自身在执行"中道"的原则过程中还是有偏差的，即克服了"有"的偏执，却又过分强调"空"。在《般若经》之后，小品《宝积经》明确强调了"中道"观念的意义，并有意识地用其处理了一系列的理论问题。《维摩诘经》虽不像小品《宝积经》那样明确论及"中道"一词，但它明确可以看出作者是有意识地以"中道"来指导和表述许多大乘思想的，因而在"中道"观念上较《般若经》进了一步。《法华经》与《华严经》在"空""有"等问题的处理上亦或多或少地遵循了"中道"思想。

从佛教传入中国起，就面临一个如何与本土文化适应与融合的问题。换句话说，中国的本土文化制约着佛教的发展方向，同样儒家的中庸思想也影响着中国佛教。比方说，在"出世入世"的问题上，中国佛教并不那么强调离家弃世，常把出世与入世统一起来。因此，常有僧侣参与世俗事务，乃至涉足官场，过问政治。对中国社会的传统伦理，如"忠""孝"并不排斥，不仅强调广义的"大忠""大孝"，而且谈实实在在的仁义忠孝。隋唐之后的中国佛教在入世问题上的一个重要发展，是通过阐释"治心"与"治世"的相互关系，把出世入世统一起来。主张儒家乃有为之学，旨在治世；佛乃无为之学，旨在治心。在调和、融合传统佛教出世主义与儒家学说的入世精神方面，天台宗的孤山智圆表现得尤为突出。智圆自号"中庸子"，明确提出"释之言中庸者，龙树所谓中道义也"（《中庸子传》），认为当代学风是"去圣远，微言绝，学之者攀枝舍其根，挹流忘其源。于是乎，或荡于空，或胶于有。荡于空者，谓泯然其无得，寂然其无朕，谁为凡乎？谁为圣乎？及其失也，迷因果，混善恶弃戒律，背礼仪。胶于有者，然执有修，彰然着有法，凡岂即圣乎？自岂即他乎？及其失也，固物我而不可移，泥怨亲而不可解，拘束乎近教，杀丧乎远理"；"荡空也过，胶有也不及"（《中庸子传》），唯有实行"中道"。什么是"中道"？"适言其有也，泯然无得，谁云有乎！适言其无也，焕然有象，谁云无乎！由是，有不离无，其得也，怨亲等焉，物我齐焉，近教通焉，远理至焉；无不离有，其得也，因果明焉，善恶分焉，戒律用焉，礼义修焉。大矣哉！中道也。"（《中庸子传》）

四、中庸思想的历史地位与影响

由于中庸方法论思想在传统医学、地理认知、生活语言、政治平衡等诸多领域发展中均起着重要的指导作用，因而奠定了它在中国社会历史发展中的崇高地位。

其一，中庸方法论在中医实践中的应用。中医学所推崇的阴阳平衡理论属于具有中国哲学的范畴，它强调人的正常生理运转皆是阴阳和合的表现，阴阳平衡不失调则人的身体机能处于良好状态，否则便是有疾在身。诸如"肾阳亏""肾阴虚""肺阴虚"等中医概念均是建立在中医的阴阳平衡理论基础之上的。充满中国哲学思维观念的中医书籍《黄帝内经》内有详细的论述，"凡阴阳之要，阳密乃固，两者不和，若春无秋，若冬无夏，因而和之，是谓圣度。故阳强不能密，阴气乃绝，阴平阳秘，精神乃治，阴阳离决，精气乃绝"。此段精妙地论述了阴阳失调的后果，从反面证明了阴阳平衡的重要性。被后世尊为"药王"的孙思邈，对阴阳平衡理论的重要意义有过精辟的总结："阴盛则阳病，阳盛则阴病，阴阳调和，人则平安。"中医通过阴阳平衡理论对人体内失衡的阴阳予以调和，促使其恢复到阴阳动态平衡的状态，进而使病人的身体恢复健康，其日常所谓的养生之道大多也建立在此理论的基础之上的。综上所述，中医阴阳平衡观念源自中国哲学的中庸之道理论，无论是对病情的观察与阐述还是治疗方式与手段皆是以"中和""用中"为理论根源。

其二，中庸方法论与"中国"寓意的关联。作为中华民族的栖息之地，自古以来人们把中原地区的国家称为"中国"一词，"中国"这一概念除了有表明国家的地理位置寓意之外，与中华民族的核心文化还有着千丝万缕的关联，即中华民族自古历来就有"尚中"的传统，中庸之道对这个民族的影响可谓深入骨髓，成为民族灵魂的所在。此外，西方哲学本体论与认识论从二元对立到逐渐寻求二者的关联与统一是经历了一个漫长的历史过程，而中国哲学自古以来便有注重统一与和谐的思维习惯，于是有天人合一、知行合一等基本命题。所以说"中国"也包含了

"用中之国"的寓意,即面对天地万物之时,总会寻求以"允执厥中"的态度去认识世界。

其三,中庸方法论对中国人人生境界的提升产生了极其深远的影响。中国历代士之阶层当面对现实的政治斗争生活与个人理想的大同世界之间的巨大鸿沟时,便会陷于自我思想的矛盾之中。士大夫的精神世界往往跌宕起伏,有时理想与现实反差巨大,所以才会产生陶渊明、竹林七贤等陶醉于出世之逸的迁客骚人,也有魏徵、王安石等具有远大政治抱负的治世名臣,但是更多的被时代认可的恐怕还是以"词人宰相"晏殊为典型的官宦,在文学造诣与为官之术上均有极高成就,不仅写出了极具旷达情怀的"无可奈何花落去,似曾相识燕归来"这一千古名句,更是在政治上被宋真宗视为股肱之臣,位列宰相之职并为朝廷引荐了范仲淹、欧阳修、王安石等一大批忠良之臣。晏殊在宋词中游离于自我的世界,而在朝中时刻谨小慎微权衡利弊,所以他无论是在文学上还是在仕途上均达到了极高的地位,可谓集理想主义与实用主义两股气质于一身,"执两用中"的最好体现。

其四,对中华民族的思维方式及社会文化的深刻影响。中庸方法论在中国古代政治思想中具有极其深远的影响。在紫禁城中几乎每座重要的宫殿里均会悬挂题写着有关治国纲要或美好寓意的匾额,其中处于太和殿与保和殿之间的中和殿内悬挂有乾隆御书的"允执厥中"匾额,取自《尚书·大禹谟》"人心惟危,道心惟微,惟精惟一,允执厥中"。其用意正在于时刻提醒统治者秉承中庸之道去治理国家的意思。而作为故宫三大殿之一的中和殿其名字取自《中庸》"中也者,天下之大本也;和也者,天下之达道也。致中和,天地位焉,万物育焉"。把中庸思想奉为治国理念的体现,除了中和殿之外还有雍正之后八位帝王日常生活的寝宫养心殿,其殿内的匾额是雍正御书的"中正仁和"四个大字,由此可见古代统治者们对"尚中"思想的推崇。

第七节　真理观

中国哲学的真理观念不是以其概念的形式直接呈现的,而是通过讲"道"和讲"理"呈现的。在内涵上,它表现为在真知意义上对常规之知的否认和对"道"及"理"的体认和领悟。

一、关于中国古代真理概念

中国古代先秦，在老子的思想体系中，真理理论是围绕知"道"、守"道"、行"道"而展开，尤其是针对统治者而言的一整套修身、治国的德性与政治的行为理论。形上之道具体化到器物之中，即"朴散为器""道之为物"（《老子》第二十八章）后，是惚恍不定的；这种惚恍不定的道相，其内核有真、精存在。这种真与精的存在，可以视之为事物本质的真理。因此，在老子的思想体系中，"朴散为器""道之为物""大道泛兮，其可左右"等说法，都可以看作在言说本质的真理：道，即在具体化后的不确定的表相之内核里有本质的真理的"道"存在。

在庄子的思想体系里，"真理"主要表现为以"真人"为基础的追求"真知"的人生修炼历程，其理论命题是"且有真人而后有真知"（《庄子·大宗师》）。这种修炼历程的结果是"朝彻而见独"（《庄子·大宗师》），"见独"就是见道，就是把握了"真知"，即真理。拥有"真知"之后，治国仅是业余之事，根本不必花费太多的精力。

在孔子的思想体系里，"闻道"构成了其人生哲学的根本理想或终极目标，故孔子说："朝闻道，夕死可也。"而在孟子的思想体系里，"真理"就是"心之所同然"的理义，就是愿以圣人为榜样的认识与实践的路径。

在清代哲学家戴震的知识论体系里，"真理"则表现为"十分之见"。所谓的"十分之见"，就是"必征之古而靡不条贯，合诸道而不留余议，钜细必究，本末兼察"（《与姚孝廉姬传书》），就是"凡一人以为然，天下万世皆曰'是不可易也'，此之谓同然"（《孟子字义疏证》卷上）的心所同然的理与义。

哲学中的"真理"理论在古代中国哲学中并不是以"真理"为核心概念而展开的，但并不表明中国古代哲学没有真理的理论与真理的语词、概念。而在真理观念的呈现方式上，中国哲学的真理观念不是以其概念的形式直接呈现的，而是通过讲"道"和说"理"呈现的。

二、中国本土典籍真理义涵

作为一种哲学理论，"真理"可以分为认识论意义上的真理和价值论意义上的真理。认识论意义上的真理涉及认识主体与认识对象或客观实在相符合的问题。价值论意义上的真理更多涉及正确的意义与正面的价值问题，它在一神论的宗教中主要表现为启示性的真理，而在佛教及中国化的佛教传统中，第一义谛或胜义谛是带有说理性的价值论意义上的真理。在中国传统的儒、道哲学流派里，围绕"道"展开的一系列真理理论问题，如知道、闻道、体道、证道与践道等，在思维方式上蕴含了真理理论与实践关系的问题，虽然他们所讲的实践主要表现为一种道德的或德性的实践。

中国哲学只是把价值论意义上的真理和认识论意义上的真理杂糅在一起加以使用，通过对中国古典文献中"真理"一词的语义进行分析，来探索中国古代思想中"真理"的语词、概念、观念。而墨家的"三表法"是一种实用主义的真理观。"实用主义"的真理观主要从效用的角度来讨论人的认识问题，这一派的哲学家将认识活动中"真"的标准从"是否符合客观实际"转向"是否符合人的需求"以及"是否有好的效果"。在中国古典哲学中，墨家的"三表法"可以视为实用主义的真理观。

就目前的中国现存文献看，最早使用"真理"一词，或可追溯到汉人孔安国的《尚书注疏》："就八卦而求其理，则万有一千五百二十策天下之事得，故谓之索。非一索再索而已，此索于《左传》亦或谓之索，说有不同，皆后人失其真理，妄穿凿耳。"就汉传佛教文献而言，南朝时期佛教思想家萧统的《令旨解二谛义》一文，第一次提及"真理"一词："真理虚寂，惑心不解，虽不解真，何妨解俗。"佛教还对"真理"的体、相、用进行了详细论述，形成了中国佛教的真理观。

宋明时期，理学家将"真理"一词与"理""天理"融通，形成了"真理"一词。在道家与道教思想中，则将"真理"一词与"象""道"结合加以使用，以表述价值意义上的真理观念。明清之际的思想家，开始萌发认识论意义上的真理观，王夫之、方以智等人有关"真理"观念的论述可以作为典型代表。

就经学传统而言，《周易》中有"黄中通理"之理，《孟子》有"理义之悦我心，犹刍豢之悦我口"的"理义"之"理"。但无论是哪一种"理"，都是在"理事"范畴中与具体的经验事件相对的抽象法则。这一"真正的理"虽然还不是现代汉语中的"真理"概念，但也包含了真理的意义，即人正确把握事件之中或事件背后的理则、理由的意思。中国本土的"真理"一词多与《周易》文本的解读有关，在围绕《周易》的经学文本诠释而形成的易哲学思想传统之中，"真理"一词及其所体现的真理观，主要表现为一种较为宽泛的价值论意义上的真理观。而且，这种真理观与"道"有内在的联系。就易学诠释史中的"真理"一词来看，"真理"具有如下两种含义。

第一，"真理"与"道"在意义上有相通之处。清人胡煦在解乾卦《象辞》时说："象辞便曰乾元统天。其在人事有似于君子之自强不息，故又以君子为之象，则自强之君子其象也，非即乾也。若但以君子为法天而竟置乾德于不问，犹得为乾之象乎？若使乾之真理既明，然后仰而观天，而天此理也。俯而观人，而人此理也。则天人合一之妙，自在其中。故必合天人而为之象。既欲发明卦德，又欲合明天人之故而已。"[1] "乾之真理"指乾的真正意蕴、内涵。乾卦的真正意蕴是一种价值或意义，其主要内容是能合天人之理，并以此能够统合天人之理的乾卦之卦德来喻指君子之德，可见此处的"真理"一词接近于儒家哲学中的"道"。

第二，真理是一种"道理"。明代易学家何楷在讨论"真理"与"真象"的关系时说，"象与理合而真象、真理出"（《古周易订诂》）。众所周知，在易哲学思想传统中，象、数、卦都是求"道"的工具，而象既指事象也指卦象，但无论是事象还是卦象，都只能显现"真理"，并不是"真理"本身。上文中"真象""真理"并列，强调了以象合理而追求"真象""真理"的可能性，表明事与理合才能求得"真象"与"真理"，故此处的"真理"既蕴含着现代哲学认识论意义上的"真理"之意，也包含着一种宽泛价值意论义上的"真理"，因而可称为一种"道理"。而胡煦强调"真理"在象中，可通过参验卦情而获得"真理"，这亦是将"真理"视为一种"道理"，如他所说："爻之命辞，真理具在象中。务必参合卦情始为得解。"[2]

综合上述有关"真理"的论述，可见古代中国的"真理"一词大都具有真谛、真精神、真正的意思，因而主要指一种宽泛的价值论意义上的"真理"，并不是现代认识论中的"真理"。

不过，明末清初哲学家方以智在《物理小识》中提到的"真理"一词，已经颇有现代汉语"真理"概念及其所表达的思想观念之意味："气

---

① 《周易函书约存》，文渊阁《四库全书》第 48 册，台北商务印书馆 1989 年版，第 52 页。

② 《周易函书约存》，文渊阁《四库全书》第 48 册，台北商务印书馆 1989 年版，第 105 页。

为真象，事为真数，合人于天，而真理不灿然于吾前乎？"此处所讲的"灿然于吾前"的"真理"，与今天讲的把握客观事物法则之"真理"，已经相当接近了。

三、中国化的佛教真理观

佛教传入中国之后，不仅影响了中国本土的思想，而且深刻影响了中国的语言与词汇。本土汉语中的"真理"一词也在翻译、解释佛教思想的过程中，产生了巨大的变化：一是出现的频率增高，二是内涵变得更为丰富。

汉语佛教中的"真理"概念和真理观念的主要倾向虽为价值论意义上的真理，但也包含认识论意义上"真理"的某些要素；而作为一种关于终极的最高存在的认识之理，"真理"还具有实际存在的特点，具有某种观念实在论的倾向。就大乘佛学的缘起论来看，"真理"与真理理论是一种关于世界实相的形上学，由此形上学而阐发了一种否定此岸世界存在价值的性空学说。以"真理"理论形态出现的"缘起性空"说，既是对世界本相的论断，也由此论断而否定人在此岸世界的一切作为、一切执着的意义。因此，对于佛教的"真理"概念及真理理论的分析，不能完全依照近现代西方哲学的"真理"概念与真理理论的框架来进行。就"真理"的概念与理论而言，汉语佛教中的"真理"及其理论意涵可以从两个方面加以把握。

第一，就概念的内涵来看，"善是真理故曰正法"（慧远《胜鬘义记》），即将"真理"视为与"善"相符合的"真如至极之理"，这是将善作为真理的内容。这种理解是佛教宗教性的必然要求，而且对于善的界定又必须将"真理"相对化。在大乘佛教中，一些宗师引入"般若空相"和"中观"的思想，以打破人们对自己把握到的"真理"的绝对、固化的认识，因为从缘起性空的本体论角度看，一切因缘和合的事物既是空，又是假名。这就意味着善恶也是因缘法，也是假名。若偏于善恶的空性的没有善恶，就将陷入虚无；若偏于善恶的假名的实有善恶，就将被其束缚。最终，他们将真理转向中道的实相。因此，真正最高的佛教真理，或曰正法，是"不生亦不灭，不常亦不断，不一亦不异，不来亦不出"（龙树《中观论·缘起品》）。这才是真谛，是第一义谛。正因为真理是第一义谛、是至极之理，故真理具有超越性，是超越事理而存在的最高道理。如果真理仅超越事理而存在，便是先验的、不可把握的，所以汉语佛教又引入"二谛融通""理事无碍"的思想，将真理的超越性与事相的现实性结合起来。

第二，就"真理"本身所呈现的体、相、用三者关系而言，汉语佛教认为"真理"是佛法之体，具有清净无碍、常静唯一的特性。析而言之，"真理"概念具有五个既相互联系，又有各自规定性的特性。其一，"真理天然是佛法体。善吉观见常无间然"（知礼《观音玄义记》）。真理作为终极的真实之理，其体如同佛体，而佛体具有清净污染、圆成实性。其二，真理之体是清净的。"以净法界为所依，妙智为所行，余功德等皆为所摄，即以真理妙智无碍为体。"（法藏《华严经探玄记》第三卷）清净法界所依的正是真理的"妙智无碍体"。其三，真理是真实的存在。"明理事无碍，谓同真理而不失事，故云不虚。现事相而即真，是故无二。"（法藏《华严经探玄记》第六卷）真理与事相之间没有障碍，真理不独立于事相，不是虚立的存在。其四，真理是一。"理虽是一，而门有异者。既有巧拙两度之殊，故有两种四门能通之别也。真理无二故，所通至体是一也。"（智顗《维摩经玄疏》第六卷）虽然通向"真理之境"的"途径"有巧拙偏圆的差别，但是最终的"真理"本体是唯一的，不受方法和事相的影响。其五，真理是自性的体现。"自性身土即真如理。虽此身土体无差别，而属佛法，相性异故。"（窥基《大乘法苑义林章》第七卷）众生的清净本性就是真理，是一非异，但是本体在具体的因缘之中所显现的形象是不同的。

由以上对汉语佛教文献中的"真理"概念与真理理论的分析可知，汉语思想传统中的"真理"概念与真理理论，因为佛教思想的影响而变得丰富和复杂。从整体上看，它仍然是一种价值论意义上的真理观，与近现代西方哲学从认识论角度阐述真理的诸理论有明显不同。宋明理学以及深受宋明理学影响的明清经学，它们所认识与阐发的"真理"概念与真理思想，直接或间接地都受到佛教思想的影响。而现代汉语中的"真理"概念与真理理论，则主要是受西方哲学，特别是马克思主义哲学的深刻影响的结果。

四、中国传统真理观反思

现代汉语哲学中的很多词汇是通过翻译外来哲学作品产生的，虽然有些词语与古代汉语有关，但从哲学理论的层面看，它们与中国古代汉语的意思并不完全相同，尤其在理论的核心内容及理论表达的侧重点上，它们与中国古代思想有相当大的不同。不过，也并不是完全不相关。"真理"的概念正是如此。因此在中外哲学思想的交流与融合的过程中，我们一方面要出入于中国与外国的思想体系；另一方面也要穿越古今的语言场域，以在中西古今的激荡中展开中国哲学的当代转化与创造。

就"真理"的语词、概念与思想观念而言，在中国古代思想中，汉语佛教将"真"界定为"不变""自性""真如"；道家、道教多将"真"与"道"联系起来，道教中将"真"定义为"纯真""纯粹"；宋明理学中出现的"真"具有"真实存在"的意思，而"理"是本体意义的、纯善的。可以说，在古代中国哲学思想传统里，除墨家与名辩学家之外，"真理"的观念系统首先表现为一种价值的认知系统，即对对象世界真实性的认识服从于对价值性的追求。在道家以"道"为核心概念的价值认知系统里，道既是一种客观的法则，也是一切事物的源头，当然也是意义的源头、根据与评价标准。

中国的佛教学者从体、相、用三个思想维度构建了中国佛教的"真理"观念体系，这一思想体系与"缘起性空"的理论紧密结合在一起。在宋明理学成为时代的主流思想传统之后，"真理"一词日益体现出古代中国士人"求真""求理"的精神追求。"真理"一词不仅是理学家用以阐述人与道、心与理、众生与自性关系的一个重要术语，也是这些问题最终的目标和不断被揭开神秘面纱的真实存在。

需要注意的是，在中国古代思想中，也有与价值意义紧密相连的认识理论。在广义的认识论里，理和知是两个关系紧密的范畴，"真理"与"真知"之间保持着密切的关联，对于"真理"的认识与把握即"真知"，对于真知的探索便是"致知"，古典的"格物致知"理论就是追求人生与社会管理之真谛的真理理论。

第八节　知行关系说

在中国传统哲学中，知识论与实践论相结合，形成了独有的知行观。

一、知行说的提出

知行观的论域显然比知识论要宽泛得多，其中有"知"亦有"行"，并且把两方面紧密联系在一起。对"行"的方法、路线、目标有清楚的了解，那就叫作"知"。中国哲学所说的"知"是广义的，既包含着关于事实的"知"，也包含着关于价值的"知"。

中国哲学家通常把"知"分为两种类型。一种叫作"见闻知识"，也就是关于事实的知识；另一种叫作"天德良知"，也就是关于价值的知识。知行观既涉及价值之知，也涉及事实之知，复杂性超过了单纯的知识论。中国哲学家探讨知行观，关注的重点显然不在"见闻之知"，而是在"天德良知"。关于"见闻之知"，他们通常会用经验论来解释；至于"天德良知"，往往会用先验论来解释。例如，张载认为，"天德良知"来自"大心"，与"闻见之知"无关。

中国哲学中的"行"，是指人的所有行为实践的总和。"行"包含着践履、行动、探索、活动等多层意思。"行"包含着人的目的性，对于目的性的清楚了解和定位，那就是"知"。所以，在中国哲学中，"知"离不开"行"，"行"亦离不开"知"。中国哲学家往往把"知"与"行"相提并论，以"知"为切入点，以"行"为目的。中国哲学家特别关切知对行的价值性。

在中国哲学中，认识与实践、知与行之间相互关系的问题，乃是一个非常重要的理论问题。

中国哲学知行关系问题发端于先秦的原创时期。在先秦时期，儒、墨、道三家在许多问题看法不一致，存在着分歧。但在重行这一点上，在务实的价值取向方面，观点上大体一致，并没有原则分歧。他们以各自的方式，表达出明确的实用诉求。

二、儒、墨、道、释知行诸说

（一）儒家

儒家学派的创始人孔子认为，一个人只有把"知"落实到"行"的层面上，才可算有真学问。"知"作为学问来说，其实就是一种操作能力，并不是写在书本上的文字。例如，怎样才算掌握了《诗经》中的真学问呢？孔子指出，仅仅把三百篇诗都背得滚瓜烂熟，也不算数，关键在于能否学以致用。他说："诵诗三百，授之以政，不达；使于四方，不能专对，虽多，亦奚以为？"(《论语·子路》)真正懂得诗学的人，不是那种只会背诵诗句的书呆子，而是那些能够把诗句变成施政技巧的高手。他善于从诗句中提炼出一种施政的理念，"授之以政"；他善于运用诗句做外交辞令，"使于四方"，不辱使命。在古代，学习诗歌不完全是一种文学上的享受，也是一种外交技巧的训练。在外交的场合下，谁能够恰当地引经据典，谁方显出使者有文化品位。孔子并不要求学生背死书本，而是要求学以致用。他以好学习闻名于世，在《论语》中就主张"学而时习之"(《学而》)、"敏而好学，不耻下问"(《公冶长》)、"每事问"(《八佾》)、"发愤忘食，乐以忘忧"(《述而》)、"听其言观其行"(《公冶长》)、"君子耻其言过其行"(《宪问》)、"知之为知之，不知为不知，是知也"(《为政》)、"三人行，必有我师焉；择其善者而从之，其不善者而改之"(《述而》)。

孔子的这些名言警句对于中国人培养好学务实精神发挥了巨大作用，经常被人们引用。对于儒家重行的诉求，荀子讲得更透彻。他认为任何知识都来自经验，来自对外界事物的认识。他说："凡以知，人之性也；可以知，物之理也。"(《荀子·解蔽》)人是认识主体，有认知能力；物是被知的对象，具有可以为人所知的道理。知识的形成过程就是"以可以知人之性，求可以知物之理"(《荀子·解蔽》)。荀子特别强调的是：人的知识和才能必须与客观事物相符合。他说："所以知之者在人者谓之知，知有所合谓之智。知所以能之在人者谓之能，能有所合谓之能。"(《荀子·正名》)人的智慧和才能一点也不能脱离客观事物，倘若脱离了客观事物，不可能获得任何知识。基于经验论原则，他对行高度重视。他说："不闻不若闻之，闻之不若见之，见之不若知之，知之不若行之，学至于行而止矣。行之，明也。明之为圣人。"(《荀子·儒效》)荀子采取层层推进的论达方式，把"行"置于最高档次。荀子把"行"视为检验"知"的标准，视为求知的目的，认为"知"必须服务于"行"，"行"比"知"更为重要。如果脱离了"行"，"知"没有任何意义，没有任何价值。《大学》继承荀子重行的思想，进一步把"行"明确地界定为修身、齐家、治国、平天下等四大实践活动。

（二）墨家

墨家也有十分强烈的务实诉求，主张"取名以实"。"名"是指关于知识的文字或语言的表述，而"实"是指运用知识的实际能力。名副其实，才算有学问；徒有其名，没有其实，不算有学问。举个例子说，有视觉障碍的人没有关于黑白的概念，不是说他不会说黑或白两个字，而是说他没有能力把黑的对象同白的对象区别开来。墨家特别看重行，特别看重效。墨子主张"以名取实"（《墨子·贵义》），把客观事实摆在首位，强调认识是对客观事实的反映。他指出，看一个人是否有真学问，不能只听他怎样说，更重要的是看他怎样做，看他言行是否一致。"言足以复行者常之，不足以举行者勿常。不足以举行而常之，是谓荡口也。"（《墨子·耕柱》）他讨厌言行不一、脱离实际、夸夸其谈的人，把这种只会说空话的人叫作"荡口"。用现在的话说，就耍嘴皮子。

后期墨家继承和发展墨子的经验论认识路线，并且作了更为深刻的论述。《墨经》指出，认识能力是人本身固有的才能，"知，材也"（《经上》）。《经说上》进一步解释说："知也者，所以知也，而必知，若明。"意思是说，一个人有认识能力，并不等于说就有知识。他必须同实际事物相接触，在认识过程中获取知识。在这个意义上，《经上》强调"知，接也"。展开来说，"知也者，以其过（同遇）物，而貌之，若见"。用眼睛看东西，必须实际去看，才会获取知识；如果闭着眼睛，什么知识也得不到。

墨家求知范围，比儒家还宽，不单从书本上求知，还要从生产实践中求知。墨子既是"知"的高手，也是"行"的高手。据韩非子讲，墨子制作的木鸢，可以在天上飞三天，都不会落到地上。墨子可以算得上最早制作风筝的高手。不过，现在用纸糊风筝比制作木鸢要容易得多。墨家认为，"行"是人的本质特征，"赖其力而生"就是人的生存方式，人必须学会"强力以从事"，把知识化为一种生存能力。

（三）道家

人们对于道家往往有一种误解，以为道家只在那里"坐而论道"，其实不然。道家的务实诉求，不在儒墨两家之下。道家的创始人老子明确地反对人们把"道"只当成言说的话题，要求人们在实际行动中时时刻刻都以"道"为指导原则。这就是说，"行道"比"论道"重要得多。老子反对坐而论道，提出"绝学无忧""绝圣弃智""知者不言，言者不知"等一系列论断。道家并不把"道"仅仅当成认识对象，而是当成实践对象。行道的关键，不在于嘴的功夫，而在于能否在行为实践中自觉遵循"道法自然"的原则。

可见，道家也是务实的学派。道家也十分讲究做事的效率，尤其是行政的效率。老子有句名言说："治大国若烹小鲜。"治理一个大的国家，应该像煎小鱼儿一样，需要小心谨慎，不可胡乱折腾。在煎小鱼儿时，只煎一面而不翻个行吗？这一面就煎糊了，那一面还生着呢！所以，你得有所作为，你得翻个。但是，你总翻个，非把鱼翻碎了不可，也会事与愿违，跟不翻个的效果是一样的，仍然会把事情弄得一团糟。"治大国若烹小鲜"的意思是说，执政者推出政策，要恰如其分，要恰当其时；不能不作为，也不能乱折腾。不知道里根从哪里学到了老子这句话，竟在总统就职演说中引用了，给他的施政理念增加了几分道家的色彩，并且收到很好效果。

老子"治大国若烹小鲜"的政治智慧，充分体现了重行倾向。庄子用寓言的方式表达了重行的想法，这个寓言故事就是庖丁解牛。这则寓言只讲庖丁是怎么做的，没有讲庖丁是怎么说的。庖丁只干不说。他在"行"中体现出"由技进于道"的高超，把解牛当成一种艺术的享受。为庖丁所解之牛霍然倒地，庖丁提刀而立，踌躇满志。道家主张"悟道""行道"，要求人们把"道"体现在行为实践中，至于"道"的语言表述，并不重要。"道"是自己在实践中摸索出来的，不是向什么人学习得来的。

总的来看，重行的传统在汉代以后依然得到延续。许多哲学家都对重行传统表示认同。

（四）禅宗

禅宗是中国化了的佛家的突出代表，重行传统在禅宗那里也得到了很好的发扬，禅宗跟印度佛教的路数不一样，他们之间有明显的区别。

印度佛教把"知"看得很重，要求信徒用心读佛教经典，从佛经中领悟佛性。读佛经是成佛的必由之路，如果不读佛经，那还算什么和尚！可是禅宗和尚偏偏不看重读佛经，并且有自己的理由。慧能指出，佛性根本就不在佛经里面，而在人的本心之中。因此，你无论读多少经书，而不向本心探求，仍然不能悟得佛性，永远也成不了佛。怎样才能成佛呢，按照禅宗观点，不能走向外的路线，只能走内求的路线，通过生活实践悟出心中的佛性，顿悟成佛。顿悟跟读多少佛经，没有必然联系。想通过读佛经成佛，那是枉然，因为佛经中并没有佛性；利根人不读佛经，或许听到一两句话佛经上的话，便突然开悟，立地成佛。

在禅宗眼里，生活实践就是宗教实践，能在日常生活实践中悟出"佛无所不在"的道理，那你就成佛了，不必在经书里讨生活。禅宗虽然号称禅宗，其实并不主张坐禅修行。坐禅是指和尚打坐修行，原本是和尚必不可少的功课。可是在禅宗看来，做此种功课毫无必要，仅靠坐禅并不能成佛。成佛是悟出来的，不是坐出来的。有位著名的禅师，名叫马祖道一。他看到有位和尚坐禅，便在他身边拿一块砖磨。坐禅的和尚好奇地问："您磨砖干什么呢？"马祖道一回答："我要用砖磨出一面镜子。"坐禅的和尚被逗笑了："镜子是用铜磨出来的，磨砖怎么可能磨成镜子呢？"马祖道一抓住机锋，立刻反问一句："我磨砖不能够磨出镜子，难道你坐禅能够坐成佛吗？"在这段公案中，马祖道一的意思是，佛与否并不取决于如何坐禅修行有多么用心，也不取决于能背诵佛经的数量，全看你能否从内心处领悟到佛性。这种领悟，不需要采用单独的宗教实践，在日常生活实践中就可以完成，在"行"中就可以完成。禅宗既不主张坐禅，也不主张读佛经，贯彻了一条"行中求佛"的中国式路径。

从先秦到汉唐，哲学家已经把重行思想家讲到了，形成中国哲学重行的传统。

三、理学家知行关系四说

不过，关于知行关系的深入研讨，却出现在宋代以后。知行之辩是宋明理学家十分关心的一个理论问题。知和行毕竟是两个要素，两个要素就存在一个关系问题，需要判定孰先孰后、孰轻孰重。对于知行关系问题，宋明理家的看法不一致，大体有以下四种看法。

（一）"知先行后"说

第一种看法叫作"知先行后"说，提出者是程颐。他认为知在先，行在后。为什么这样说呢？他的理由是：知是行的先导，倘若没有知，行也就无从谈起。比如，你首先得知道自己要干什么事，这就是知；知道想干什么事，然后你才能去干那件事，这才是行。

他举个例说，我想从洛阳到京师，也就是从洛阳到开封，第一步是确立目标，而确立目标属于知，可见知在先；然后你还得选择怎么去京师的办法，徒步走呢，还是坐车去？这也属于"知"的范围。有了这些"知"，然后才可以成"行"。在汉语中，"知"字可以作两种解释：可以解释为"知觉"，也可以解释为"知识"。

如果把"知"仅仅解释为"知觉"的话，"知先行后"说不算错误。

在清醒的情况下，人的任何活动都受到知觉的支配，都是有意识的活动。如果把"知"解释为"知识"，"知先行后"说恐怕有先验论之嫌。此说没有揭示知识源于实践的道理，显然对行的重视程度不够。

（二）"行重知轻"说

朱熹修正了先师的意见，提出第二种看法，叫作"知轻行重"说。在"知觉"的意义上，他不否认知先行后；但在"知识"的意义上，他有所补充。他说："致知力行，论其先后，固当以致知为先；然论其轻重，则当以力行为重。"（《朱文公文集》卷十五）朱熹已经对"知先行后"命题作了淡化处理，强调知识和行动构成相辅相成关系。他认为行在重要程度上超了知，重申了重行传统。"行重知轻"说还有"知行相须"的意思，承认二者之间存在着不可分割的辩证关系。知行关系同眼睛和双脚之间的关系相似。

没有眼睛看路，脚不知道往哪里走；没有脚走路，光用眼睛看，也是无济于事。眼睛和双脚"相须为用"，才是最佳配置。实际上，知与行密不可分：没有离开知的行，也没有离开行的知。他的妙喻是：犹如鸟之双翼，车之两轮。在鸟的两个翅膀中，其中一个如同知，而另一个如同行。只有两个翅膀同时起作用，鸟才飞得起来。在车的两个轮子中，如果只有一个轮子动，另一个轮子不动，那车子也走不了。

朱熹提出"知轻行重、知行相须"的观点，已经把知行关系拉近了，并且把行的重要性突出出来了，但是毕竟没有否定知先行后说。对知先行后说的直接否定，来自陆王学派，主要来自王阳明心学。

（三）"知行合一"说

王阳明提出第三种意见，叫作"知行合一"说。"知行合一"的意思是说，知行没有先后之别，知是"一念发动处"，而"一念发动处"也就是行了。知行不过是一个功夫的两个方面：知离不开行，行离不开知。王阳明常用的例证是"如好好色，如恶恶臭"。一个人见到美的颜色，这叫作"知"；而有喜爱美的颜色的心情，油然而生，那就是"行"了。在这里，知和行同时发生，没有先后之分，可见构成"合一"关系。

王阳明所说的"知"，有模糊性，并没有把"知觉"与"知识"区别开来；所说的"行"，也有模糊性，没有把生理活动与行为践履区别开来。他强调知行合一，固然有弘扬重行传统意思，但无法同先验论划清界限。"知行合一"说中的"知"，有时用来指"见闻之知"，有时用来指"天德良知"。如果是指"天德良知","知行合一"说强调价值判断的主体性原则，倒是可以成立的。价值判断的主体是群体，而不是个体。相对于个体来说，价值判断的确有先验性。如果用来指"见闻之知"，"知行合一"说就难以站得住脚了：倘若没有见闻，没有经验，怎么可能会有"知"呢？"知行合一"说还有一个致命伤，那就是把知和行等同起来。把知和行作截然的划分，固然是一种理论偏向；但是把二者等同起来，恐怕也是一种理论偏向。倘若把知行等同起来，可以把重心转向行，也可以把重心转向知。

王阳明尚能重心放在"行"这一方面，发扬重行传统，肯在"事上磨练"，干出一番事业，为后人称道；可是阳明后学却把重心转向"知"这一方面，偏离了重行传统。他们只会在方寸上做文章，竟成了一群无用的废人。明朝灭亡后，有这样两句诗很流行："平时袖手谈性命，临危一死报君恩。"就是对阳明后学的讽刺。在国难当头之际，他们拿不出真本事，只有送死的份儿。在血的教训面前，必须重新审视"知行合一"说，力求用新理论取而代之。新理论的提出者就是王夫之。

（四）"行先知后"说

明朝被清朝取代之后，王夫之作为前朝遗民，痛定思痛，觉得"知行合一"说有必要在理论上加以矫正，遂提出第四种意见，叫作"行先知后"说。他所说的"知"，只有"知识"的意思，没有"知觉"的意思；而且是狭义的，仅指"见闻之知"。他不认同先验论，始终坚持经验论立场。他提出"行先知后"说，一方面针对"知行合一"说而言，反对把知行混为一谈；另一方面也是"知先行后"的反命题，强调"行"的首要性。王夫之指出，行具有知不可替代的品格，"行可以兼知，而知不可以兼行"（《四书训义》卷二），他只承认知行之间存在着"兼"的关系，但反对把"兼"夸大为"合"。如果像王阳明把"兼"换成"合"，带来的严重后果就是"消行以归知"，把"行"的首要位置取消了。

王夫之不但重新把"行"置于首要位置，还明确地把"行"界定为实践。他说："知之尽，则实践之而已。实践之，乃心所素知，行焉皆顺，故乐莫大焉。"（《张子正蒙注·至当篇注》）

四、重行是中国哲学的优良传统

如前所述，中国哲人都非常重视"行"，"知"必须落实到"行"中，否则就算不得真知。先秦思想家注重实践的思想为后世学者继承和发扬，从而形成中国哲学的优良传统。

朱熹立足于理学，提出"知行常相须"学说。他说："知行常相须，如目无足不行，足无目不见。"他把知行关系比作眼睛和双脚的关系，二者相互联系，缺一不可；他接触到知的超前性问题，但依然把重点放在行这一边，因为知终究受到行的限制，并且必须为行服务。

王阳明立足于心学，提出"知行合一"学说。他批评了知行分离的错误倾向，指出："某今说个知行合一，正是对病的药，又不是某凿空杜撰，知行本体原是如此。"王阳明有时把"一念发动处"也说成"行"，确实有混淆知行界限的倾向，但总的来说，他的知行观是侧重于行的，主张"在事上磨练"。他对行的重视程度甚至超过了朱熹。

王夫之对中国古代哲学中的重行思想作了总结，提出"行可兼知"的理论，认为"知有不统行，而行必统知"，突出地强调行在知行统一中的地位与作用，并明确地把实践概念引入认识论，在《正蒙注·至当》中写道："知之尽，则实践之而已。实践之，乃心所素知，行焉则顺，故乐莫大焉。"

实际上，中国古代哲学中的行或实践的观念并非仅指个人的道德行为或生活行为，也包含着社会实践的意思。例如，儒家所说的行，其中包含修身、齐家、治国、平天下、经世致用、内圣外王等诸多含义，我们不能认为这仅仅是个人行为而不是社会实践。儒家并没有把实践的主体归结为个人，而是着眼于民族群体。正是因为这一点，他们的实践观才会对中华民族的生存和发展有着不容忽视的影响。中国古代哲学的实践观中包含尊重事实、遵循客观规律、实事求是等合理内核，在这一点上，它同马克思主义的实践观是相通的。

注重实践的优良传统是中华民族思想宝库中的瑰宝，因而理所当然地受到近现代杰出思想家的重视。孙中山发扬这一传统，提出"知难行易"说，把中国哲学的实践观推向近代理论高度；毛泽东发扬这一传统，写出《实践论》，系统地阐述知行的辩证统一关系，把中国哲学的实践观推向马克思主义的理论高度。

第五章　通古今之变

　　哲学是自然科学和社会科学的概括和总结，是精神文明的精华。社会历史观是哲学的一个重要组成部分，是社会意识形态的一个重要方面，并且直接为其提供理论基础和指导思想。哲学又是人类智慧的结晶。中国古代社会历史观不仅为当时的社会意识形态提供了指导思想，而且是中国古代政治智慧的集中表现。

　　从中国古代文明出现到进入近代社会，有着几千年漫长的历史。在这个过程中，有两次社会形态的转变，并且为更新的近代社会形态的到来做着准备。第一次社会形态的转变，是从原始社会向东方专制社会的转变；第二次是从东方专制制度向封建制度的转变。而每一种社会形态，又有不同发展阶段的替代，即改朝换代。在古代中国，改朝换代实际上是社会发展的一种方式。随着社会形态的转变和朝代更替，都形成了社会历史观的发展。而为更新的近代社会形态到来做准备的、明清之际的朴素唯物论的历史观中，则充满着近代唯物论的因素。学习和研究中国古代社会历史观，不但可以使我们更深刻地理解中国古代历史，特别是中国古代政治思想史，对科学世界观的理解和把握会有很大的帮助，而且能够使人们增强思维能力，提高处理和解决问题的本领。

　　中国古代社会历史观具有以下特点。

　　第一，中国古代社会历史观有较强的相对独立性。哲学是自然科学和社会科学的概括和总结。而中国社会历史观思想最早的产生，直接来自人们对一些自然和社会现象的观察和考究；当后来自然科学和社会科学知识丰富和发展起来，人们的社会历史观思想也往往只是吸收了社会科学的成果，与自然科学关系不大。直到中国封建社会后期西方近代科学发展起来以后，情况才慢慢地有所改变。

　　第二，中国古代社会历史观与政治的关系特别密切。中国古代哲学家的社会历史观，大都与他们的政治思想有着密切联系，并为其服务的。不过，在不同的哲学家那里，是有差别的。一般地说，直接为巩固东方专制和封建专制统治服务的哲学家，他们的社会历史观大都侧重于或者就是唯心论历史观；而不是那么直接为统治阶级服务，或同时也考虑民众利益的，特别是统治集团中的那些改革派，他们的历史观大都是朴素唯物论的，或朴素唯物论的因素比较多。

哲学家与政治的关系密切，还表现在他们大多数是统治阶级的一员，或与之有密切联系；而这些人的哲学思想多在社会科学方面。在中国古代社会，文化只掌握在统治阶级手中。而哲学属于文化的最高层次，哲学家往往处于较高的统治阶层，较多地参与统治集团的决策活动。这也是中国古代社会历次改革派与保守派的斗争都有哲学家参加并起着很大作用的重要原因。

第三，中国古代社会历史观的发展，遵循着逻辑和历史相统一的原则。这是中国古代社会历史观的又一个特点。社会历史观是一个由概念和判断组成的逻辑体系，而它又是一个随着历史的发展而不断变化发展着的理论体系，其概念和判断也是不断变化发展的，从而形成自己的历史。这个逻辑体系和历史观的发展历史，形成一个统一的整体。中国古代社会历史观按照朴素唯物论和唯心论分成两大系统，在其发展过程中，各自又形成了一些不同的理论体系。我们的任务就是按照逻辑和历史相统一的原则，把它们尽可能全面地展现出来。

学习和研究中国古代社会历史观具有以下意义。

第一，可以了解中国文明的源远流长和博大精深。大家公认，中国文明有持续不断的 5000 多年的历史。这在全世界是绝无仅有的。中国古代社会历史观最能代表中国文明的一个方面。早就有确切的历史文献说明，有关社会历史观的思想在 4000 多年前就产生了，以后随着社会历史的发展而不断丰富和发展着。它不但概括和总结了社会科学的各个方面的成就，也概括和总结了自然科学知识的成就，从而在更深的层次上认识整个世界。通过中国社会历史观不但能够了解中国哲学，也能够更深刻地了解中国整个文明的源远流长和博大精深。

第二，学习中国古代智慧的最佳途径。哲学是"爱智慧"。中国古代社会历史观非常明显地体现了哲学的这一特点。在这里，"爱"是智慧的前提；在这一前提下，才会有真正的智慧。中国远古时期的贤哲早就提出"民惟邦本",把民众看作社会的根本,放在非常高的地位,充分体现了爱民的思想。后来大多数哲学家都继承和丰富了这一思想。在这一前提之下,中国古代社会历史观为人们正确的思想方法和工作方法奠定了基础,提供了指导。

第三,有利于提高认识能力和工作能力。哲学是关于世界观和方法论的学问。社会历史观作为哲学的一个基本组成部分,是我们分析和处理社会历史问题的直接指导思想。社会和历史问题都是比较复杂的。要正确认识和处理好这些问题,必须有正确的世界观特别是历史观的指导。而深入地学习和研究中国古代社会历史观,是掌握正确的历史观不可缺少的一课。希望本篇对此能够有所帮助。

第一节　天命史观

天命史观,是中国古代历史观的初始形态。它是一种唯心论的历史观,把上天的意志看作决定人类社会历史发展的决定力量;而"上天",在中国古代被看作人格化的神。中国古代唯心论历史观的其他方面,有的是由天命史观演变而来的,大多数都与其有密切的联系。天命史观在先秦时期形成,秦汉及其后逐渐地发展起来。

一、先秦时期的天命史观

先秦时期是天命史观的萌芽和形成阶段。天命史观从萌芽到形成,经过了一个漫长的发展过程。

在原始社会后期的父系氏族社会,天命史观开始萌发。由于生产力水平极端低下,原始社会人们认识自然的水平十分有限,人们的思想和行动都为自然界所左右。最初人们只能崇拜异己的自然力量,后来又幻想自然现象的背后都有神在支配,天命史观的思想开始萌发。原始社会进入部落时期以后,每个部落都以某种植物或动物作为本部落的标志,称为图腾;部落的每个成员都承认自己和图腾有特殊的血缘关系,并加以崇拜。随着生产力的发展和认识能力的提高,图腾崇拜开始衰落,为部落祖先崇拜所代替。这些部落祖先都是他们的首领,如中国上古史中的燧人氏、有巢氏、伏羲、神农、轩辕。他们都在生产和生活上有重大创造，是征服自然和社会的英雄，享有崇高威望的领袖，他们又生活简朴，工作辛劳，是人们崇敬的公仆；死后子孙后代把他们当成神加以崇拜。这样，在人们的思想中，作为自然力量主宰的神和人世间的神，就密切地联系了起来。在人们的眼里，这些祖先神具有超强的力量，能够主宰天下。这时，人们已经有了天命史观的初步观念。像帝颛顼、帝尧提出的"绝地天通"思想，认为作为领导者的帝王能够使地和天之间相沟通，就已经包含了天命史观的初步思想。

进入阶级社会以后的夏、商、周三代，是天命史观的形成阶段。根据马克思、恩格斯的研究，中国进入阶级社会走了一条不同于西方的道路；刚进入阶级社会的中国，是不同于西欧奴隶制的东方专制制度。在这种社会制度下，开始的时候统治者建立了一个庞大的中央政府，其基础是众多的农业公社和农村公社；帝王就是这个中央政府的最高代表。在组织形式上，这是氏族社会制度的直接继续和发展；当然变化是不可避免的，就是由帝王的禅让制变成了世袭制，地方由氏族公社变成了诸侯国，经济基础由农村公社变成了小农经济。与社会基础的这种变化相适应，天命史观的初步观念，发展成了明确的"天命"观念。夏、商、周三代经历了一个绵长的发展过程。反映商朝时思想的《尚书》提出，"下帝"或"王帝"具有"天之元子"的神性，能够"步于上帝""格于皇天"，帝王是上天在人世间的代表，能够与上帝、皇天往来；认为"惟天阴骘下民"，天是有意志的人格神，在冥冥之中主宰着人事。这就明确地表达了天命论思想。《尚书》还提出了"祈天永命"的命题，指明了天命思想的核心，是"有夏服天命""有殷受天命"，夏朝和商朝的出现，都是"天命"决定的。至此，明确的、完整的"天命"观念就形成了。

天命史观形成以后，产生了很大影响。特别是先秦时期的儒家学派，都是天命史观的信奉者。它的创始人孔子在《论语》中说，"五十而知天命"，认为"天何言哉？四时行焉，百物生焉，天何言哉？"就是说，天不用说话，就操纵着四时的运行和万物的生长。还认为"获罪于天，无所祷也"，"天生德于予，桓魋其如予何"。谁得罪了天，就没有可以祈祷的地方了；我的道德文章是上天赐予的，桓魋哪能奈何得了我！儒家的另一个代表人物孟子在《孟子》中写道："尽其心者，知其性也。知其性，则知天矣。存其心，养其性，所以事天也。"认为人的善性是上天赋予的，认识了自己的善性，就能认识天；培养好自己的善性，是为了更好地按天的要求做事。

天命史观虽然强调天命在社会历史发展中的决定作用，但没有否定人的作用，而是认为天命的作用要通过人来实现。孔子在《论语》中就说过："咨！尔舜！天之历数在尔躬，允执其中。四海困穷，天禄永终。"他一方面认为尧帝禅位于舜帝是"天之历数"所决定的，但舜帝又要"允执其中"地去尽人事，否则会造成"四海困穷"，天禄就要永终了。孟子进一步把人具体为民，认为"天视自我民视，天听自为民听"。"天"是通过民的耳目来观察处理国家大事的。

在思想界，有的哲学家对唯心论的天命史观进行了批评，阐述了唯物论思想。荀子在《天论》中写道，"明于天人之分""制天命而用之"。他承认物质世界的客观规律性，认为自然界和人类社会各有自己的职分和规律；要人们不要迷信"天"，应该积极发挥人的主观能动作用，去控制和改造自然，使之为人们服务。

先秦时期，在民间也产生了否定天命论的思想，认为上天无德，广大民众遭受苦难的根源在人世间。对此，《诗经》中多有记载。"昊天不佣！""不惠！""不平！""浩浩昊天，不骏其德！""疾威上帝，其命多辟！"指责上天不均、不惠、缺德、残暴邪辟，集众恶于一身，而不是什么德性的代表；认为"下民之孽，匪降自天，噂沓背憎"。广大民众遭受的苦难，并不是由于上天降灾，根源不在于上天，而是在人间，对天命神权给予了大胆的否定。

二、秦汉至明清的天命史观

秦汉及其以后的时期，天命史观发展起来。天命史观的发展和影响，历时久远，不但贯穿于整个封建社会，而且直到今天，它在某些群众中仍有影响。

从秦朝开始，中国进入封建社会。虽然生产力和生产关系都有很大的发展和变化，但是，不论经济基础还是上层建筑领域，都保留着东方专制制度的痕迹。东方专制政府不但一直存在着，而且专制的程度和规模从总体上说越来越强；经济基础由村社经济变成了小农经济，商品经济虽然早就出现了，但一直没有发达起来。由此，从东方专制制度所产生的、作为意识形态重要因素的天命史观，不但没有消除，而且进一步发展起来。

　　秦汉之际，秦朝适应巩固刚刚建立的大一统封建王朝的需要，推崇法家，但其存在的时间太短，没有发展起来；汉初，经过秦末战乱的破坏，社会动荡，民不聊生，需要安定以休养生息，推崇主张"无为而治"的黄老之术，以儒学为主的天命史观就暂退一旁。经过文景之治，到了武帝时，社会基本安定，经济初步繁荣，完成了封建大一统。为了巩固中央集权的新秩序，就需要为论证皇权与神权之间的联系，作出系统的理论说明。汉武帝在举贤良文学之士的策问中，提出了"天人感应"的"垂问"。董仲舒在这次策问中的策对，得到了武帝的赏识，迈出了他成为天命史观代表人物的重要一步。董仲舒关于天命史观的系统理论，具体表现为"天人合一"和"天人感应"思想。他在《春秋繁露》中写道："天亦有喜怒之气，哀乐之心，与人相副，以类合之，天人一也。""事各顺于名，名各顺于天，天人之际，合而为一。"认为天有喜怒哀乐，和人一样有意志有感情，天人是同类合一的。他还作出进一步的论证：一切事物都得从属于名，一切名都得服从于天意，而事物的名都是人给予的，所以天人之间是合而为一的。他认为，"天人合一"并不是天与人是平等的，而是天对人起着决定性的作用。他写道："天子受命于天，诸侯受命于天子，子受命于父，妾受命于君，妻受命于夫，诸所受命者，其尊皆天也。虽谓受命于天亦可。"人世间的诸种事物，都是受命于天的。在"天人合一"的基础上，他进一步提出了"天人感应"思想，认为人事活动会从"天"那里得到反映；特别是依据代天治民的帝王的行为好坏，"天"更会直接地降下"符瑞"以资奖励，或降下灾异进行"谴告"。帝王只要不是"大亡道之世者"，"天"都会扶持而使其安定。至于平民百姓，更要按天道行事，否则不忠不孝，得罪君、父，就是得罪了上天，而"反天之道，无成者"，会受到上天的惩罚。这种天命史观是为巩固封建帝王的统治服务的。为了更好地实现这一目的，他明确地提出"三纲"的主张，并说这是上天的安排。他强调，上天的意愿只有通过帝王和圣人才能实现。他写道："天令之谓命，命非圣人不行；质朴之谓性，性非教化不成；人欲之谓情，情非制度不节。是故，王者上谨承天意，以顺命也；下务明教化民，以成性也；正法度之宜，别上下之序，以防欲也。"他强调，帝王的道是固定不变的，"道之大原出于天，天不变，道亦不变"。至此，董仲舒就把先秦的天命史观发展成了神学目的论。

　　东汉末至三国两晋南北朝时期，天下大乱，社会动荡，天命史观相对沉寂。自唐至宋、明之中叶，天命史观进入一个新的发展阶段；明朝中叶以后，天命史观逐渐衰落。韩愈是唐代天命史观的重要代表人物。对于天人关系这个天命史观的基本问题，他在论述其哲学思想总纲的《原人》一文中，提出了概括"天道""地道""人道"的最高范畴"道"，其内涵是抽象化了的封建伦理道德规范。他写道："天者，日月星辰之主也。地者，草木山川之主也。人者，夷狄禽兽之主也。主而暴之，不得其为主之道矣。是故圣人一视而同仁，笃近而举远。"意思是说，世界万物，从日月星辰、草木山川到人类动物，都是由"道"所主宰。这样的"道"当然是超时空的、先天的。作为"道"在社会历史中的体现者的圣人，应该把应天道、尚自然的法天精神和尽人道、行仁义的济世思想结合起来，以替天行道的自觉精神，去重整儒家的伦理纲常。在此基础上他进一步提出了"顺天""合道"的思想。韩愈的"道"是从道德之"天"演变而来的，带有人格神的痕迹，具有不变与善的特征。对于永恒不变又能决定人的命运的天意，人们不能妄生愤懑，只能平心随顺，在忍耐中求得生存。只有顺天，才不至于消灭先天赋予的善行，从而也才"合于道"。他的这一套理论，对天人关系作了唯心论的解释。

在宋代，天命史观得到了更大的发展。这主要体现在程朱理学中。"程"即程颢、程颐兄弟二人。他们的言论和著作，被后人编为《二程全书》。他们把"道"归之于"理"或"天理"，把"理"作为哲学的基本范畴，为封建社会后期的官方哲学奠定了基础。"朱"即朱熹。他融汇多家的哲学思想，建立了一个庞大的理学体系，是我国封建社会后期影响最深远的、博学的唯心论哲学家。他留下了《晦庵先生朱文公文集》《朱子语类》等多种著作。在理、气关系上，他认为"理是本""理为主"，气、物是末；气是理所派生的，理是气的支配者，作为气之具体表现的万物归复于理；"理气相依""理在气中"，而"以本体而言，则有是理然后有是气"。对哲学本体论作出了唯心论的回答。在此基础上，他论证了封建伦理的"合当性"。他的论证利用了传统的"气禀说"，认为"气禀"的"精粗""通塞"决定了人物之分，"气禀"的"昏暗""清浊"决定了圣凡智愚之别，"气禀"的多少厚薄决定了贵贱贫富之秩。最初的"气禀"是由"天"的意志决定的，而"天"的意志实际上是禀受朝廷的意志。在这里，又把帝王的意志看作社会发展的根本动力。他同样持有"存天理，灭人欲"的观点，把天理和人欲对立起来，认为二者不容并立：天理有则人欲灭，人欲胜则天理灭；主张"革尽人欲，复尽天理"。总之，他把唯心论的本体论运用到社会问题上，形成了唯心论的历史观。

在封建社会后期，陆王心学是一个重要的哲学学派。陆王心学跨越了宋明两代，影响深远。陆即陆九洲，和程朱同是宋代人。他的著作有后人收集整理成《象山先生全集》。他把儒家思孟学派和佛教禅宗的思想糅合在一起，又接受二程的"天""理"既是"心"的思想影响，建立了"心即理""宇宙便是吾心，吾心即是宇宙"的心本论的心学体系。"王"即王守仁，明代心学学派的主要代表人物，哲学著作是《传习录》。他继承了陆九渊"心即理"的思想，进一步发展了心本论的心学体系。他的这一体系，包括"心外无物""心外无理"的宇宙观，"致良知"的认识论和"知行合一"的动机论，而这几个方面都贯穿着以"吾心"为世界之本的心本论。他认为，"无心外之物"，物是"良知发用流行"的结果，它存在、变化于"良知"主宰的"感应之几"中；"心即理""理即礼"，"理也者，心之条理也。是理也，发之于亲则为孝，发之于君则为忠，发之于朋友则为信。千变万化，至不可穷竭，而莫非发于吾之一心"。按照这一逻辑，"心之条理"发于前，人之伦理生于后，后者是根所生之枝叶。这个根就是先天具有的"良知"，他把物看作"心之条理"之根生出的枝叶。他所主张的"知行合一"的"知"，既然是对于伦理道德认识的"良知"，那么这种认识就应该体现为维护封建伦理制度的实践。他强调要用这样的"知"指导"行"，以便"行得是"；又用"行"来实现"知"，以便"知得真"。他要求人们不但对于伦理道德有所"知"，还要有"真切笃实"的情感；除了对于伦理道德有所"行"，还要有"明觉精察"的敏感和自觉。正是从这一要求出发，他特别强调"知行合一"。这些论述，包括了本体论、认识论和动机论的全部内容，具有很高的系统性，达到了唯心论历史观的一个高峰。

从汉唐至明代，虽然天命史观占据着统治地位，但也不是只此一家的一统天下。有不少哲学家对天命史观提出了不同看法，乃至进行了有力的批判。在汉代，王充就是一个有代表性的人物。对比董仲舒，王充是后学者，著有《论衡》一书。他总结了当时的自然科学和社会历史知识，批判了关于天的神秘思想，从根本上否定了天命史观。他说："夫天者，体也，与地同。天有列宿，地有宅舍，宅舍附地之体，列宿着天之形。"意思是说，天与地一样，都是有形有相的物质实体，从而否定了天的神秘性。他还根据大量的科学事实和实践知识，揭穿了"符瑞""谴告"的虚妄性和欺骗性，有力地驳斥了天人感应论为统治者服务的政治目的。在唐代，柳宗元是一个重要代表人物。《柳河东集》中的《天对》《天问》，是他关于天人关系的重要论述。《天对》开宗明义地指出，元气是宇宙的本源。他说："本始之茫，诞者传焉。""昏黑（黑夜）晰眇（白天），往来屯屯，庞昧革化，惟元气存？"宇宙悠远渺茫，许多关于宇宙起源的传说都是荒诞的，都不足以征信；昼夜的交替万物从混沌中发生、发展，都是元气的运动所致，哪里是什么造物主所为？在此基础上，他肯定了世界是一个运动着的物质过程，它的一切现象变化，都是自己的运动，没有所谓神意的支配。他进而区分了自然和人类社会的不同。"阴阳，大草木也。其焉能赏功而罚祸乎？功者自功，祸者自祸，欲望其赏罚者大谬；呼而怨，欲望其哀且仁者，愈大谬矣。"这就把人类社会从自然界中划分出来，进一步否认了超自然力的天命的存在。宋代的王安石，既是一个高级政府官员，也是一个哲学家。《洪范》和《道德经注》是他的哲学代表作。他创立了"新学"，为推行新法制造舆论。"道"是他的"新学"的带有本体论性质的重要概念，他对其作了不同于以前的天命史观的新规定，赋予其唯物论的新的含义。他写道："道者，天也，万物之所自生。"关于"道"的性质，他说："道，非物也；然谓之道，则有物矣，恍惚是也。""非物"者，非特殊之物；"有物"者，有"恍惚"之物。这样的"物"，就接近现代的物质概念了。他把"道"规定为"朴"，强调了"道"的物质性："朴者道之本而未散者也。""朴未散，则虽小，足以为物之君。"物质性的原始材料"朴"，乃是产生万物的最高主宰"君"。他还阐述了"天道尚变"的思想，认为"尚变者，天道也"。这就与那些唯心论的天命史观划清了界限。明代中期以后，反对和批判天命史观的哲学家越来越多，天命史观在哲学思想中的统治地位，就开始动摇了。

三、天命史观的性质和历史作用

天命史观是一种唯心论的历史观。他把上天幻想成为人格神，认为人格神化了的天的意志——天命，决定着自然界和人类社会一切事物的存在、变化和发展。中国古代社会各个历史时期的天命史观，都带有这种唯心论历史观的性质。在中国的原始社会向阶级社会过渡时期出现的"天"的观念，就已经带有这种性质，像帝颛顼、帝尧提出的"绝地天通"

思想中的"天"。进入阶级社会的商代所产生的"惟天阴骘下民"的思想，这种性质就表达得更清楚了。周代孔子的历史观，也具有这样的性质。他认为，虽然天不说话，却操纵着四时运行和万物生长；统治者的政治主张能否得到实现，都是由"命"决定的，不知"命"就不能成为君子。[①] 这些话所主张的，就是自然界的事物和人类社会的发展，都是由天命决定的，明确地表达了孔子的历史观的唯心论性质。此后各个时期的天命史观，不管以什么具体形式表现出来，其性质都是历史唯心论的，都认为是作为上天的意志的"天命"决定了人类社会的各个方面和社会历史的发展。天命史观作为一种社会历史观，有着比一般的世界观具有更为鲜明而强烈的阶级性。天命史观的持有者大都认为上天的意志和帝王的意志有密切联系，前者通过后者来实现并以此为统治者的利益服务。

天命史观对中国古代社会历史的发展，起过重要作用。从总体上看，这是阻碍历史发展的消极作用。天命史观产生于中国的东方专制制度，是为巩固这种制度服务的保守的哲学思想。它的突出特点是滞惰少变。它的基础概念和基本思想，在形成以后就很少变化。自形成以后，它在中国古代哲学乃至整个思想领域，都占着某种统治地位，成为中国古代社会延续特别长，近代社会迟迟不能到来的重要原因之一。特别是被董仲舒系统化了的天命史观，提出"王道之三纲，可求与天""天不变道亦不变"，利用神权来维护封建宗法等级制度的皇权、族权和夫权，以论证封建统治秩序的合理性和永恒性，变为阻碍社会前进的桎梏。

但在开始阶段，天命史观也起到了一定的、推动历史发展的积极作用。在原始社会后期、天命史观萌发的时期，颛顼帝和尧帝宣称他们"绝地天通"，认为只有他们这样的帝王才能够使地上的百姓和天帝之间相沟通，传达天帝的意旨。这种观念对于树立当时作为领导者的帝王的威望，以团结和带领广大百姓与恶劣的自然条件进行斗争，起着很大的作用。进入阶级社会的初期，作为统治者的帝王，是进步势力的代表。在他们手中逐渐形成的天命史观，起着巩固进步势力统治的作用，增强人们与自然进行斗争的力量，推动社会的发展和进步。在历史的发展中，天命史观逐渐地变成了阻碍历史进步的力量。但也不尽然。如董仲舒的天命

---

① 《论语·宪问》曰："道之将行也与，命也；道之将废也与，命也。"《论语·尧曰》曰："不知命，无以为君子。"

史观，就对巩固处于封建统治上升时期的封建政权，起过积极的作用。

　　和西方古代哲学中的唯心论历史观相比较，中国的天命史观有许多独特之处。第一，中国的天命史观比西方哲学中的相近思想，历史要长得多。中国的天命史观在原始社会后期就有了萌芽，而西方哲学到了奴隶社会才开始产生。按时间计算，天命史观有4000多年的历史，西方哲学才2000多年。第二，二者虽然都属于唯心论历史观，但表现方式不同。天命史观中的"天"是通过帝王起作用的，而西方哲学中基本上没有帝王的位置。天命史观强调上天的意志通过帝王决定历史的发展；西方哲学在天和普通人之间则没有这个中间环节，而是直接对每一个人发生作用。第三，天命史观有一个系统完整的思想体系，而在西方古代哲学中，只有一个"天"的概念和一些杂乱的思想。在中世纪以前的西方古代哲学中，"天"只是自然之天；西方中世纪宗教神学中的上帝，也只是上天的代表。而天命史观则把"天"看作天人合一的、融于社会历史中的"天命"。从"天命"是社会历史发展的决定因素，到它怎样决定历史发展，都有系统的论述。第四，天命史观对社会历史的发展有一定的进步作用，西方古代哲学特别是中世纪宗教神学中关于天的思想所起的作用，则只有阻碍历史发展的作用。

第二节　圣贤史观

　　圣贤史观，是中国古代唯心论历史观的又一重要内容。圣贤史观是从天命史观分化和演变而来的，可以看作它的继续和扩展。什么是"圣贤"？简单地说就是圣人和贤人；"圣贤"是他们的合称，即不同于普通人的杰出人物。圣贤史观把"圣贤"看作上天意志的使者，"天命"是通过圣贤对社会发展起作用的；社会发展的决定性力量是圣贤，而不是广大民众。在我国古代，被看作圣贤的，各个学派、各个行业的人都有，而以儒家为主；这些人都是道德高尚的人，又具有一定的政治管理才能。圣贤史观萌发、形成于先秦，在秦汉及其后发展起来。

一、先秦时期的圣贤史观

先秦时期，是圣贤史观的萌芽和形成阶段。圣贤史观是随着天命史观的萌发、形成而萌芽和形成的，也经过了一个漫长的历史过程。开始，天命史观认为上天的意志是通过帝王决定着人类社会的发展。后来人们发现，并不是所有的帝王都对社会发展起着推动作用；只有贤明的帝王才关心民众，推动社会的发展，而残暴的帝王却祸害民众，给社会带来危害。渐渐地，人们把贤明的帝王当成了神圣的化身，看作圣人和大贤，如尧帝和舜帝。再后来，人们把贤明的帝王之外的道德高尚、知识渊博的人，也看作圣人。

在孔子之前，人们把周初的周公姬旦称作圣人、大贤。姬旦"制礼作乐"，协助周武王平治天下，堪称圣贤。孔子继承和发挥了姬旦关于"礼"的思想，提出"克己复礼为仁"，使其成为儒家的基本概念。他认为，"惟上智与下愚不移"[①] "君子而不仁者有矣夫，未有小人而仁者矣""惟女子与小人难养也"。这些思想中，就包含了圣贤史观的因素。"上智"即上层的智慧之士；"下愚"即下层的愚笨之人，指普通民众，"小人"的意思也差不多。当时的中国早已进入了阶级社会，"君子"和"小人"一般是被作为统治阶级和被统治阶级的代名词来使用的。"上智"作为君子，就包含了圣贤在内。这些，都为圣贤史观的萌芽和形成作了准备。

孟子提出了圣贤史观的基本思想。他继承和发挥了孔子"上智下愚"的思想，借用伊尹的话说："天生此明民也，使先知觉后知，使先觉觉后觉也。"这里的"明民"，即包含"圣贤"在内。认为包含"圣贤"在内的"明民"都是天生的，由他们来领导和统治"后知后觉"的普通人，是出于天意。他说："五百年必有王者兴，其间必有名世者。"由尧舜至于汤，由汤至于文王，由文王至于孔子，都是"五百有余岁"。"名世者"即圣贤。认为只有真正的"王者"和"命世之才"出现，才能化乱为治，平治天下，社会才能安定和发展。孟子以上的这些论述，把尧帝、舜帝

---

① 关于"惟上智与下愚不移"，多年来学界一些人认为"上智"和"下愚"只是说人的智力类型、水平和资质、性情，而没有等级、地位的意思。这种解释似有不妥。我理解，二者的意思都有。"上智"，即上层的智慧之士，指包含圣贤在内的统治阶层；"下愚"，即下层的劳动者民众，指广大的被统治阶级。有人以颜回很穷为例，认为孔子收学生不分阶级，只看人品，这是只知其一，不知其二。颜回虽然当时很穷，但他是没落贵族出身，他的父亲还带有鲁国卿大夫的头衔。而孔子本人，就是出身贵族；他本人则做过鲁国的大司寇。

等帝王和被称作圣人的孔子并列在一起，都当作"圣贤"，说明他已经产生了圣贤史观的基本思想，认为上天的意志只有通过帝王才能决定社会发展的天命。

在其他学派中，墨家的创始人墨子也持有圣贤史观。墨子稍晚于孔子，是战国小生产者的代表。其言论被弟子辑录成《墨子》一书。儒、墨两家思想观点多针锋相对，在当时并称"显学"。墨子主张"尚贤""尚同"。"尚贤"虽然含有任人唯贤的意思，但主要是主张任用圣贤当政以决定国家事务。他说："古者圣王之为政，列德而尚贤，虽在农与工肆之人，有能则举之，高予之爵，重予之禄，任之以事，断予之令。"古时圣王当政，重视德高而且贤能之人，虽然是农夫或手工业者，只要有能力就推举他，给予高官厚禄，让他断绝国家事务。而"尚贤"只是手段，"尚同"才是目的。他认为，"天下之所以乱者，生于无政长"。社会没有统一的是非标准，人们都以自己的是非为是非，必然出现"交相非"的局面，这就造成了社会混乱。因此他主张"尚同""一同天下之义""一同其国之义""天下之百姓皆上同于天子"。墨子的这些论述，说明他认为社会的治乱决定于包括帝王在内的圣贤。因此，他持有明显的圣贤史观。

二、秦汉至明清的圣贤史观

随着历史的发展，圣贤史观也逐渐得到了系统化。

到了汉代的董仲舒，圣贤史观基本形成。他明确地提出了"圣贤"概念，而后又通过梳理天意、圣贤、名、事之间的关系，对圣贤史观进行了初步论证。他说："天命之谓令，命非圣人不行。""是故，王者上谨承天意，以顺命也；下务明教化民，以成性也；正法度之宜，别上下之序，以防欲也。修此三者而大本举矣。"也就是说，只有"圣贤"中的圣人才能实行天命；而"圣贤"中的帝王则上乘天意，以服从天命；下教化民，以养成善性；正法度别上下，以防止过度的欲望。修好这三项天下大事，国家巩固、社会安定的根本就树立起来了。他还从名实关系上作了进一步的论证。"事各顺于名，名各顺于天。""名号异声而同本，皆鸣号而达天意者也。天不言，使人发其意；弗为，使人行其中；名则圣人所发天意，不可不深观也。"世上诸事都服从名，而名都服从于天；名、号叫法不同，都是表达天意的。天不说话，让人代发其意，代其行动；只有圣人才能"知天命""发天意"；"名"就是圣人按天意而确定的，不可不深入观测。这就从天命史观的高度，对圣贤史观进行了论证。

曹魏时的王弼，也持有圣贤史观。他在世虽然只有 20 多年，但著述颇丰。他认为，世界万物必须有一个根本的东西作为主体来统一它们，这个世界才能存在下去。他把这一观点运用于人类社会，在《周易略例》中写道："众不能治众，治众者至寡。""少者多之所贵，寡者众之所宗。"所谓"至寡"是什么呢？他认为就是"一"。在中国封建社会，只有帝王才能自称"寡人"，才能"定于一尊"。所以"众之所得咸存者，主必致一也"。众人要想都能生存下去，就必须有帝王来主持国家社会。在这里，王弼对圣贤史观作了富有哲理的论证。

唐代的韩愈，也持有圣贤史观。他在《原道》中写道："古之时，人之害多矣。有圣人者立，然后教之以相生养之道。为之君，为之师，驱其虫蛇禽兽而处之中土。"教会人们衣、食、住、器用、商贾、医药、葬祭、礼乐、刑政等。总之，"害至而为之备，患生而为之防""如古之无圣人，人之类灭久矣"。认为古代人类社会的历史，全是圣人造就、安排的；人们在生产劳动中的一切发明创造，国家的各种制度，都是圣人意志的产物。由于有了圣人，才有今天的人类社会；如果没有圣人，人类早就被毁灭了。一句话，在韩愈看来，人类社会历史是由圣人创造的，圣人决定着社会历史的发展，广大民众只是被动地被驱使着。韩愈的圣贤史观有一个明显的特点：他只讲"古之时"，不讲当时；不像以前的圣贤史观者，强调他们的思想都是为当时的统治者服务的。

从宋代开始，中国古代社会进入封建社会后期。北宋王安石的哲学思想虽然基本上是唯物论的，却持有唯心论的圣贤史观。他认为是圣贤创造了社会历史。他认为，在太古时代，人和禽兽差不多，后来由于圣人的发明创造，人类和禽兽才区别开来。"星历之数、天地之法、人物之所，皆前世致精好学圣人者之所建也。"（《礼乐论》）把人类文明的进化看成圣人之"所建"，带有明显的圣贤史观的倾向。

朱熹和陆九渊也都持有圣贤史观。朱熹认为君主的"心术"是历史变化的根本；历史的发展是由智慧超凡的圣贤所决定的。他写道："一有聪明睿智能尽其性者出于其间，则天必命之以为亿兆之君师，使之治而教之，以复其性，此神农伏羲黄帝尧舜所以立天之极也。"（《大学章句序》）天生的帝王中的"圣贤"，是亿万民众的君王和师尊，他们治理社会，教化民众，来恢复其善良的本性，使社会安定繁荣。不过，朱熹在这里表现了一定的复古倾向。他认为只有上古社会的伏羲、炎帝、黄帝和尧、舜二帝才是这样的圣贤。

陆九渊从其"心学"的角度讲过圣贤史观。他认为，宇宙是无限的，"人欲天地万物皆在无穷之中也"，是有限的；而圣人之心是能够掌握无"限量"之理的。理无限，圣人之心也无限。他写道："上而千百载圣贤之心，下而千百载复有一圣贤，其心亦只如此。心之体甚大，若能尽我之心，便与天同。""千百世之上至千百世之下，有圣人出焉，此心此理亦莫不同也。"即是说，上下古今的圣人之心，都是一样的。它认识事物之理的能动性是很大的，只要能尽心即发挥这种能动性，就能认识并掌握没有限量的天意。在这里，他从"心学"的角度，把圣贤史观提到了一个新的高度。

明代王守仁的圣贤史观是和他的"致良知"思想紧密结合在一起的。他提出，万事万物在"良知"的发用流行中呈现，王道理想的根本精神在于"良知"，而非外在的制度和言行。"良知"最终决定社会历史的治乱兴衰，必须通过圣贤这一人文力量；正是君主之心决定了社会历史的发展，"人君之心，天地万物之主也，礼乐刑政教化之所由出也"。

与天命史观的情况一样，中国古代哲学也不是圣贤史观的一统天下。直接与其对立的，是民本史观。关于民本史观，将另章论及，与其相同的内容，在此就不涉及了。

三、圣贤史观的特点和历史影响

中国古代哲学中的圣贤史观，有着不同于西方哲学的一些特点。

首先，西方哲学中与圣贤史观内涵相近的是英雄史观。它们都是唯心论历史观，都认为历史是由少数杰出人物创造的；是少数杰出人物而不是多数民众对社会历史的发展起着决定性的作用。但是，在中、西哲学中这少数杰出人物的具体内容是不同的。或者说，它们所说的杰出人物的成分不同。圣贤史观所说的"圣贤"，是作为道德楷模的圣人和贤人；西方哲学的英雄史观所说的"英雄"，虽然也是杰出人物，但并不强调其道德方面。

其次，"圣贤"与西方的"英雄"的标准有差别。在中国古代，只要是"圣贤"，不管是出自哪个行业，都必须是道德高尚的人，否则，不管你地位多高，功劳多大，也不能成为"圣贤"。而在西方古代，对"英雄"

不太强调道德。不论哪个方面，只要有突出的功绩特别是武功，就可以被称为"英雄"了。

再次，"圣贤"与西方的"英雄"起作用的方式不同。中国的圣贤对社会历史所起的作用是全方位的，就像韩愈所认为的，在社会生活的各个方面，"圣贤"都发挥着不可或缺的作用。而在西方，只要在社会生活的某一个方面作出了不起的事迹，就可以被称为"英雄"。

圣贤史观对中国社会的历史发展有很大的影响。这种影响非常久远，直到现在仍然存在。这种影响，既有积极的方面，又有消极的方面，从总体上看以消极的方面为主。这种影响是从思想和文化上开始的。秦汉之前，特别是战国时期的百家争鸣，在全国范围内许多行业都出现了被看作"圣贤"的人物。而从汉武帝独尊儒术开始，在思想文化上主要宣传和实行儒家思想，儒学方面的"圣贤"就占了主导地位。儒学持天命史观，偏于保守，重视社会历史知识而轻视自然科学，导致中国思想和文化（作为意识形态的文化）特别是自然科学，在漫长的历史时期内发展缓慢。当西方在十六七世纪进入近代时期开始向资本主义制度过渡的时候，中国仍然处于封建社会之中，落后于西方整整一种社会形态。这种落后是全方位的，从经济制度、政治制度、文化制度乃至社会生产力，都落后于西方。

圣贤史观的积极影响，对于思想文化方面和整个社会都有。在思想文化方面，主要受到儒学教育的知识学界，重视道德养成，富有家国情怀，大都关心国家强盛和社会发展。这使知识学界不论在哪个朝代，都成为推动社会发展的一个重要力量。对于整个社会历史，在封建社会的上升时期，"罢黜百家，独尊儒术"，形成上层建筑领域的统一指导思想，起到了巩固新生封建政权，促进经济文化发展的积极作用。在每个朝代的开始，知识学界的大多数都为国家巩固和社会繁荣出力。例如韩愈，以圣贤史观对抗佛老，以封建的伦理纲常对抗出世主义，并正确地指出佛老的流行破坏了社会生产，具有一定的积极意义。

第三节　道统史观

道统史观是中国古代唯心论历史观的另一重要内容。道统史观也是从天命史观中分化和演变而来的，同时，它还受到圣贤史观的制约和影响。道统史观的"道"，不是别的什么"道"，而是儒家的伦理道德。它认为，儒家伦理道德影响和制约着社会生活的各个方面和社会历史的发展。道统史观是唐代的韩愈提出来的，而先前的儒家思想家则为其作了思想理论的准备，它对以后儒家思想的发展，又产生了深刻的影响。

一、道统史观的形成及发展演变

道统史观，是韩愈在先秦和汉代儒家思想家有关论述的基础上提出来的。先秦儒家思想家，都提出过关于"道"的思想，都主张以"王道"治理天下而反对"霸道"。儒家的"王道"，即"德"和"礼"；"霸道"就是暴力和武力。孟子是"王道"主张的主要代表。他所谓的"五百年必有王者兴"中的"王者"，都是以"德"或"礼"治理天下的典范。他明确地提出了"王"和"霸"的政治概念，认为"以德服人"的是"王道"，"以力服人"的是"霸道"。他所谓的"王道"就是实行"仁政"，要求统治者以"仁爱"之心去对待民众，以达到统一全国的目的。

汉代的董仲舒拓展了关于"道"的思想。他提出，"王道"有"三纲"，即君为臣纲、父为子纲和夫为妻纲。他进一步提出了"天道思想"，认为帝王的活动会从上天得到反映，对于代天治民的帝王的行为好或是坏，"天"更会直接地降下"符瑞"以资奖励，或者降下灾异进行"谴告"。至于普通民众更要按"天道"行事，否则不忠不孝，得罪君、父，就是得罪了上天，而"反天之道，无成者"，就会受到天的惩罚。认为"天之常道，相反之物也不得两起，故谓之一"。相互对立的双方"不得两起"，不会构成矛盾，他认为这是"天之常道"。他强调"道之大原出于天，天不变道亦不变"。这种天道不变的思想，对后世影响很大。

道统史观的提出，受到了佛教法统论的直接影响。佛教在东汉传入我国，魏晋南北朝时期逐渐地发展起来，到了隋唐时期已经产生了很大的影响。佛教诸宗派中华严宗和其后的禅宗影响最大。华严宗从"法界缘起"说开始，建立了一个"心尘"互为缘起论的哲学理论。它认为"法界"是一个大缘起，在此法界中，"万法融通，互为缘起"，又称为"无尽缘起"。换句话说，世界只是"幻相"，只是一个无根无据、无穷无尽的关系之网，没有任何独立的实体。而这一互为缘起的世界，都只是"心"与"尘"相融而产生的。这里的"心"指人的念头，是本体，"尘"指这些念头附着的对象；人们之所以有各种各样的"幻相"，乃是不同的念头与其对象接触的结果。华严宗以这一基本理论为前提，对本体与对象的关系，以"四法界"理论展开了细致的剖析。

禅宗惠能学派提出了"心即真如"的本体论。"真如"即佛性，是哲学中的本体。禅宗为了摆脱种种论证的烦琐性，明确地回答"心"本身就是"本体"。慧能宣称"心生，种种法生；心灭，种种法灭；一心不生，万法无咎"；"万法尽在自心，何不从心中顿见真如"。认为客观世界一切事物的存在和运动，均由心念而生；万事万物是否存在与心是否自在皆取决于心，心之自在，即本体之呈现，即为成佛。它们虽然说法各异，但都认为客观世界的万事万物都是虚空，主观心意决定万事万物的存在和发展。

韩愈综合了先贤关于"道"的思想，在反对佛教的过程中借鉴了佛教"法统"的形式，提出了道统史观。他认为佛教要弃仁绝义，甚至要通过无父无君的方式体证。他概述了"道"的发展过程，构建了"道统"。他在《原道》中写道，"先王之道"，从尧开始一直传到孔孟，从无间断。"尧以是传之舜，舜以是传之禹，禹以是传之汤，汤以是传之文、武、周公，文、武、周公传之孔子，孔子传之孟轲。轲之死，不得其传焉。""道"作为韩愈的道统史观的最高范畴，其内涵是抽象化了的封建伦理道德规范。他认为："天道乱，而日月星辰不得其行。地道乱，而草木山川不得其平。人道乱，而夷狄禽兽不得其情。天者，日月星辰之主也。地者，草木山川之主也。人者，夷狄禽兽之主也。主而暴之，不得其为主之道矣。是故圣人一视而同仁，笃近而举远。"他所说的这个"道"，是最高的存在，体现在"天道""地道""人道"之中，贯通于天、地、人等古往今来的整个宇宙之内，世间万物都由它所主宰。作为主宰，如果残暴而不行仁义，就是没有得到为主之道。所以"圣人"作为"道"在社会历史中的体现者，应该把应天道、尚自然的法天思想，与尽人道、行仁义的济世思想结合起来，以一种替天行道的自觉精神去重整儒家的伦理纲常。

韩愈还进一步把"道"的具体内涵，明确地发挥为"仁与义"。"博爱之谓仁，行且宜之之谓义，由是而之焉之谓道，足乎己无待于外之谓德。仁与义为定名，道与德为虚位。""凡吾所谓道德云者，合仁与义言之也。"他认为，仁存乎内，义见于行，按照仁义的法则去做就是"道"。

至于"德"，就是践履"道"的一种内在的自觉。仁义与道德之间，是实与虚、内容与形式的关系："道德"是"仁义"的抽象，"仁义"是"道德"的具体内容。简单地说，韩愈所说的"道"，就是"仁义"。这样的"道"，完全不同于佛教和道家的"道"。

后来的儒家学者继承并发挥了韩愈提出的道统史观。朱熹就是比较有代表性的一个。道统史观是朱熹理学的重要内容。朱熹对《尚书》中所讲的"人心惟危，道心惟微，惟精唯一，允执厥中"这句话作了发挥，提出了"人心""道心"两个概念。他认为，"人心""道心"不是两个不同的心，而是同一精神主题的两个不同的方面。"道心"是本体的心，是天理的体现；"人心"是人的感性情欲。"只是这一个心，知觉从耳目之欲上去，便是人心；知觉从义理上去，便是道心。"（《朱子语类》）他承认"道心"和"人心"既然同是一个心，所以不分圣人和凡人都具有。圣人和凡人的区别在于，圣人能精察道心，不杂耳目的私心杂念，专一于天理。因此，他的一言一行，一举一动，都没有过分或不足的差错，而合乎"天理"的中道（"允执厥中"）。儒家学者理想的超凡入圣，并不是简单地消灭"人心"，而是以"道心"为主体，使"人心"完全服从于"道心"。"必使道心常为一身之主，而人心每听命焉。"（《中庸章句序》）朱熹的论述使天命史观更具有理论性了。

韩愈的道统史观，在当时和后来都受到了唯物论历史观思想的反对和批判。和韩愈同时期的柳宗元，就对道统史观进行了批判。如上所述，韩愈认为"圣人"是"道"的体现者，"道"通过"圣人"对社会历史的发展而起作用。谈到中国古代的"封建制"在自身的发展过程中，在用人等方面出现了很多恶果的时候，柳宗元在《封建论》中说："岂圣人之制使至于是乎？吾固曰：'非圣人之意也，势也。'"由此可见，柳宗元认为，一部社会发展史决非圣人意志的产物。这既是对圣贤史观的批判，也是对道统史观的批判。

宋代的王安石也是反对道统史观的。这主要体现在他对"道"所作的新的、唯物论的规定。他说："道者，天也，万物之所自生。""道，非物也；然谓之道，则有物矣，恍惚是也。"（《道德经注》）认为"道"是物质性的；它虽然不是某一种具体的物，但它是抽象化了的物质特性。为了强调"道"的物质性，他把"道"规定为"朴"；"朴"是物质性的原始材料，是产生万物的最高主宰。总之，作为万物的主宰，"道"是物质性的，而不是作为意识形态的"仁义"道德。这就从根本上否定了道统史观。

二、儒家的道统和清朝的治统

道统史观影响深远绵长。它不仅在学界被宋代和明代的道学、理学、心学继承和发展，而且在清代初期被统治者直接继承和运用，作为巩固清朝统治的重要依据。

清王朝以少数民族起于东北边陲。本来他们是明朝的臣民，是一个在明朝地方管辖之下的落后的少数民族，在明朝后期于战乱之中迅速崛起，并夺取了全国的统治权。为了建设和巩固政权，这样一个政权建立之初，它的最高统治者选择并确立何种思想学说作为官方的正统思想，藉以统一全国，维系人心，凝聚知识界以稳定社会，使被汉族视为夷狄的异族统治者得到整个汉民族在文化上的认同，同时更要使他们承认清王朝是符合儒家道统要求的、具有合法性的正统皇朝，是一个大问题。

还在皇太极时期，就在思想领域推行崇儒重道的政策，并遣官祭孔，表明当时满洲贵族已开始承认和接受儒家的世界观。入关以后，面对汉族已成为主要统治对象的客观现实，清王朝将崇儒重道政策进一步延伸。顺治二年（1645），清政府封孔子为"大成至圣文宣先师"。顺治九年举行尊孔"临雍释奠"，顺治勉励太学的师生笃守"圣人之道"。翌年，更是谕颁礼部，提出"崇儒重道"的具体要求。顺治十四年，顺治首开清代帝王经筵日讲先河，谕令儒臣进讲儒学经典。以上一切言论和行动表明，清代最高统治者已经企望把意识形态统治的重心放在儒学上。

孔孟儒学经过长时期的发展变化，分成了一些不同的流派，其中只有程朱理学既有维护封建制度的一整套理论体系，又有强化封建伦理观念的种种说教，最适应统治者的政治需要。顺治辞世后，经过一段时间的波折，康熙亲政后经过一段时间的摸索，重塑儒学道统的统治地位，进一步选择了程朱理学作为清王朝的官方哲学和统治思想，而程朱理学则是道统史观的继承和发展。玄烨把自己看作儒学的继承者，尤为尊崇朱熹，并且巧妙地将儒学道统和王朝的治统结合起来，对当时社会的稳定和发展起了不容忽视的作用，为清王朝统治的巩固奠定了基础。什么是"治统"？简单地说，治统就是统治阶级的统治系统。康熙在《日讲四书解义序》里说明了道统和治统之间的关系："朕惟天生圣贤，作君作师，万世道统之传，即万世治统之所系也。""道统在是，治统亦在是。历代贤哲之君，创业守成，莫不尊崇表章，讲明斯道。"他把天生的圣贤看作君看作师；把道统的长久存在，当作封建统治长久存在的依据。最高统治者的这一表态，为当时朝野关于"道统"的争论作了总结，使这一争论戛然而止。

程朱理学中的封建伦理纲常思想，是儒家道统的重要内容。康熙十分重视这些思想，强调理学是立身根本之学，并特意把儒家伦理纲常的说教具体化为"圣谕十六条"，颁行天下，使之成为有清一代治国安邦的基本准则。康熙独尊程朱理学，得到了汉族士人和百姓的支持，促进了清初统一局面的形成。

三、道统史观的特点、历史地位和作用

道统史观作为中国古代唯心论历史观的一种具体形态，有着一个突出的特点。它既不是单纯的主观唯心论，也不是单纯的客观唯心论，而是带有客观唯心论色彩的主观唯心论。这个"道"，包含"天道""地道""人道"在内。其中"天道""地道"在自然界决定万事万物的存在和发展，"人道"则决定着人类社会的存在和发展。而韩愈又把这个"道"的内涵规定为作为伦理规范的"仁义"，是意识形态性的东西。所以道统史观又是侧重于主观唯心论的。就这一点来说，道统史观既有别于中国古代哲学中的圣贤史观和道学、理学、心学以及佛教哲学，也不同于西方古代哲学中的各个唯心论学派；它们不是主观唯心论，就是客观唯心论，很少学派同时带有这两种色彩。

在中国古代文化史上，道统史观占有重要地位。就其形成的当时来说，在朝野均称颂佛教的思潮中，韩愈反其道而行之，逆其流而上，挺身而出，举起反佛的旗帜，痛斥佛教，指出佛实不可信；其道统史观唤起了儒家自觉构建与佛教相抗衡的理论热情，鼓舞了儒家学者奋起与佛教相抗争，使中华本土文化不至于被佛教文化湮没。它承前启后，是中国古代哲学发展的不可或缺的重要环节。它上乘先秦和汉代儒家关于"道"的思想，下启道学、理学、心学，使中国古代儒家哲学成为前后相继的完整的理论体系。它把长期沉寂的天命论恢复起来，确立了儒家的"道统"，把儒家思想的发展推向了系统化、普适化时期。他把封建的伦理观置于"道统"思想体系之中，把封建伦理原则上升到本体论的高度。

对于整个中国古代社会的发展，道统史观在正反两面都起了重要作用。韩愈以道统史观抨击和对抗佛教，以封建伦理纲常反对出世思想，指出佛教的流行破坏了社会生产，对当时社会的发展产生了积极作用。但从长远来看，道统史观是一种唯心论的保守的哲学思想；不论对于思想界还是整个社会历史的发展，都起着一种阻碍的消极作用。最突出的是作为其继承者的程朱理学，到了明末清初已经衰颓不堪，面临绝境。康熙虽然利用官府的力量把它规定为官方正统思想和令广大民众遵守的封建伦理道德，起过一定的作用，但将其归结为僵死的封建伦理教条，从而加速其最终走上不归路；用其强制统一思想，又遏制了人们思想的发展。其后的雍正、乾隆把它扩展为封建专制主义并引向极端，造成了思想界万马齐喑的历史悲剧。

第四节　循环史观

循环史观是一种唯心论的形而上学历史观。它把上天意志的几种形式，或者几个帝王的意志看成决定历史发展的东西，而且它们是循环往复的。这样看来，社会的发展就只有量的变化而没有质的变化。所以，循环史观就不仅是唯心论的，而且是形而上学的。如果说前面所论几种历史观重点是讲社会历史发展动力问题，这里说的就主要是发展方式问题。循环史观的几种表现形式，都与天命史观有着密切联系，有的与圣贤史观有密切联系。它形成于先秦时期，秦汉及其后仍以不同的形式表现出来。

一、先秦时期的循环史观

人们的社会历史观从原始社会末期开始产生，到战国时期，有了一定的发展。这种社会意识形态的发展变化，是随着社会存在的变化而产生的。这一段时期有1000多年时间，在这一段漫长的时间里，社会生产力和生产关系都发生了质的飞跃。生产力由以石器为主，发展到以金属工具为主，生产关系由农村公社发展到个体小生产为主。从社会历史发展形式上看，则经过了社会形态的变化和几次朝代的更替。循环史观的产生，就是对生产方式和经济基础变化的反应，是社会意识形式的一种发展。

　　循环史观是战国时期孟子最先提出来的。他说，"五百年必有王者兴"，"由尧舜至于汤，五百有余岁"，"由汤至于文王，五百有余岁"，"由文王至孔子，五百有余岁"。认为只有真正的"王者"出世，社会才能化乱为治，长治久安。在孟子看来，孔子之前中国的历史有一千五六百年，出现了由治到乱、再由乱到治的三"治——乱——治"的循环周期，而每次"治"的出现，都是由真正的"王者"，即优秀的帝王的出现和兴起带来的；帝王的意志，对历史的发展起了决定性的作用。这就说明了循环史观的唯心论性质。自视甚高的孟子，也把自己看作像孔子一样的、可以比肩帝王的杰出人物，宣称："由周而来，七百有余岁矣。以其数，则过矣；以其时考之，则可矣。夫天未欲平治天下也；如欲平治天下，当今之世，舍我其谁也？"他把自己看作像孔子一样的命世之才，一生"辙环天下"，周游列国，希望实现他的政治抱负，但是"天数"已过而不遇，只能无可奈何，空余叹息了。孟子的这些论述，直接说朝代的兴亡更替，具有直观的性质。它不但是历史唯心论的，而且是很牵强的；他把孔子和尧舜摆在一起，很不妥当。其实，他把孔子放在"王者"的行列，是为了把自己拉进去。如此看来，孟子说这些话，有点狂妄和不负责任。

　　战国后期的邹衍，也持循环史观。他把前期阴阳、五行学说系统化，提出了"五德终始"的历史观。这里的"五德"指水、火、木、金、土。阴阳和五德都是物质性的，所以这种循环史观可以看作带有客观唯心论的性质。这种历史观认为"五德各以所胜为行"，人类社会历史的变化同自然界一样，也受着水、火、木、金、土五种事物的支配，而每一种事物都代表着一种势力；历史上的每一个王朝的出现，都体现着一种势力："五德从所不胜，虞土、夏木、殷金、周火"，秦是水德，汉又是土德。他把历史的发展说成从"土德"开始，木胜土、金胜木、火胜金、水胜火、土又胜水，最后重新回到"土德"阶段，实际上否认了历史发展阶段有质的变化。这种历史观显然不仅是形而上学的，而且是唯心论的。其唯心论的实质，主要表现在"天人感应"的观点中。邹衍认为凡帝王将兴，"天必先见祥乎下民"，实际上承认天有意志，把历史上王朝兴替说成五行相胜的结果，陷入了神秘化的历史循环论。

　　邹衍的这种"五德终始"的循环史观，具有很大的思辨性和抽象性，在秦汉及其后产生了很大的影响。由于周是火德，从五行相胜来推衍，

"秦变周，水德之时"，于是秦始皇就以水德自居；秦亡汉兴，鲁人公孙臣提出"始秦得水德，今汉受之，推终始传，则汉当土德"，还是按邹衍的"五德终始"说事。秦汉以后，这一学说仍为历代皇帝所利用。如"圣旨"的开头，都称"奉天承运，皇帝诏曰"，这个"承运"，指的就是承继"五德终始"中的某一"德"运，足见其思想影响对于维护封建统治的作用之大。

二、秦汉至明清的循环史观

在秦汉及其后的中国古代社会，循环史观被继承并有所发挥。在这方面，汉代的董仲舒就是一个有代表性的人物。董仲舒沿袭了邹衍的"五德始终"说，认为人类社会只能按"五德"行事，而"五德"莫贵于"土德"，汉应以"土德"受命。在此基础上他又进了一步，提出了"三正""三统"说。"三正"，指三代的正月在立法上规定不同。改朝换代必须"改正朔、易服色"，即历法和礼仪必须改换。如夏代"斗建寅"，以寅月（农历正月）为正月；商代"斗建丑"，以丑月（农历十二月）为正月；周代"斗建子"，以子月（农历十一月）为正月。"三统"，即黑统、白统、赤统。他认为，夏商周三代夏是黑统，商是白统，周是赤统；改朝换代是"三统之变"的依次循环。在董仲舒看来，这种"三而复"的改变，具有规律性；适应这一规律，新王朝出现，历法上就要改变，从而一切政教文化乃至衣服旗号的颜色，都必须随之而变。这叫作"新王必改制"，以表示一个新王朝重新享有天命。董仲舒把循环史观由邹衍的"五而复"，改变为"三而复"，在形式上更简便了一些。

在这里，董仲舒只承认"改制"，即历史有改变，而否认历史有发展。他认为所谓新王改制是"非变其道，非变其理"，只表明其"受命于天"；"易姓更王"，新王"必徙居处，更称号，改正朔，易服色"，这一套只是表明"不敢不顺天志"。至于"大纲人伦、道理、政治、教化"等，必须"尽如故"，完全照旧。他得出结论："王者有改制之名，无易道之实。"说明了他的循环史观的唯心论形而上学的实质。

后来，董仲舒的历史循环论思想在《白虎通义》中得到了进一步的发挥。《白虎通义》继承了董仲舒的"三统""三正"说，又增加了历史上的朝代更替是忠、敬、文三种教化循环往复的"三教"说。写道："夏人之王教以忠，其失野，救野之失莫如敬；殷人之王教以敬，其失鬼，救鬼之失莫如文；周人之王教以文，其失薄，救薄之失莫如忠。""三者如顺连环，周而复始，穷则返本。"意思是说，夏、商、周三代，教化从"忠"开始，经过"敬"，再到"文"完结，完成了一个循环圈；然后又从"忠"开始，进入了下一个循环圈，如此周而复始。在"三教"说中，历史也是循环的，其实质是不变的，而经过《白虎通义》，循环史观变得更加细密和神秘了。

在汉代，循环史观的影响力很大，连很有名的唯物论哲学家王充都受到了它的影响。他在《论衡》里写道："上世之天，下世之天也；天不变易，气不改更。""一天一地，并生万物。万物之生，俱得一气。气之薄渥，万世若一。帝王治世，百代同道。"在这里，"天不变易，气不改更"和"帝王治世，百代同道"的提法，和董仲舒"天不变，道亦不变"的形而上学观点，如出一辙。他反复使用的"文质""三教""正朔"等观念，也都沿袭了董仲舒循环史观的思想。

对于社会历史的发展，宋代的朱熹也持有循环史观的思想。他说："君臣父子，定位不易，事之常也。""三纲五常，礼之大体，三代相继，皆因之而不能变。"他认为，人类社会同其他事物一样，是"动静无端"的"循环物事"。"动静无端，阴阳无始，说道有，有无底在前，说道无，有有底在前，是循环物事。"在"定位不易"的前提下，这是一种永远没有开端、也永远没有结束的周而复始的循环运动。它的实质和特点是以"常"为体，以"变"为用，即"能常而后能变，能常而不已，所以能变；及其变也，常亦只在其中"（《朱子语类》卷七十二）。这些论述说明，朱熹的循环史观，完全是为了适应封建伦理纲常的政治需要。

循环史观受到了坚持朴素的唯物论历史观的思想家的反对。在《封建论》中，柳宗元就人类社会历史的发展提出了一个著名论断：人类社会的历史是一个自然发展的客观过程，它存在着固有的不以人的意志为转移的客观之"势"。他明确地用"势"的概念来解释社会历史的发生、发展，论述政治制度的变化、更替，认为它们全部为"势"所决定。以这一思想为依据，他从历史进化的角度，否定了董仲舒的"三统""三正"的循环史观。

三、佛教的"历劫"说和"轮王治世"说

循环史观是中国儒家的一种历史观，佛教中没有这种思想，但佛教

有相似或相近的思想，它们是"历劫"说和"轮王治世"说。佛教产生自古印度，在东汉时开始传入我国，东晋南北朝时得到迅速传播，在学界和整个社会上影响越来越大。

"历劫"，佛教语，宇宙在时间上的一成一毁叫"劫"，经历宇宙的成毁为"历劫"。印度婆罗门教传说中认为，宇宙经历若干千万年会毁灭一次，再重新开始，这样一个周期叫作一"劫"。"劫"有大、中、小三种，可以描述我们所处的具体时间段。在中国佛教教义中，"劫"包括"成、住、坏、空"四"劫"，坏"劫"会有水灾、风灾和火灾出现，甚至导致世界毁灭。这种说法和循环史观是基本一致的。循环史观说的是朝代之间的循环；"历劫"说说的是宇宙中的事物包括人类社会"成""毁"之间的循环，涉及的范围比循环史观要大。循环史观只是指朝代更替，这里涉及天体宇宙。

"轮王治世"说中的"轮王"，是"转轮圣王"的简称。"转轮圣王"是佛经里提出来的。佛学所说的真能治平天下而致太平的帝王，他的功德等同于佛，这种明王叫作"转轮圣王"。"转轮"就是把一个时代历史扭转过来，扭转到太平世界，挽救一个时代，等于转动时轮。一个帝王能使乱世转进太平，才算得上在历史上有圣王的功德，才能成为圣王。平常，人们大都认为佛教是一种出世哲学，实际上，释迦牟尼最注重的是入世。所以，《金刚经》再三提到"转轮圣王"的功绩即同如来。看来，把佛教看成出世哲学是有待商榷的，或者这只是佛教个别宗派的观点。"轮王治世"说中的"转轮"不是"循环"，说的实际上是人世间的"圣王"治世，没有明确地表述历史循环论的观点，但它暗含了这一观点。"轮王治世"所说的由乱世转进太平盛世，在人类社会历史的发展进程中不可能是一次，而是多次。这样，就有了由乱世到盛世，再到下一个乱世到盛世，以此循环下去。

从总体上说，佛教中的这两种思想，都是保守的、消极的，但其中也包含着积极的因素。佛教从东汉传入以后，经过与中国本土文化的融合改造，到了隋唐时期以至清代，都成为统治阶级思想的一个组成部分，成为统治、麻痹和禁锢民众思想的重要工具。而在某些时期，也起过保持社会安定、保证经济发展的一定的积极作用。它与儒学、道教相互激荡、相互作用，对中国文化学术的发展产生了很大的影响。

第五节　民本史观

民本史观属于朴素的唯物论历史观的范畴。它把广大民众看作社会历史的根本，是社会历史发展的决定性力量。然而，在中国古代哲学史上，有些持有民本史观思想的哲学家，其哲学思想的基本倾向却是唯心论的，同时持有天命史观和圣贤史观。"民本"中的"民"，是民众、普通大众的意思，作为概念，不能把它和"人民"等同起来。民本史观经历了一个漫长的形成和发展过程。它在夏代就已萌芽，先秦时期其基本思想逐渐形成，秦以后不断发展起来。

一、先秦时期的民本史观

民本史观在夏代就开始萌发，在战国时期基本形成。据《尚书·五子之歌》记载，夏朝的始祖夏禹指出："皇祖有训，民可近，不可下，民惟邦本，本固邦宁。"意思是说，民众只能亲近，不能认为他们低下，只有民众才是邦之根本，根本稳固了邦才能安宁。在中国历史上，夏禹率先提出了"民本"思想，首先肯定了民众在历史上的主体地位，看到了只有民众才是国家治理的根本和基础。后人继承和发挥了这一思想。据《尚书·微子》记载，殷末统治者中有见解的人指出："小民方兴，相为敌仇。今殷其沦丧，若涉大水，其无津涯；殷遂丧，越至于今！"民众开始起义，就以殷朝统治者为仇敌。在起义民众的攻击下，就像掉进了无边无际的大水之中，现在殷已经沦丧。他们警告："降监殷民，用乂仇敛，召敌仇不怠，罪合于一。"是说，如果不重视普通民众的生活，继续横征暴敛，树敌太多，人们就会把仇恨集中到统治者的身上。在这里，他们已经看到了"小民"——普通大众的力量和作用。这个时期，"民本"思想开始形成。

周的统治集团顺乎历史潮流，带领起义民众和各路诸侯推翻了商纣王的残暴统治，建立了周朝。他们在自身经历的基础上，通过总结夏、商两朝末代君王的教训，提出了"敬德保民"的思想。他们看到，"天命靡常"（《诗经》），"有夏服天命，惟有历年"，"有殷受天命，惟有历年"，"惟不敬厥德，乃早堕命"，"皇天无奈，惟德是辅。民心无常，惟惠之怀"

（《尚书》）。是说"天命"没有常住不动的，"民心"比"天命"更重要。夏、商经历了许多年，但由于其最后的君王"不敬厥德"，就早早地结束了所受之天命。对保住统治权力这样的事情，上天是无可奈何的，必须推行德政加以辅助；民众之心不会靠在君王一边永远不变，必须施加恩惠给以安抚。"敬德保民"思想的提出和论述，表明了"民本"思想的初步形成。这一思想在中国历史上产生了深远的影响。

到了东周，民本思想有了进一步的发展。春秋初年，当时的社会还是在有神论气氛的笼罩之下。随国大夫季梁对西周初年出现的"民之所欲，天必从之"的思想加以继承和发挥，提出了"夫民，神之主也。是以圣王先成民而后敬神"的思想。春秋战国时期，中国思想文化领域出现了百家争鸣的局面。其中，儒家的"民本"思想较为突出。儒家以先贤尧、舜、禹、汤、文王、周公思想的继承人自居，其创立者孔子在其"仁者爱人"思想的基础上，提出了"爱民""惠民""富民"和"教民"的"民本"思想。"泛爱众而亲仁"，体现了孔子的"爱民"思想。他和子贡的一段对话，充分地表明了其"惠民"思想。"子贡曰：'如有博施于民而能济众，何如？'子曰：'何事于人，必也圣乎！尧舜其犹病诸！'"他认为广泛地施惠于民众，能救济他们，不仅仅是"仁"，那一定是"圣"了。尧舜也许还担心做不到呢！他指出："百姓足，君孰与不足；百姓不足，君孰与足。"也就是说，只有民富了，君才能富。这就是他的"富民"思想。他还提出了"教民"的主张，认为，"以不教民战，是谓弃之"。用未经教化和训练的民众去作战，就等于抛弃他们。这一方面强调教化的重要性，另一方面也是对民众生命的尊重。孔子的民本思想十分丰富，为此后民本史观的形成打下了基础。

他的主要继承者孟子，对"民本"思想进行了初步的系统化，使民本史观初步形成。他的政论之作，都在《孟子》中。他明确提出了"王""霸"的政治概念，认为"以德服人"的是"王道"，"以力服人"的是"霸道"，他坚持"尊王贱霸"的政治主张。而他所谓"王道"就是实行"仁政"，要求统治者以"仁爱"之心去对待民众，争取民心，达到统一中国的目的。他说，诸侯之宝有三：土地、民众、政事。在他看来，若要建立一个国家，土地、民众、政事三者缺一不可。他把自己的政治主张概括为一句话："民为贵，社稷次之，君为轻。"即民众是最宝贵、最重要的，其次是社稷，最后才是君王。在自己"民本"思想的政治主张中，他以"国人"即大多数民众的意愿作为评判、决断国事的根本依据："国君进贤，如不得已，将使卑逾尊、疏逾戚，可不慎与？左右皆曰贤，未可也；诸大夫皆曰贤，未可也；国人皆曰贤，然后察之，然后用。"他关于实行"仁政""民贵君轻"的一系列论述，表明民本史观已经初步形成。

战国中晚期成书的《管子》，也包含着丰富的民本思想。《管子》中的民本思想，是对管仲思想的继承和发挥。管仲做过多年齐国的宰相，其思想基本上是法家的思想，基本哲学倾向是唯物论的。民本思想在《管子》中体现为治国兴邦、以民为本的主张，其理论依据是"予之为取"的政治原则。他认为治国兴邦最根本的问题，首先是处理好执政者同民众的关系。它认为："政之所兴在顺民心，政之所废在逆民心。"认为民心向背关系到国家的兴亡，而要做到顺民心，统治者就要尽量满足百姓的欲望，多给以实惠，这就是"予"。以此来换取民心，达到统治的目的，这便是"取"。

《管子》充分认识到民众力量的巨大和可畏，甚至将百姓抬高到"天"的地位，说"君人者，以百姓为天"，警告"卿相不得众，国之危也"，认为民心向背决定着国家的兴亡。"百姓与之则安，辅之则强，非之则危，背之则亡。"《管子》看到，得国与治国，百姓都具有重要作用。因此，它把"爱民"当作为政的根本；认为治国平天下的首要任务便是"始于爱民"。《管子》民本思想的另一重要内容是"利民"。他认为仅有爱民之心是不够的，还必须将它与利民结合起来。"得人之道，莫如利民"，就是满足民众的物质利益需求。只有利民，从民所求，才能顺民心，因而才能得民。这是一条基本原则。《管子》从基本思想到实现途径，对民本史观作了比较系统的阐述。

战国时期的另一个唯物论哲学家荀况，也有丰富的民本史观思想。荀况是新兴地主阶级的代表，战国时期百家争鸣的总结者，杰出的唯物论思想家。他遗留下来的著作，被后人整理成为《荀子》一书。他从历史的教训中看到了普通民众的历史作用，强调了民众的重要地位。他提出了"君舟民水"思想。他引用古代的一个比喻："君者，舟也；庶人者，水也。水则载舟，水则覆舟。"以此告诫统治者，如果民众对统治者的统治不满，统治者的地位就不稳定了。这就像水和船的关系一样，水既能够承载船，而一旦掀起巨浪，就能把船吞没。对君主和民众的关系作了富有哲理的阐述。

他提出了"立君为民"的思想。他认为："天之生民，非为君也；天之立君，以为民也。"君主不是凌驾于民众头上，而是"为民"设立的。这种立君为民的思想，在以后长达2000多年的封建社会里也是极为少见的，是一种历史的进步观念。

为了充分发挥民众的历史作用，荀子提出了一系列"以政裕民"的政治主张。"裕民"，即使民众富裕，这是社会稳定的基础，是取得民心和增强国力的基本保证。这些主张如下：第一，"富民富国"。他认为要想实现民富国强的目标，"强本"是关键，"田野县鄙者，财之本也"，这就必须重视农民和大力发展农业生产。第二，"节用裕民"。其中心就是要节约用度，通过"礼"的途径促使上至君主、下至臣民节约各种采用，促进经济的"节流"，最终达到巩固统治、"富国富民"的目标。第三，"通商安民"。他在强调农业发展的同时，也十分重视手工业和商业的健康发展。荀子的民本史观，和孔子、孟子比较起来，既具有较高的理性思维，又具有很强的实用性。

二、秦汉至明清的民本史观

秦汉及其后的时期，民本史观得到继承和发挥。汉代董仲舒的社会历史观虽然是天命史观和圣贤史观，但他也有一些"民本"思想。在君民关系问题上，在"尊君"的前提下，他表现出"重民"思想。他还进一步分析了君民之间矛盾激化的根源，在于富者和贫者的对抗。由此，他在封建社会初期，最先提出了"限民名田"的思想和抑制兼并、轻徭薄赋，"以宽民力"等"调均"政策，对民本史观的发展有所贡献。

天命史观和圣贤史观的批判者王充从唯物论出发，明确地主张民本史观。他认为，社会的治乱不决定于圣贤的主观意志和才能，而决定于广大民众能不能得到温饱。他说："夫世之所以为乱者，不以贼盗众多，兵革并起，民弃礼义，负畔其上乎？若此者，由谷食乏绝，不能忍饥寒。"之所以会出现天下大乱，不都是因为贼和盗众多，战乱并起，民众抛弃礼义，反叛官府吗？这些事情，都是因为食物匮乏，民众遇到了不能忍受的饥寒。他从这种观点出发，论证了社会矛盾的尖锐化，农民被迫起义，主要是因为广大民众得不到温饱；确认民众的温饱问题，决定着社会的治乱和发展。王充的这些论述，从一个带有根本性的问题上表明了他的民本史观。

唐代柳宗元的民本思想，在汉代至清代的中国古代民本史观问题上是不可或缺的一个环节。柳宗元的"民本"思想体现在《贞符》一文中。在这里，他回顾了我国漫长的历史，总结了历代王朝兴亡的历史教训，认为关键在于能否照顾"生人之意"。他认为，统治者的权力来自于人而不是神；提出了君王"受命不于天，于其人；休符不于祥，于其仁"的著名论点，否定了君权神授的说教。它论述到统治者之所以得天下，关键在于能够顺从人们生存的愿望，能够以"生人"为己任。他认为一个政权的取得是这样，其维持也是如此。他提出，为政的根本道理就是符合"生人意"，具体说就是要限制豪强大地主与官吏的非法掠夺和暴行，减轻民众负担和疾苦，满足百姓生存的基本要求，使社会上所有的人都能休养生息，安居乐业。

对于官民关系的论述，是柳宗元"民本"思想的一个重要方面。到了永州以后，他鲜明地提出了"吏为民役"的论断。他指出，官吏是民众雇用的，民众所承担的赋税就是给他们的酬劳，"凡民之食于土者，出其十一佣乎吏"。他认为民众雇用的官吏是执行"司平于我"职能的，对官吏任免、赏罚的权力应该掌握在民众手中。在此，他突出地强调了民众应有的历史地位和作用，并进一步指出民众完全有力量行使这一权力，明确提出一旦民众觉悟起来，就会掌握自己的命运而施行黜罚的权力。

由官民关系，柳宗元进一步上升到君民关系。《天对》写道："位庸庇民，仁克莅之。纣淫以害，师殛圮之。"指出王位用来保护人民，仁德之君就能坐得住；纣王荒淫无道，残害民众，所以被推翻而杀死了。注重民心向背，乃政权安危所系，体现出"民为君本"的政治思想。综上所述，柳宗元对民本史观作了比较全面的论述。

宋代的王安石在继承前贤有关思想的基础上，提出了民为圣、民为天、民为国本的思想。他认为，民众并非任意驱使的愚氓，"民，别而言之则愚，合而言之则圣"（《续通鉴长编纪事本末》），即把民众的力量集合起来，他们就是圣贤。甚至直言不讳地宣称，民则天也，民意即天意也，"所谓得天，得民而已"。他指出，"百姓，所以养国家者也"（《王临川文集》），是朝廷立国的经济之本，是国家的经济基础。君主和臣僚作为上层统治者，应该为基础的巩固而服务。对此，他曾以古为例进行多次论证：远古之时，所谓君臣者，都是竭尽全力为百姓服务的。他说："某闻古者极治之时，君臣尽道以业天下之民，匹妇匹夫有不予其泽者，为之焦然耻而犹之。"(《王临川文集》）他听说远古时期天下大治的时候，君主和臣子恪尽职守以为天下民众服务为业；男女百姓有得不到其恩泽的，他们为之焦虑、感到耻辱而且忧虑。他借用老子的话说，"'圣人常无心，以百姓之心为心'，以吉凶与民同患也"（《道德经注》辑本）。圣人总是不坚持自己的主观己见，把百姓的见解和意愿作为自己的见解和意愿，与广大民众同甘苦共患难。王安石把民本史观提到了一个新的高度。

明末清初的重要思想家黄宗羲，对民本史观进行了比较系统的总结和论述。他既参加过反对明末当朝权贵的政治思想斗争，又是反清民族斗争的领袖人物。反清斗争失败后，也曾长期政治流亡，还亡命舟山群岛，远赴日本。后来退居家乡，于 17 世纪 60 年代重办证人书院，从事学术研究，著书立说。他博学多著，其学术思想史巨著《明儒学案》和《宋元学案》，开了断代思想史研究的先河。

黄宗羲站在反对封建统治的立场上，对封建专制主义展开了激烈的批判。他纵观历史，力陈封建君主专制主义的危害，在对君主"有天下之纯德"，足以为"至极之标准"的"圣王"的美化之词的揭露中，揭示了"万民"痛苦的根源，表明了自己的"民本"立场，并运用了"人民"概念。他公开指出："为天下之大害者，君而已矣。"长期以来，"天下之人，怨恶其君，视之如寇仇，名之为独夫"；君王"视天下为莫大之产业，传之子孙，受享无穷"。君享其利，民受其害，君主"一人"之享乐建立在"万民"苦痛之上。这本来是私中之"大私"，却被美化为"天下之大公"。他还进一步指出，封建君主专制下面的整个官僚机构，都是君主的爪牙、帮凶。他们不顾"人民"的死活，把"民生之憔悴"，视为"纤芥之疾"，却把人民创造的财富看作君主的私产，"视天下人民为人君囊中之私物"。

他揭露了社会关系中两种权力的对立，提出了"天下为主君为客"的政治原则。针对宋明理学家"存天理，去人欲"的宣传，他针锋相对地提出了"人各得自私，人各得自利"的口号，把满足个人利益看作人们的普遍权力。但是，封建君主专制制度却"使天下之人不敢自私，不敢自利"。为了恢复人民的这种权力，就必须废除封建君主专制。他从"天下为主，君为客"的原则出发，进一步评论君主和作为官僚机构的成员——臣僚的关系。他认为，君和臣都应为万民的利益各尽职守，彼此是平等的师友关系，而不是主仆关系。他说："（臣）出而仕于君也，不以天下为事，则君之仆妾也；以天下为事，则君之师友也。"他认为："天下之治乱，不在一姓之兴亡，而在万民之忧乐。"他把"万民之忧乐"看作社会治乱的标志和衡量一切政治措施是否得宜的试金石。就是说，"民"为主非为客，"君"为客非为主，"臣"为民非为君。这种关于君、民、臣关系的新见解，是黄宗羲民本史观的一个重要特点，也是其社会历史观中最富于民主性的思想精华。

明末清初的另一位重要思想家王夫之，继承并发挥了民本史观。王夫之经历过明末风起云涌的农民大起义；清军入关后举兵抗清，失败后先是过了一段流亡生活，后隐居从事学术研究，写出了许多哲学和政论著作，包括《周易外传》《老子衍》《黄书》等。

王夫之站在反对封建专制统治的立场上，坚持"即民见天"的进步的历史动力说，主张民众的意愿和斗争是支配历史发展的决定性力量。他说："可以行之千年而不易，人也，即天也，'天视自我民视'者也。""以理律天，而不知人之所同然者即为天。"在这里，他把"天"规定为"人之所同然者"即民众，广大民众对历史的发展是不可忽视的力量。他看到，大多数民众的要求是合理的；要推动历史前进，必须重视和体察民心的好恶、向背。

他以"天理寓于人欲"的观点为依据，对"人之所同然"的"民之天"，充实以现实的物质内容。他主张"随处见人欲，即随处见天理"。把人们物质生活欲望的满足，看作同社会历史发展密切相关的问题。他说，"人欲之各得，即天理之大同（自注：愚此解，朴实有味）"。根据这一"朴实有味"的创见，他认为满足民众的物质欲望，让人们正常地进行生产、生活，就是"以身任天下者"所应遵循的"天理"。他还以此为依据，提出了一套"均天下"和"公天下"的社会改革主张。王夫之这些富有理性思维的论述，使民本史观更加系统完整，且带有较丰富的理论色彩。

三、民本史观的性质、特点和历史影响

民本史观作为中国古代朴素唯物论的历史观思想的一个重要方面，认为决定社会历史发展的力量、社会历史的主体，是广大民众，而不是上天或帝王的意志，也不是封建帝王。民本史观的这种唯物论的性质，是非常明显的。从夏禹提出"民惟邦本，本固邦宁"的民本思想开始，一

直到封建社会末期黄宗羲、王夫之的民本史观，都贯穿着这一思想主线。

　　然而，这种历史观在持有不同哲学倾向、不同时代的思想家身上的表现，又有不同的特点。总的说来，持有唯物论，还是唯心论，他们的民本史观是不同的。持有唯心论的思想家，只具有某些"民本"思想的因素。如孔子提出的"仁者爱人"和"爱民""惠民""富民""教民"的民本思想，孟子提出的"仁政"和"民贵君轻"的民本思想，董仲舒"尊君"前提下的"重民"思想，都是在天命史观和圣贤史观的前提之下，考虑"民"的作用。而以唯物论作为基本倾向的思想家，不用说像黄宗羲、王夫之这些地主阶级革新派的代表人物，就是柳宗元、王安石这些封建统治集团改革派的代表人物，他们的民本史观也是比较系统的。此其一。

　　其二，不同时代的思想家，其民本史观也有差别。总的发展趋势是，随着时代的发展，民本史观的表现，越来越明确，越来越系统、完整。如上面所说的夏禹，只是提出了"民本"思想的概念和基本判断。而到了孟子，就提出了一系列重要的"民本"思想，民本史观基本形成。最后，黄宗羲、王夫之对民本史观进行了带有理论色彩的论述。而作为民本史观发展的基础的，是社会生产力和生产关系的发展，以及在此基础上社会阶级的发展和阶级关系的变化。

　　民本史观对中国古代社会及思想的发展，产生了很大的影响。就其对整个社会的影响来说，最显著的是对一些有建树的封建帝王的影响。隋炀帝杨广虽然被视为暴君，但他还是很有建树的。征高丽，修运河，对中华民族的发展还是作过一些贡献的。他引用先贤的话说："民惟邦本，本固邦宁，百姓足，孰于不足。"应该说，他的这些贡献，与这种认识有很大关系。唐太宗李世民说得就更清楚了。他说，"民为国之先"，并告诫太子李治民众对国家是最重要的，要他的继任者牢记"民"为水，水能载舟、亦能覆舟的道理。这对唐朝的兴盛，有很大的关系。至于各朝各代有作为的臣僚，几乎都抱有"民本"思想。这些，都影响到整个社会的发展。

　　民本史观在我国古代思想文化领域的影响，是广泛、深远的；从总体上说，是积极的，起着进步作用。古代思想文化领域除了极少数极端自私、只知自己升官发财和外族入侵时投敌卖国的败类，大多数人都具有"民本"思想。他们都重视民众在社会历史发展中的作用，都想并努力做到为民众生活富裕安定、社会稳定发展尽力。中国几千年文明接续发展的历史上，有一种全世界独一无二的现象，即多次改朝换代，但都没有打断华夏文明历史发展的进程，其中一个关键因素是，不管哪个朝代的大多数统治者，都具有一定的"民本"思想；而当其最后严重违背"民本"思想，横征暴敛，残酷统治，弄得民不聊生，社会矛盾尖锐化的时候，也就该垮台了。

我国古代社会的民本史观的影响和作用，也有其历史局限性。其中，有些人的"民本"思想，只是在天命史观和圣贤史观主导下重视民众的力量和作用，一如上述。有些人如封建统治阶级的改革派，虽然其民本史观要彻底一些，但从他们的阶级立场出发，最后还是要为改善和巩固封建统治阶级的政权服务的。有的人如王夫之虽然对民本史观作了比较明确、完整的阐述，但他却没有脱离其地主阶级的立场，在他的社会历史观中明显地反映出轻视和歧视劳动人民的阶级本质，保留了一些封建性的糟粕。他离开人的阶级性而侈谈所谓"人之所同然"，在阶级社会里，这只能起到掩盖阶级矛盾的作用。他甚至鼓吹"庶民禽兽论"和"夷狄禽兽论"，暴露出他的历史观中严重的阶级局限性。这不是苛求于古人，而是实事求是的评论。在中国古代社会，还没有条件形成科学的民本史观。只有马克思主义产生以后，科学的民本史观才得以形成。

第六节　朴素的唯物论历史观

朴素的唯物论历史观，是中国古代哲学的最高形态。它认为，社会存在决定社会意识，社会经济基础决定政治的和思想的上层建筑，广大民众是历史发展的决定性力量。它和唯心论的天命史观几乎同时萌芽，但其形成和发展过程更加漫长；在先秦时期和几乎整个封建社会缓慢地发展着，到了封建制度衰落、资本主义开始萌芽的明清之际才逐渐完善起来。

一、先秦时期朴素唯物论历史观的萌芽和发展

和天命史观的形成和发展相对应，先秦时期朴素唯物论的历史观也开始萌芽和形成。在原始社会末期人们因为愚昧还迷信上天的时候，就在生产劳动和治理洪水的斗争中，对自然规律有了初步的认识。从鲧到禹，从治水失败到治水成功，说明人们的意识对存在有了正确的反映。

那时的领导者还在带领广大民众与洪水的斗争中，看到了他们的伟大力量，认识到只有广大民众才是社会稳定和发展的决定性力量。夏禹对他的属下和后人说："皇祖有训，民可近，不可下，民惟邦本，本固邦宁。"认识到民众是社会稳定和发展的根本，这是朴素唯物论的历史观最基本的观点。这一思想影响深远，可以说从古代，经过近代，一直到现代，几千年来，除去极少数人，大多数人的思想观念一直处在它的影响之下。

先秦时期的夏、商、周三代特别是春秋战国时的大多数思想家，都持有朴素唯物论的历史观思想。随着生产方式和中国阶级社会的发展，社会历史观也随着变化和发展。在东方专制社会向封建社会过渡的、社会大变革的春秋战国时期，形成了百家争鸣的大好局面。这时产生的《管子》一书，就是包含着比较丰富的朴素唯物论的历史观思想的有代表性的著作。《管子》反映了新兴的统治阶级——早期封建地主阶级的利益。它提出了社会经济决定人伦道德的思想。它写道："仓廪实而知礼节，衣食足而知荣辱。"仓廪和衣食是否丰富和富足，是由社会经济的发展程度所决定的。只要这些问题解决了，人们就会遵守人伦道德了。这里表述了朴素唯物论的历史观的基本思想。《管子》还看到民众是社会发展的决定性因素。它充分认识到民众力量的巨大，甚至把民众抬高到"天"的地位，说"君人者，以百姓为天"，认为民心向背决定着国家的兴亡，"百姓与之则安，辅之则强，非之则危，背之则亡"。这些都属于朴素唯物论历史观的思想。

战国中期的商鞅是著名的新兴地主阶级改革家，他的哲学思想被收集在《商君书》之中。在他的学说中，朴素唯物论的历史观思想是比较突出的。商鞅历史观的一个基本观点，是承认人类社会的客观规律性，认为人们的主观意志和社会行为只有顺应客观趋势，符合客观规律才能取得成功。他在论证治国之道时指出："圣人知必然之理，必为之时势，故为必治之政，战必勇之兵，行必听之令。是以兵出而无敌，令行而天下服从。""圣人见本然之政，知必然之理。故其制民也，如以高下制水，如以燥湿制火。"这里说的"必然之理"，即客观规律性。贤明的统治者只有按客观规律办事，顺理而治，才能制定出必定成功的政策。他还提出了"势"和"数"两个概念，对上述观点作了进一步的表述。他说："凡知道者，势、数也。故先王不恃其强，而恃其势；不恃其信，而恃其数。"这里说的"势"，指的是客观条件和客观形势；这里说的"数"，指的是事物发展的客观规律性，也就是"必然之理"。所谓"恃其势"，就是要凭借客观形势；所谓"恃其数"，就是要遵循客观规律性。"恃其势"——从客观形势出发，"恃其数"——按客观规律办事，是知"道"的先王治理好国家的两条根本经验。

商鞅既强调社会规律的客观性，同时又肯定人在社会生活中的主观能动作用，特别是"圣人""先王"的突出作用。他说："有地而君，或强或弱者，治乱之谓也。苟有道，里地足容身，士民可致也，苟容市井，财货可众也。有土者不可以言贫，有民者不可以言弱。地诚任，不患无财；民诚用，不畏强暴。德明教行，则能以民之有为己用矣。"认为国家的强弱、社会的治乱，全靠国君的治理，而治理的好坏，在于是否符合治国之道。"苟有道"，就能够取得民众的拥护，就可以充分利用土地资源使物资丰富起来。君主有圣明的才德又善于教导民众，就能够"以民之有为己用"，力量自然就强大了。所以，社会的治乱全在人为，明君的主观能动作用是非常重要的。

战国晚期唯物论思想的代表人物荀况，也有着明显的朴素唯物论的历史观思想。他从承认物质世界的客观规律性出发，认为自然界和人类社会各有自己的规律，人类社会的变化和发展，主要是由社会发展规律所决定的；指出天道不能干预人事，强调"治乱非天也""非时也"，社会治乱的根源只能从社会自身去寻找。他说："强本而节用，则天不能贫；养备而动时，则天不能病；循道而不贰，则天不能祸。""本荒而用侈，则天不能使之富；养略而动罕，则天不能使之全；倍道而妄行，则天不能使之吉。""受时与治世同，而殃祸与治世异，不可以怨天，其道然也。"从这种认识出发，他提出了"明于天人之分"和"制天命而用之"的思想，是要人们不要迷信"天"，应积极发挥人的主观能动作用，去改造、控制、征服自然，使之为人类服务。

他还在一定程度上看到了社会物质生活对政治制度的决定性作用，认为人生来都有物质欲望要求，如果这种欲望要求没有度量，就要发生争夺，造成社会混乱。"礼义""法度"等社会政治制度，就是统治者为了防止争夺、混乱而制定出来的。

战国末期法家的思想家、新兴封建地主阶级的代表韩非的一些议论中，也包含了朴素唯物论的历史观思想因素。他的哲学思想大都反映在《韩非子》一书中。其写道：

人无毛羽，不衣则不犯寒；上不属天而下不着地，以肠胃为根本，不食则不能活，是以不免于欲利之心。

尧之王天下也，茅茨不翦，采椽不斫，粝粢之食，藜藿之羹，冬日麑裘，夏日葛衣，虽监门之服养，不亏于此矣。禹之王天下也，身执耒锸以为民先，股无胈，胫不生毛，虽臣虏之劳，不苦于此矣。以是言之，夫古之让天子者，是去监门之养，而离臣虏之劳也，古传天下而不足多也。

古者丈夫不耕，草木之实足食也；妇人不织，禽兽之皮足衣也。不事力而养足，人民少而财有余，故民不争，是以厚赏不行，重罚不用，而民自治。今人有五子不为多，子又有五子，大夫未死而有二十五孙，是以人民多而货财寡，事力劳而供养薄，故民争。虽倍赏累罚而不免于乱。

今之争夺，非鄙也，财寡也。

韩非的这些论述有一个显著特点，就是从人们的日常的吃、喝、穿、住这些最简单、最基本的事实出发，说明社会历史、政治制度和道德观念等的变化。概括起来，有以下几点。第一，人类社会从原始状态向不断改善的比较高级的阶段逐步发展的原因，是由于社会上财富多少等经济状况的变化而引起的。第二，人类社会从"民自治"到"法治"等政治制度的变革，是由社会上"财货"多寡的变化、即社会生活资料供求关系的变化引起的。第三，"辞让"和"争夺"等观念的变化，也是由社会生活资料的多寡的变化而引起的。值得称道的是，韩非在中国思想史上较早提出和使用了"人民"概念。总之，韩非的朴素唯物论的历史观思想，在中国古代社会是比较先进的。

二、秦汉至明末朴素的唯物论历史观

秦汉及其后一直到明清之际资本主义萌芽产生之前，朴素唯物论的历史观思想没有实质上的发展，只有内容上的丰富和形式上的扩展。

汉代的司马迁对朴素唯物论的历史观有着突出的贡献。他虽然是汉武帝的史官，但并不偏向于汉朝统治者。司马迁继承他前辈的事业，用一生的心血创作了纪传体通史《史记》这一天才的著作，对历史作了比较公正的评价。此书渗透着朴素唯物论的历史观思想。他研究了经济发展和社会历史发展的关系，指出物质生产和经济活动是社会历史发展的基础，社会意识形态依赖于社会经济关系，又对社会经济有巨大的反作用。

第一，他把经济活动看作社会各个不同阶层赖以生存的基本谋生手段，指出人类的一切活动都是为了"财货"。他写道，"贤人深谋于廊庙，论议朝廷，守信死节；隐居岩穴之士，设为名高者"，都是"归于厚富"；"壮士在军，攻城先登，陷阵却敌，不避汤火之难"，都是"为重赏使"；"农工商贾畜长，固求富益货"，他们都"有知尽能索耳，终不余力而让财"。这就必然导致承认社会经济支配着人的思想和行动。第二，他揭示出社会物质生产资料的发展，是每个人为了满足与提高自己的物质生活条件而发展劳动生产的结果，而不受制于任何一个统治集团的意志即"政教"的。他通过《周书》上所说"农不出则乏其食，工不出则乏其事，商不出则三宝绝，虞不出则财匮少"，认识到社会"财货"是广大民众在长期的劳动实践中创造和发展起来的；"此四者民所衣食之源也"。社会的物质生活资料，必"待农而食之，虞而出之，工而成之，商而通之，此宁有政教发征期会哉？人各任其能，竭其力，以得所欲"。第三，他认识到社会意识形态对社会经济关系的依赖性，同时指出了社会意识对社会经济有反作用。他写道："欲而不得则不能无忿，忿而无度量则争，争则乱。""先王恶其乱也，故制礼义以分之，以养人之欲，给人之求。使欲必不穷于物，物必不屈于欲，两者相持而长，是礼之所起也。"认为作为社会意识形态的"礼义"的产生，是调控物质欲望的需要，从"礼义"的起源追究它的原始意义和作用，说明它主要是用来使物质资料和人的欲望之间达到一定的平衡，以保证社会的稳定。

汉代著名的唯物论哲学家王充，也持有朴素唯物论的历史观。他的《论衡》一书阐述了这方面的一些观点。他通过信仰和食物的关系，阐述了社会物质生活决定社会道德的道理。《论衡》写道："夫去信存食，虽不欲信，信自生矣；去食存信，虽欲为信，信不立矣。"人们处理信仰和食物的关系，如果去掉信仰保存了食物，虽然不想树立信仰，但信仰自然而然地就产生出来了；如果失去了食物而想保存信仰，信仰不可能确立。从这一基本观点出发，他进一步阐述了社会物质生活、伦理道德和社会治乱的关系这一社会历史观的另一基本问题。《论衡》写道："夫世之所以为乱者，不以贼盗众多，兵革并起，民弃礼义，负畔其上乎？若此者，由谷食乏绝，不能忍饥寒。""让生于有余，争起于不足。谷足食多，礼义之心生，平安之基立矣。"这里包含着两个基本观点。一个是社会物质生活决定着社会治乱。如上所述,社会之所以发生战乱,是因为"谷食绝乏,不能忍饥寒"。另一个是社会物质生活决定着礼义,礼义对社会治乱又有着重大影响。食物充足了,人们就都遵守礼义,社会稳定的基础就奠立起来了。

唐代的刘禹锡,是和柳宗元齐名的、站在新兴地主阶级立场上的唯物论哲学家。其著作《刘宾客集》中的《天论》《因论》是其哲学代表作。在他提出的"天与人交相胜,还相用"的著名学说中,包含了独具特色的朴素唯物论的历史观思想,主要有以下几点。第一,客观世界的事物分为"天之所能"和"人之所能",明确地把人类社会和自然界分离了开来。他说:

> 阳而阜生,阴而肃杀;水火伤物,木坚金利。
> 气雄相君,力雄相长:天之能也。
> 阳而艺树,阴而擘敛;防害用濡,禁焚用光。
> 义制强讦,礼分长幼;右贤尚功,建极闲邪:人之能也。

他把都是客观事物及其功能的"人之所能"和"天之所能"分离开来,这就为进一步阐述其他观点打下了基础。第二,阐述了"人之所能",是指人们利用和改造自然的生产活动,并在此基础上形成一定的社会关系,制定法制和伦理规范使其发挥作用。这些都是人类社会历史的特征。这些活动包括春夏种植,秋冬收藏,防治水害又利用水利,扑灭火灾又用火照明,砍伐木材做成器物,熔炼矿石磨成器具。在这个过程中,用"义"来制服强暴奸诈之徒,按"礼"来区分长幼之序;尊重贤者,崇尚功臣,建立法制,用重刑来惩办邪恶。第三,提出了"人能胜天"的思想,并阐述了它的根据。对此,他从人和天之间的关系、人和人之间的关系两个方面进行了论证。他指出,人和天即自然界之间是彼此制约、相互作用的关系;就这一关系来说,人之所以能胜天,是由于自然界存在着客观规律。"夫物之合并,必有数存乎其间焉。数存,然后势形乎其间焉。"这里的"数",即客观规律性。万物普遍存在着这种规律性,所以他说:"天无私,故人可务乎胜。"天没有自己的意志而服从于"万物一贯"的必然规律,所以人可以力求驾驭它。就人和人的关系来说,人之所以能胜天,在于人能组织社会、实行法制。他说:"人能胜乎天者,法也。"所以他说，如果社会法制健全，是非标准存在，即使在荒野地区，"人理"也能起决定作用；如果社会法制败坏，是非标准丧失，即使在文明都市，也只能是"天理"起决定作用。正因为如此，必须建立以公是公非为准则的社会立法，使人们的活动都受到约束，才能克服违反法治的人的自然性和生物性，从而达到"人胜天"的目的。刘禹锡的这些思想，在中国古代哲学史上所达到的成就，是十分光辉的。

南宋的唯物论哲学家陈亮，世称龙川先生，著作有《龙川文集》。他的历史观是朴素唯物论的。他关于礼欲、王霸、义利之辨的观点，反映了当时工商业地主阶级的利益。他认为，人是"受形于天地"的物质体，天然地具有追求"衣""食""室庐"等的物质利益欲望和由此而产生的"喜怒哀乐爱恶"等思想感情。在他看来，王道就是处理人欲，仁义就是实现功利。"夫道岂有他物哉？喜怒哀乐爱恶得其正而已。行道其有他事哉？审喜怒哀乐爱恶之端而已。""禹无功，何以成六府？乾无利，何以具四德？"如果大兴功利来满足人欲，使"贤者在位，能者在职，而无一人之不安，无一物之不养，则大有功之验也"。把人们追求物质利益看作必须做的事情。在他看来，"道"不是悬空独存之物，它就存在于天、地、人中间的历史发展过程之中。他反问道：如果离开了天地的运转和人为的创造，"道于何处而常不息哉？"他对历史充满了信心："天体之间，何物非道？赫日当空，处处光明，闭眼之人，开眼即是。"肯定了在历史发展的过程中，暂时的曲折是不可避免的，但人们创造历史的活动是不会停止的。他特别重视经济活动，把经济看作国家之根本，把财富看作国家之大命，并强调不同经济活动之间的相互联系，"商借农而立，农赖商而行，求以相补，而非求以相病"。陈亮的朴素唯物论的历史观思想，认为作为物质体的人类社会的历史，是一个永不停滞和相互联系的发展过程，在中国古代哲学史上达到了相当高的水平。

三、明清之际朴素的唯物论历史观

明清之际随着资本主义生产关系的逐渐产生，朴素唯物论的历史观有了实质性的发展，完全成熟了起来。这个时期虽然不长，但出了不少有名的朴素唯物论的哲学家，他们都或多或少地具有朴素唯物论的历史观思想。

王夫之是当时哲学界最具代表性的人物。他把朴素唯物论的辩证法运用于对人类社会发展的分析，总结并终结了封建社会的独断哲学，形成了成熟的朴素唯物论的历史观，启发和酝酿了近代启蒙思潮。他把"理依于气"的唯物论运用于人类社会，提出了"理依于势"的历史观点。在这里，"势"是历史发展的客观过程和必然趋势；"理"是体现于历史发展过程的规律性，二者统一而不可分。一方面，"得理自然成势"，合理的历史活动包含着历史事变的必然；另一方面，"势之顺者即理之当然"，历史必然趋势不可逆转，这正是"理之当然"的客观规律性的体现。他认为人类社会历史发展是一个客观过程，它有着前进发展的客观必然趋势，这种必然趋势表现出一定的客观规律性。他反对用社会意识形态的"道统"来主宰世界，而主张历史发展的规律性应从历史内部去寻找，即"只在势之必然处见理"（《读四书大全说》）。

王夫之指出，人的疾病、生死，社会的治乱、存亡，都有着"不可移"的必然性在支配，而不为人们的褒贬所改变。他写道："生有生之理，死有死之理，治有治之理，乱有乱之理，存有存之理，亡有亡之理。""违生之理，浅者以病，深者以死，人不自知而自取之，而自昧之。""夫国家之治乱存亡，亦如此而已矣。"（《读通鉴论》）对于这一道理，他用历史实例加以证明。例如东汉末年的曹操，他"名微而众寡"，但挟天子以令诸侯，以武力统一中国北方。别人都称他为奸臣，行霸道而违反仁政，而王夫之则认为："势之顺者，即理之当然"，曹操的行为顺乎当时豪强割据下民众要求统一的时代潮流，这绝不是个人的主观愿望所能做到的。因此，他认为历史发展的规律并不神秘，可以从历史事件本身去分析找到。

王夫之在肯定历史发展是合规律前进的同时，指出这里一定有偶然性在起作用。他认为对待历史事变的正确态度应当是："推其所以然之由，辨其不尽然之实。均于善而醇疵分，均于恶而轻重别；因其时，度其势，察其心，穷其效。"（《读通鉴论》）"推其所以然之由"，就是要抓住历史事变发生发展的必然性；"辨其不尽然之实"，即分析历史事变表现出来的偶然性，对事变应该把必然规律和偶然因素结合起来进行考察。只有把历史人物的动机和效果综合起来加以研究，才能透过偶然现象发现历史发展的必然，从而对历史人物和历史事件作出正确的判断和评价。

他特别强调，历史发展的客观必然性往往需要通过广大民众以及历史人物的主观活动这个偶然因素去实现，突出了社会发展的这一历史辩证法。历史上多数农民起义都失败了，却发挥了推翻封建统治、开辟社会前进道路的历史作用。"陈涉、吴广败死而后胡亥亡",这是"天贸其死,以亡秦"。秦始皇实行郡县制,这是典型的从"私天下"这一个人动机出发,但做了符合"大公"的好事。"秦以私天下之心而罢侯置守,而天假其私以行其大公。"(《读通鉴论》)在历史人物的活动中又包含了不依个别人物的主观动机为转移的客观必然性。

王夫之的哲学思想影响很大,不但在明清之际,而且在整个近代以至进入现代,在中国思想界都有相当广泛的影响。

明清之际稍晚于王夫之的思想家颜元,自号习斋,是另一个重要的启蒙思想家。和其他学人不同,他出身贫寒,长期参加农业劳动,到了晚年才主持书院,有条件做学问。它的主要著作有《四存编》《四书正误》《朱子语类评》和《习斋记余》等。他所处的时代、出身和自身的经历,决定了他的哲学思想的独到之处。

颜元具有唯物论的经验论倾向,重视"习行",反对"冥想",提倡"实学",注重功利,倡导经世致用的新学风。他是从开始先接受、后又全面否定程朱陆王的唯心论思想,进而走向唯物论思想的。他总结明朝灭亡的教训,认为根源之一是空谈心性的腐朽学风;追其根源,他进一步指出:自汉至宋,儒者以读死书,死读书,读书死为做人的途径,全然不顾国计民生,至于程朱与陆王,"两派学辩,辩至非处,无用;辩至是处,亦无用";"虽致良知者,见吾心真足以统万物;主敬着读者,认吾学真足以达万理,终是画饼望梅。画饼倍肖,望梅倍真,无补于身也,况将饮食一世哉"(《习斋记余》)。总之,只是主张致良知的人,最终无补于身体,还是要吃一辈子饭。

颜元强调,为了匡世救民,必须注意事功。他称赞王安石的变法除弊,推崇南宋陈亮的事功主张,尖锐地指出:"千余年来,率天下入故纸堆中,耗尽身心气力,作弱人、病人、无用人者。"(《朱子语类评》)他为了倡导经世致用的新学风,把读死书比作吞砒霜。"仆亦吞砒人也,耗竭心思气力,深受其害!""读书愈多欲惑,审事机愈无识,办经济愈无力。"(《朱子语类评》)作为教育家的他,并非一概排斥读书。他只是针对时弊,反对死读书,从而反对思想僵化。他主张:"为学为教,用力于讲读者一、二,加功于习行者八、九。"(《四存编》)总之,他认为书籍充其量不过是个路程本子(如地图),要达到预期目的,贵在实际行动。如果"天下皆读书、著述、静坐,则使人咸弃士、农、工、商之业",势必造成国将不国，民亦不成其民。他所倡导的重"习行"、倡"实学"的新学风，反映了时代要求，对当时及以后的思想文化界产生过很大的影响。

四、中国古代朴素唯物论的历史观与唯物史观的根本区别

中国古代朴素的唯物史观中虽有某些精彩观点，但与马克思主义的唯物史观相比较，则有着根本性的区别：马克思主义的唯物史观是科学的历史观，而中国古代朴素的唯物史观在总体上则是非科学的历史观。

马克思在《〈政治经济学批判〉序言》中对唯物史观作了精辟的论述。他指出，社会物质生产关系的总和构成社会的经济结构，即有法律的和政治的上层建筑树立其上并有一定的社会意识形式与之相适应的现实基础。物质生活的生产方式制约着整个社会生活、政治生活和精神生活的过程。不是人们的意识决定人们的存在，相反，是人们的社会存在决定人们的意识。唯物史观之所以成为科学的历史观，关键在于提出了社会物质生产关系的概念，在此基础上创造了科学的唯物史观理论体系。

中国古代朴素的唯物论的历史观在4000多年以前开始萌生，从来就没有中断过。从上古时期的夏代一直到清代，包括少数民族主政华夏大地的朝代，都有杰出的唯物论思想家提出一些比较鲜明的朴素唯物史观的思想。以王夫之为代表的明清之际朴素唯物史观思想，更是达到了中国古代唯物论哲学的最高水平，在世界古代唯物论哲学中也占有重要地位。但是，从总体上看，它仍然是非科学的历史观。

王夫之认为，决定历史发展的，是社会历史发展的客观过程和必然趋势，而不是作为社会意识形态的"道统"，社会历史发展的规律可以从历史事件本身中去分析和发现；他在肯定历史发展是合乎规律的同时，指出这里有偶然性在起作用；他看到并指出了广大民众的历史作用，强调历史发展的客观必然性往往通过广大民众去实现等观点。这些，不但属于朴素的历史唯物论，而且包含了朴素的历史辩证法。但是，王夫之等人虽然提出了一些有价值的思想观点，却因受当时社会生产力和时代发展水平的限制，没有也不可能提出社会物质生产力、生产方式和生产关系这样的科学概念，因而也就没有也不可能形成科学的社会历史观。我们不应苛求于古人。

第六章　明为政之要

在先秦百家争鸣时期，儒、道、墨、法、阴阳诸家都提出了自己的治国理政思想或学说。儒学与其他诸子百家学说一样，宗旨在于"治国"。面对旧的国家秩序和社会秩序的崩溃或失灵、新的国家秩序和社会秩序亟须建立或完善的现实，以孔子为代表的儒家提出一套治理天下的策略、方针和途径。他们立足"君子学"，培育合格或高尚的国家治理者；立足"仁学"，建立合乎人性的人类价值诉求；立足"礼学"，重构儒家心目中的礼制社会秩序；立足礼仪制度和道德教化，确立"治国安民"的大同社会理想；等等。至战国晚期，荀子兼容各家，提出礼法兼施、王霸并用的理论，开启了以儒家为主、兼容各家的新路子，为大一统时代的儒家政治哲学提供了基本理路，后来又有所丰富和发展。从秦始皇统一中国至清朝灭亡的2100多年里，"大一统"始终是中国政治的主导理念，皇权政治或封建专制是中国古代政治的本质。虽然在封建专制的历史条件下，中国古代哲学家以及政治家仍然提出了许多适应时代发展和反映民意的有价值的治国理政思想观点和方式方法。

第一节　政者正也

"政者，正也。子帅以正，孰敢不正？"（《论语·颜渊》）在中国古代政治思想的话语体系中，统治者的道德表率作用得到特别的重视，上位者言行端正，下位者心悦诚服，欣然仿效之，上下一心，自然秩序井然。中国古代成功的统治者无不是该理念的忠实执行者。三国时期，蜀汉统治者刘备以"善政"治理地方，使百姓过上安稳的日子，但是他抑制豪强的措施招致地方大族的报复，他们重金聘请刺客谋杀刘备，但刘备对待刺客如同普通百姓，以自身正直豪爽的气质折服刺客，"客不忍刺，语之而去。其得人心如此"（《三国志·蜀书》）。从史书故事可见，上位者的道德示范作用十分重要，诸子百家亦对此有详细论述。

一、其身正，不令而行

孔子创始儒家学派，并系统论述"为政"思想。鲁国执政大臣季康子向孔子问政，孔子对曰"政者，正也"（《论语·颜渊》）。为政者必须先正己，再正人。那么何为"正"，根据徐锴的《说文解字系传》，"正"是"守一以止也"，也就是一以贯之道，无偏斜，不为非作歹。如何才能做到守"正"？以汉代名将李广为例，根据《史记·李将军列传》记载，李广从军，身先士卒，作战的时候冲在最前面，军队驻扎时，先把食物饮水给下级士兵。因此，士兵拥戴他，军中令行禁止。太史公司马迁盛赞李广以身作则的行为，以《论语》中孔子的言论来赞美他。司马迁认为，李广符合孔子对统治阶层的道德要求。所谓桃李不言，下自成蹊，身居上位的人能够自觉修养道德，百姓就会在潜移默化中受到感化，不用上位者下达政令也能按他的意图做事。

习近平在不同场合、不同时间，也多次强调正其身、慎其独、言有信对领导干部培养的重要性，并引经据典谈如何做人与做官。例如：

> 安天下，必须先正其身。[1]（吴兢《贞观政要·君道》）
> 莫见乎隐，莫显乎微，故君子慎其独也。[2]（《礼记·中庸》）
> 人之所以为人者，言也，人而不能言，何以为人？言之所以为言者，信也。言而不信，何以为言？[3]（《春秋谷梁传·僖公二十二年》）
> 修其心治其身，而后可以为政于天下。[4]（王安石《洪范传》）

---

[1]　习近平：《摆脱贫困》，福建人民出版社1992年版，第21页。
[2]　习近平：《之江新语》，浙江人民出版社2007年版，第272页。
[3]　习近平：《干在实处　走在前列——推进浙江新发展的思考与实践》，中共中央党校出版社2016年版，第97页。
[4]　习近平：《之江新语》，浙江人民出版社2007年版，第175页。

（一）为政必修心，为吏必身正

春秋战国时代，诸子百家对政治都有自己独特的见解与构想，这些主张丰富并发展了中国古代政治哲学。虽然各家学派的学说大相径庭，但有一点毫无疑问，那就是重视个人的道德修养。一言以蔽之，即"自天子以至于庶人，壹是皆以修身为本"（《礼记·大学》）。

1. 儒家：为政者必先修其身

儒家追求"修身、齐家、治国、平天下"的政治理想，儒家学者将政治理想与个人品行修养紧密结合，为政者必先修其身，才能更好地治理政务。修身的根本在于修德，儒家有"五达道"与"三达德"。"天下之达道五，所以行之者三。曰：君臣也，父子也，夫妇也，昆弟也，朋友之交也，五者天下之达道也。知，仁，勇，三者天下之达德也，所以行之者一也。"（《礼记·中庸》）天下有五条人生大道，分别是君臣之道、父子之道、夫妻之道、兄弟与朋友之道，在这五种关系中体现出人的三种最基本的德性，即智慧、仁爱与勇敢。儒家学者希望人们可以按照道德规范的要求处理五种人际关系，尤其是对于统治阶层，这些道德规范更是被视为衡量执政水平的尺度，极力践行道德标准乃至达到成仁成圣是最高层次的目标，古代圣君贤相就是如此，以古代部落首领舜为例，他孝顺地对待愚昧偏心的父亲与狠毒的继母，谦和有礼地与桀骜不逊的弟弟相处，在尧帝死后守丧三年，不主动与丹朱争夺首领之位，为人孝慈、仁义，正确处理君臣、父子和兄弟之道，被后世学者视为先王典范；而那些没有践行道德规范要求甚至道德败坏的统治者是不被儒家学者承认的，以王莽为例，他没有正确处理君臣关系，在汉朝面临政治危机的时候选择取而代之，在史书记载中被斥之为乱臣贼子，《后汉书》中，班固将其与夏桀、商纣相提并论，甚至将王朝衰败、起义爆发的原因归之于王莽摄政，也与儒家君臣观念有关。但是君臣观念须辩证看待，孟子就汤武革命事件与齐宣王展开一段对话，孟子认为纣王有失仁义之道，是独夫民贼，不能称其为君主，武王伐纣是合理的。从这一段对话我们可以看出，儒家在君臣关系中重视上位者的道德，无德者不配享其位，臣子应该从道不从君。

2. 道家：孔德之容，惟道是从

道家学派创始人老子著有《老子》一书分为《道经》与《德经》，在通行本中，《道经》在《德经》的前面，但是不少古代读本中《德经》居《道经》之前，马王堆帛书就是如此，这旁证了"德"在道家的重要地位。

老子谈"孔德之容，惟道是从"（《老子》第二十一章），大德是与道相合的，由万物本源的"道"去认识"德"，"道"在道家学派中至高无上的，把"德"与"道"相提并论，充分说明了道家学派对"德"的重视。老子讲"吾有三宝，持而保之，一曰慈，二曰俭，三曰不敢为天下先。慈故能勇。俭故能广。不敢为天下先，故能成器长"（《老子》第六十七章），这三宝既可以用作修己的尺度，也可以当作治国之利器。以慈滋润己身，抑制节俭性情，最后可以兼济天下，这就是道家修德之道。继老子之后，战国时期道家代表人物庄子认为人生的最高精神境界是修得真人，真人是与道合一的人，他们"道法自然"（《老子》第二十五章），以成后天之功。

3.法家：为吏之道，必精洁正直

法家认为"刑生力，力生强，强生威，威生德，德生于刑"（《商君书·靳令》），因此遵守法律即为修养道德。"修身洁白而行公正，居官无私，人臣之公义也"（《韩非子·饰邪》），这是韩非子对为臣者的道德要求。很多人认为法家主张严刑峻法，对道德方面涉猎甚少，其实不然，法家提倡"公义"，把一切利害关系纳入了公私两大类别，法家学者的"公义"非"正"字能够概括。以秦律为例，商鞅变法以后，秦律得到进一步完善，基本上贯彻法家思想理念，调整国家政治经济内部关系，奖惩对象涵盖秦国内部庶人乃至贵族，《睡虎地秦墓竹简》中就官吏道德展开详尽阐述。"凡为吏之道，必精洁正直，慎谨坚固。审悉无私，微密纤察，安静无苛。审当赏罚，严刚无暴，廉而毋刖。毋复期胜，毋以愤怒决。宽裕忠信，和平毋怨，悔过勿重。慈下勿凌，敬上勿犯，听闻勿塞。"（《睡虎地秦墓竹简》）

4.佛家："涅槃"为最高境界

佛家对道德也有阐释。本书中笔者所说的佛家指的皆是中土佛教，佛教本源自印度，两汉间传入中国，而后佛教学者们将梵教内容翻译删减，以便适应中国本土文化环境，本土化后的佛教教义与原始教义相比已经有了很大的变化。佛家视"涅槃"为最高精神境界，为达到该境界，佛教徒需要艰苦修行。中土佛教吸收儒教的道德伦理思想，提出"世间之恩，有其四种：一父母恩，二众生恩，三国王恩，四三宝恩。如是四恩，一切众生平等荷负"（《心地观经·报恩品》）的报恩观念，中土佛教注重个人道德修行，佛教徒须行"五戒十善"，完善自我人格，才能解脱。

（二）儒家君子学的借鉴与创造性转化

儒家思想中的君子，乃有德有位的管理者，又是理想人格的化身者，更是大众的道德楷模。君子是儒家所追求的理想人格，更是为政必修心、为吏必身正的理想化身。因此，今天我们在用"君子"人格进行思想政治教育时，须回归君子的原本三层内涵，为提升执政者的管理道德水准，建设更高水平的现代政治文明，依然具有积极意义。

党的十八大以来，随着全面从严治党的不断深化和常态化，党和政府对党政干部的道德和品行方面提出了更高的要求：党员干部，特别是领导干部必须时刻"不忘初心，牢记使命"，率先垂范，要主动为老百姓做好事、做实事，当好群众发家致富的领头羊，率先垂范，当好人民的公仆。

君子学提倡修身和安人，实际上回答了"精神生命与物质生命的关系""个体与群体的关系"两个基本问题。新时代中国特色社会主义建设事业中法治建设、政府管理、社会治理、环境保护、公序良俗等方面的建设都涉及了这两个基本问题，将新的时代命题纳入君子文化范畴，开拓纳新，让传统与现代对话融合，比如将"成人之道"与"成人之路"结合起来，让全社会尊君子、学君子、做君子，树君子之风，行君子之道。①

但是，仅仅要求领导干部需增强道德修养是不够的。古代传统思想拘于时代局限性，礼不下庶人，没有考虑到广大人民群众在历史中发挥的作用。在现代社会，普通群众需要发挥自身积极性与主动性，加强自身修养，严格遵纪守法，贯彻党的方针政策。中国政府在社会治理过程中基于权力自身的扩延展性，设立监察委员会，从而监督公权力的行使者。与此同时，我们也要强化外部监督的作用，使得普通群众也能行使政治权利与自由，共同参与社会治理。

二、公生明，廉生威

习近平多次谈及公正、廉洁对领导干部培养的重要性，多次强调法治精神和坚强毅力对大学生成长的重要性。例如：

---

① 欧阳琦：《习近平传统文化思想视域下"君子人格"的应用和创新》，《文化创新比较研究》2019年第16期。

四维不张，国乃灭亡。①（《管子·牧民》）

千磨万击还坚劲，任尔东西南北风。②（清·郑燮诗《竹石》）

慧者心辨而不繁说，多力而不伐功，此以名誉扬天下。③（《墨子·修身》）

（一）从政当铭"公生明"

"公生明"最早可见于《荀子·不苟》篇，即为政者应该有一颗公心。有公心，遇事才会明察。例如，唐朝咸通年间，江阴县令赵和就是一位秉持公心的清官。当时，与江阴县隔江相邻的淮阴县发生一桩"还钱耍赖"的案件。东邻农民向西邻农民借钱万缗，同时以地契抵押。不久，东邻农民先还了八千缗钱，但是没有让西邻农民签字画押、打收条。后来，东邻在归还剩下的两千缗时，西邻农民否认已还八千缗的事实，且拒不归还地契。东邻无奈，只好诉诸公堂。然而，因"既无保证，又无文籍"，终究"诉与州县，皆不能直"。在东邻无奈和悲伤之际，有人告诉他可去求助江对面秉公办案的江阴县令赵和。赵和见东邻冤屈难申，便为他苦思对策。根据大唐法律，凡在江中犯罪，两边县衙都有管辖权。为此，赵和心生一策，给淮阴县发去一纸公文，说本县在江中破获一起"寇江"案。同案犯供认，贵县有个西邻农民参与此案，望贵县协助缉拿，押送本县听审。淮阴县衙旋即将西邻农民押送江阴县。赵和审问西邻为何参与"寇江"，西邻否认。又令其如实申报家中财产，西邻为解脱自己与"寇江"的干系，答曰："钱若千缗，东邻赎契者。"赵和见西邻说出实情，便叫出东邻对质，西邻只好承认还钱的事实，问题遂得妥善解决。作为江阴县令，赵和本无义务为东邻申冤，但他还是智断难案。归根结底就是他心里装着一颗为民做主的公心。④

"大道之行也，天下为公。"在中华民族的历史上，秉持"以天下为己任""天下为公"古训的人并不少见。范仲淹"先天下之忧而忧，后天下之乐而乐"，毛泽东倡导"为人民服务"⑤，邓小平认为"领导就是服

---

①　《习近平关于社会主义文化建设论述摘编》，中央文献出版社2017年版，第113页。

②　《习近平关于总体国家安全观论述摘编》，中央文献出版社2018年版，第101页。

③　习近平：《摆脱贫困》，福建人民出版社1992年版，第34页。

④　史见：《从政当铭"公生明"》，《新华日报》2017年3月30日。

⑤　《毛泽东选集》第三卷，人民出版社1991年版，第1004页。

务"①，服务就需要有公仆之心。在十八届中央纪委三次全会上，习近平总书记更是鲜明提出："作为党的干部，就是要讲大公无私、公私分明、先公后私、公而忘私，只有一心为公、事事出于公心，才能坦荡做人、谨慎用权，才能光明正大、堂堂正正。"②事实上，无数经验证明，"公正无私，一言而万民齐"。做事公正而无私心，才会赢得群众信任和支持。赵和之所以美名远至淮阴县，之所以能留下千古美名，不正是因为秉公断案吗？③

"不私而天下自公。"各级领导干部手上都掌握着一定的权力，而权力本身又具备一定程度的诱惑性和扩张性。稍不留神，就会导致"公器私用"。因此，要时时刻刻秉记"治天下终不用私乱公"。无论是举贤，还是重大事项决策，都要明白"有公心必有公道，有公道必有公制"的道理，消除私利占据公域的一切可能。正所谓"有公心必有公道，有公道必有公制"，"公心"是基础，"公道"是途径，"公制"是结果。④

（二）廉者政之本

晏子曰："廉者，政之本也。"（《晏子春秋·杂下》）为政的根本、政治的根本就是廉。《周礼》中也有"六廉"之说，即廉善、廉能、廉敬、廉正、廉法和廉辨。廉善，即善于行事；廉能，即能行政令；廉敬，即忠于职守；廉正，即品行方正；廉法，即忠诚于法令；廉辨，即临事分明。正值壮年之人要观察其是否能克服私欲、廉洁办事，同时还要观察其交往的朋友如何，借此看他是否清正廉洁。正如《大戴礼记》所说："其壮观其洁廉务行而胜其私也""省其交友，观其任廉"。

历史上，明朝山东巡抚年富曾说："吏不畏我严，而畏我廉；民不服我能，而服我公。公生明，廉生威。"（《官箴》）官吏不怕我严厉，而害怕我廉洁。百姓不服我的才能，而服我的公正。为政清廉，官吏就不敢有所怠慢；办事公正，百姓就不敢有所欺瞒。为官公正，才能使政治清明；为官清廉，才能在百姓中树立威信。因此，为官之德在于公正和廉洁，官员行事公正，没有私心则显得光明磊落，在工作与生活中廉洁才能有威信。公私之辨是政治生活中亘古不变的话题，为官者应当秉公执法，公而忘私。

① 《邓小平文选》第三卷，人民出版社1993年版，第121页。
② 《习近平谈治国理政》，外文出版社2014年版，第394页。
③ 史见：《从政当铭"公生明"》，《新华日报》2017年3月30日。
④ 史见：《从政当铭"公生明"》，《新华日报》2017年3月30日。

《吕氏春秋》有曰："私视使目盲，私听使耳聋，私虑使心狂。"（《吕氏春秋·纪·季冬纪》）在现代贪污腐败的案例中，官员落马都是因为私心太重，公权力被腐蚀，其后果则是政府和党形象受损，动摇国本。

法家以法彰显公正。法家认为，法本身合于道，天然具有公正的属性，能够止纷争、治国家，"悬重赏而民不敢争，行罚而民不敢怨者，法也"（《商君书·锥指》）。统治者治理国家的时候严格按照法律办事，普通民众就会信任上位者。同时，商鞅也提出，法律适用范围应当具有普遍性，"所谓壹刑者，刑无等级；自卿、相、将军以至大夫、庶人，有不从王令，犯国禁，乱上制者，罪死不赦；有功于前，有败于后，不为损刑；有善于前，有过于后，不为亏法；忠臣孝子有过，必以其数断；守法守职之吏，有不行王法者，罪死不赦，刑及三族"（《商君书·锥指》）。壹刑指的是刑罚统一，法不阿贵，无论是有功之臣还是贩夫走卒，只要触犯法律，就会被制裁。在惩治对象方面，法家与儒家有较大差异，儒家认为有些情况却要区别对待，《周礼》中有"八议"①，儒家学者认为这八种情况是可以商议减刑的。显然易见，法家观念与今日法律面前一律平等的思想较为一致。法家学派就具体地约束官吏，使之公正廉洁也较有代表性，其形成一套系统的思想体系。春秋时期法家代表人物管仲提出选拔官吏的思想，按照各自所长选拔，"天下不患无臣，患无君以使之，故知时者，可立以为长；无私者，可置以为政；审于时而察于用，而能备官者，可奉以为君也。缓者，后于事；吝于财者，失所亲；信小人者，失士"（《管子》）。根据这句话，可以了解到管仲的观点是无私之人才能做官，并且统治者也要树立法律权威，依法度严格约束官吏，使得"群臣奉公守职，百姓有常，法不繁匿"（《管子》）。商鞅更是主题鲜明地阐释廉政思想。"立君之道，莫过于胜法。胜法之务，莫急于去奸。"（《商君书·开塞》）此处"奸"范围甚广，既包括围绕在君主周围的臣子，也包括品德败坏的民众。就如何治"奸"，商鞅提出，把官爵授予有功之人，并且堵住其他利益渠道，即"利出一孔"，让臣民通过耕战的渠道满足自己的物质与精神需求。"国以功授官予爵，此谓以盛知谋，以盛勇战。"（《商君书·靳令》）以耕战之功授官予爵，朝廷里奸臣就会减少，人们就会凭借自己的智谋、勇武获得朝廷的奖励。这就是商鞅对廉政实现路径的构想。

---

① 八议：议亲、议故、议贤、议能、议功、议贵、议勤、议宾。

三、畏危者安，畏亡者存

秦汉时期道家隐士黄石公说过："畏亡者存，畏危者安。"(《素书·安礼》)畏惧国家灭亡的统治者，会时时警戒，清心寡欲，加强国家的实力，畏惧危险的人会保存自我，福寿常在。普通人应该时常自省，有过改之。作为领导干部更加需要这种意识。

（一）如履薄冰，如临深渊

西汉经学家刘向就极具自省精神，并作《戒子歆书》，试图将这种精神传递给后代，"告歆无忽，若未有异德，蒙恩甚厚，将何以报。董生有云：'吊者在门，贺者在闾。'言有忧则恐惧敬事，敬事则必有善功，而福至也。又曰：'贺者在门，吊者在闾。'言受福则骄奢，骄奢则祸至，故吊随而来"。他告诫自己的儿子，你并没有厚德，却少年得志，蒙受皇恩，你没有办法回报皇帝的恩德。福祸相依，要头脑清醒，做好自己分内之事，同时要防患于未然。而统治集团应在身处安逸的环境时仍思考、忧虑危险的状况，才能勤政爱民，以备不时之患。西汉政治家贾谊，作为统治集团的一员，在"文景之治"的太平盛世时期，已经看到社会欣欣向荣背后的危机，即地方诸侯势力强大，对中央政府有不利影响，目前之所以没有发生大的叛乱事件，是因为大诸侯国的王年纪尚幼，一旦他们长大成人，将会对中央集权造成毁灭性的损失，到时候即便是尧舜在世也无法挽救。于是，贾谊提出挽救王朝危机的措施，但由于皇帝没有重视而无法施行。

（二）忧患意识

"生于忧患，死于安乐。"(《孟子·告子下》)这种居安思危的思想也适用于当前我国面临的内外局势。当下，我国面临纷繁复杂的国际环境，中美之间贸易摩擦频繁。美方加大对我国经济领域制裁，封锁关键核心技术的出口。对此，我们不应该陶醉于在各方面已经取得的成绩，应有居安思危的观念，加强自身的实力以应对外部挑战与危险。从国内来看，我国目前正处于新时代中国特色社会主义建设时期，2017年10月18日，习近平总书记在党的十九大报告中指出：我国社会主要矛盾已经转化为人民日益增长的美好生活需要和不平衡不充分的发展之间的矛盾。主要矛盾的转化，标志着经济文化比较落后的国家建设社会主义出现根本性转折，科学社会主义在21世纪中国焕发出强大生机活力主要矛盾转化，标志着社会主义初级阶段进入新的发展阶段，处于质量水平提高期、实现现代化的酝酿过渡期。这就给广大共产党人提出了更高的要求和期望。中国共产党作为执政党，担负着实现中华民族伟大复兴的历史使命，需要我们安不忘忧，加强党的建设不放松，必须"守初心、担使命、找差距、抓落实"。与此同时，每个共产党员都要按照习近平总书记"照镜子、正衣冠、洗洗澡、治治病"的要求，发挥积极性与主动性，解决自身问题，从整体上使得我们党的肌肤不受外界毒瘤的侵蚀，永远强健有力，确保党始终成为中国特色社会主义事业强有力的领导者。

因此，习近平多次提醒领导干部应该有"危机意识"，必须时刻将人民利益放在首位，将国家利益和事业放在心上。例如：

> 为之于未有，治之于未乱。① （《老子》第六十四章）
> 如履薄冰，如临深渊。② （《诗经·小雅·小旻》）
> 君子检身，常若有过。③ （《亢仓子·训道》）

四、内圣外王之内圣

为政者的修身立德，当属于内圣外王之内圣修养。内圣与外王是一个完整的系统，通过修养内在德性实现外王之道，同时实现外王的各种途径与内在的德性修养又密切关联。

（一）内圣外王之缘起

内圣外王作为儒家的终极关怀，最初源自《庄子》文本。其曰：

> 天下之治方术者多矣，皆以其有为不可加矣。古之所谓道术者，果恶乎在？曰："无乎不在。"曰："神何由降？明何由出？"曰："圣有所生，王有所成，皆原于一。"不离于宗，谓之天人。不离于精，谓之神人。不离于真，谓之至人。以天为宗，以德为本，以道为门，兆于变化，谓之圣人……天下大乱，贤圣不明，道德不一。天下多得一察焉以自好，譬如耳目口鼻，皆有所明，不能相通，犹百家众

---

① 《习近平关于总体国家安全观论述摘编》，中央文献出版社2018年版，第143页。
② 习近平：《之江新语》，浙江人民出版社2007年版，第39页。
③ 《习近平谈治国理政》第三卷，外文出版社2020年版，第533页。

技也，皆有所长，时有所用。虽然，不该不偏，一曲之士也，判天地之美，析万物之理，察古人之全，寡能备于天地之美，称神明之容。是故内圣外王之道，暗而不明，郁而不发，天下之人各为其所欲焉以自为方。悲夫！百家往而不反，必不合矣！后世之学者，不幸不见天地之纯，古人之大体，道术将为天下裂。（《庄子·天下》）

关于"内圣外王"，《天下》认为将自然作为本源，了解事物规律从而可以预知变化的人就是圣人。但是，当世人们多秉承一孔之见，使得道术肢解，无法通透内圣外王之道，犹如耳目口鼻虽皆有所明却不能相通耳。"天命之谓性，率性之谓道，修道之谓教。"（《中庸》第一章）即人性从"食色性也"的自然属性，链接至仁义礼智等道德社会属性，便由格物、致知、诚意、正心、修身的内圣之路进入齐家、治国、平天下的外王之途；由"立人之道曰仁与义"，经明明德的伦理道德的修身养性，使人的本质、人性、心性、性命，达至中和状态，以止于至善，既能超凡入圣，又能转霸道为王道之治的外王路径。

（二）内圣实现途径：诸子百家各有主张

道家学者认为统治阶层应该无为而治，顺其自然。老子曾说道："我无为而民自化，我好静而民自正，我无事则民自富，我无欲而民自朴。"（《老子》第五十七章）这句话体现道家希望统治者以无为的方式实现治世的思想。墨家是平民思想的代表，在实现内圣路径上更贴近普通百姓的思维，主张"兼相爱，交相利"，人与人之间相互爱护，停止战争，共谋福利。法家主张统治者依法治国、以术御人，在国与国、人与人之间注重运用"势"，最终实现天下一统，再无兵祸，其实也是内圣外王思想的延伸。

作为中国传统思想的主流——儒家对内圣的阐述就更为丰富。孔子描述自己的一生，"吾十有五而志于学，三十而立，四十而不惑，五十而知天命，六十而耳顺，七十而从心所欲不逾矩"（《论语·为政》）。这句浅显易懂的话同时也为后人揭橥了超凡入圣的路径，像孔子那样不停歇地修养内在德性，继而为圣人，即可行王道。孟子进一步扩大内圣的概念，从个人修养延伸到统治者修养，统治集团通过施行仁政，最终达到内圣外王。在施行仁政的过程中，君主也在修养自身的道德，以唐禹三代的圣君为效仿对象。荀子则以性恶论为理论原点，因此，他所构想的成圣方式与前代儒家学者有差别，"圣也者，尽伦者也，王也者，尽制者也，两者尽，足为天下极矣"(《荀子·解蔽》)。荀子不相信人之本性，提出将礼仪制度规范化，以约束统治阶层，使他们修养道德，成仁化圣，他依靠外部的制度力量使统治者修德成圣。西汉董仲舒作为儒家的一员，他的思想体系别具一格。儒学思想被神秘化，使之具有神学倾向，内圣一词不仅包含封建统治思想原则，而且包含通权达变的"经权"思想。宋明理学对内圣外王之道的探索更加幽微精深。朱熹著有《四书章句集注》一书，成为后来科举考试的重要内容，在这本书中，他详尽地阐发了"格物致知"与"存天理，灭人欲"的思想，通过穷理格物的方式，达到修养的目的。明代心学集大成者王阳明提出，"致良知"，通过个人内省的方式，修成圣人。

（三）外王路径：王霸之辨

王道、霸道在古代中国哲学思维系统中是较早出现的一组概念和范畴。王道是指三代先王所实行的正道，其核心思想是以仁义治天下；霸道则是以武力、刑罚、权势等治理天下，或者以力假仁。[①]

1. 王民霸战，力霸德王

王霸之别是中国古代治国理政的两条不同的外王路向。"君人者，隆礼尊贤而王，重法爱民而霸，好利多诈而危。欲近四旁，莫如中央，故王者必居天下之中，礼也。"(《荀子·大略》)荀子认为，王道与霸道的分野在于争取人心与夺取土地之别。王道在夺取人心，霸道以强力夺取他国土地。争取人心，使诸侯称臣；夺他国土地，同诸侯为敌。这是在春秋战国时期礼崩乐坏的境况下的王道与霸道治国理政的外王之道，是两条不同的路向。[②]

2. 王仁霸法，霸王道杂

孟子出于对春秋以来诸侯争霸战争使人民陷于水深火热痛苦的同情，对霸道持深恶痛绝的态度。汉宣帝在总结自汉高祖以来治国理政经验时说"汉家自有制度，本以霸王道杂之"，以软硬、宽猛两手来治理国家。以当时的哲学、思想界来说，皆以王道为重。刘向在《说苑》中也对"霸王道杂之"作了精辟注解，曰"治国有二机，刑德是也。王者尚其德而

---

① 张立文:《中国哲学元理：内圣外王论》,《学术界》2020年第6期。

② 张立文:《中国哲学元理：内圣外王论》,《学术界》2020年第6期。

布其刑，霸者刑德并凑，强国先其刑而后德。夫刑德者，化之所出兴也。德者，养善而进阙者也；刑者，惩恶而禁后者也。故德化之崇者至于赏，刑罚之甚者至于诛"（《说苑·政理》）。

3. 王霸不二，王霸异同

宋代司马光认为，王道、霸道，道同不二，只是深浅、小大有差分，即"王霸无异道"。王道也好，霸道也好，"其所以行之也，皆本仁祖义，任贤使能，赏善罚恶，禁暴诛乱。顾名位有尊卑，德泽有深浅，功业有巨细，政令有广狭耳。非若白黑、甘苦之相反也"（《资治通鉴·汉纪十九》）。

二程不赞同司马光的观点。王道、霸道，道也不同。"明道先生尝言于神宗曰：'得天理之正，极人伦之至者，尧舜之道也；用其私心，依仁义之偏者，霸者之事也。王道如砥，本乎人情，出乎礼义，若履大路而行，无复回曲；霸者崎岖，反侧于曲径之中，而卒不可与入尧舜之道。故诚心而王则王矣，假之而霸则霸矣。二者其道不同，在审其初而已。'《易》所谓'差之毫厘，谬以千里'者，其初不可不审也。惟陛下稽先圣之言，察人事之理，知舜之道备于己，反身而诚之，推之以及四海，则万世幸甚。"（《近思录》卷八）为什么道有不同？得天理之正，极人伦之至者，是尧舜的道。他们本乎人情，出乎礼义。霸道是用私，依仁义之偏，终究不入尧舜的王道。王道是本于主体自我的道德情感和礼义原则的自觉；霸道出于私心，陷于人欲，而行霸道暴政，两者其道不同。二程将王道与儒道融合，以提升儒道价值。"王道与儒道同，皆通贯天地，学纯则纯王纯儒也。"（《二程外书》正文卷十一）王道与三皇五帝相融合，重在外王的治平；王道与儒道相圆融，既重内圣的诚、正，又关注外王的治、平。王道向儒道的内圣转化而道德化，儒道向王道转化为外王的政治化。换言之，"王道之本，仁也"，即"己所不欲，勿施于人"；霸道为"己所不欲，要施于人"。胡宏赞成二程的观点。他说："天下之道，为人、为己二端而已，惟圣人合内外之道，得时措之宜，故不塞不流而王道行，百姓宁。"（《胡宏集》）圣人合为人、为己内外之道，而王道行。辟杨墨、墨子重人、重己之偏陋，有大功于王道。霸道是"霸者，务施报图大权而共小节，据实势而崇虚名者也。……所以明王霸异道，义利异途，示后人以明天理所在，使人欲不得而泊之也"（胡宏《皇王大纪》卷四十一）。霸道图大权、崇虚名，王霸、义利异道，而非道同，其原因是不知天理之本，驰心功利的缘故。

4. 王霸义利、尊王贱霸

朱熹与陈亮曾展开王霸义利的辩论，在当时学术界有较大的影响。论争的焦点是道所体现的王霸义利之别。朱熹致信陈亮说："兄高明刚决，非吝于改过者，愿以愚言思之，绌去'义利双行、王霸并用'之说，而从事于惩忿窒欲、迁善改过之事，粹然以醇儒之道自律。"陈亮以其"推倒一世之智勇，开拓万古之心胸"而坚持说，"来教乃有'义利双行、王霸并用'之说，则前后布列区区，宜其皆未见悉也"。他认为不仅三代王霸并用、义利双行，而且汉唐也如此。他批驳朱熹"三代纯为王道，讲仁义，道统在孟子既没以后，利欲之私流行，王道不行，而行霸道"的观点。他认为，如果说刘邦私意未甚炽的话，那么李世民之心恐其无一念不出于人欲。霸道本于王道，王霸并用。即便王道的三代也有征伐及谋位的霸道。如夏禹启征伐有扈氏，商汤流放夏桀而建商朝，武王伐纣而建周，都是王道杂霸道，王道通过霸道的征伐来实现。无霸道也不能出现王道。王廷相提出"尊王贱霸"论，认为孔孟道术并没有断，前人都说孔孟之道不传，"要之，秦汉以下诸儒，虽所造醇疵不齐，而斯造托之不坠；亦不可诬"。秦汉以来的儒者，虽然各人的学术不同，但孔孟之道未曾失坠。"尊王贱霸，增光孔氏矣，而何以指为申韩之流？潜心求道，所得于圣人者多矣。"尊王贱霸，并非申不害、韩非的思想，而是增光孔孟的王道。王夫之亦主张，"明王道，黜霸道"。他在《四书训义》卷二十七中说，这是因为"王霸之分，学术邪正之辨，即世运盛衰之别也。王之所以异于霸者无他，仁而已矣"。之所以要明王黜霸、尊王贱霸，是有关国家的盛衰危亡、学术邪正的分别的关键。外王的王道与霸道两种治国理政的方案，在中国古代历史上都有实践，其核心话题为，是否实行仁义、礼仪、义利以及实行的真假、深浅、大小等差分。或"无偏无党，王道荡荡；无党无偏，王道平平；无反无侧，王道正直"。没有不中不公，王道广远；没有不公不中，王道平易；没有反常不正，王道正直，而无好恶私欲之生，天理流行。或有偏有党，有反有侧，以力假仁、重法以利，私欲横行。或主霸王道杂之，王霸不二，义利双行，王霸并用，互渗互补。这三种外王之道，都与内圣紧密相联通，内圣既可指导外王的实践，制约外王的各种活动，纠正外王的错误，亦可使外王回归正道，改私从公，惩恶迁善。在当今信息智能时代，要礼敬中华优秀传统文化，充分发掘内圣外王积极的思想观念、哲学智慧，把中华民族道德精髓的内圣与治国理政的外王融合起来，构建新的体现时代精神的"立人之道曰仁与义"的中国哲学的内圣外王元理。[①]

（四）内圣思想：借鉴与创造性转化

内圣外王之内圣思想也与新时代息息相关。假如将内圣看作一种人格力量或者是精神魅力，那么外王的外类似于中观的社会组织层面或者是宏观的国家层面上的建构。国家或者社会组织的支柱是其精神力量，如果失却了精神，这些架构就会轰然倒塌。2013 年 3 月 17 日，习近平总书记在第十二届全国人民代表大会第一次会议闭幕会上发表讲话，指出"实现中国梦必须弘扬中国精神"。所谓"中国精神"就是以爱国主义为核心的民族精神，以改革创新为核心的时代精神。这种精神是凝心聚力的兴国之魂、强国之魄。爱国主义始终是把中华民族坚强团结在一起的精神力量，改革创新始终是鞭策我们在改革开放中与时俱进的精神力量。全国各族人民一定要弘扬伟大的民族精神和时代精神，不断增强团结一心的精神纽带、自强不息的精神动力，永远朝气蓬勃迈向未来。习近平总书记的重要论断，深刻地表明了精神力量对民族梦想的重要性。在新时代，"内圣外王"应该实现创造性转化、创新性发展，现在我们修养内圣就是要弘扬中国精神，以中国精神实现外王之道。

第二节　亲民与勤政

亲民不仅是一种政治修养的标志，更是与人民群众同呼吸、共命运、心连心的体现。有了这种感情，才能理解百姓、挚爱百姓、体恤百姓、帮助百姓，才能为群众诚心诚意办事，尽心竭力解难事，坚持不懈做好事。勤政，是实现亲民的手段和过程，是具体落实、是切实执行。

一、亲民

（一）原始儒家之亲民思想

孔子曰，"修己以安百姓"（《论语·宪问》），即修养自己，使所有百

[①]　张立文：《中国哲学元理：内圣外王论》，《学术界》2020 年第 6 期。

姓都安乐。孟子亦曰，"亲亲而仁民，仁民而爱物"（《孟子·尽心上》），即亲爱亲人而仁爱百姓，仁爱百姓而爱惜万物，"民为贵，社稷次之，君为轻"。《大学》云，"大学之道，在明明德，在亲民，在止于至善"（《大学》），即《大学》的宗旨在于弘扬高尚的德行，在于关爱人民，在于达到最高境界的善。可见，在古代经典中"亲民"一直是先贤追求的政治目标，在古代政治思想中也占有十分重要位置。孔颖达解释"亲民"内涵说："在亲民者，言大学之道，在于亲爱于民。"（《礼记正义》）孔颖达对"亲民"的注解较为符合原始儒家的亲亲仁民的思想。

（二）朱熹之亲民思想

朱子在《大学章句》中明确将"亲"作"新"含义，"子程子曰：'亲，当作新。'新者，革其旧之谓也，言既自明其明德，又当推己及人，使之亦有以去旧染之污也"（《四书章句集注》）。朱子认为，"新民"是"明明德"的下一个阶段，当一个人恢复了自己的光明德性之后，也应该因着内心的不忍之心帮助他人恢复自己的光明德性。"明明德"的主体是"学者"，新民的对象则是"民众"；前者的明明德是主动，后者的"去其旧染之污"[1] 则是被动的。朱子认为，人应该通过修养功夫剔除自己的私欲，使自己的本心回到澄然虚明的状态，然后教化百姓们使他们明其明德。只顾自己明明德是独善其身，只有将明天下人之德都作为自己的事业，才是以伊尹的志向为志向，以颜子所好为志趣，这才是"在新民"。可见"在新民"与"在明明德"还有"明明德"范围扩大的区别，朱子说："我既是明得了明德，见他人为气禀物欲所昏，自家岂不恻然欲有以新之，使之亦如我挑剔揩磨，以革其向来气禀物欲之昏，而复其得之于天者。此便是新民。"[2]

（三）苏轼之亲民思想

苏轼在 40 多年的官宦生涯中，有 3/4 的时间是在地方上度过的。虽然不能在朝廷上忧君，但在地方上忧民。30 多年里，他勤政爱民，清廉自律，兴修水利，救济灾民，与当地的百姓同甘苦，共命运，和治下的百姓建立了深厚的情谊。至今，人们的日常生活中还存留着苏轼的痕迹，如"东坡巾"和"东坡肉"等。熙宁十年（1077），42 岁的苏轼调往徐

---

①　赵法生：《〈大学〉"亲民"与"新民"辨说》，《中国哲学史》2011 年第 1 期。

②　〔宋〕黎靖德编：《朱子语类》，中华书局 1986 年版，第 271 页。

州。当年，黄河决口，他和徐州人民并肩与洪水搏斗。"卢于其上，过家不入"，保全了一州人民的生命财产。元丰二年（1079），他又调往湖州，在离徐赴湖途中，苏轼写下了一首《别徐州》，表达了对徐州、对徐州人民的深情。

> 天涯流落思无穷！既相逢，却匆匆。携手佳人，和泪折残红。
> 为问东风余几许？春纵在，与谁同！
> 隋堤三月水溶溶。背归鸿，去吴中。回首彭城，清泗与淮通。
> 欲寄相思千点泪，流不到，楚江东。

（四）王阳明之亲民思想

关于"亲民"，王阳明认为其包含教民与养民两层含义。教民，意指教化民众、移风易俗与发展民生，使百姓"仓廪实则知礼节，衣食足则知荣辱"（《管子·牧民》）；"养民"二字，更多是从经济的角度考虑，通过裕民生、节人力等方式，使百姓生活富足。

关于"养民"，阳明先生身体力行。王阳明每到一地任职，均"视下民如己子，处民事如家事"，奉行"为政不事威刑，唯以开导人心为本"。其任庐陵知县时，免除葛布税，疾呼为官者要"垂怜小民之穷苦，俯念时势之难为"，将官衙署牌"肃静、回避"改为"求通民情、愿闻己过"；巡抚南赣汀漳时，认为"其时盗贼方炽，坐视民之荼毒而以罪累后人，非仁也"，他抱着病躯坚守剿匪一线，扫平为患数十年的寇乱，让百姓能够安居乐业。学生南大吉问政，阳明答："政在亲民。"于是，南大吉将府署莅政之堂命名为"亲民堂"，并说"吾以亲民为职者也。吾务亲吾之民，以求明吾之明德也夫"。

教化是以"亲民"为根本宗旨。阳明先生本人也是这样身体力行的，正德十二年（1517），王阳明奉命征讨盗贼，作《告谕浰头巢贼》，说明自己剿贼的缘由与初衷：

> 尔等久习恶毒，忍于杀人，心多猜疑。岂知我上人之心，无故杀一鸡犬，尚且不忍；况于人命关天，若轻易杀之，冥冥之中，断有还报，殃祸及于子孙，何苦而必欲为此。我每为尔等思念及此，辄至于终夜不能安寝，亦无非欲为尔等寻一生路。惟是尔等冥顽不

化，然后不得已而兴兵，此则非我杀之，乃天杀之也。今谓我全无杀尔之心，亦是诳尔；若谓我必欲杀尔，又非吾之本心。尔等今虽从恶，其始同是朝廷赤子；譬如一父母同生十子，八人为善，二人背逆，要害八人；父母之心，须除去二人，然后八人得以安生；均之为子，父母之心，何故必欲偏杀二子，不得已也；吾于尔等，亦正如此。若此二子者一旦悔恶迁善，号泣投诚，为父母者亦必哀悯而收之。何者？不忍杀其子者，乃父母之本心也；今得遂其本心，何喜何幸如之；吾于尔等，亦正如此……

呜呼！民吾同胞，尔等皆吾赤子，吾终不能抚恤尔等而至于杀尔，痛哉痛哉！兴言至此，不觉泪下。(《王阳明全集·告谕浰头巢贼》)

阳明先生的檄文从贼寇的犯罪行为出发，谈及因果报应，杀人罪孽祸及子孙；又从为官者怜悯之心谈起，治下百姓都是朝廷的子民，朝廷如同父母，不忍心杀死儿女。因此，希望盗贼们能够主动弃恶从善。这段檄文蕴含着王阳明教化百姓，使其弃恶从善，复归其性的思想。

（五）古代亲民思想的当代创造性转化

自中国共产党诞生至今，全心全意为人民服务的宗旨意识一以贯之。1933年，中华苏维埃共和国临时中央政府搬到江西瑞金沙洲坝。当时，沙洲坝严重缺水，老百姓只能喝水塘里混浊的脏水。毛泽东在得知这一情况之后，就把解决当地群众饮水难的问题挂在心上。先是召集全村人开了一次村民大会，会后带人勘察水源，确定井位，带头挖井。从此，沙洲坝人结束了饮用肮脏塘水的历史。

习近平也多次阐述亲民的重要性，要求广大干部"不忘初心、牢记使命"，把群众观点、群众路线深深植根于思想中、具体落实到行动上，着力解决人民群众最关心最直接最现实的利益问题，不断筑牢党长期执政最可靠的群众根基。例如：

民惟邦本，本固邦宁。[1] (《尚书·五子之歌》)

---

① 习近平：《干在实处 走在前列——推进浙江新发展的思考与实践》，中共中央党校出版社2016年版，第55页。

老吾老，以及人之老；幼吾幼，以及人之幼。①（《孟子·梁惠王上》）

政之所兴在顺民心，政之所废在逆民心。②（《管子·牧民》）

善为国者，遇民如父母之爱子，兄之爱弟，闻其饥寒为之哀，见其劳苦为之悲。③（刘向《说苑·政理》）

衙斋卧听萧萧竹，疑是民间疾苦声。些小吾曹州县吏，一枝一叶总关情。④（郑板桥《潍县署中画竹呈年伯包大丞括》）

德莫高于爱民，行莫贱于害民。⑤（《晏子春秋·内篇问下》）

因此，枝叶总关情，行动见初心。广大党员干部要站稳群众立场，时刻把群众放在心中最高位置，想问题、作决策、抓工作都把群众利益放在第一位。只有把为民造福的各项工作放在心上、抓在手中，才能以为民谋利、为民尽责的实际成效取信于民。

二、勤政

（一）何为勤政？

何谓勤，清代的刚毅在《居官镜》中说道，"黾勉从公，夙夜匪懈，谓之勤"（《居官镜·臣道》）。明朝有一部佚名编著的《初仕要览》，其中说道"初仕以勤政为首务，政不勤则百事殆"。清代的曾国藩对勤解释得更具体，他认为："勤之道有五：一是身勤。险远之境，屈身经验之；艰苦之境，身亲尝之。二是眼勤。遇一人必详细察看，接一文必反复审阅。三是手勤。易弃之物，随号收拾；易忘之事，随笔记载。四曰口勤：待同僚，则互相规劝；待下属，则再三训导。五曰心勤：精诚所至，金石亦开；苦思所积，鬼神迹通。"（曾国藩《劝诫委员四条》）因此，笔者认为，勤政即恪尽职守，勤于政事，认真负责地为国为民做事。

从古至今，勤政思想在我国政治思想史上都占据重要地位。广大劳动人民对"不稼不穑""不狩不猎"却不劳而获的统治者，充满愤怒和谴

① 习近平：《干在实处　走在前列——推进浙江新发展的思考与实践》，中共中央党校出版社2016年版，第307页。

② 《十八大以来重要文献选编》中，中央文献出版社2016年版，第75页。

③ 《十八大以来重要文献选编》下，中央文献出版社2018年版，第33页。

④ 《十八大以来重要文献选编》中，中央文献出版社2016年版，第319页。

⑤ 习近平：《之江新语》，浙江人民出版社2007年版，第257页。

责。于是，西周统治者吸取总结商灭亡的教训，提倡和实行勤政，周公要求官吏要"夙夜敬止""虔恭尔位"；战国秦汉时期，统治者改变之前"世卿世禄"的选官制度，实行以"察举制"为主的官吏选拔制度，荐举的标准是清廉与勤政；秦朝规定官员不作为的相关制度，商鞅提出了"无宿治"，就是办事不过夜，着眼于提高行政效率。秦律中还设有"废令"和"犯令"罪，即"律所谓者，令曰勿为而为之，是谓犯令；令曰为之而弗为，是谓废令也"（《睡虎地秦墓竹简·法律答问》）。"犯令"指的是官员违抗命令的行为，"废令"指的就是官员不作为，像官员擅离职守，不认真履行职责内的事情，对职责内的事情不报告、不传送等。[1]《秦律》中还规定："行命书及书署急者，辄行之；不急者，日毕，勿敢留。"也即是上级的命令、公文，必须立即传送，不得延误。这些规定表明了在秦代就对官吏的勤政提出了具体的要求。

从伦理道德的角度看，"勤"是行政伦理的重要组成成分，无论在为政者自我评价还是社会性的评价当中，勤政思想都有着不可取代的地位。以汤武革命为例，"小邦周"取代"大邑商"成为天下之主后，商朝原来的天命观被打破，周朝的统治阶层需要重新为政治合法性寻找根基。他们开始反思战争胜利的原因，为什么天命之主商纣王会被武王打败？最后他们得出结论，"皇天无亲，唯德是辅。民心无常，惟惠之怀"（《尚书·蔡仲之命》）。天命不会一成不变，如果君主荒废朝政，德不配位，那么上天就会选择新的君主。周公据此提出"敬德保民"的主张，要求周朝的统治阶层修养道德，勤政爱民，这样才能永葆国祚。

（二）勤政何为？

宋代的吕本中从勤政思想中提炼出"清、慎、勤"三字，为官须清廉、谨慎和勤奋，才能造福一方，"清、慎、勤"三字因此成为许多官员用以自勉的标语，因为遵守勤政的道德规范，不仅是官员自身的道德修行，也是君主和普通民众衡量考察官吏行政伦理的重要标杆。以明朝为例，根据《明史·列传第一百六十九》记载，史诚祖向明太祖陈明盐政利弊，太祖在采纳其意见后授予知县一职，成祖出巡，考核地方政绩，史诚祖名列第一，成祖特升他为知州，并赏赐财物。在人治社会，君主以官员是否能够勤于政务作为考核的基本标准，越是勤政爱民的官员，

---

① 谢舒晔、艾永明：《中国古代对官员行政不作为的法律规制》，《江苏社会科学》2016年第1期。

越能受到君主的嘉奖和百姓的信服。

商朝作《汤刑》，"敢有恒舞于宫，酣歌于室，明谓巫风。敢有殉于货色，恒于游畋，时谓淫风。敢有侮圣言，逆忠直，远耆德，比顽童，时谓乱风"。如果君主和官吏们犯有上述罪行，就会招致亡国灭家。《汤刑》对统治阶级的操行作了相当严格的规定，以刑罚威慑官员，要求他们勤政爱民。自周以后的王朝在法律条文上面也作了相当严苛的规定。但与此同时，王朝统治者们也设立了激励官员的机制，勤勉为政的官员可以越级提拔或奖赏财物。

（三）如何勤政？

如何做到勤政？一是勤恳为政，任劳任怨。二是少应酬，专心做政务。明朝万历年间天下"三大贤"之一的吕坤在《呻吟语》中写道："仕途上只应酬无益，人事功夫占了八分，更有甚精力、时候修正经职业？我尝自喜行三种方便，甚于彼我有益。不面谒人，省其疲于应接；不轻寄书，省其困于裁答；不乞求人看顾，省其难于区处。"官场应酬甚多，如果场场都去，处处迎合，也就无心为政了。三是实现勤政的宗旨——为民，勤政最终是为了让百姓生活富足安康，如果脱离本心，空喊口号，只做"面子工程"，就有失本心。

（四）勤政思想的借鉴与创造性转化

2013年全国组织工作会议上，习近平总书记提出"二十字"党的好干部标准——信念坚定、为民服务、勤政务实、敢于担当、清正廉洁。亲民与勤政都包含在其中，作为新时代的领导干部，要坚定理想信念，习近平总书记指出："理想信念就是共产党人精神上的'钙'，没有理想信念，理想信念不坚定，精神上就会'缺钙'，就会得'软骨病'。"中国共产党的宗旨是全心全意为人民服务，最高理想与最终目标是实现共产主义。为实现中国共产党人的理想信念，我们广大党员干部必须勤政务实，为民服务，有担当，有作为，同时还必须廉洁自律。这也是亲民与勤政思想的现代性转化和创新性的发展。

近年来，在全国上下开展的"扶贫攻坚"工作就卓有成效，其主要原因就是从中央到地方都十分重视扶贫工作，而且党政一把手亲自抓，抓成效，精准扶贫，不放"空炮"，力度之大是前所未有的。这也从侧面反映了我们党和政府新一届领导班子勤政务实，是值得全国人民可信赖和依靠的领导核心。习近平讲话中有许多与"勤政"相关的引用语句，例如，"清、慎、勤"[①]（吕本中《官箴》），"知屋漏者在宇下，知政失者在草野"[②]（王充《论衡》）等。

三、以民为本

以民为本是中国古代十分重要的政治命题，自梁启超先生著《先秦政治思想史》，以"民本主义"概括中国古代以民为本的命题起，学术界就使用"民本"一词简称以民为本思想。古代以民为本思想虽然与现代民主理念存在本质差别，但是，民本思想所蕴含的历史价值与受到民本思想影响的政治实践经验仍值得今人深思与借鉴。本部分将从民本思想的历史、含义、核心价值与局限性四个方面论述民本思想。

（一）民本思想的起源与流传

概述民本思想起点，有四种见解：一是发源于原始社会后期，二是肇始于国家体制成立之初，三是产生于殷周之际，四是春秋战国时期形成。部分学者认为民本思想滥觞于原始社会，主要是鉴于原始社会的社会状况。原始社会时期，生产力水平低下，人类出于公共利益结成社会管理组织，从家庭、氏族、胞族到部落联盟，推选天下共主，这些部落联盟首领的事迹及其治理思想被记载在《尚书》一书中，此处对《尚书》是否为伪作不加考证，但至少可以得出结论，在上古时期，确实存在民本思想的痕迹。持第二种观点的人认为，民本思想作为一种政治统治思想，必须与国家政权相联系，脱离政治组织形式理解民本思想是不合理的，因此民本思想是伴随国家建立而产生的。持第三种观点的人是从殷周历史寻踪觅迹，武王伐纣，建立周朝，敬德保民思想取代鬼神思想，周朝敬德保民的观念是民本思想的雏形。还有一部分学者认为春秋战国时期才是民本思想真正的发源时期，因为任何思想形成都需要一个循序渐进的过程，春秋时期孔子的仁义思想是民本学说的基础，孟子将其发扬，才使得民本思想体系得到完善。[③]

就笔者个人而言，较为赞同第一种观点，从民本思想出现迹象开始算起。原始氏族社会是民本思想的摇篮，氏族社会后期，各部落首领推举有德者担任部落联盟共主的行为和父系氏族社会中父亲在家庭中决定

---

① 习近平：《摆脱贫困》，福建人民出版社1992年版，第40页。

② 《十八大以来重要文献选编》中，中央文献出版社2016年版，第91页。

③ 张分田：《民本思想与中国古代统治思想》，南开大学出版社2009年版，第51页。

大小事务等实践活动所蕴含的观念对古代民本思想的发展产生重要的影响。以禅让制度为例，禅让制度推崇部落联盟首领对社会公众的有益影响，人们已经初步认识到国家权力的公共属性，权力的所有者必须重民、爱民，才会得到拥戴。根据《史记》记载，舜传位禹，禹拒辞不授，把天下之位让给舜的儿子商均，但是天下诸侯都朝拜禹而不去觐见商均，根本原因在于禹以民为本，德行高尚，让部落首领们都信服他的统治，而商均在政治建树上不如禹，德不配位，不能使各部落首领俯首称臣。这个上古传说表明当时已经有了民主思想的萌芽，统治者必须具备相当高的道德素质，才会被整个统治集团认可。

自民本思想产生后，内涵就不断得到拓展，学界方家对民本思想历史源流早有详述，现笔者从古代统治者的施政过程分析"以民为本"思想在古代的流传。商朝中后期统治渐趋不稳，国君盘庚希望通过迁都来扭转政治危机，在迁都后他曾说这样一番话：

朕及笃敬，恭承民命，用永地于新邑。肆予冲人，非废厥谋，吊由灵各。非敢违卜，用宏兹贲。呜呼！邦伯师长百执事之人，尚皆隐哉！予其懋简相尔念敬我众。朕不肩好货，敢恭生生。鞠人谋人之保居，叙钦。今我既羞告尔于朕志若否，罔有弗钦！无总于货宝，生生自庸。式敷民德，永肩一心。（《尚书·盘庚下》）

从殷王盘庚告诫众人的这段话可以看出，他已经具备初步的民本思想，他首先直陈自己的志向，是要通过迁都重兴邦国，之后教诲下属，必须尊重群众，对民众广施恩惠，和民众齐心协力建设国家。但盘庚的"民命"是建立在"天命"基础之上的，包括盘庚在内的商朝统治者认为，人死化神，先人以神灵魂魄形式存在，他们的意志是可以通过祭祀等形式体会的。商人敬畏、尊崇鬼神，频繁祭祀祷告，根据占卜吉凶安排事务。因此，我们应该清楚地认识到，商人的民本思想还很不完善，夹杂鬼神思想。

周朝统治阶级在施政过程中进一步地完善民本思想。周王朝奠基者周公旦总结统治经验，说道："分地薄敛，农民归之。水，性归下；农民，归利。"（《逸周书·大聚》）周朝统治者改革先代的土地制度，把土地分给农人，以利益安抚底层人民，像冬天的太阳和夏天的树荫一样自然而然地吸引民众，这就是以民为本，以德治国。周朝统治集团已经意识到社会变革过程中民众的力量，小邦周之所以能够打败大邑商，在牧野决战中，军队临阵倒戈正是因为周武王以怀柔的方式对待底层人民，利用人民群众的力量实现王朝更替。

王朝更替时期，民本思想的重要性不言而喻，民众是革命的主力军，而在封建王朝遭遇统治危机，不得已进行改革之时，民本思想更是成为改革的核心思想之一。以明朝万历年间内阁首辅张居正的改革为例，经济上，他令人清查丈量全国土地，改革赋税制度，实行"一条鞭法"，将农民所要缴纳的各项徭役统一起来，一律征收银钱，并摊丁入亩，把丁役摊到土地再行征收。这项政策是针对明朝土地兼并严重，大量农民失去土地的现实状况而制定的，清查封建地主阶级贵族隐瞒土地的行为，并改革税制使有田的农民可以投入更多时间从事农耕活动，没有土地的农民可以从事手工业活动，此举旨在缓解当时明王朝日益尖锐的阶级矛盾。在农业相关的水利方面，张居正任用专家潘季驯等人治理黄河，使黄河不入淮，大量荒地变为农田。在封建社会，小农经济是主要的经济模式，农民作为该经济活动的主要承载者，是统治阶级政治统治和经济管理的基础，封建王朝统治集团在施政过程中必须特别关注农民的问题，贯彻以民为本的思想，否则民众哗变就会动摇王朝统治，历朝历代末期的农民起义就是很好的例证。

统治阶级的民本思想贯穿封建社会的各个方面。在文化上，统治阶级以科举制度考察士人群体，并从中选拔才能卓越、忧国忧民的士人。例如，科举考试中，主考官员经常以民本思想为试卷主题。张分田教授在《民本思想与中国古代统治思想》一书中对明朝科举考试中的一个典型个案进行分析，他详述统治阶层是如何将民本思想作为中华帝制的根本法则，并且认为只有深刻明白"天民相通之旨"的士人才可以被录取、擢拔。[1] 从隋唐开始，科举考试逐渐发展为统治集团吸纳新成员，进行自我更新的主要途径之一，以民本作为科举选拔的试题，可以看出统治阶层对民本思想的重视，上层统治者认为只有体会民本思想深意的知识分子才能协助治理国家、教化民众。

中国古代统治者施政中贯彻民本思想，使人民能够满足基本的生活需

---

① 张分田：《民本思想与中国古代统治思想》，南开大学出版社 2009 年版，第 720—724 页。

要，但是，其根本目的在于缓解封建地主阶级与农民阶级之间的矛盾，使农民不至于无法忍受苛政而掀起暴动。就目的而言，古代民本思想是不纯粹的，是披着民本外衣的专制。同时，中国古代民本思想的缺陷还在于将民众作为一个整体加以研究，民权主要体现为集体人权，忽视了每个个体的权利。但是，客观上看，中国民本思想一定程度上促进了民众思想的觉醒，人民对自身所具有的力量有初步的认识。直到中国的大门被西方打开，西学东渐之际，中国古代民本思想在近现代得到再度诠释，重新纳入现代的话语体系。例如，西方自然权利学说被中国近代政治家解释为"天赋人权"，并以"天赋人权"作为建立资产阶级民主共和国的合法性基础，以孙中山为代表的资产阶级政治家正是利用了中国古代民本思想在中国民众中的影响力，启迪人们冲破封建社会宗法制度的牢笼，伸张个人意志。政治家将古代民本思想与西方权利学说相结合，构建中国人自己的政治话语体系。新中国成立以后，特别是在改革开放新时期，中国政治话语体系不断完善，习近平总书记在党的十九大报告中提出"深入挖掘中华优秀传统文化蕴含的思想观念、人文精神、道德规范，结合时代要求继承创新，让中华文化展现出永久魅力和时代风采"，主张以人民为中心的发展思想，正是进一步推进我国古代民本思想现代化转化的表现。

（二）民本思想的内涵与特点

民本思想是一个集理论知识、施政方针与理想诉求为一体的复杂系统，简而言之，其指的是实行仁政和德治，重视民众的力量，既要养民、惠民，也要以道德与刑罚约束民众，最终达到"本固邦宁"的效果。

儒家民本思想涵盖政治、经济和文化各个方面。政治上，儒家学者认为民众是国家统治的根基，当政者要重视人民的作用，广施仁政，得民心者得天下，民心稳定则国家安定。"民为贵，社稷次之，君为轻"（《孟子·尽心下》）；"得其民斯，得天下矣"（《孟子·离娄上》）；"庶人安政，然后君子安位。传曰：'君者，舟也。庶人者，水也。水则载舟，水则覆舟。'此之谓也。故君子者，欲安，则莫若平政爱民矣"（《荀子·王制》）。《礼记》记载的一则故事从侧面反映德政的重要性，孔子路遇一妇人于墓前哀悼哭泣，他派弟子上前询问，妇人回答其祖孙三代死于猛虎之口，孔子问她为何不离开荒野，妇人答道此处无苛政，孔子哀叹，政令残暴真是比凶猛的老虎还要可怕！春秋战国时代，各诸侯王间征伐不断，争夺土地和人口资源，以实现强兵富国之目的，孔子借民众之口，描述底层人民对苛政的畏惧更甚于对野兽的畏惧，规劝统治者要实行仁政，为人民营造良好的社会氛围，否则民众就会逃亡荒野。

经济上，儒家主张富民政策。物质利益是民众最基本的需求，满足民众的物质需要，百姓自然会安定下来。孔子提出"使民以时"（《论语·学而》）的思想，因为在古代，政府经常要征集农民无偿从事公共设施建设，如果征集时间与农耕活动的时节产生冲突，农民必须放弃农业生产。"使民以时"指的是在农闲季节征招农民服劳役，不耽误农耕活动。孟子在富民方面是这样表述的："民之为道也，有恒产者有恒心，无恒产者无恒心，苟无恒心，放辟邪侈，无不为己。"（《孟子·滕文公上》）孟子认为民众只有具有一定的产业才会遵守道德规范，否则将胡作非为。孔子、孟子都主张减轻农民的赋税负担，"易其田畴，薄其税敛，民可使富也"（《孟子·尽心上》）。

文化上，儒家强调要教化民众，发扬人文精神。孔子有言："师挚之始，关雎之乱，洋洋乎盈耳哉！"（《论语·泰伯》）孔子深知文化是人类精神的寄托，在周朝礼崩乐坏之际，他提倡复兴文化，正是为了以文化教育人，为人们的精神提供归依之处。儒家的文教包含三个层次：音乐、礼制和道德。

第三节　治世之道

中国古代的政治思想家不仅设计了治国的理想目标，也提出具体的治理方式。无为而治方式常被运用于王朝草创时期，此时统治者倾向于休生养息，节制民力；政治辩证法不仅是学者们分析政治现象的方式，也是统治者的治理之术；政权与治权的张力贯穿于整个国家治理和社会治理的过程中，统治者希望独揽大权于一身，而士大夫们则想要在政治活动中扮演主要角色。

一、先秦儒道法治国理政思想

"无为而治"常被人们认作道家的标志性思想，尤其是老子所言，"我无为，而民自化；我好静，而民自正；我无事，而民自富；我无欲，而民自朴"（《老子》第五十七章）。这句话广为流传，无为之治因此被世人公认是道家独有的思想，实则"无为"而治的思想在中国古代其他思想流派中也有所体现。道家讲"无为"，顺天道、自然，不违背它，则天下已治；儒家讲一切从道、顺德而为之，遵道、从礼，以仁德治国；法家讲一切遵礼法而行之，依"法"治国，则天下可治。其实，从极致境界而言，都有"无为"的意思，只不过各不相同罢了。道家将道提升到天的高度，"天""道"并提，须顺天道行无为之治；儒家从人性出发，君主须"恭己正南面"，"垂拱而治"，君子德如风，小人德如草，风吹草偃，天下可治；法家以法、术、势为利器，一切遵"法"行事，实现依"法"（礼）而治，"无为"之谓也。

（一）道家的治国理政思想——依道治国

以"道法自然"为指导思想，老子提出"无为而治"的治世之道，"我无为，而民自化；我好静，而民自正；我无事，而民自富；我无欲，而民自朴"（《老子》第五十七章）。道家希望人类社会的法则可以效法自然法则，"损有余而补不足"，所有人"绝圣弃智"，去除多余的欲望，复归淳朴的状态。汉初的"黄老之术"为典型的道家"无为"之治，几乎全套因袭了秦朝的政制与法律，只是以"无为"冻结秦制的严酷条款，就秦制本身而言，是没有改变的。

"道"的含义有数十种，但有三个明显特征。第一，道是无为的，"天之道，不争而善胜，不言而善应，不召而自来"（《老子》第七十三章）。老子认为，自然之道有自己的运行规律，不需要争抢，把这个道理推广开来，人类应该节制欲望，社会才会复归民淳俗厚。第二，道是运动的，其运动趋势是反向的，老子有言，"反者道之动"（《老子》第四十章），万事万物还是会回到原初的静的状态。第三，道是可以以弱胜强的，即"守弱""谦下"。道家还以水的意象，来阐释如何"守弱"与"谦下"。老子云："上善若水。水善利万物而不争，处众人之所恶，故几于道。"（《老子》第八章）因此，水惠泽万物，在处于不利地位的时候，不去争抢，是近于道的存在。"道"的这三个特征，是"无为而治"的外在反映，"无为"是其最根本的理念，是循道而行的基本方式。因此，老子要求百姓应该"去智"，"古之善为道者，非以明民，将以愚之。民之难治，以其智多。故以智治国，国之贼；不以智治国，国之福"（《老子》第六十五章）。老子的"愚民"不是想要欺骗人民，让下层人民浑浑噩噩，而是效法自然，无知无欲无求。对于统治阶层亦是如此，统治者需要节制欲望，"以百姓心为心"(《老子》第四十九章)。可见，老子提出的"道法自然"(《老子》第二十五章)、"以正治国"(《老子》第五十七章)、"治大国，若烹小鲜"(《老子》第六十章)等，就是要依照"道"所体现的自然无为的特性或原则来治国理政。因此，这里的"道"不是治国的工具，而是治国的内在依据。

但是，道家学派依"道"治国也存在局限性，即他们所遵循的道是天之道，而人道和天道毕竟是有区别的，人的欲望也是一种客观存在，一味以天之道代替人之道，抹灭人的自然欲望或主动性，只谈天道也是不可取的。

(二)儒家的治国理政思想——垂衣裳而天下治

1.恭己正南面而治是儒家理想治国状态

孔子早有"无为而治者其舜也与？夫何为哉？恭己正南面而已矣"(《论语·卫灵公》)之说。他认为，舜"恭己正南面而已矣"，具有"圣人气象"并达到了"无为"而治境界。从现代管理学角度来看，"无为"而治便是以最少的领导行为取得最大的管理效果即"极小—极大"原则。《论语·颜渊》记载了这样一则故事：

> 季康子问政于孔子曰："如杀无道以就有道，何如？"孔子对曰："子为政，焉用杀？子欲善而民善矣。君子之德风，小人之德草，草上之风必偃。"

故事中，季康子向孔子问政，杀死无道的人来成就有道的人的做法是否可行，孔子的回答是，不必使用杀戮的手段，君子的道德像风一样，普通百姓的品德像草一样，风一吹草就会倒伏，同样的道理，上位者行善，百姓们会跟着行善。在孔子看来，君主只要端正自己的德行，普通民众就会争相效仿，就会自然而然形成风清气正的社会氛围。"黄帝、尧、舜垂衣裳而天下治。"(《易传·系辞传下》)《尚书·武成》说："惇信明义，崇德报功，垂拱而天下治。"南宋时的儒家陈亮说："端拱于上而天下自治。"这里的垂衣裳、垂拱、端拱，皆是"无为"之义。

2.正己与选贤，是儒家治理的基础方式

正己，即为统治阶层修养道德，以德化人，感化底层人民，使之弃恶向善。选贤，主要指选择有优良品质的人物，所谓"举直错诸枉"(《论语·为政》），提拔正直无私之人，罢黜奸邪的小人。儒家思想作为道德哲学的一种，儒家的学者们认为，政治上的功过得失归根结底是人的道德优劣，统治阶级有德，国家安定；统治阶级无德，国家大乱。因此，儒家选贤才就是选道德优秀的人。孔子的弟子子夏说道："富哉言乎！舜有天下，选于众，举皋陶，不仁者远矣；汤有天下，选于众，举伊尹，不仁者远矣。"（《论语·颜渊》）

3. 限君权力，儒家给予士大夫治国空间

儒家知识分子反对君主穷兵黩武、好大喜功。史学家司马光在《资治通鉴》一书中评价汉武帝的功过得失曰："孝武穷奢极欲，繁刑重敛，内侈宫室，外事四夷；信惑神怪，巡游无度；使百姓疲敝，起为资贼，其所以异于秦始皇者无几矣。"在现代，普通民众对汉武帝有高度的评价，认为他外驱匈奴，增强民族的自尊自信。但是，在史学家司马光看来，汉武帝横征暴敛，四处讨伐，造成民不聊生的局面，与秦始皇无异。无独有偶，北宋大文学家苏轼也曾说过类似司马光这样的话。苏轼曾经上书宋神宗，批评他对西夏用兵的举措，认为其好大喜功、劳民伤财："战胜之后，陛下可得而知者，凯旋捷奏，拜表称贺，赫然耳目之观耳。至于远方之民，肝脑屠于白刃，筋骨绝于馈饷，流离破产，鬻卖男女，熏眼折臂，自经之状，陛下必不得而见也。慈父孝子、孤臣寡妇之哭声，陛下必不得而闻也。"（《代张方平谏用兵书》）大致意思是，在打仗胜利后，陛下看得见的是，军队凯旋而归，臣子们上表庆贺。但是，战争背后，是陛下的子民失去财产、生命，父子、夫妻生死相离，民众不堪战争之苦，苏轼谆谆劝告之意跃然纸上。

古代中国，政治上施行君主专制主义封建制度，经济上是自然经济，小农经济体自给自足，农民不希望受到统治阶级的过多盘剥，同时君主专制本身具有很大的不确定性，在封建社会，国家秩序是否稳定完全取决于君主是否明智，如果君主昏庸，吏治腐败，小农经济体就会受到很大的破坏。因此，儒家学者希望抑制君主的绝对权力，减少君主的旨意对国家秩序的影响，扩大大臣的权力，贯彻士大夫的政治理想，即维护国家稳定、人民幸福。

4. 遵道、从礼，以纲常名教治国

名教之治被历代王朝视为立国之本。名教也称礼教，是以等级名分为核心的礼仪教化的总称。礼就是"贵贱有等，长幼有差，贫富轻重皆有称者也"(《荀子·富国》),具体内容就是三纲五常。董仲舒说:"王道之三纲,可求于天。"(班固《白虎通义·三纲六纪》)朱熹把三纲五常精致化了,使其成为宇宙本体"天理"的化身:"仁义礼智信岂不是天理,君臣父子兄弟夫妇朋友岂不是天理!"(《朱文公文集》卷五十九)由名教之治,衍生出德主刑辅、伦理政治一体化等内容,成为中国政治哲学的组成部分。

但是,儒家治国思想主要依靠劝诫君主修身正德,具有较为浓重的理想主义色彩,与现实政治较多冲突。实际上,政治权力本身具有扩张延展性,封建社会君主集全国上下权力于一身,很少能够自觉抑制私欲,所以儒家的理想主义愿望很难得到实现,具有时代局限性。

(三)法家的治国理政思想——以"法"治国

1.有道之国,治不听君,民不从官

"君无为,法无不为",君王应如"日月所照,四时所行,云布风动;不以智累心,不以私累己;寄治乱于法术,托是非于赏罚,属轻重于权衡"(《韩非子·大体》)。这种具有法家式"无为"的理想状态就是商鞅所说的,"有道之国,治不听君,民不从官"(《商君书·说民》)。法家的这种治国理念,就是要实现国家专制机器的流水线自动化运转,人民和官吏都自觉自动服从君主的立法。这样,就可以"不听君""不从官"了。实际上,"君"依然掌握着绝对的权力,不容违抗与质疑。

2.君主当"虚静无为"

法家学派思想家借鉴吸收儒、道、墨等学派的思想基础上,提出君主应当"虚静无为"的主张。战国时期法家创始人之一的慎到曾提出,"君臣之道,臣有事而君无事,君逸乐而臣任劳,臣尽智力以善其事,而君无与焉。仰成而已,故事无不治"(《慎子·民杂》)。慎到提倡君主无为,反对君主滥用刑罚的行为。

3.法、术、势相统一

韩非是先秦法家思想的集大成者,构建了一整套的国家治理模式,从理论到实践层面,如何实现天下大治。他主张法、术、势相统一的法治观,君主用法以裁决社会的全体成员,术则专用以控制驾驭群臣,势则保障法、术的正常运作和君、国之利不被侵害。君主必须大权在握,中央集权,"事在四方,要在中央;圣人执要,四方来效。虚而代之,彼自以之"(《韩非子·扬权》)。与此同时,在法家的话语体系里,国家的律法是国家运行的重要保障，慎到有言，"上下无事，唯法所在"（《慎子·君臣》）。韩非认为，法具有强制性与权威性、普遍性与客观性、稳定性与公开性。在法治系统中，"法"是核心和关键，"术"和"势"是推行法治的两条基本轨道，二者的运用都以"法"为其最高规范。韩非主张严刑峻法和君主集权，反对法外施加刑罚，"法如朝露，纯朴不散。心无结怨，口无烦言"（《韩非子·大体》）。君主掌握大权的同时要"虚静"，让大臣各自发挥自己的才能，这样即使君主没有很高的智力水平，也可以驾驭那些贤臣名将。

4.法家治国思想的局限性

法家的"法"是人治社会下的君主制定的，采取的都是有利于统治阶级的措施，统治阶级制定的严刑峻法针对的是被统治阶级，缺乏客观性与全面性。当代，我们对法家思想进行了创造性转化，如党的十八届四中全会通过的《中共中央关于全面推进依法治国若干重大问题的决定》指出，全面推进依法治国是关系我们党执政兴国、关系人民幸福安康、关系党和国家长治久安的重大战略问题。习近平总书记曾引用包拯《上殿札子》言"法令既行，纪律自正，则无不治之国，无不化之民"①。法家代表性人物韩非的学说，对当今制度建设的价值，在于韩非是诸子百家中的制度学派，为后世制度建设提供了源源不断的思想资源，构建了中华文明中制度文明的底色。今天回顾韩非的治国思想，更应当取其精华，去其糟粕，厉行法治、强化主体、与时俱进。

由上可知，先秦各家各派思想，有很多是值得今人学习，我们应该兼收并蓄，综合创新。吸收儒家思想的缘人情顺人性而制礼，采纳道家思想顺天道尊自然而执法，借鉴法家的治国之术。博采众长，为今天的中国特色社会主义建设提供新的思考路径和实践方法。国家治理是我党最新提出的治国理念，对先秦诸子国家治理思想的研究，对其思想脉络的形成、国家治理的主要观点以及特征进行归纳总结，并以此为基础，看待其历史价值，能够对当下国家治理提供一定的思想借鉴。

二、政治辩证法

政治辩证法是人们对政治现象中的辩证联系和辩证发展规律的认

---

① 《习近平谈治国理政》第三卷，外文出版社2020年版，第508页。

识。政治辩证法思想比哲学辩证法更具体，比一般政治思想更深刻，它是政治思想中具有辩证性质，富于哲理的思想，是政治智慧的精华。① 中国古代的政治辩证法，主要是揭示统治阶层内部、统治者与人民的、内政与外事的辩证关系的思想理论，② 也是对政治现象背后联系与发展特征的深层剖析。同时，政治辩证法与哲学辩证法相互交融，构成我国古代政治思想的重要组成部分。无论是思想中饱含哲学精髓的道家学派，以"仁""义"为重要价值取向的儒家学派，还是以法治为核心的法家学派，都对政治辩证法有阐述和论说。笔者将其内容按引导对象，分为三大类：统治阶层内部关系、统治阶层与人民的关系、内政与外事的关系。③

（一）儒家的政治辩证法

儒家的政治辩证法散见于各种文献典籍，主要对上述三大类关系进行论证和阐述。

1.统治阶层内部关系

春秋战国时期的政权变更往往是从统治阶层内部开始，统治集团内部的争权夺利导致国家政局不稳定。此种现象使得儒家学者们不断反思，统治集团内部产生矛盾的原因和如何引导统治集团缓和内部矛盾。学者们以政治辩证法的方式看待内乱，以《左传》为例，《左传》记载郑庄公与弟共叔段内部斗争一事，在解释矛盾原因的时候运用辩证法道理。郑庄公的母亲偏爱共叔段，以致威胁到郑庄公的统治，郑国大夫祭仲想要庄公早日解决矛盾，"无使滋蔓"（《左传·隐公元年》），庄公认为共叔段"多行不义，必自毙"（《左传·隐公元年》）。等到共叔段野心膨胀，暗地里与母亲谋划里应外合，并发动政变谋取王位的时候，庄公一举剿灭他的势力。这则故事蕴含深刻的辩证法道理，体现郑庄公的政治智慧，他在与共叔段的矛盾不断发展，郑公为全局考虑忍而不发，利用外部舆论压力将自己塑造成孝子，等到政治斗争矛盾的性质发生质的变化时，再一举解决叛乱。

除上层统治者之间的矛盾外，还有统治阶层这个大的群体内部的问题。上层统治者与中下层统治者之间应该如何相处是一个重要的问题，如果相处不当，身处高位这件好事极有可能变成坏事。根据《左传·襄

① 吴显庆：《论〈左传〉中的政治辩证法思想》，《北京大学学报（哲学社会科学版）》1993年第5期。
② 吴显庆：《〈国语〉政治辩证法思想论略》，《上海社会科学院学术季刊》1995年第4期。
③ 吴显庆：《〈国语〉政治辩证法思想论略》，《上海社会科学院学术季刊》1995年第4期。

公十年》记载，子孔当政期间，众大夫不服其专权，子产想要武力镇压，子产劝说道，"众怒难犯，专欲难成，合二难以安国，危之道也……专欲无成，犯众必祸，子必从之"。子产认为当权者应该适度，"专欲"会引起众怒，当政这件好事也就变成祸事了。

2.统治阶层与人民的关系

统治阶级如果实施利于百姓的政策，国家就会安定，统治阶级如果实施有害于百姓的政策，就会失去民心，亡国灭家。根据《左传》记载，昭公三年，晏子出使晋国为齐侯求亲，其间叔向问齐国的情况，晏子认为齐国有亡国的危险，因为齐侯过多的盘剥百姓，已经失去民心，而齐国的陈氏能够利民，必将取而代之。晏子意识到，统治阶层与百姓之间的矛盾会发生激化，贪婪残暴的国主会被推翻。

3.内政与外事的关系

这类关系较为复杂，一国之内政虽然决定一国之外事，但是，国家实力强盛，在国际上处于有利地位，也需要刚柔并济、德威兼施，这里举两个例子加以说明。哀公元年，吴国攻打陈国，楚国担心吴国入侵，但子西认为不必担心，因为吴王夫差现在不修内政，耽于享乐，只要楚国上下一心，必定能够战胜吴国。这个事例说明如果国家内部进入疲软阶段，在对外战事上是不可能成功的，从哲学的角度讲，内部矛盾制约外部矛盾。另一个例子是大诸侯国晋国与小诸侯国卫国。文公七年，晋国臣子郤缺建议归还卫国土地，他给出这样的理由，"叛而不讨，何以示威？服而不柔，何以示怀？非威非怀，何以示德？"（《左传·文公七年》）大国对待小国应该恩威并施，一味强硬会激化矛盾，引起小国的反抗。

除《左传》外，孔子的言论中也有很多辩证法观念。他的政治辩证法与其仁政的政治主张密切相关，在对待民众的方式上，也是坚持养民、安民，"恭则不侮，宽则得众，信则人任焉，敏则有功，惠则足以使人"（《论语·阳货》）。孔子认为恭敬庄重便不招致侮辱，宽以待人就会得民心，讲诚信就会得到上位者任用，工作勤敏有助于提高效率，性情慈惠就能用人。孔子提出，统治者必须具备这五种品德，使自身不至于陷入不利处境。在统治阶级内部，孔子要求士大夫不能结党营私，"群而不党"（《论语·卫灵公》），在哲学层面，孔子追求中庸的境界，反映到政治辩证法上，就是要宽猛相济，为政以德。

荀子对前人的思想有了进一步发展，其政治辩证法更加系统化。他对于矛盾的对立统一、矛盾的一般性与特殊性的关系有更加翔实的论述。《荀子·解蔽》从哲学层面论及辩证法，"远为蔽，近为蔽，博为蔽，浅为蔽，古为蔽，今为蔽。凡万物异则莫不相为蔽，此心术之公患也"。荀子所言的蔽指的是被蒙蔽，矛盾具有普遍性，被遮蔽也是普遍存在的，只看到远处会被遮蔽，只看到近处会被遮蔽，因为博学而固执己见会成为遮蔽，学识浅陋会被遮蔽，食古不化会成为遮蔽，只知今日不知往日也会成为一种遮蔽，被遮蔽已然具有普遍性，有差异就会形成遮蔽。反射到政治层面，荀子提出，需要学习圣人"虚壹而静"，以理性的力量破障，坚持抛弃成见，信念专一，恒心坚定，因为"以贪鄙、背叛、争权而不危辱灭亡者，自古及今，未尝有之也"。

（二）道家的政治辩证法

老子的思想具有很强的抽象性，其政治辩证法与哲学辩证法相互交融，政治辩证法是哲学辩证法中矛盾互相转化观点的展开。政治上，他主张守柔，"人之生也柔弱，其死也坚强。草木之生也柔脆，其死也枯槁。故坚强者死之徒，柔弱者生之徒。是以兵强则灭，木强则折。强大处下，柔弱处上"（《老子》第七十六章）。此处体现他的辩证思想，处于柔弱状态者生，刚强者则易折，反映到国家层面，就是强国如果一致对外征讨、穷兵黩武，就会遭致自身灭亡。除了守柔思想之外，老子认为，事物之间是相反相成的关系，反思历史上的为政者政治得失，他得出，"为无为，事无事，味无味。大小多少，报怨以德。图难于其易，为大于其细；天下难事必作于易，天下大事必作于细"（《老子》第六十三章）。当政者要虚静无为，不滋事非，以恬淡无为的态度处事，以海纳百川的胸襟对待他人的怨恨，做事情从容易处入手，处理棘手问题，从细微处入手，做成大事。

道家黄老学派的政治辩证法更富于进取性，这与时代背景密切相关，汉承秦制，汉朝所应用的黄老学派思想吸收了其他学派的思想，用于指导人君治国。在政治上，要求抓住时机，顺应规律行动，"当天时，与之皆断。当断不断，反受其乱"（《十大经·观》）。笔者这里将简述黄老学派的三个重要论断。

首先，黄老学派认为斗争是无时无地不存在的，"强则令，弱则听，敌则循绳而争"（《称经》），在两国实力悬殊时，弱国服从强国，两国力量相当的时候，也会存在争斗。其次，"邢"与"德"的关系。黄老学派吸取秦国灭亡教训，主张"刑德相养，逆顺若成"(《十大经·姓争》)，既要对民众使用刑罚，也要行德治。最后，既要无为而治，也要法治，即"虚静谨听，以法为符"(《经法·名理》)。

（三）法家的政治辩证法

法家代表人物韩非对法家学说深入改造，并且完善法家学说体系。就韩非的政治辩证法思想而言，大体上看，韩非的政治辩证法思想要占据《韩非子》全书一半以上，这里主要谈四点。

1. "参观"思想

韩非主张要听取不同人的不同意见，"观听不参则诚不闻，听有门户则臣壅塞"(《韩非子·内储说上七术》)要全面看待问题，一分为二地去处理矛盾。在《内储说上七术》中记载了这样一件事情，魏国大臣们都同意秦、韩、魏攻打齐国的计划，但惠施反复上谏魏王，请他重新考虑攻打齐国的事情，惠施是这样劝告的："凡谋者，疑也。疑也者，诚疑；以为可者半，以为不可者半。今一国尽以为可，是王亡半也。"统治者不应盲从大部分人的意见，应该听取不同甚至是截然相反的意见，然后自行作出适合的决定。

2. 解决问题应当抓主要矛盾与矛盾的主要方面

"摇木者———摄其叶，则劳而不遍，左右拊其本，而叶遍摇矣。临渊而摇木，鸟惊而高，鱼恐而下。善张网者引其纲，不一一摄万目而后得，一一摄万目而后得，则是劳而难，引其纲而鱼已囊矣。"(《韩非子·外储说右下》)韩非在这里以"摇木者"和"善张网者"打比方，摇晃树木的人———拽动叶子却无法晃动树木，唯有摇动树木的主干，善于张网的人会拉住网的纲绳，才不会劳而无功，这则寓言说明解决问题应该是抓主要矛盾和矛盾的主要方面，才能事半功倍。

3. 对法的态度

韩非既反对对待民众过于宽和，又反对过于严苛的刑罚。"故仁人在位，下肆而轻犯禁法，偷幸而望于上；暴人在位，则法令妄而臣主乖，民怨而乱心生。故曰：'仁暴者，皆亡国者也。'"(《韩非子·八说》)如果君主对待臣下过于宽和，臣下就会为所欲为、触犯法律，如果君主暴戾，民众就会心生怨恨，因此韩非改造商鞅"以刑去刑"对百姓过度惩罚的观念，主张量刑适度。

4.对改革的看法

韩非认为在时机合适的时候要对法度进行改革，"法与时转则治，治与世宜则有功"（《韩非子·心度》），治理国家需要与国家的现实状况相符合。同时，要注意维护国家的稳定，"治大国而数变法，则民苦之"（《韩非子·解老》），治理过程中如果数度变更法令，百姓就会受苦。

总之，中国古代思想中蕴含了丰富的辩证法思想，中国古代学者们以辩证的思维认识现实社会中的矛盾，根据联系和发展的总特征，对社会现象加以分析。但是，这些辩证思想毕竟只是一种朴素、原始的辩证法，一种直观的、没有理论根据的辩证思想，在今天的政治研究中，我们需要借鉴古代的辩证思想，去粗取精，与马克思主义唯物辩证法相结合，为中国特色社会主义建设提供有用的思想养分。

三、政权与治权之权衡

中国民主革命的先驱孙中山先生创造性地将政治权力分为政权与治权两个部分，提出"权能区分"的思想。在中国古代政治的现实发展过程中，政权与治权的张力也早已显现。在一些历史时期，君主主动下放治权给臣民，君臣共同治理天下；而在一些历史阶段，君主则独断专权，臣民相当于君主的奴隶。从古至今，中国的很多学者已经察觉政权与治权的张力，很多学术流派都对政权与治权的关系进行过论述。2011年，围绕杜维明先生与袁伟时先生开启的"儒家与现代普适价值的关系"话题展开一场激烈的论战，先后有易中天、秋风、张国堂等学者参与其中。其中，袁伟时、秋风等人，主要针对古代中国是否存在"共治体制"等问题进行交锋。

（一）关于"共治体制"的争议

1.中国古代是否存有"共治体制"

以秋风等为代表的学者们，坚信古代有"共治体制"。秋风先生认为，共治体制的哲学表达是道统、学统高于政统。儒家士大夫具有明确而强烈的道德和政治主体性意识，他们组成的士人政府与皇权间出现了微妙的分立；儒生通过讲学等方式结成一个既有地方性，也有全国性的社团，并构造了家族等社会自主治理组织，使得"皇权不下县"；"儒家绅士"是礼俗的生成者和执行者，礼俗之治是社会自主治理之本，官府主导的刑治则退缩到狭小的范围中。[1]因此,中国古代"至少存在三种共治制度:士人政府与皇权共治;社会与政府共治;德治与刑治并存"[2]。周制的封建社会中,君臣关系乃是通过"策名委质"等订立了一种契约性关系,在《尚书》所收《微子之命》《蔡仲之命》《康诰》,及《诗经》若干诗篇中都有此内容的记载。[3]"皇权不下县"的多元治理结构的存在,也成功限制了皇权的暴虐。[4]同样,张其凡先生早前也有类似的陈述,即皇权、相权、台谏之权,构成宋代中央政府中的三角,三者互相限制,又互相倚侍,形成"共治"架构。[5]

以袁伟时为代表的学者们,则认为君主专制下至多有"共治"活动,而无"共治"体制。笔者归纳了一下,袁伟时先生主要提出以下理由。理由一,宗法制的存在。西周的封建制没有冲破血缘宗法羁绊,影响所及,后来的中国传统社会,君师合一,行政与司法合一,儒家的三纲六纪转化为代代相传的律例,不可能存在"共治体制"。[6]理由二,无民主制度构建。古代虽有民本思想,但它没有发展成比较系统的、有制度性的东西。宰相只是棋子,虽有一些抗议精神,但制度上没有形成权力制约,没有形成法治精神。[7]理由三,儒家相关理念只能成为专制的工具。"天人感应说"成为帝王打击臣民的工具,"共治"结构沦为皇帝绝对专制,"皇权不下县"也不能改变一元社会的专制性质。[8]即使儒家引入"天命",但"主要内容是下要绝对服从上,全体要绝对服从君王"。理由四,古代无市民社会的存在。知识阶层即使有集会结社,但多半是诗酒自娱的雅集或小团体,没有发展出强有力的政治组织;县以下虽是宗族统治,但它与政权直接联结,基本骨架仍是儒家的三纲体制,仍是一元化的专制社会,没有什么二元结构,也无"共治"可能。[9]"士"虽然有追求知识、传播思想、批判现实、建立并维护社会的基本精神价值,对社会公

---

① 秋风:《儒家一直都想限制绝对权力:敬答袁伟时老师》,《南方周末》2011年6月30日。

② 姚中秋:《儒家宪政民生主义》,《开放时代》2011年第6期。

③ 秋风:《儒家一直都想限制绝对权力:敬答袁伟时老师》,《南方周末》2011年6月30日。

④ 秋风:《走出概念牢笼,温情对待传统:与易中天先生商榷》,《南方周末》2011年4月7日。

⑤ 张其凡:《"皇帝与士大夫共治天下"试析——北宋政治架构探微》,《暨南学报(哲学社会科学版)》2001年第11期。

⑥ 袁伟时:《儒家是宪政主义吗:简评秋风的孔子观》,《南方周末》2011年6月23日。

⑦ 袁伟时:《儒家是宪政主义吗:简评秋风的孔子观》,《南方周末》2011年6月23日。

⑧ 袁伟时:《儒家是宪政主义吗:简评秋风的孔子观》,《南方周末》2011年6月23日。

⑨ 袁伟时:《不能这样糟蹋中国传统文化:再评秋风的孔子观》,《南方周末》2011年10月27日。

共问题保持强烈的兴趣等。可是，"传统中国知识分子的根本毛病在于对权力和政治的依赖性，即使在他们对权势者进行批判时，这种依赖性也以种种方式表现出来"①，"打比方，古代知识分子在行使国家权力时，好比飞在天空中的风筝，它飞得再高，飞舞的姿态再美，决定它命运的还是地面上的提线人。帝王就是决定古代知识分子使用权力的提线人"②。

2. 儒家是否有朴素民主思想资源

一方认为，有朴素民主思想资源。杜维明先生坚信，儒学有"宪政"思想资源，因为礼乐观念与宪法相似，礼类似于英美习惯法。虽然美国内部的民主制度比较完善，但国际间的政治民主制度根本没有建立。中国古代宰相有相权，知识分子有批判精神。皇帝绝对没有隐私权，一言一行要求公正，压力很大。内朝和外朝官吏制度之间的抗衡，也非常重要。③ 有一些普适价值是扎根在中国的，如自由之外的公正、理性之外的同情和慈悲、法治之外的礼让、个人尊严以外的社会和谐等。在此基础上，秋风先生更进一步，认为儒家有"宪政主义"精神，且有两种宪政主义。第一种宪政主义指向封建周制④，儒家的礼治观，是对西周封建制的宪政主义的记忆和重申，周礼就是欧洲封建时代的"法"（law）。礼不是出自君王的意志，而是自发形成的，且约束所有人，比起秦制的"法制"，更接近于现代的法治。⑤ "第二种宪政主义指向的制度形态是董仲舒—汉武帝时代形成的士大夫与皇权共治体制"⑥ 限制了皇权的暴虐。他还认为，封建时代的人们是自由的，礼治就是自由的保障。孔子可以自由地收集秘藏于故府的文献，可以自由地收徒办学，可以与君解除契约而另投新君，可以在各国自由流动等。⑦ 张千帆先生认为，从法学角度看儒家的礼就是宪法，或者说具有宪法的意义。"法家认为'生法者，君

---

① 邓晓芒：《当代知识分子的身份意识》，《书屋》2004 年第 8 期。类似观点，还有蒋书丽在《知识分子与权力》（《书屋》2004 年第 8 期）中表示赞同："当官与保持自我独立一直以来就成为中国读书人的难以解开的结。"许纪霖在《中国知识分子十论》（复旦大学出版社 2004 年版）中也说："中国古代的'士'，就是依附在皇权体制下，成为'士大夫'的。"

② 李娟、付亚琼：《关于君权与中国古代知识分子身份意识的理性思考》，《江西社会科学》2006 年第 12 期。

③ 杜维明、袁伟时：《究竟怎样对待中国传统文化》，《南方周末》2010 年 12 月 2 日。

④ 秋风：《儒家一直都想限制绝对权力：敬答袁伟时老师》，《南方周末》2011 年 6 月 30 日。

⑤ 秋风：《儒家一直都想限制绝对权力：敬答袁伟时老师》，《南方周末》2011 年 6 月 30。

⑥ 姚中秋：《儒家宪政民生主义》，《开放时代》2011 年第 6 期。

⑦ 姚中秋：《儒家宪政民生主义》，《开放时代》2011 年第 6 期。

也'，是把君主作为法律之源或者目的；儒家则是把天或者民意作为法律之源或者目的。如果说宪法、宪政都有些勉强的话，那么我们说儒家有宪政主义的思想，应该还是可以成立的。"① 从历史的角度看，"三代王道政治确实是儒家思想的源泉，是儒家宪政思想的源泉"②。儒家反对子产铸刑书，赵鞅铸刑鼎；反对"弃礼而征于书"，维护"议事以制"的传统；反对以成文法代替习惯法、代替世世代代积累下来的判例标准，反对将一般刑法置于礼即宪法的地位之上。③

另一方却说，中国古代属君主专制，无宪政与民主思想资源。袁伟时先生针对秋风的观点，予以及时的回应。他认为，宪政的灵魂只能是自由、民主、法治的公民共识、而绝非某个流派（儒家）的文化；秋风所描绘的儒家宪政在史实史料上存在着严重缺陷乃至歪曲；礼治不等于现代法治，因为帝王"不在'法律之下'"。宪政核心是保护人的自由，其手段是分权制约和坚持民主、法治，而儒家传统并不具备这些要件。④

3. 儒家是否能限制绝对权力

一方认为，儒家一直都想限制绝对权力，科学与民主是儒家内部生命的要求。作为对袁伟时质疑的回应，秋风强调儒家一直都想限制绝对权力。"自尧、舜以降近五千年间……其间至少形成了两个相反的传统：周制传统与秦制传统。……秦以后的中国历史演变，基本上就是这两种传统以不同比例搭配、组合的结果。总体上说，周制传统代表着自由的、宪政的传统，儒家则在坚守这个传统。"⑤ 关于此问题，牟宗三先生早在《政道与治道》一书的新版序中作了明确的描述，"新外王，即是科学与民主"⑥。这是儒家内部生命的要求，也是儒家自内在要求所透显的理想主义。他说，当代很多人忘记了圣人之道，甚至认为儒学是"落伍之学"，是该被"抛弃的学问"，这是"一个不正常的变态现象"⑦。传统儒学不是

---

① 张千帆：《在自然法与一般法之间：关于"礼"的宪法学分析》，载《法大评论》，中国政法大学出版社 2001 年版。

② 张千帆：《在自然法与一般法之间：关于"礼"的宪法学分析》，载《法大评论》，中国政法大学出版社 2001 年版。

③ 张千帆：《在自然法与一般法之间：关于"礼"的宪法学分析》，载《法大评论》，中国政法大学出版社 2001 年版。

④ 袁伟时：《儒家是宪政主义吗：简评秋风的孔子观》，《南方周末》2011 年 6 月 23 日。

⑤ 秋风：《儒家一直都想限制绝对权力：敬答袁伟时老师》，《南方周末》2011 年 6 月 30 日。

⑥ 牟宗三：《政道与治道》，吉林出版集团有限责任公司 2010 年版，第 10 页。

⑦ 牟宗三：《政道与治道》，吉林出版集团有限责任公司 2010 年版，第 3 页。

现代化的"绊脚石","与现代化并不冲突",也不是消极地去"适应"现代化。"儒家内部的生命中即积极地要求这个东西,而且能促进、实现这个东西";儒家的"内在目的就要发出这个东西、要求这个东西"①。儒家学术最内部的要求一向在于"藏天下于天下",这也是民主政治的表现。②现代化的理念如自由、平等、民主与科学等,不是儒家所缺乏的,儒家的内部生命至少不抵触,甚至在积极追求和力求开拓这些思想。当然,"三代以上,藏天下于天下;三代以下,藏天下于筐箧",三代以上为"开放的社会",三代以下为"家天下"。"三代以上有法,三代以下无法","三代以下没有真正的法度,有的只是皇帝个人的私法"③。牟宗三先生也相信,现代化的最本质意义在于 Co-Ordination,与《大学》所向往的治国平天下理想"絜矩之道"相类似。"平天下"的内涵在于"絜矩之道"和"太和",不是"征服式"的、"隶属于"的、希特勒式的帝国主义国家,而是一种平等、个体自由式格局的国家。它也许不是统一的帝制,但一定是"四海之内皆兄弟",互不隶属,互相利贞,达"太和"之状态。④可见,王道制度与现代民主制度可以兼容,前者是政治理念,后者是政治手段。只不过"现代民主制度解决了两千年来历代大儒为之苦恼的治道问题,为儒家大同世界的崇高理想找到了一条切实而有效的途径。套用朱子的话说,现代民主实现之日,就是孔子之道得行于天下之时"⑤。

　　另一方认为,儒家并不限制权力。易中天同意"儒家反对绝对权力"的观点,但因为一旦"绝对",便不"中庸",故此说应可成立。但儒家并不限制权力,只限制"绝对权力"⑥封建是分权制,郡县是集权制。封建时代,天子分权予诸侯,诸侯分权予大夫。郡县时代,地方集权于中央,中央集权于皇帝。⑦哪有"以封建制对抗君主专制"的意思?孔子更担忧的,怕不是"君的霸道",而是"臣的跋扈"吧!春秋的大夫是"帮忙的",秦汉以后则是"打工的"。春秋的大夫,原则上世袭。他们原本是君主家人,或王室旁支,或诸侯子侄,故曰"公子王孙"。他们的齐家

①　牟宗三:《政道与治道》,吉林出版集团有限责任公司 2010 年版,第 3 页。

②　牟宗三:《政道与治道》,吉林出版集团有限责任公司 2010 年版,第 15 页。

③　牟宗三:《政道与治道》,吉林出版集团有限责任公司 2010 年版,第 14 页。

④　牟宗三:《政道与治道》,吉林出版集团有限责任公司 2010 年版,第 17 页。

⑤　赵法生:《内圣外王之道的重构与儒家的现代转型》,《开放时代》2011 年第 6 期。

⑥　易中天:《儒家的限政只能是徒劳——再与秋风先生商榷》,《南方周末》2011 年 8 月 11 日。

⑦　易中天:《儒家的限政只能是徒劳——再与秋风先生商榷》,《南方周末》2011 年 8 月 11 日。

（打理采邑）、治国（治理封国）、平天下（辅佐王室），是"尽义务"，不是"挣薪水"。虽然也有"非世袭大夫"（孔子就是），那也是请来帮忙的（当然有酬劳），故可"合则留，不合则去"。君臣双方，也客客气气，一方事之以忠，一方使之以礼，这才被秋风先生误认为是"契约关系"。其实，是"亲友关系"。① 宋志坚从共治体制的角度，论述其不能限制绝对权力。从制度层面看，秦以后都是专制主义中央集权制度，皇权至高无上；采用非分封式的郡县管理体制；所谓的"监察"制度，只不过是代表皇权监察公卿大臣、皇室宗亲以及地方官吏。从思想的层面上说，"焚书坑儒""罢黜百家，独尊儒术"等活动，标志着无"思想自由"。从治理结构上看，"以人随君"是实话，"以君随天"是鬼话。②

以上各位学者关于儒家是否具有朴素民主思想，是否有"宪政"理念，是否有真正的"共治"的争论可谓针锋相对，他们在价值导向、问题意识、学术方法、概念辨析、史料判断上都有值得学习和借鉴之处。笔者因能力和水平有限，不敢在此就如此宏大的问题妄加评论，只能从"政权"与"治权"的合与分的角度略加评析。但是，在评论之前，我们必须首先界定几个我们回避不了的概念，如共治、封建、政权与治权等，只有这样我们才能在同一语境下思考问题。

（二）共治、宪政和封建的概念界定

1. "共治"的界定

共治（collegiality）一词最早见于 1887 年，用于指代同僚之间相互尊重彼此的能力和义务，为了达成共同的目标而努力的关系，而目前的中国汉语词典中还没有收录"共治"一词。从政治学上看，它是将政治权力和责任分摊到多个人身上，以防止产生独裁者并确保长官的工作能更富有成效。例如，在罗马元老院中的每个长官职位均由至少两名的偶数人数担任的惯例。笔者认为，"共治"即同僚之间为达成共同目标而共同参与的协作施政行为，他们之间也许地位不同，却共同分享政治权力、共同承担政治任务；"共治"的主体肯定不是一而是多，肯定是分权和制衡而不是专权和专制，肯定是协作、分享而不是相互敌对、拆台。

其实，政治权力可分为政权和治权两方面。关于"政治"的定义，

---

① 易中天：《儒家的限政只能是徒劳——再与秋风先生商榷》，《南方周末》2011 年 8 月 11 日。
② 宋志坚：《共治体制如何限制绝对权力》，《杂文月刊（原创版）》2011 年第 11 期。

孙中山先生认为："政是众人之事，集合众人之事的大力量，便叫作政权；政权就可以说是民权。治是管理众人之事，集合管理众人之事的大力量，便叫作治权；治权就可以说是政府权。所以政治之中，包含有两个力量：一个是政权，一个是治权。"[①] 政权追问的是"天下属于谁"（属于人民还是属于皇帝一个人），权力"来源于哪里"（来源于天还是来源于民）的问题。而治权追问的是"天下由谁来治理"，涉及治国的理念（是天下为公还是天下为私？是民本还是君本位？）和治国的方式（如何治？是皇帝专权，还是君臣共治？是先王之道、王道还是霸道？）等问题。

由于"共治"一定会引出分权问题。因此，我们可将"共治"的内涵分为两个层次。一是从政权与治权的分离上，它们分属不同的主体或一个主体让度于另一个主体，如有的是民众掌握政权，君主和大臣拥有治权，从而形成"君民共治"体制；有的是君主集大权于一身，但君主让度治权于王公大臣，形成"君臣共治"体制。二是政权为多个主体分享或治权为多个主体分享。政权为多个主体分享时的"共治"，是指国家主体上的"多元共治"，如无产阶级为领导、工农联盟作为中华人民共和国人民民主专政国家的主体，共同分享国家的政权；而治权为多个主体分享时的"共治"，是指政府主体上的"多元共治"，如士大夫与皇权（既有政权又有治权）中的治权共治、儒生共同体与政府共治等。

根据上述的界定，我们可以将现有政治制度作如下分类。[②]

君主制中，最好的状态是柏拉图的理想国和儒家的"大同社会"，实现此理想有一个前提条件，即君主必须是"哲学王"或"圣人"。可这种政治体制在历史中从没有出现过，至多存在于中国的"三皇五帝"的传说之中。其次是君主拥有权力，但分出治权给精英，属于君臣共治，这在某种程度上大大降低因君主无能所带来的社会危害程度。当然，君主制中最差的状态便是僭主制，政权和治权集于君主一身，君主绝大多少数皆非圣贤，只是常人，甚至是一些无智能、无德行之人，要命的是他还不分治权给精英。

民主制中，最好的状态要属民主共和制，这是种"共治"体制，即

---

①　《孙中山选集》下卷，人民出版社 2011 年版，第 821 页。

②　孟德斯鸠曾将政府分为三种，即共和政府、君主制政府和专制政府，其中共和政府包括贵族制和民主制，认为君主制是采用法治的，而专制政府是人治的。本文中，笔者是遵照卢梭的划分法，将现有制度分为三类，即君主制（一个人统治）、民主制（全体人民或多数人统治）和贵族制（少数人统治）。

345

政权由民众执掌和行使，民众分出治权，交由他们选举出来的、有能力管理好国家的精英执掌，并随时可以收回治权或限定任期。其次是民众掌权，却又无治理国家的能力。由于他们既掌握政权又掌握治权，可不愿分出权力，这样可能会导致"多数人暴政"或国家运作效率低。那么，民主制中最差的状态是民众将政权和治权全部交出，最终会滑向僭主制或君主专制。

贵族制中，最好的状态仍然是贵族共和制，这也是一种"共治"体制，即贵族拥有政权，从贵族中选出执政官掌握治权。最典型的是公元前5—前1世纪的罗马共和国和公元前841年中国召公、周公二相共和行政。① 贵族制中最差的状态是寡头制，因少数贵族掌握治权后，又慢慢侵蚀了本属于整个贵族的政权，最终走向专制。

在上述判别中，我们很容易得出一个结论，即"共治"远比一人专权或多数人专权优越（除非君主是圣贤或哲学王），因而"共治"体制值得我们去崇尚和追寻。其实，君主制、民主制和贵族制，其本身无所谓好坏，每一种体制都有它的优点和缺点，如果该体制找到符合它独特的条件和要求，它就能成为一个好的体制。卢梭曾说："关于什么是最好的政府形式，在各个时代里，人们曾经有过许多争论，而并没有考虑到它们之中的每一种形式在一定的情况下都可以是最好的，但在另一种情况下又都是最坏的。"② 根据"政府比例中项原理"，卢梭得出一个结论，即"如果在不同的国家里，最高行政官的人数应该与公民的数目成为反比；那末，一般说来，民主政府就适宜于小国，贵族政府就适宜于中等国家，而君王政府则适宜于大国"③。卢梭曾明确声明："真正的民主制从来就不曾有过，而且永远也不会有。多数人去统治而少数人被统治，那是违反自然的秩序的。我们不能想象人民无休止地开大会来讨论公共事务。"④ 他还进一步补充说，"没有别的政府是像民主的政府或者说人民的政府那样地

---

① 本文采信《史记》的说法，即周公、召公二相共和行政，而不是"共伯和"，因为在那个时代诸侯"干王位"无异于"篡政"。

② 〔法〕卢梭：《社会契约论》，何兆武译，商务印书馆2003年版，第83页。

③ 〔法〕卢梭：《社会契约论》，何兆武译，商务印书馆2003年版，第83页。

④ 〔法〕卢梭：《社会契约论》，何兆武译，商务印书馆2003年版，第84页。这里，卢梭所说的"真正的民主制"，是本文所称的"最差状态的民主制"，即民众既掌政权，又掌治权，且直接行使治权。

易于发生内战和内乱的了。"①那么，怎样才是一个好的社会制度呢？有一些学者以美国式民主或欧洲式的民主来作为标准，认为复制即可；而另一些学者则以中国情况特殊而不能实行民主制为由，百般阻止中国民主化的进程。笔者认同共治理念，对这两者都持否定态度，因为一个社会制度的好坏标准，不仅要考虑作为比例中项的政府与主权者和国家的关系②，还要考虑民族特点、文化特征和时代风貌等，中国现实情况确实特殊，因而绝不能完全照搬。

纵观中国古代历史，"三皇五帝"时代，属于"无为而治"状态，可谓君民共治或人人治国。它也是儒家最高政治理想"大同社会"的模型，因为它满足了一个重要的前提条件，即尧、舜、禹都是"圣人"。夏、商、周和春秋战国时期，以封建制为主，是一种"共治"体制，贵族拥有政权，并从贵族中推选出执政官掌握治权。可秦汉以后，则是君主专制，君主既掌政权，又掌治权，偶尔会分出一部分治权给精英。这段时期，不可能有政权"共治"，至多有治权"共治"活动，如皇权与士大夫共治、儒学共同体与政府共治等。

2. "封建"的界定

"封建"一词涉及社会分期的问题，影响我们对一个社会是否存有共治体制的判断。"封建"有其本义、引申义和衍生义。其本义是古代氏族部落在其居住地挖沟、堆土、植树、对外作为保护氏族或部落的藩篱屏障，对内作为采集和狩猎的区域场所。《说文解字》中说："封，爵诸侯之土也。从之从土从寸，守其制度也。""封建"之引申义，即一种分封的政治制度。君主把土地分给宗室和功臣，让他们在这块土地上建国。相传黄帝为封建之始，至周制度始备。周代"封立亲戚为诸侯之君，以为藩篱，屏蔽周室"。但"秦并天下，更古制，更井田而为阡陌，废封建而置郡县，黜儒术而任名法"（严复《论中国教化之退》）。"封建"之衍生义，即地主占有生产资料和不完全地占有农民的社会经济形态。这种观点，是以郭沫若和侯外庐为代表。

根据上述表达，"封建"之衍生义具有浓厚的意识形态，学界较为排

---

① 〔法〕卢梭：《社会契约论》，何兆武译，商务印书馆2003年版，第85页。卢梭所指的"民主的政府或者说人民的政府"，与我们流行的政治学说法，在含义上有着特殊的界定。

② 〔法〕卢梭：《社会契约论》，何兆武译，商务印书馆2003年版，第73页。比例中项原理，主要是指政府所施之于国家的行政权力，应该等于主权者所赋予政府的权力。

斥，而"封建"之本义又太窄，更难为我们接受。因此，本文不取本义和其衍生义，而采用"封建"的引申义，即一种分封、建国的政治制度之义。这样，古代中国从秦开始已不再是一个封建的国家体制，而是一个中央集权的帝国体制。从此定义出发，分封制必然有纵向的分权存在，而"共治"的实质也是分权，那么封建制必然存在"共治"体制。照此推论，如果我们能够界定"封建制"产生与灭亡的确切时间，那么秦汉以后的王朝还是不是封建制国家，是否有共治体制，也就变得更为清晰了。

关于"封藩建卫"的封建之制到底产生于何时，目前存有三种观点。第一种观点，即封建始自三皇。南宋罗泌在《路史·封建后论》中说："封建之事，自三皇建之于前，五帝承之于后，而其制始备。"可是，此观点的说服力不强。袁伟时先生说："海内外研究先秦史的学者都知道，尧、舜、禹虽然文献有记载，但都是传说年代，至今没有找到充分的考古材料，而且商代以前，中国还没有文字。……至于当时的社会制度，由于'双重证据'稀缺，无法精确描述。直到传说中的夏代，大体上还是部落社会，国家顶多处于萌芽状态。"① 史学家胡厚宣在《殷代封建制度考》中也明确指出："惜其史料过晚，以今测古，猜度之辞，实难凭信。古代三皇五帝之有无，尚成问题，则其制度渺茫，此尽人而知之矣。"② 第二种观点，即封建制始于西周。经王国维考证，认为"周人制度大异于商者，一曰立子立嫡之制，由是而生宗法及丧服之制，并由是而有封建子弟之制，君天子臣诸侯之制"③。从此，"中国封建制始于西周"的论断为学界所公认。但是，司马迁《史记·夏本纪》载："汤乃践天子位，代夏朝天下。汤封夏之后，至周封于杞也。""帝禹立封皋陶之后于英、六，或在许。"《史记·殷本纪》也载："帝盘庚之时……殷道复兴，诸侯来朝，以遵成汤之德也。"《史记》中关于"汤封夏""周封于杞"以及"禹立封皋陶"等记载，清晰表明了"分封"一事。如果以分封、建国的政治制度之含义来界定"封建"一词的话，那么夏、商、周都有"分封"无疑，但是否"建国"有待讨论。袁伟时先生认为，"迄今史学界的共识是：'周王朝的早期，根据一些可用的考古资料看，其物质文化大量保持着与

① 袁伟时：《不能这样糟蹋中国传统文化：再评秋风的孔子观》，《南方周末》2011年10月27日。
② 胡厚宣：《甲骨学商史论丛初集·殷代封建制度考》，河北教育出版社2002年版，第20页。
③ 王国维：《观堂集林》，中华书局1959年版，第453—454页。

商朝同样的成分。然而社会变革和政治改革是明显的。'主要变化之一是：'先周时期的许多部落单位的松散联合体，如今汇成一个紧密的大帝国'"①。遵此而言，夏、商是否属于封建社会存疑，但周王朝属于封建国家无疑。第三种观点，即商代后期就已有封建之制。史学家胡厚宣在《殷代封建制度考》中说："周初之文化制度，不特非周公一人所独创，且亦非周代所特有。举凡周初之一切，苟非后世有意之傅会，则皆可于殷代得其前身。""殷代自武丁以降，确已有封建之制。"随着殷墟甲骨卜辞出土之后，很多资料可以证明商代后期有封建之制。

因此，笔者认为，第三种观点更为可信。虽然周朝的制度设计与殷商有很大区别，如因殷商嗣位制度一再引起争斗，周公确立了"宗法封建制"，即嫡子继承制，成为西周封建制度的重要特征，并为后世君主专制所效仿。王国维也说："是故有立子之制，而君位定；有封建子弟之制，而异姓之势弱，天子之位尊；有嫡庶之制，于是有宗法、有服术，而自国以至天下，合为一家；有卿大夫不世之制，而贤才得以进；有同姓不婚之制，而男女之别严。且异姓之国，非宗法之所能统者，以婚媾甥舅之谊通之。"②因此，"明商之所以为质，则曰：'主亲亲，笃母弟。'明周之所以为文，则曰：'主尊尊，笃世子。'……所谓主亲亲、笃母弟，是说以亲亲之仁爱为原则，兄终弟及……至乎周文之主尊尊，笃世子，则已进到此境界，即依一客观法度以继体之境界"③。但是，这一差别并不能最终否定夏、商是封建制时代，根据本文"封建之分封建国"之界定，当然也不能完全确定夏、商是封建制时代，我们姑且称它们为"氏族封建制"，称周公制礼之后至春秋战国早期的时代为"宗法封建制"，以示区别。由此，我们可以推断，夏、商、周和春秋战国早期，存在"共治"体制。

3. 争论的回应

综上所述，袁伟时、秋风等的所谓"交锋"，实质上是西方自由主义（自由派）与儒家宪政主义（大陆新儒家）之间的争论，本书并不完全赞同。现以马克思主义哲学思想为指导，讨论前文论战的几个问题，即古代中国是否存在"共治体制"、儒学是否有朴素民主思想、儒家是否能够

---

① 袁伟时：《不能这样糟蹋中国传统文化：再评秋风的孔子观》，《南方周末》2011年10月27日。

② 王国维：《观堂集林》，中华书局1959年版，第454页。

③ 牟宗三：《政道与治道》，吉林出版集团有限责任公司2010年版，第7页。

限制权力等。笔者认为，因两千多年的历史长河，王朝不断更替、社会不断转型，我们无法以"有"或"没有"来简单地回答这些问题。

牟宗三先生曾说："儒家以'立象'之义称之（尧、舜、禹时代），是将政治形态之高远理想置于历史之开端。……至乎夏禹传子，则已进于历史事实矣。……夏禹以氏族部落统治……商汤伐桀，以氏族部落统治……武王伐纣以氏族部落统治……春秋战国是转变时期：封建贵族政治渐趋崩解，君主专制政治、军国主义，渐趋形成。此转变期结束于秦，氏族部落之统制遂终止。"[1] 可见，"照中国讲，封建是西周三百年周天子的封侯建国，作用乃是集体开垦，充实封地，以拱周室……中国自秦汉以后即无封建"[2]。如果这一划分是确信的话，那么笔者可将中国历史总体上划分为四大阶段，即三皇"禅让制"时期，夏商周封建时期，春秋战国时期，以及秦汉以后的君主专制时期。当然，笔者也只能分别针对每个大的时代作一个"机械"的回答，因为即使在这个大的时代里，社会仍然不断变化、不断转型，甚至同一个朝代前期与后期的政治制度也不尽相同。例如夏商与周同属一个时期，可社会形态有很大不同，但总体上属于封建制；春秋战国后期属于过渡时期，社会形态就更加复杂与多元；等等。

第一阶段，即"三皇时期"，是儒家政治理想国时期，属于"帝道"，采用"禅让制"。这时期，由于没有确切史料证明，我们只能根据儒家典籍、《史记》等的描绘去推断这段历史的政治状况。我们可以将这段时期作为儒家政治之"立象"阶段，是将儒家之高远理想放置之处，采用无为而治的治理方式[3]，因为它太理想，儒学大师们无法找到现实中的例子。这个时代既存在"共治体制"，君民共治或人人治国；也有宪政思想的雏形，人们是自由的，一切遵从于礼，而礼由习俗构成，类似于卢梭的"社会契约"，即自然法在发挥作用。《礼记·王制》记载："凡居民材，必因天地寒暖、燥湿、广谷、大川异制。民生其间者异俗，刚柔轻重、迟速异齐，五味异和，器械异制，衣服异宜。修其教，不易其俗；齐其政，不易其宜。中国、戎、夷五方之民，皆有性也，不可推移。"礼之主体是民，习俗、民意或天意成为礼的来源，类似自然法。《礼记·曲礼》中也

---

① 牟宗三：《政道与治道》，吉林出版集团有限责任公司2010年版，第5页。

② 牟宗三：《政道与治道》新版序，吉林出版集团有限责任公司2010年版，第15页。

③ 毛国民：《"无为而治"异说：从"圣人气象"看儒家治国理想》，《宁夏大学学报》2008年第12期。

记载："太上贵德，其次务施报，礼尚往来。往而不来，非礼也。来而不往，亦非礼也。"正如郑玄所注："帝皇之世，其民施而不惟报；三王之世，礼始兴焉。礼是内化于民众的心中，他们行礼乃自愿执行，自然而然也。"人民是自由的，可以自主选择诸侯国度，可以自由迁徙，甚至有些居士还喊出"吾不臣天子，不友诸侯，耕作而食之，掘井而饮之，吾无求于人也，无上之名，无君之禄，不事仕而事力"（吕尚《太公兵法》）等口号。由于此时的统治达到最高境界——无为而治，君与臣、君与民的权利和义务几乎对等，且都在礼的约束之下。君对臣并没有臣对君要求的多或限制得多，权力也得到很好的限制。

第二阶段是夏、商、周时期，主要是"王道"之治。在宗法制确立之前，属于氏族分封制；宗法制确立之后，属于宗法分封制，标志是周朝初期嫡长子继承制的制定。此时期，虽没有实现"帝道"理想，但也是儒家所推崇的"王道"治国模式，存在"共治"意味。该时期主要是氏族或贵族统治，氏族首领或贵族拥有政权，他们再从贵族中选出精英执政官，掌握治权，例如公元前841年召公、周公二相共和行政。此时期封建治国，主要呈现如下五个特征。

第一，贤人政治与民意的结合，产生独特的"民主"政治。范瑞平说："王道政治包含一种极具特色的民主观，即全面的民意不应由简单多数来决定，而是取决于具有超越神圣历史文化和现时人心的三个维度的民意之间的平衡，并由有德有才的人来代表。"[1] 此时期，由有德有才的人来代表权力，属贤人政治。隐公三年，"夏，四月，辛卯，尹氏卒"；"尹氏者何？天子之大夫也。其称尹氏何？贬。曷为贬？世卿，非礼也"；"卿大夫任重职大，不当世，为其秉政久，恩德广大。小人居之，必夺君之威权"[2]（《春秋公羊传注疏·隐公元年》）。牟宗三先生曾解释说：《春秋》'讥世卿'一义，即可出原则上普遍肯定治权民主。"[3] 周之政治，子世袭其爵位，行其政事，是为世卿之制。久之至于有德者不得其位，无德者世踞之，权移于无德，序位之义大隐，窥僭之祸横行，是以董子云，"观乎世卿，知移权之败"（《春秋繁露·王道》）。世卿之制，有碍变通之道，

---

① 范瑞平：《三种民主理念与儒家思想资源》，《开放时代》2011年第8期。

② 这里的君之威权，非君以权固私，乃谓能守阳尊阴卑之大位，显明元德之大用。因此，卿虽贤，其子未必贤，若其子贤，自能为君所选任为卿，不得直继父之位，示卿不可世袭。

③ 牟宗三：《政道与治道》，吉林出版集团有限责任公司2010年版，第11页。

《春秋》讥之。天下的官职以至于诸侯，不应该是世袭的，而应该通过考察德行、才能和贡献来选拔贤能的人担任。如果官职是世袭的，一个人再贤能，也没有出人头地的机会。在《泰誓》篇中，讨伐商纣的罪名其中一条就是"官人以世"。

第二，君臣共治，"以义而合"（《左传·昭公十三年》）。君臣以义而合，并非以身份地位决定一切。从事业上看，《左传·昭公十三年》中记载了"臣一主二"的事件，言一臣必有二主，道不合，得去事他国。如果君臣道不合，义不投，则远离其他诸侯国，臣是自由的。从经济上看，"臣之禄，君实有之。义则进，否则奉身而退。专禄以周旋，戮也"（《左传·襄公二十六年》）。人君赐臣以邑以为禄食，臣之禄谓所食邑也。"君实有之"，言其不得专以为己有也。君臣有义而合，义则进以事君，受此禄食；否则奉身而退，当身奔他国，而以禄归君。《论语》中曾记载，"定公问：'君使臣，臣事君，如之何？'孔子对曰：'君使臣以礼，臣事君以忠。'"（《论语·八佾》）"二者皆理之当然，各欲自尽而已。吕氏曰：'使臣不患其不忠，患礼之不至；事君不患其无礼，患忠之不足。'尹氏曰：'君臣以义合者也。故君使臣以礼，则臣事君以忠。'"（《朱子集注》）

第三，君臣关系似朋似友，具有共治性质。王国维曾指出，殷商"盖诸侯之于天子，犹后世诸侯之于盟主，未有君臣之分也。周初亦然，于《牧誓》、《大诰》，皆称诸侯曰'友邦君'，是君臣之分亦未全定也"（《殷周制度论》）。在《尚书》《诗经》等文献中，周王也明确地将诸侯称为"友""朋"。从权力与义务的角度看，君臣关系也是相互的。君有为臣提供名位和保护的义务，而臣相对须尽两种主要的义务。一是从事人力或者担任官职，如服军役。有诗为证："我车既攻，我马既同。四牡庞庞，驾言徂东。"（《小雅·车攻》）二是向君提供建议，也即谋。也有诗为证："皇皇者华，于彼原隰。駪駪征夫，每怀靡及。我马维驹，六辔如濡。载驰载驱，周爰咨诹。我马维骐，六辔如丝。载驰载驱，周爰咨谋。我马维骆，六辔沃若。载驰载驱，周爰咨度。我马维骃，六辔既均。载驰载驱，周爰咨询。"（《小雅·皇皇者华》）

第四，君臣关系市场化。《诗经·郑风·清人》中有一则故事，"清人在彭，驷介旁旁。二矛重英，河上乎翱翔。清人在消，驷介麃麃。二矛重乔，河上乎逍遥。清人在轴，驷介陶陶。左旋右抽，中军作好"①。故事主人公清人，乃刺文公也。故事说高克好利而不顾其君，文公恶而欲远之不能。使高克将兵而御狄于竟，陈其师旅，翱翔河上。久而不召，众散而归，高克奔陈。可见，君臣关系并不是属于与被属于的关系，而是一种市场化关系，构成"主卖官爵，臣卖智力"（《韩非子·外储说右下》）的关系。

第五，以"策名委质"等方式，显示君臣关系契约化。《尚书》中所收的《微子之命》《蔡仲之命》《康诰》，及后面几篇冠以"命"的文献，确有君臣订约文书之感。如："王曰：呜呼！封，汝念哉！今民将在祗遹乃文考，绍闻衣德言。往敷求于殷先哲王用保乂民，汝丕远惟商耇成人宅心知训。别求闻由古先哲王用康保民。宏于天，若德，裕乃身不废在王命！"（《尚书·康诰》）《国语·晋语九》中也记载："中行伯既克鼓，以鼓子苑支来。令鼓人各复其所，非僚勿从。鼓子之臣曰夙沙厘，以其孥行，军吏执之，辞曰："我君是事，非事土也。名曰君臣，岂曰土臣？今君实迁，臣何赖于鼓？"

从上述五个治国特征，我们可以断定：一方面，在夏、商、周的封建时代，国家的最高统治者是通过分封诸侯进行统治的，无论商朝的王还是周朝的天子，都不能干涉分封国的内政，又因分封国的国君由贵族世袭，所以天子无权解除他们在分封国的统治权力，其政权共治特征明显。另一方面，因君臣关系市场化，似朋似友，以义而合，从而产生独特的民主政治，治权共治特征也很明显。

第三阶段，春秋战国阶段，是封建制向中央集权制的社会过渡期，属于"霸道"之政。这是儒家治国之策中的最下策，此时期因社会转型、战乱不断，君民共治、君臣共治思想日益淡薄，专制与集权日益明显。其中，较为著名的有：管仲与齐桓公的"共治"活动，曾使齐国成为春秋五霸之首；晏子能让齐国三代君主接受他的政治主张，使齐国乱而复治等。

第四阶段，是秦汉以后的君主专制，有治权"共治"活动，无"共

---

① 孔颖达《正义》曰：文公之时，臣有高克者，志好财利，见利则为，而不顾其君。文公恶其如是，而欲远离之，而君弱臣强，又不能以理废退。适值有狄侵卫，郑与卫邻国。恐其来侵，文公乃使高克将兵御狄于竟。狄人虽去，高克未还，乃陈其师旅，翱翔于河上。日月经久，而文公不召，军众自散而归。高克惧而奔陈。

治"制度构建。笔者绝不赞成秋风先生的"董仲舒宪政主义"观点，因为秦汉以后已是君主专制，不再是封建体制了。这时，君主既掌政权，又掌治权，偶尔会分出一部分治权给精英。因此，这段时期，不可能有真正的政权"共治"，至多有治权的"共治"活动，且缺乏共治制度的构建。至秦始皇，虽然仍是君主制，可不再是"封建"王朝。其皇帝享有至高无上的统治权，包括立法、行政、司法全方面的权力；享有从中央到地方的全部统治权。其政权已由分封建制转变为中央集权的官僚制度，废分封，设郡县，废诸侯，设官吏，皇帝不再通过分封式的宗法亲缘关系进行统治，而是组织一套官僚机构，借助于宰相大臣辅佐政务，任命官僚向全国发号施令。其臣的主体已从贵族变为了士和平民，且秦汉之后的大一统，使人才的"卖方市场"变成了人才的"买方市场"，使人才的"自由竞争"变成了人才的"市场垄断"，原有的君臣市场关系也发生重大变化。因此，我们可以称秦汉以来的制度为君主专制，非儒家所追求的帝道或王道社会。原因如下。

其一，因中央集权，皇权至上和家天下，所以在"政权"方面无分权和共治的可能性。首先，秦汉以来的政权多是靠"打江山"方式获得"家天下"，非禅让或贵族部落推举出来的，因而皇帝不愿意也不可能分出政权来。他们一直凭借暴力而声称"政权"属于"我家"，一直没有解决政权"民有"的问题。在这种情况下，由于没有"政权共治"的可能。对此，黄宗羲有段精彩的论述，他说："虽然，使后之为君者，果能保此产业，传之无穷，亦无怪乎其私之也。既以产业视之，人之欲得产业，谁不如我？摄缄滕，固扃鐍，一人之智力不能胜天下欲得之者之众，远者数世，近者及身，其血肉之崩溃在其子孙矣！昔人愿世世无生帝王家，而毅宗之语公主，亦曰：'若何为生我家？'痛哉斯言！回思创业时，其欲得天下之心，有不废然摧沮者乎！"（《明夷待访录·原君》）

其次，秦汉以来的君主多以"天子"之名独断政权，以唯一合法代天的身份，掌管天下，认为无须分权，也不会分权，因为他人无此"代天"资格。在此，笔者借用卢梭反对"君权神授"观点时的话，来反对君主以"天子"之名承"天"之权行为的非法性。从西方基督教出发，我们都是亚当的后代，卢梭说："希望人们会感谢我的这种谦逊；因为，作为这些君主之一的一个直系苗裔，或许还是长房的后代，何以知道考订起族谱来，我就不会被发现是全人类合法的国王呢？"①几千年的中国，有多少姓氏曾经当过皇帝，自称"天子"，又有多少"长子"源远流长。照此算来，难道我就不会被发现是中国合法的皇帝吗？其实，政权即"天下属于谁""来源于哪里"的问题，按照现代的政治理念，政权应该属于人民，应该是"民有"，它来源于人民的赋予，而不是天的赋予。卢梭曾说，主权"不外是公意的运用，所以就永远不能转让；并且主权者既然只不过是一个集体的生命，所以就只能由他自己来代表自己；权力可以转移，但是意志却不可以转移"。"大家的意志就是至高无上的秩序与律令；而这一普遍的、人格化了的律令，就是我所称为的主权者。由此可见，主权者是不可分割的、不可转让的，而且它在本质上就存在于共同体的全体成员之中的。"②也就是说，它是无法被任何人替代的，它是不可分割，也不可转让，因而皇帝的这种"代天"资格是无合法性的。

其二，因多种因素的影响，在治权方面，各个朝代都有相应的"共治"活动，如士大夫与皇权共治和儒生共同体与政府共治活动等，但无"共治"体制或制度化的设计。秦汉以后，虽有三公与九卿"家国共治"、和三公之"政府共治"，但因皇权至上而最终消弭。他们设立三公九卿制，其中三公与九卿③"家国共治"，三公负责政府事务；而九卿负责皇帝家务，管理皇宫事务。三公"政府共治"，丞相享行政权、太尉掌管军事、御史大夫负责人事监察，可谓三权相对独立，但最终汇聚于皇帝。可见，三公设置虽有权力分工和制约，但最终不能威胁或限制皇权。虽有外朝官与中朝官共治府权，但最终导向了集于皇权。在汉代，皇帝为限制外朝官员三公九卿的权力，另设尚书台等中朝官，其中尚书台是在宫中为皇帝收发奏章的机构，东汉后权力进一步扩大，直至替代了丞相。虽有任人唯贤之察举和征辟制度，但最终不过沦为皇帝的"耳目"而已。察举制度，即地方行政长官向中央推荐人才（自下而上）；征辟，即为君主制定选拔人才的标准，为公卿和两千担官员选拔人才。虽有士大夫与皇权共治和儒生共同体与政府共治，没有形成与皇权抗衡的市民社会。余

---

① 〔法〕卢梭：《社会契约论》，何兆武译，商务印书馆 2003 年版，第 8 页。

② 〔法〕卢梭：《社会契约论》，何兆武译，商务印书馆 2003 年版，第 31—32 页。

③ 九卿是指管理皇宫事务的上层官员，如奉常（宗庙礼仪）、郎中令（公堂掖门）、廷尉（司法刑狱）、治粟内吏（农业赋税）、典客（宾礼）、宗正（皇族宗亲的管理）、卫尉（宫廷保卫）、太仆（皇家舆马）、少府（山海地泽之税）。列卿是指管理皇宫事务的下层官员，如将作少府（皇宫修缮）、詹事（皇后太子家事）、中尉（京师戍卫）、主爵中尉（列侯管理）、五官中郎将（出行仪仗）、诸博士（礼仪顾问）。

英时先生在《朱熹的历史世界》中，充分阐述了宋代儒者追求"共治"的努力。

其三，儒家努力追求权力限制的实现，却无限制皇权的现实。笔者认同秋风先生的"儒家一直想限制权力"观点，但"想"不等于现实或结果，在社会现实历史的长河中，因君主专制的存在，其儒家对皇权之限制能力确实有限。虽然"在政治神学中，万民高于君王。而不管在何种情况下，君王都在天——上帝之下，因此，君王不是最高的权威"①。可是，在现实历史中，儒家无限制皇权的任何制度性设计，只是寄希望于皇帝是个圣贤，因而若要这种限制皇权的力量能够发挥作用，必须有一个前提条件，即君王须真的敬畏上天。这样，儒家才有可能借助于天的权威，利用礼或者法律压倒君王的权威，人民才有免于君王的意志之暴虐统治的可能性。

总的说来，古代中国秦汉以后无所谓的"宪政"主义。从政治思想上看，无"宪政"主义哲学基础。中国哲学中虽有"天人合一""天地万物一体""物我双亡"以及"天地与我并生，万物与我为一"思想，可是这些思想"并不是要天下人向他一个人看齐，而是天下一切事物一体平铺，统统摆在那里，这是个绝对的自由、绝对的平等。但是这个绝对的自由、绝对的平等是在道德修养的境界上说的，它是修养的境界，不是政治"②。从政治实践看，"中国在以前于治道，已进入最高的自觉境界，而政道则始终无办法"③。儒家在"治道"上有很多的成就和思想资源，可在"政道"上却一直面临着困境，即与民主政治相匹配的"民权"一直受到"皇权"和"天子权"的桎梏，无法发挥作用，虽然能够用迂曲的方式立论，终不能成事。例如，儒家认为"天"授权于"天子"，"天子"服从于"天"；"民"即是"天"，"天"又体现"民意"。从理论上看，皇帝是天子，他一方面服从于天；另一方面也在替天行道，因而皇权虽统治于天下，但最终须服从于民意，从而不会走向专制。当然，这在某种程度上奠定了"民权"基础，可这个理论太过迂回，且现实中因"民治"无从着落，从而导致这种迂回的民权成为"空中楼阁"或"海市蜃楼"。可见，

---

① 这是《古文尚书》中的一篇，从朱熹开始，就怀疑《古文尚书》是伪书，至清代经过阎若璩详细考证，遂成定案。

② 牟宗三：《政道与治道》，吉林出版集团有限责任公司 2010 年版，第 20 页。

③ 牟宗三：《政道与治道》，吉林出版集团有限责任公司 2010 年版，第 3 页。

"中国早已有了治权的民主，但因为政权不民主，则此一民主亦不可靠"①。

（三）儒家治国理想之常道

以儒家文化为主流的传统，历经数千年，且活力十足。可见，儒家具有"常道性格"，具有"恒常不变"和"普遍性"，但它不是某某主义，也不教条②，是恒常之道。既然是常道，那么"道者须臾不可离也，可离非道也"（《中庸》第一章），"虽至夷狄不可弃也"（《论语·为政》）。也就是说，儒家文化作为常道，必有其恒常不变的东西，即使是夷狄也能适用，可谓有普世价值也。

1. 儒家治国目标之永恒，即大同社会理想

其一，儒家有远大的政治理想，即帝道。儒家的治国方略有三个层次，即最高理想之大同社会"帝道"，其次是王道，最后是霸道。这三种模式在儒家的思想或实践中都有体现，如孔子在《礼记·礼运》中提出"大同"理想社会③，即尧、舜、禹的"帝"，也叫"大道之行""三皇五帝之道"，但此理想社会在中国历史上从来没有实现过。夏、商、周三代是王道，孟子严格区分了以德服人的"王道"与以力服人的"霸道"，力倡"王道"，力拒"霸道"。春秋战国时，管子强调"凡治国之道，必先富民，民富则易治也，民贫则难治也"（《管子·治国》），力倡和践行以刑赏为主的霸道之治。另外，齐桓公、晋文公等春秋五霸，也当属"霸道"治国方略的代表。荀子较为特殊，他一方面承认"王道"是正途；另一方面又承认"霸道"的作用，即"王霸杂之"。这在汉初得到使用，但仍然属于"重王道""兼采霸道"的立场。当然，王、霸的界限是很清楚，"以仁义为本，实行德政，就是王道；以实力为本，不讲道义，就是霸道"④。

《史记·商君列传》也曾记载：

　　因孝公宠臣景监以求见孝公。孝公既见卫鞅，语事良久，孝公时时睡，弗听。罢而孝公怒景监曰："子之客妄人耳，安足用邪！"

---

① 牟宗三：《政道与治道》，吉林出版集团有限责任公司2010年版，第18页。

② 牟宗三：《政道与治道》，吉林出版集团有限责任公司2010年版，第1页。

③ 《礼记·礼运》中说，大同就是具有"大道之行也，天下为公"的理念，采用"选贤与能，讲信修睦"的治国方略。其治理的结果是一种理想社会状态，即"人不独亲其亲，不独子其子，使老有所终，壮有所用，幼有所长，矜寡孤独废疾者皆有所养，男有分，女有归。货恶其弃于地也，不必藏于己；力恶其不出于身也，不必为己。是故谋闭而不兴，盗窃乱贼而不作，故外户而不闭"。

④ 周桂钿：《"内圣外王"疏》，《河北学刊》2009年第9期。

景监以让卫鞅。卫鞅曰："吾说公以帝道，其志不开悟矣。"后五日，复求见鞅。鞅复见孝公，益愈，然而未中旨。罢而孝公复让景监，景监亦让鞅。鞅曰："吾说公以王道而未入也。请复见鞅。"鞅复见孝公，孝公善之而未用也。罢而去。孝公谓景监曰："汝客善，可与语矣。"鞅曰："吾说公以霸道，其意欲用之矣。诚复见我，我知之矣。"卫鞅复见孝公。公与语，不自知膝之前于席也。语数日不厌。景监曰："子何以中吾君？吾君之驩甚也。"鞅曰："吾说君以帝王之道比三代，而君曰：'久远，吾不能待。且贤君者，各及其身显名天下，安能邑邑待数十百年以成帝王乎？'故吾以强国之术说君，君大说之耳。然亦难以比德于殷周矣。"

这段文字，介绍商鞅经秦孝公的宠臣景监引荐，三次拜见秦孝公，并提出了帝道、王道、霸道三种治国的君主之策。商鞅首选帝道来推荐，因为这是最理想的治国之道，可王不纳；再以"王道"荐之，王仍然不纳。最后，祭出"霸道"之术，方才得到秦孝公的赞许，并最终成为秦国强盛的根基。可是，商鞅明确指出，此霸道"难以比德于殷周矣"，难于比王道和帝道也。由此可以看出，霸道或霸道以下的"君主专制"并非儒家所愿。其实，"儒家真正参与实践过的政治制度是封建制和君主专制，而这两种制度与儒家的政治价值观都有相当的距离，所以《礼运》才将三代以下的政治称为小康，以与儒家所心仪的大同之世区别开来"①。那就更不用说，三代以下之霸道或霸道以下的"君主专制"了。

其二，儒家一直在坚持这个远大的"帝道"政治理想。纵观历史，秦汉以后的王朝中，儒家确实没有真正建成大同社会或者王道国家，但这并不能说明儒家的理想错了或者说儒家背离了其理想。学界有共识，即认为儒家因受宋明儒学的影响，其道德伦理之内圣面向较为发达，但其政治民主等"外王"面向不足，这也成为儒学现代化的瓶颈，也是儒家政治的一个困境。但是，这不能简单地将其归咎于儒家的政治理念有问题，更不能错误地认为：儒家不愿去承担"外王"的伟大使命。笔者认为，这里的原因很多，如每个王朝政权由皇帝拼命打下来的，儒者无法触及这个被打下来的"政权"问题。这只是一个王朝的开始，待到此

① 赵法生：《内圣外王之道的重构与儒家的现代转型》，《开放时代》2011 年第 6 期。

王朝因专制、腐败而没落时，连国家都被专制整垮了的时候，儒家何以能实行其民主政治？空间太小了。牟宗三曾针对此问题作了如下评论：我们"不能轻视汉代的经学，它在那个时代，尽了它的责任、使命；尽得好不好，是否能完全合乎理想，则是另外的问题"①在宗法专制的时代，在这种"政治形态下，也只好这样前进了。外王方面够不够，不是理学家所能完全决定的；不是他能完全决定的，也就表示不是他能完全负这个责任的"②。因此，儒家只能带着美好的政治理想，从内在的需求出发，一直在努力，并坚信能从"传统中"开出"现代"来。

其三，秦汉之制并非原始儒学所提倡，并非原始儒家之理想模式，只是犬儒哲学的主张而已。袁伟时先生曾引用陈寅恪先生的论断，即"秦之法系实儒家一派学说之所附系。《中庸》之'车同轨，书同文，行同伦'（即太史公所谓：'至始皇乃能并冠带之伦'），为儒家理想之制度，而于秦始皇之身而得以实现之也。汉承秦制，其官制法律亦袭用前朝。遗传至晋以后，法律与礼经并称，儒家《周官》之学说，悉入法典。夫政治社会一切公私行动莫不与法典相关，而法典为儒家学说具体之实现"，并得出"现存的传统法典确实是儒家学说的法制化"③的结论。当然，笔者对此持保留意见，秦汉之制并非原始儒学所提倡，并非原始儒家之理想模式，只是那些信奉犬儒主义的士人，为维护皇权统治，从儒学实用主义立场出发，选择与君主专制相适应的部分，甚至不惜扭曲原始儒家固有的政治理想、政治理念。

2. 儒家治国理念未变，即民本思想和天下为公

牟宗三明确指出："要求民主政治乃是"新外王"的第一义，……在民主政治下行事功……这是儒家自内在要求所透显的理想主义——理性主义的理想主义。"④赵法生先生也说，"原始儒家的民本思想与现代民主制度完全可以兼容和相通，民本是儒家的根本的政治理念，现代民主制度则为这一理念的落实提供了最佳的政治手段"。并且"民主政治完全符合历史上儒家政治探索的方向。从历史看，鉴于家天下与民本思想的内

---

① 牟宗三：《政道与治道》，吉林出版集团有限责任公司 2010 年版，第 4 页。
② 牟宗三：《政道与治道》，吉林出版集团有限责任公司 2010 年版，第 7 页。
③ 袁伟时：《不能这样糟蹋中国传统文化：再评秋风的孔子观》，《南方周末》2011 年 10 月 27 日。
④ 牟宗三：《政道与治道》，吉林出版集团有限责任公司 2010 年版，第 11 页。

在矛盾，儒家从未停止过对于理想政道的探索"①。

"大道之行也，天下为公。"（《礼记·礼运》）大道行时，天下乃是天下人的天下，天子须做到"公"而不偏私，做到公正、公平，才能统治人民。当我们回首漫长、丰富而曲折的儒家治理秩序史，隐约可以看到一种前后连贯的"秩序意向"。这个秩序意向在历史的有些阶段似乎中断了，但很快就被接续上。大体上，这个理想始终牵引着中国人寻找更为健全、合理、美好的治理秩序。这个近似于永恒的秩序意向就是"天下为公"②。

可是，由于宗法制、专制的存在，在古代中国的现实社会中，民主政治离我们很远、天下为公也成了空谈，甚至连王道和霸道也少见，这不得不说是一种悲哀。但它们的很少出现，并不能推导出儒家的政治理念③有问题，只是条件不允许罢了。换一个角度看，现代的民主制度，在西方历史的长河中，真正的民主制又有多少呢？按照有些学者的观点，即"重在看结果"，如果事实上儒家没有开出"民主政治"，那么儒学就应该完全被抛弃。照此逻辑推理，那么在古希腊哲学的基础上并没有立即开出现代民主制度，是不是古希腊哲学也应该完全被抛弃呢？再者，柏拉图的《理想国》也从未在现实社会中实现过，是不是也应该完全被丢进废纸篓呢？其实，儒家内部生命中对民主、科学、平等等现代化理念的追求一直没有断，只不过在每个时期，因条件不同，其作用和表现不同而已。

当然，我们讲儒家政治治理不能是静态化的，即只是把中国文化推到过去某一个阶段所表现的那些典章制度和习俗习惯等，不与当今问题相连。因为对待古代儒家思想，绝不是"考古"，也不是"数家珍"，而是要把握儒家内在的这个外王共治理念的生命方向。这个理念一直川流不息地流淌着，当然这中间有过因"高山阻遏而暂时断流"的时期，也有过因"渠道不正"而迂曲回环，但所有这一切都挡不住这个"内在需

① 赵法生：《内圣外王之道的重构与儒家的现代转型》，《开放时代》2011年第6期。
② 姚中秋：《天下为公：一个永恒的治理秩序意向——〈礼运〉"大同"章义疏》，《当代儒学》2011年第1期。
③ 儒家政治理念是将内圣与外王打通，先是内心修养之修身，至《中庸》之三达德，即智、仁、勇之内圣；再将内心修养的达德外化为民本观念，治国、平天下，为人民创造良好的社会环境，让人民过安居乐业的幸福生活，最终实现德治，即仁政或王道。因此，儒家将儒者的个人心性修养落实到人伦日用和国家治理过程之中，从而将社会治理看作德性修养的实现过程。修身、齐家、治国、平天下，每一个生活中的儒者都变成了广义上的政治家。

求"。也就是说，我们的文化是活的，不是"死掉"的东西，既然有生命，它一定活在当下。既然活在当下，就应该有所表现。1921年12月，共产国际代表马林曾问孙中山："你的革命思想，基础是什么？"孙中山先生明确地回答说："中国有一个脉络，尧、舜、禹、汤、文、武、周公、孔子相继不绝，我的思想基础，就是这个脉络，我的革命，就是继承这个正统思想，来发扬光大。"

可见，从理论上看，儒家内在具有限制皇权的理念，有朴素的"法治"追求。从历史现实看，在宗法制的威权社会中，儒家的努力，只能说"精神可嘉、效果有限"。

3. 儒家政权理想追求未变，即主权在天

其一，主权在天。《尚书·泰誓中》篇记载："惟天惠民，惟辟奉天。""辟"是指君王，上天照顾、惠施于人民，君王须遵奉上天。也就是说，政权属于天，也属于人民，而不是君主。"天视自我民视，天听自我民听。"（《尚书·泰誓中》）民意等同于天意，国家的管理者当然得服从民意。关于"主权在天"思想，古代文献资源还有甚多。现以《孟子·万章上》中的一段精彩对话，对此作一些详细的论述。

> 万章曰："尧以天下与舜，有诸？"
> 孟子曰："否。天子不能以天下与人。"

尧将天下让给舜了吗？孟子的答案是否定的，他认为天下之主权主体是"天"而不是尧这样的王或者君主，因而天子不能将本不属于自己的东西（政权）送给别人。

> "然则舜有天下也，孰与之？"
> 曰："天与之。"

根据禅让制，我们看到舜接管了天下，那么他是从哪里得到天下之主权的呢？孟子的回答是天，不是尧，因为尧本身都不是天下的拥有者，又如何给予舜呢？

> "天与之者，谆谆然命之乎？"

曰："否。天不言，以行与事示之而已矣。"

曰："以行与事示之者，如之何？"

曰："天子能荐人于天，不能使天与之天下；诸侯能荐人于天子，不能使天子与之诸侯；大夫能荐人于诸侯，不能使诸侯与之大夫。昔者尧荐舜于天而天受之，暴之于民而民受之，故曰天不言，以行与事示之而已矣。"

上天创造人民，并不是为了王，相反，上天设立王，却是为了人民。因此，一个人的德行能够给人民带来和平和快乐，上天就授予他天子之位，一个人的恶行如果伤害了人民，上天就会夺去他的天子之位。[①]

曰："敢问荐之于天而天受之，暴之于民而民受之，如何？"

曰："使之主祭而百神享之，是天受之。使之主事而事治，百姓安之，是民受之也。天与之，人与之，故曰天子不能以天下与人。舜相尧二十有八载，非人之所能为也，天也。尧崩，三年之丧毕，舜避尧之子于南河之南。天下诸侯朝觐者不之尧之子而之舜，讼狱者不之尧之子而之舜，讴歌者不讴歌尧之子而讴歌舜，故曰天也。夫然后之中国，践天子位焉。而居尧之宫，逼尧之子，是篡也，非天与也。泰誓曰：'天视自我民视，天听自我民听。'此之谓也。"

舜获得天子之位，是承受上天之命来管理人民的，上天设立君主，是为了传递人民的心声，为人民谋求利益。一个人是否具有政权的合法性，不是看他的现实地位，而是看他的德，看他是否代表民意、天意，否则即使在"君"之位，也无"天子"之实，甚至为民所抛弃。商汤讨伐夏桀、武王讨伐商纣，便是顺乎天而应乎人之事。可谓"诛暴国之君，若诛独夫"（《荀子·正论》）。汤武并非取得了天下，他们只是修其道、

[①] 董仲舒在《春秋繁露·尧舜不擅移、汤武不专杀》中，也论证过类似观点："则王者亦天之子也，天以天下予尧舜，尧舜受命于天而王天下，犹子安敢擅以所重受于天者予他人也。天有不以予尧舜渐夺之，故明为子道，则尧舜之不私传天下而擅移位也，无所疑也。儒者以汤武为至圣大贤也，以为全道究义尽美者，故列之尧舜，谓之圣王，如法则之。今足以汤武为不义，然则足下之所谓义者，何世之王也？曰：弗知。弗知者，以天下王为无义者耶？其有义者而足下不知耶？则答之以神农。应之曰：神农之为天子，与天地俱起乎？将有所伐乎？神农氏有所伐可，汤武有所伐独不可，何也？且天之生民，非为王也，而天立王以为民也。故其德足以安乐民者，天予之；其恶足以贼害民者，天夺之。"

行其义，兴天下之利，除天下之害，天下人因此自愿跟从他们而已。

　　笔者认为，儒家之"主权在天"理论，即使在今天社会也有它的宗教意义。在民主政治之下，一切国家权力来自人民，在人民之上绝没有更高的人和层级，这已经被当代人信奉。我们假设：如果说一切权柄来自"天"，若行使国家权力违反了人民意愿，那肯定不合民主；若说人民的意愿应受"天"意制约，当然也不是民主。可如果我们抛开上述假设，儒家主张以"天"之名施行统治，现实中若能够以人民之名或君民共治进行事实上的统治，那么人民的意愿便可由分离而变为合一了。以民主的观点来看，除了人民的意愿之外，其他均可不予考虑，"天"无非就是全体人民的"天"，人民的声音就是"天"的声音。实际上，现代世俗国家的主权就算以民主为基础，也仍然需要实质性的权力正当性，这种实质性的权力正当性也只能来自民族性的伦理价值，而非个人性的自然权利。而以儒家为核心的中国民族伦理价值，可以提供这种终极性的权威基础，并由此维系我们的民族共同体。

　　不过，令人遗憾的是，秦汉以后的君主专制社会中，皇帝多数以"天子"之名，将一切权柄掌握在个人手中，行违背人民意愿之实；甚至借助"天"意来制约人民的意愿，违背人民的意愿，这当然没有民主可言了。

　　其二，坚持周制，实行礼治，从道不从君。荀子主张"不比周、不朋党，偶然莫不明道而公也，古之士大夫也"（《荀子·强国》）。人们应该"从道不从君"（《荀子·臣道》）。荀子将此列为人之大行，"入孝出弟，人之小行也；上顺下笃，人之中行也；从道不从君，从义不从父，人之大行也"（《荀子·子道》）。这充分体现了儒家的政治诉求，他们不是唯命是从，也绝非不分黑白盲目从君。甚至当君王不再为民作想时，儒者也赞同用暴力手段或其他途径，另寻能真正代表天、代表民意的"天子"。可以说，他们遵从的是亘古不变的"道"，如果君王能体现道，遵从道，则从之；否则，遵道而为。按照儒家的说法，此"道"可在周礼中、在六经中找寻。

　　在"从道不从君"的指引下，儒家主张礼治。从地位看，礼具有至高无上性。从适用范围看，礼具有普世性，礼无所不在，以吉礼事邦国之鬼神示，以凶礼哀邦国之忧，以军礼同邦国，以宾礼亲邦国，以嘉礼亲万民。从治理的对象看，礼覆盖所有人，包括君，在君臣的权利和义务并不对等的情况下，但同在礼的约束之下，礼同时向君臣提供救济。从制礼的主体看，民意或天意是礼的来源。这样看来，儒家主张的礼治与当今的宪政确有几分相似。

4.儒家治权"共治"理想追求未变

"王侯将相宁有种乎"（《史记·陈涉世家》），这是司马迁喊出的人人自然平等口号，这是儒家"共治"的思想基础。其实，要求民主政治乃是儒家自内在要求所透显的理想主义，因而各个朝代儒家的治权共治理想追求一直未变。

"三皇五帝"时，有君民"共治"或"人人治国"之治权民主。夏、商、周时，即使贵族拥有政权，但治权是由从贵族中挑选出来的执政官，与君主共同来掌握，君臣共治，也具治权民主性质。对此，荀子曾说：

> 君有过谋过事，将危国家、殒社稷之惧也，大臣父兄有能进言于君，用则可，不用则去，谓之谏；有能进言于君，用则可，不用则死，谓之争；有能比知同力，率群臣百吏而相与强君挢君，君虽不安，不能不听，遂以解国之大患，除国之大害，成于尊君安国，谓之辅；有能抗君之命，窃君之重，反君之事，以安国之危，除君之辱，功伐足以成国之大利，谓之拂。故谏、争、辅、拂之人，社稷之臣也，国君之宝也，明君所尊厚也，而暗主惑君以为己贼也。故明君之所赏，暗君之所罚也；暗君之所赏，明君之所杀也。伊尹、箕子可谓谏矣，比干、子胥可谓争矣，平原君之于赵可谓辅矣，信陵君之于魏可谓拂矣。（《荀子·臣道》）

那些参与政治治理的大臣，以劝谏、苦诤、辅助和匡正的方式实现与君王共治，这样既可以纠正君主错误的谋划和错误的行为，消除国家的大忧患，避免国家政权的灭亡，又可以使君主尊贵、国家安定。

历史发展到秦汉以后，因君主专制的产生，以后历代的君主既掌政权，又掌治权，只是偶尔分出一部分治权给精英。在这段时期，当然不可能有政权的"共治"，但有治权的"共治"活动，如士大夫与皇权共治、儒生共同体与政府共治等。

当然，我们也要清醒地认识到，"为了防止权威沦为赤裸裸的暴力，确立政府与公民之间的互惠关系，有必要用符合特定形式要件的法律系统来限制权力、保护权利。无形式的'实质'好似一滩烂泥，只有遇见巧匠方能变成名器"。笔者认为，儒家倡导的"帝道"与"王道"，对统治者要求极高，须是圣贤不可，既要有高尚的德，也要有很好的才，确为常人所不能为。因此，对政权形式的严格要求并不为过。可在这方面，传统中国确实缺少这些资源，从先秦诸子到朱熹、顾炎武、黄宗羲，他们谈的都是治国的目标、治国的理念、治国的方略等问题，在具体的政治制度设计上甚是缺乏。

（四）儒家治国现实历史之变

纵观中国古代历史，儒家之共治在"可治"的前提下，能够根据社会历史的条件，选择力所能及的治理方式，进行治理；在不可治的情况下，儒家只能大道废则隐。前文所说的商鞅见秦孝公的故事，说明儒家"对于政治理想是有一定的次序。秦孝公之喜霸道，乃因它能立竿见影，马上见效，而儒家的学问往往不能满足这一方面外王、事功的要求"[1]。可见，现实历史是何等面貌，很多时候并不是取决于儒家的共治思想或政治理想的优劣，而是取决于社会现实状况的好坏。儒家外王、事功的学问，是一种社会、政治之治本药方，但往往需要一个很长的周期，可当权者、历史或现实容不得这么长的等待，最终导致历史与儒家最初的共治设想往往差之千里。又因为社会的不断转型、朝代的不断更迭，以及历史现实状况的不断变化，其政治上的"共治"结构也避免不了发生诸多的改变。

1. 政治样态之变

《大学》讲"格致、诚、正、修、齐、治"，其中"格致、诚、正、修"是内圣一端，而"齐、治"是外王一端。从而儒家"内圣外王"有两个面向，即一方面强调每一个人都要做道德实践上的圣贤功夫，目标是做一个具有君子人格的自己；另一方面强调"治国""平天下"功夫，在政治上行大道或王道。但是，这两端和两个面向都是互相贯通的，儒家的"内圣外王"是全体大用的、浑然一体的。即使第一个面向"内圣"多倾向于伦理层面，可儒教"以道德宗教为中心，虽上达天德，成圣成贤，而亦必赅摄家国天下而为一，始能得其究极之圆满"[2]。第二个方面向

---

① 牟宗三：《政道与治道》，吉林出版集团有限责任公司2010年版，第9页。

② 牟宗三：《政道与治道》，吉林出版集团有限责任公司2010年版，第26页。

"外王"是由"尧、舜、禹、汤、文、武、周公、孔子"创造，并在历史长河中呈现出各种不同的样态，如"三皇五帝"时代，属于"帝道"，呈"无为而治"状态，可谓君民共治或人人治国，是儒家最高政治理想"大同社会"的模型。下降为夏、商、周之"王道"模型，分封、"共治"体制，以召公、周公二相共和行政未代表的君臣共治或虚君共和为主。由此再下降为春秋战国时的"霸道"政治，甚至是秦汉以后的君主专制和中央集权，君主既掌政权，又掌治权，只分出一部分治权给精英。这段时期，不可能有政权"共治"，至多有治权"共治"活动。

由上可见，如果从儒家治国的理想看，政治样态可谓江河日下，一代不如一代，由理想状态的大同，滑落到王道和霸道，甚至最终超出儒家治国目标的底线"霸道"，从而滑落为秦汉以后的君主专制。

2.治权共治的主体之变

从政权的主体看，虽然儒家坚持主权在天、从道不从君，其政权理想追求也始终未变，可历史现实是残酷的，现实中的历代王朝，其政权的共治主体多次改变。"三皇五帝"时代政权共治主体是民与君，一方面君是圣贤之人，如尧、舜和禹，主体转换采用"禅让制"；另一方面，采用"无为而治"，人人是治国主体。对此，黄宗羲曾评价道："夫以千万倍之勤劳，而己又不享其利，必非天下之人情所欲居也。故古之人君，去之而不欲入者，许由、务光是也；入而又去之者，尧、舜是也；初不欲入而不得去者，禹是也。"（《明夷待访录·原君》）他认为，古者以"天下为主，君为客"，即政权属于"天下苍生"，君主只是"客"，只是治权的代表。至夏、商、周时，政权共治主体主要是君与臣，即君臣共治。在氏族贵族分封制中，主要表现为君主与诸侯分享政权；在宗法贵族分封制中，主要表现为君主与亲族分享政权，统治者主张王道之制和礼治。可是，经历春秋战国的滑落，至秦汉以后，君主独享政权，且借助于天，实施专制。对此，黄宗羲又评价道："后之为人君者不然，以为天下利害之权皆出于我，我以天下之利尽归于己，以天下之害尽归于人，亦无不可。……此无他，古者以天下为主，君为客，凡君之所毕世而经营者，为天下也。今也以君为主，天下为客，凡天下之无地而得安宁者，为君也。"（《明夷待访录·原君》）他认为，秦汉之后，君主专制，君主视自己为既有"政权"又有"治权"之人，因而天下苍生不安。

从治权共治的主体看，即使儒家治权民主的理想追求一直未变，可在现实的历代王朝中，其治权的共治主体多次改变，甚至最后沦落为一人操控。从"三皇五帝"时代"民与君"治权共治理想状态，君主和民众共同行使治权，治理国家，也许民众并非自觉，但实际确实参与其中，因为此时是儒家治国之最高境界"无为而治"。接着，由儒家立象阶段落于历史现实之中的夏、商、周"君臣共治"式的分封制，君主与诸侯分享治权，臣主要是贵族，要么与君王有血缘关系，要么是被推出来的贵族精英。同样，经历春秋战国的滑落，至秦汉以后，君主独享政权和治权，分出部分治权于士大夫，因而士大夫有限参与治权共治。此时的臣，由贵族转变成了士或平民。

"儒学"可分为官方儒学、士林儒学和民间儒学三种实际存在的样态。① 由于儒家内圣外王之道在不同人群那里所呈现的样态也不同，不同人群对儒学的理解和运用目的也不同，故而他们各自从自身立场出发，对儒家义理进行选择性理解和选择性应用。因此，秦汉以后在君主独享政权和治权情况下，出现了士人、儒生、绅士等治权的主体，但是他们参与治理的权力十分有限。

士人政府与皇权共治。士人即读书人，士人政府则指由读书人组成的政府，自宰相以至地方官几乎全数由士人充任。自武帝独尊儒术后，西汉政府渐由宗室、功臣之组合，转成由士人参政的新局面。自此以来，公卿大夫士吏，彬彬多文学之士矣。这就形成了士人政府与皇权的"共治"结构。例如：西汉初年，实行三公会议制，皇帝难乾纲独断；唐代，设有"政事堂"，宰相有决策权的"熟拟"，皇帝只"印画"，宰相甚至可以"涂归"，驳回皇帝。当然，这些士人信奉的是官方儒学，目的在于维护皇权统治，从儒学实用主义立场出发，选择与君主专制相适应的部分，甚至不惜扭曲原始儒家固有的思想。

儒生共同体与政府共治。当士人政府的决策权和否决权受限或者都归于皇帝时，儒生共同体与政府共治就变得日益明显。儒生共同体，即儒生们通过讲学等方式结成共同体，形成"类公民社会"，掌握着学术话语权；他们以"道"作为终极目标、以"仁"为内在根据、以"礼"为

---

① 赵法生在《内圣外王之道的重构与儒家的现代转型》(《开放时代》2011年第6期) 一文中，指出"儒学"实际存在三种样态，即士林儒学、官方儒学和教化儒学。笔者认为，将儒学的实际存在样态进行分类十分必要，但如果用"民间儒学"代替"教化儒学"，那么逻辑分类会更加清楚一些，因为前面两项是按照人群划分的。如果按照儒学的功能划分，那应该分为文化儒学、政治儒术和教化儒学 (儒教) 等。

外在根据，对皇权予以限制和约束。他们与士人政府的目的不同，信奉士林儒学，创建和传播儒家内圣和外王理论，并将儒家道德精神贯彻到社会治理之中，构造家族等社会自主治理组织，最终形成"共治"局面，从而有了"皇权不下县"①的说法。黄宗羲在《明夷待访录》中，曾提出以学校作为议政机构以制约君权的设想，"必使治天下之具皆出于学校"，并以学校作为最终裁决是非的机构，且学官则由选举产生而非政府任命。这些思想虽稍显粗浅，但明确表达了儒生共同体与政府的共治设想。

绅士与地方政府的共治。绅士又称士绅、缙绅、乡绅，是指地方乡里上的有文化有社会地位的人，一般多是指至少拥有基层的科举头衔（秀才或生员）以上的人物，不具有世袭性。绅士居于政府和居人之间的中间人，绅士们一方面帮助地方官员统治地方，一方面替人民向官方争取权益。晚明时，由于君主专制力量减弱，绅士成为极为重要的政治力量，并且绅士逐步取得了农村中的控制权。礼俗中渗透着儒家精神，其生成者、执行者也主要是社会中的"儒家绅士"。这样的礼俗之治是社会自主治理之本，官府主导的刑治则退缩到较为狭小的范围中。他们以儒教为自己的信仰，将儒家伦理普及基层社会，以承担传播儒教道统和安身立命之功效，目的在于教化。可以说，他们对于维护地方风气和社会对于儒教的信仰具有极大的作用。其实，儒学也以儒教的形式表现，它不仅具有以天命、天道、圣贤和祖先为主要内涵的崇拜对象，而且有一套完整的祭祀礼仪制度，将儒家人生价值与规范传播到社会的各个阶层。"按照这样一种构想，孔子不应该走向天安门，他应该重新走进孔庙，并通过孔庙重返人心意识形态化是儒家的歧途与末路，也是当前儒家发展的最大危险。今天的中国所需要的不是一个再度为三纲作辩护的孔子，而是一个能为我们平凡的人生注入神圣意义的孔子，一个能为我们沉重的肉身提供终极关怀的孔子，一个能够让我们安身立命的孔子。"②

但总体上说，在这样的君主专制威权社会中，士人、儒生、绅士等治

① 关于此观点也有很多质疑，如张新光在《质疑"皇权不下县"——基于宏观的长时段的动态历史考证》[《吉首大学学报（社会科学版）》2007年第3期]中说，县以下还有乡里制度和以什伍编制为基本组织原则的保甲体系，皇权专制集权统治以"县政"为依托，其政治影响可谓无所不在、无事不管。因此，由当代西方学者提出的所谓"国权不下县，县下惟宗族，宗族皆自治，自治靠伦理，伦理造乡绅"纯属于一种毫无历史根据和主观臆断的无稽之谈。

② 赵法生：《内圣外王之道的重构与儒家的现代转型》，《开放时代》2011年第6期。"三纲"非孔子提出来的东西，而是《白虎通义》中首次提出的。

权的主体虽能部分限制皇权，即使他们有追求儒家王道、"民本"的努力，可现实效果的确有限，这段时期也就不可能存在"宪政"或"民主"了。

3."治道"方法之变

儒家"治道"的方法也发生诸多变化，由立象阶段的"无为而治"，至孔子梦会周公至"礼治"。然而"王道"在孔子时代大为沦落，礼制不存，所以才要复礼，才追寻周公，梦回周礼。但大势已去，最终社会还是沦落为春秋战国时的"霸道"，"刑治"的方法逐渐成了时尚和主流，至秦始皇到达顶点。经过一段时间的反省后，人们开始主张"德主刑辅"的"治道"方法，即礼法并治，以德治为主，刑罚为辅。

4.共治效果之变

由于政治"共治"结构的样态、主体和方法的不同，其治理的效果也当然不同。假设从三皇算起至清朝为止，政治清明程度可谓一代不如一代，由大同的社会理想状态，滑落到夏商周贵族封建制的王道社会，接着走向虽战乱不断但政治上还算民主的春秋战国过渡社会，最终落入专制的、毫无民主可言的秦汉以来的漫长岁月。

综上所述，古代中国至多在前两个阶段存有某些治权"共治体制"痕迹，后一个阶段只有治权"共治"活动，绝无治权共治体制可言。几千年的历史长河中，儒家治权共治思想有四不变，即大同社会之最高理想不变、民本理念不变、主权在天追求未变和治权民主思路不变。但是，共治的历史现实中却有四个变，即政治样态不断在变、主体在变、共治手段在变以及效果也不同。在从这些变与不变中，如何进一步总结和推进儒家共治思想现代化的智慧，找寻中国社会转型的理想目标，这是值得下一步努力探索的目标。

四、对封建统治者权力的约束

在政权与治权问题上，儒学主流是"共治说"，董仲舒、戴震两位儒学家基于他们的时代背景提出不同的治权观念，此外，还有天谴之说、"格君心之非"学说。

（一）从道不从君

《汉书·儒林传》记载一则故事：

辕固，齐人也。以治《诗》孝景时为博士，与黄生争论于上前。

黄生曰:"汤、武非受命,乃杀也。"固曰:"不然。夫桀、纣荒乱,天下之心皆归汤、武,汤、武因天下之心而诛桀、纣,桀、纣之民弗为使而归汤、武,汤、武不得已而立。非受命为何?"黄生曰:"'冠虽敝必加于首,履虽新必贯于足。'何者?上下之分也。今桀、纣虽失道,然君上也;汤、武虽圣,臣下也。夫主有失行,臣不正言匡过以尊天子,反因过而诛之,代立南面,非杀而何?"固曰:"必若云,是高皇帝代秦即天子之位,非邪?"于是上曰:"食肉毋食马肝,未为不知味也;言学者毋言汤、武受命,不为愚。"遂罢。

这段故事实际上就涉及"从道"还是"从君"的问题。儒生辕固、黄生就汤伐夏桀、武王伐纣在汉景帝御驾前展开了激烈的辩论。黄生认为,成汤、武王以臣伐君,是叛逆;而辕固则认为,桀纣残暴不得人心,已经违背"天道",成汤、武王是顺天道、受天命而为。关于武王伐纣事件,孔子也有评价,即"子谓韶,'尽美矣,又尽善也'。谓武,'尽美矣,未尽善也'"(《论语·八佾》)。孔子认为,武王伐纣虽然顺应天意民心,是正义的,也是不可不为之的,但毕竟经过暴力征伐,未尽善也。朱熹也作了专门解释,认为舜的德行是随顺着自性,是随顺谦让之德,舜是继承了尧的帝位,尧是禅让给舜,所以"揖逊而有天下",不是靠武力去得到天下;但是,武王之德是用武力讨伐纣王,诛杀了纣王,然后得到天下的。

因此,"从道不从君"这句口号,千古以来曾激励过无数文人士子抱持独立个性与品格。孔子说:"大臣者,以道事君,不可则止。"直言之,一个士与君主的缘分,看道义。道义消失的地方,缘分自然终止。《荀子·子道》曰:"入孝出弟,人之小行也;上顺下笃,人之中行也;从道不从君,从义不从父,人之大行也。"又曰:"道存则国存,道亡则国亡。"(《荀子·君道》)在中国漫长的历史中,"道"都是经天纬地的统治法则。南宋时,叶适也曰:"人君必以其道服天下,而不以名位临天下。"(《水心别集·君德一》)明末清初,王夫子则明确地说:"君天下者,道也,非势也。"(《读通鉴论·宋武帝》)可见,"道"在中国传统政治文化中地位非同一般。

作为口号,这句话挑战君主政治,倡导体制外独立人格。其精神是对充溢着民本主义思想元素的古老政治教条的承传和发挥。理解"从道不从君"，关键在一"道"字。《说文》释"道"："所行道也……一达谓之道。"春秋以来，道在道路、道理含义基础上升华为一个颇具哲学意义且内涵十分丰富的概念，甚至被称为中国思想传统中最崇高的概念。然而，先秦诸子的"道"具有主观性的终极价值，涵摄的乃是最高的政治秩序以及行为与道德的最高原则。[①]

道与真理不同。首先，"道"是主观建构之"路"，其本质是"人道"；而"真理"是客观发现之"真"，具有绝对性和先验性。其次，"道"可以是多元的，可以变化的；而"真理"是唯一的，永恒的。再次，"道"追问"可"与"不可"；"真理"追问"是"与"不是"。荀子之"道"与真理无关，归根结底是超验性的"圣王之道"，就本质而言，在上者乃是君主政治前提下的最高道德原则，在下者则流为具体的安邦治国之道术。在荀子心中，"道"的这种本质属性十分明确。他说："道也者，治之经理也。"（《荀子·正名》）"道者何也？曰：君之所道也。"（《荀子·君道》）"道也者何也？曰：礼义辞让忠信是也。"（《荀子·强国》）可见，荀子的"道"与孔、孟之道一样，属于形下意义的治道，是借助先王的名义而抽象出来的君主政治的一般原则，是统治术以及经验的提炼。[②]

因此，"从道不从君"是对以君主政治为最高目标的价值认同与道德恪守。先王之道构建了社会政治秩序，确立了基本的道德伦理原则，明确了个人在宗法人伦关系网络中的名分与地位。"从道不从君"的提出，意味着超越了对具体的君主个人的忠诚，将作为整个君主制秩序与文化象征的君道而不是君主个人奉为终极权威。[③]

（二）以理抗势思想

文死谏，武死战。韩愈《龊龊》诗曰：

> 龊龊当世士，所忧在饥寒。但见贱者悲，不闻贵者叹。
> 大贤事业异，远抱非俗观。报国心皎洁，念时涕汍澜。
> 妖姬坐左右，柔指发哀弹。酒肴虽日陈，感激宁为欢。
> 秋阴欺白日，泥潦不少干。河堤决东郡，老弱随惊湍。
> 天意固有属，谁能诘其端。愿辱太守荐，得充谏诤官。

---

① 马作武:《从道不从君》,《光明日报》2013 年 11 月 18 日。
② 马作武:《从道不从君》,《光明日报》2013 年 11 月 18 日。
③ 马作武:《从道不从君》,《光明日报》2013 年 11 月 18 日。

　　　　排云叫阊阖，披腹呈琅玕。致君岂无术，自进诚独难。

　　这首诗充分展示士人以道谏诤的决心，不屈服于王权。孔子曰："人能弘道，非道弘人。"孔子开启为士人赋予了一种阐释和传播真理的崇高使命。因此，士人都把圣王作为自己的理想坐标。明代理学家吕坤提出"以理抗势"之说，"天地间唯理与势为最尊，虽然，理又尊之尊者也，庙堂之上言理，则天子不得以势相夺。即夺焉，而理常伸于天下万世。故势者帝王之权，理者圣人之权也。帝王无圣人之理，则其权有时而屈。然而理也者，又势之所恃以为存亡者也"（吕坤《呻吟语》）。这里以"圣人之理"与"帝王之势"相互对照，认为"庙堂之上言理，则天子不得以势相夺"。

　　虽然"庙堂之上言理"被天子以势相夺屡见不鲜，且"言理"者大都是高官大臣，但是确有一些士大夫凭借此敢于在庙堂之上与皇帝以理相争。于是，中国历史上不乏王权与士权斗争的事实。儒家虽维护君权，但不赞成违背道义的个人独裁。董仲舒主张"屈民而申君，屈君而申天"，也是构想利用天的威权来限制君主的权力，也看到对君权加以限制的必要。汉末党锢之祸，明末东林党争，是王权与士权斗争的突出事例。吕坤宣扬"以理抗势"，意在强调帝王之权不是最尊的，最尊的是道德原则。[①]

　　（三）"天谴说"

　　"天谴说"在中国源远流长，古代统治者将政治合法性寄存在"天"上，"天"具有人格神的特点，在《诗经·大雅·云汉》中，宣王为旱情忧心忡忡，祈求上天制止旱灾，全诗中，宣王反复请求上苍赐雨，从当下土地干裂，庄稼与牲畜缺水，百姓生活艰难谈起，再叙述自己往日如何虔诚地祭祀神灵，最后表达君臣夙夜忧思，发出感慨，"何求为我，以戾庶正。瞻昂昊天，曷惠其宁"。在王朝统治者看来，天具有自己的意志，因为统治者的不当言行降下灾异，警示统治者。到了西汉，董仲舒进一步发展天人思想，提出"天人感应"学说，君主受命于天，是天在人间的代言人，当君主失道，上天就会降下灾祸。伴随"天谴说"在普通民众中的影响力扩大，统治者们往往在灾祸发生时，被动或主动采取多种措施：大赦、虑囚（查明冤案）、放出宫女祈福、颁布罪己诏。

---

　　① 张岱年：《"以理杀人"与"以理抗势"》，《群言》1994 年第 8 期。

"天谴说"虽然带有迷信色彩，但具有正面意义，可以告诫统治者修身立德，完善内政和安定民心，但是，"天谴说"发展到后期，成为官场倾轧的工具，北宋熙宁变法时，保守派频频用"天谴说"攻击改革派，刘挚引用汉朝的例子："汉世水旱灾变，必策免三公，而三公以灾异引咎自杀者，比比有之。"(《续资治通鉴长编》)变法派官员们在政敌"天谴说"的攻击之下纷纷被贬官，保守派继而上任。除官场斗争外，"天谴说"对君主统治国家也有不良影响，当灾异频繁发生时，民间势力就会利用该学说惑乱民心，动摇政治合法性的基础。

（四）"格君心之非"说

孟子提出："人不足与适也，政不足间也，惟大人为能格君心之非。君仁，莫不仁；君义，莫不义；君正，莫不正。一正君而国定矣。"(《孟子·离娄上》)那些在位的小人和他们的政令不值得指摘，仁心仁德的人才能对政治产生积极影响，他们纠正君主的错误言行，使得君主崇德向善，如果君主仁义正直，那么国家就会安定。儒家是非常重视榜样作用的，"格君心之非"——有德之人纠正君主错误的相关言论反复出现。汉承秦制，外儒内法，汉儒一方面对儒家学说改造以适应当政者的需要；另一方面，他们仍然坚持儒家内核理念，"格君心之非"的思想就被保存下来，西汉董仲舒通过"灾异谴告说"从侧面告诫人主，必须修明内政，同时，明确提出正君心，在《举贤良对策》一文中，他写道："故为人君者，正心以正朝廷，正朝廷以正百官，正百官以正万民，正万民以正四方。四方正，远近莫敢不壹于正。"到了二程、朱子的时代，正君心的思想得到进一步阐述，宋儒认为扶持君心是实现"外王"理想的重要手段，程颐通过讲授经筵辅佐君主，朱熹多次上书请求"格君心之非"。

但是，儒家"格君心之非"是把希望寄托在君主身上，希冀君主自觉地修养德性，进而修明内政，天下大同。这种希冀最终落空，孔孟辗转诸国传道未得，程颐因"折柳"等劝诫行径被皇帝厌弃，朱熹被斥为伪经魁首。正如梁启超所言，儒家有民本而无民权，儒家学者虽然认识到民惟邦本，但是他们并未意识到人民的权利，而是想要君主自上而下地广施德政，显然是行不通的，也造就儒家和君主之间的内在分裂，从表面上看这是政权与治权之间的矛盾，实质上这是儒家信奉的道义与君主专制思想的矛盾。

第四节　军事及战争思想

　　军事实践随着人类社会性的发展相伴而行，特别是群居生活、氏族社会形成，军事行动成了现实需要。最原始的军事行动就是为争夺食物、领地等而进行的斗争，而在科技和政治发展促推下，军事逐渐走向成熟发展阶段。实践是思想的基础，军事实践的不断丰富，军事思想、战争观念、兵法谋略等得到充分发展，进一步催生了军事哲学，而早期的军事哲学代表就是春秋战国形成的《孙子兵法》《尉缭子》《孙膑兵法》《吴子兵法》等理论著作。确切地讲，军事哲学是中国古代哲学中最为丰富、最为真切、最具有说服力的哲学理念。唐代杜牧说："孙武所著十三篇，自武死后凡千岁，将兵者有成者有败者，勘其事迹，皆与武所著书一一相抵当，犹印圈模刻一不差跌。"（《全唐文》卷七百五十三）由此可见，军事哲理之正确与信实。

一、军事关系国家生死存亡

　　单纯从作用分析，无论是现代世界秩序还是古代国家之间的关系，军事始终是挑动利益、关乎国家生死存亡的杠杆。这一思维，实际在先秦时期就已经认识得非常深刻，如孙子在《孙子兵法》里所明确的："兵者，国之大事，死生之地，存亡之道，不可不察也。"（《孙子兵法·始计》）孙子之后，军事哲学仍然在不断丰富这一论述，可谓汗牛充栋，即使到了现代，军事在一个国家系统中占据的地位并没有丝毫削弱，反而更加突显。毛泽东在《论联合政府》中说："没有一个人民的军队，便没有人民的一切。"[1] 可见，军队是国家成立、建设、发展的根本保证和支撑。

　　习近平在不同场合就军事思想也有过引用表述：

　　　　国虽大，好战必亡。[2]（《司马法·仁本》）
　　　　三军可夺帅也，匹夫不可夺志也。[3]（《论语·子罕》）

---

[1]《毛泽东军事文集》第二卷，军事科学出版社、中央文献出版社1993年版，第789页。
[2]《习近平关于总体国家安全观论述摘编》，中央文献出版社2018年版，第267页。
[3] 习近平：《摆脱贫困》，福建人民出版社1992年版，第34页。

（一）先秦诸子的共鸣

春秋战国时期，百家争鸣，各执己见，他们在不断的融合走向独立，又在相互借鉴中走向融合。纵观百家诸子，主流思想往不同方向发展，但在军事思想方面却存在着诸多的共鸣，大多认同军事对于一个国家而言，具有无比的重要性。

1. 儒家：足食、足兵

孔子作为儒家宗师，在军事领域也占有一席之地。在《史记》里侧面反映了他的军事才能，"其明年，冉有为季氏将师，与齐战于郎，克之。季康子曰：'子之于军旅，学之乎？性之乎？'冉有曰：'学之于孔子'"（《史记·孔子世家》）。孔子弟子冉有为鲁国权臣季氏统率军队，在郎邑与齐国作战，大败齐军，而其军事才能是从孔子那学来，可见孔子并非传统印象里只文不武。孔子还曾论述，"有文事者必有武备，有武事者必有文备"（《史记·孔子世家》）。进行文事需要有军事上的准备，进行军事活动需要政治上的准备，"文事"和"武备"是两项关系国家安危的核心工作。孔子对于军事重要性的认识也有直接的表述，有一次子贡请教国政，孔子说："足食、足兵、民信之矣。"（《论语·颜渊》）孔子的回答阐述了保持强大军事力量是治国理政重要基础的道理，他认为保持强大的军事存在有着不可替代的作用，不容忽视，关系到国家生死存亡。孟子曾将他的仁、义标准融入军事，他说："得道者多助，失道者寡助。寡助之至，亲戚畔之；多助之至，天下顺之。以天下之所顺，攻亲戚之所畔，故君子有不战，战必胜矣。"（《孟子·公孙丑下》）无论孟子分析的论点逻辑如何，或者是对"道"的要求如何，我们可以看到，最终的落点仍然在"战必胜"，军事仍然是实现"道"的有力手段。

2. 兵家：生死存亡之道

《孙子兵法》作为兵家圣典，其中对于军事的地位给以这样的阐述，"兵者，国之大事，死生之地，存亡之道，不可不察也"（《孙子兵法·始计》），即包含了慎战的意味，更凸显了军事对于一个国家的极端重要性，是关乎死生存亡的国家大事，其地位可想而知。在《司马法》中也明确，"以义治之之谓正，正不获意则权，权出于战争，不出于中人"（《司马法·仁本》）。就是说采用合乎道义的方式方法来治理国家，这是正常的方法，但是如果正常的方法达不到目的就采取特殊的手段，所谓的特殊手段就是指战争，可见战争成为实现正义、维护底线的根本措施、保底筹码。在《吴子兵法·图国》中记录了吴起与魏文侯的一次谈话，其中吴起举了两个相对的例子，"昔承桑氏之君，修德废武，以灭其国。有扈氏之君，恃众好勇，以丧其社稷"。承桑氏之君不重视军事，亡国，有扈氏之君穷兵黩武，也亡国，没有很好地把握运用好军事，结果国亡身死，不得不重视。

实际上，除了儒家和兵家，其他各家对于军事均有所涉及，如法家代表韩非曾说："由此观之，夫战者，万乘之存亡也。"《韩非子·初见秦》这样的表述与孙子的表述如出一辙，战争是关乎到万乘之国的大事。墨家作为一大流派，坚持奉行的观点是"兼爱""非攻"等，从更加普世和细微的角度来反观战争的重大影响，正如《左传·成公十三年》所明确，"国之大事，在祀与戎"，清晰点出军事在国家运转中的重要性。

（二）后续发展

君子乃有德有位的管理者，又是理想人格的化身者，更是大众的道德楷模。今天，我们在用"君子"人格进行思想政治教育时，须回归君子的原本三层内涵，为提升执政者的管理道德水准，建设更高水平的现代政治文明，依然具有积极意义。

"安天下，必须先正其身"（吴兢《贞观政要·君道》），这种思想观念在现代也得到大力倡导，用现代话语诠释，即领导干部须提高自身道德修养，发挥带头模范作用，方可治理好一方。党的十八大以来，开展了党的群众路线教育实践活动、"三严三实"专题教育、"两学一做"学习教育、"不忘初心、牢记使命"主题教育和党史学习教育，这是我们党借鉴历史兴衰的经验，对广大党员干部从思想上进行一次深刻的精神洗礼，从而严明党纪党规、严肃国法，强化党员干部修身立德。尤其是，随着全面从严治党的不断深化和常态化，党中央对广大党员、干部的道德和品行方面提出了更高的要求。但是，仅仅要求领导干部增强道德修养是不够的。古代传统思想拘于时代局限性，礼不下庶人，没有考虑到人民在历史中发挥的作用。在现代社会，当个别党政干部不能做好道德表率作用的时候，普通群众需要发挥自身积极性与主动性，加强自身修养，严格遵纪守法，贯彻党的方针政策。

二、慎战重和、机谋权变的观念

在中国价值观里，以和为贵一直占有重要地位，这既是为人处世的准则，也是国家外交理念，引申到对待战争的态度上，也始终强调保持谨慎。同时，在军事运用上又非常讲究谋略变通。

（一）国虽大，好战必亡

慎战，源于对战争性质的清晰认识，《吕氏春秋·禁塞》有言，"兵苟义，攻伐亦可，救守亦可；兵不义，攻伐不可，救守亦不可"。将战争分为正义与不正义两种性质，如果正义则支持，如果不义则不救，为战争限定了条件。另外，决定战争胜负的首要因素转移到政治上，已不再是单纯的就军事而论胜负，《淮南子》指出，"兵之胜败，本在于政"（《淮南子·兵略训》），"为存政者，虽小必存；为亡政者，虽大必亡"（《淮南子·兵略训》），当军事胜负决定因素在于政治，那么战争就并不一定是解决问题的首选。在这一点上，儒家的战争观表现得尤为鲜明，孟子曾将影响战争的因素划分为"天时""地利""人和"，并认为真正起决定因素的是"人和"，即政治因素。孟子说，"天时不如地利，地利不如人和"，"得道者多助，失道者寡助。寡助之至，亲戚畔之；多助之至，天下顺之。以天下之所顺，攻亲戚之所畔，故君子有不战，战必胜矣"（《孟子·公孙丑下》）。可见，修好仁政，顺应民心，即可得道，进而战胜于天下，又何必战争。

面对战争的巨大破坏性，古人对于战争也不得不谨慎。道家学派创始人老子，从诸多的现实战争例子里看到了战争的危害性，他明确指出战争是不吉利的事物，"兵者不祥之器，非君子之器"（《老子》第三十一章），"以道佐人主者，不以兵强天下。其事好还。师之所处，荆棘生焉。大军之后，必有凶年"（《老子》第三十章），通过战争之后的残酷景象来劝诫不要战争。老子所推崇的"慎战"观念，代表了典型的东方式智慧，对于后世战争观启蒙具有不可低估的作用。在《尉缭子·武议》中有记，"夫战者，凶器也；战者，逆德也；将者，死官也"，全面批判了战争的危害。其实，对于具有崇高地位的孙子而言，他也有着明确的慎战态度，他说，"怒可以复喜，愠可以复悦，亡国不可以复存，死者不可以复生"（《孙子兵法·火攻》），喜怒哀乐都可以恢复正常，回归本来状态，但是战争导致亡国就像人死不能复生一样，劝解对待战争一定要慎之又慎。在此考虑下，孙子对于战争的优先次序也作过阐述，"凡用兵之法，全国为上，破国次之；全军为上，破军次之；全旅为上，破旅次之；全卒为上，破卒次之；全伍为上，破伍次之。是故百战百胜，非善之善者也；不战而屈人之兵，善之善者也"（《孙子兵法·谋攻》）。在孙子看来，"全国"比"破国"好，"全军"比"破军"好，"全旅"比"破旅"好，"全卒"比"破卒"好，"全伍"比"破伍"好，"百战百胜"并非最好的结果，不需要刀枪相对、血流成河就能解决问题，"不战而屈人之兵"才是上上之策，深刻揭示了慎战的要求，说明和平才是最终的目标。孙中山曾说过，"盖吾中华民族和平守法，根于天性，非出于自卫之不得已，决不肯轻启战争"。慎战重和的这一思想对于我们乃至世界都有着深远而尤为重要的现实价值。习近平总书记在纪念中国人民抗日战争暨世界反法西斯战争胜利 70 周年大会上强调："战争是一面镜子，能够让人更好认识和平的珍贵。今天，和平与发展已经成为时代主题，但世界仍很不太平，战争的'达摩克利斯之剑'依然悬在人类头上。我们要以史为鉴，坚定维护和平的决心。"[①]

（二）兵无常势，水无常形

军事领域是变数最多的地方，也是计谋使用最为频繁的地方，最需要智力支撑的地方。孙子通过总结战争经验指出，"因利而制权""兵无常势，水无常形，能因敌变化而取胜者，谓之神"（《孙子兵法·虚实》），"上兵伐谋，其次伐交，其次伐兵，其下攻城"（《孙子兵法·谋攻》），孙子把用兵的精髓，归结为在无形中找规律，也就是结合实际情况去机谋权变。在孙子看来，战争从来没有固定的套路，唯有根据现场形势作出合理的处置才是取得胜利的关键，也就是首先要"伐谋"，如果能够做到这一点那就"谓之神"。《六韬·虎韬·垒虚》里对军事侦察进行分析，"听其鼓无音，铎无声，望其垒上多飞鸟而不惊，上无氛气，必知敌诈而为偶人也"。通过分析判断，作出下一步反应，实际已经是权谋机变的先行步骤。敌军主将作为军事行动的核心关键，应该是作战考虑的重要因素，吴起在《吴子·论将》里阐述，"凡战之要，必先占其将而察其才，因其形而用其权，则不劳而功举。其将愚而信人，可诈而诱；贪而忽名，可货而赂；轻变无谋，可劳而困；上富而骄，下贫而怨，可离而间；进退多疑，其众无依，可震而走；士轻其将而有归志，塞易开险，可邀而取；进道易，退道难，可来而前；进道险，退道易，可薄而击；居军下湿，水无所通，霖雨数至，可灌而沉；居军荒泽，草楚幽秽，风飚数至，

可焚而灭；停久不移，将士懈怠，其军不备，可潜而袭"。这也是融合了判断之后所进行的处置，各种情况处理反映的是权谋机变的丰富多彩。

机谋权变，更多的是对统兵将领的要求。《战国策·赵策》明确："古今异利，远近易用，阴阳不同道，四时不一宜，故贤人观时而不观于时，制兵而不制于兵。子知官府之籍，不知器械之利；知兵甲之用，不知阴阳之宜。故兵不当于用，何兵之不可易？教不便于事，何俗之不可变？"文中划分了固定的和变化的条件，强调关键在于学会"观时而不观于时""制兵而不制于兵"，才能游刃有余。机谋权变运用得当的重要表现就是能够抓住实时机，乘势而行，唐顺之在《武编·觇》里说，"盖善用兵者，唯因其衅而已。衅之未至，虽卧薪尝胆十有八年不以为缓；衅之既至，虽一日一夜去阃与九十里不以为速。夫衅应于我者，谓之机；见于彼者，谓之隙。决在我之机，投在敌之隙。敌诚知者，将败亡不继矣"。在中国传统文化里，《三十六计》算是机变权谋的集大成者，金蝉脱壳、抛砖引玉、借刀杀人、以逸待劳、擒贼擒王、趁火打劫等，36条计策每一条都是谋略运用、权变体现。

三、军事辩证法思想

战争本身即包含了矛盾的两个方面，是矛盾激烈冲突最为直白的表现，且军事与其他事物具有广泛的联系，辩证性成为军事领域明显的属性。古往今来，军事实践不断发展，军事哲学不断充实，军事辩证法思想也在不断地丰富充实。

（一）文事武备的相互补充

据《史记·孔子世家》记载，孔子说："有文事者必有武备，有武事者必有文备。"进行文事需要有军事上的准备，进行军事活动需要政治上的准备，"文事"和"武备"作为战略互补，相互支撑，作为儒家宗师，孔子的论述是对文事武备的较早的阐述。吴起也在《吴子》里表述："明主鉴兹，必内修文德，外治武备。"尉缭子也提出："以武为栋，以文为种，武为表，文为里。"以表与里两个相对概念诠释了战争与政治的关系。同时，古人对于战与备的认识经过不断的历史实践更加成熟，明太祖朱元璋提出，"天下虽安，不可忘武。今国家无事，正须训兵练将"（《明太祖宝训·武备》）。天下虽然安宁，但是加强训练一刻也不能缓，甚至要加强。《司马法》也指出："天下虽安，忘战必危。"在《战国策》里也从军事战备关系国家安危角度来论述其中的辩证关系，"于安思危，危则虑安"。

（二）奇正并用的灵活处理

《孙子兵法》曾就作战样式、用兵原则进行规定，"凡战者，以正合，以奇胜"，奇与正是两个高度抽象的概念，正是指正规正常的用兵，而奇则是指灵活不按套路行动，奇正结合方得实效。曹操对于孙子的奇正之说给出解释，"合战为正，后出为奇也"，合战即正规作战，而奇则是后期预备以作出其不意的兵力用法。奇正并用实际就是机谋权变的具体操作，在军事上并没有受到限制，因为"兵者，诡道也"。灵活用兵，对"诡"就需要辩证来看，一方面在道义层面需要保持正道正气，而在真正作战中"军争为利""军争为危"，为了取胜可以以"诡"道而不择手段。对此，孟子以"义"为标准进行了明确，他说，"大人者，言不必信，行不必果，惟义所在"《孟子·离娄下》。打破了以往的束缚，辩证分析，从儒家视野解决了战争道德问题，辩证处理了奇正用兵的合法性。

（三）王阳明的军事辩证思想

王阳明是明朝的文人武将，他本身就是文与武的合体，加之给予军事实践，恰好结合儒家理念丰富发展了其军事辩证思想。从战争观来看，王阳明奉行的是人道主义战争观，他以民为本，又以武为辅，主张"君子贤其贤而亲其亲""孔子言'修己以安百姓'，'安百姓'便是亲民"（《传习录·徐爱录》），胸怀卫国戍边崇高理想的王阳明，当他不得已拿起武器征战沙场时，仍奉行人道主义，坚持以人为本，秉承慎战、速战、止战观念，他在评注《孙子兵法》谋攻篇时说："兵凶战危，圣人不得已而用之者也。"（《王阳明全集·补录武经七书评》）并注重从长远与当前的角度综合解决问题。王阳明在平定浰头匪众后，认识到军事只能暂时解决问题，并没有从根本上解决问题，于是上奏《添设和平县治疏》请求建立县治，"臣等窃以设县移司，实为久安长治之策"（《王阳明全集·别录三》）。在治军方面，王阳明以"仁"为体、以"战"为用，他把"才"与"忠"统筹起来看，认为，"夫朝廷用人，不贵其有过人之才，而贵其有事君之忠，苟无事君之忠，而徒有过人之才，则其所谓才者，仅足以济其一己之功利，全躯保妻子而已耳"（《王阳明全集·别录六》）。另外，王阳明在选兵、政治教育、军费使用、军令法纪等方面作出了辩证分析。同样，王阳明在军事上也会遇到道德评判的问题，就是在儒家的"诚"与兵家的"诡"之间要进行一场调和，他明确，对敌人的残忍就是对百姓的"仁"，对敌人的"诚"就是对百姓的残忍，这一点是和孟子的辩证仁义观是相通的，这也促使他破除了军事上的限制，从此无论是心理战还是偷袭战等，均能运用自如、直捣敌巢。

（四）朱熹以天理为中心的战争观

朱子哲学以"理"为最高本体，一切事物都是"理"的派生物。天有天之理，地有地之理，人有人之理，国有国之理，战争有战争之理。在天理的关照下，战争的本质就是天理在现实政治上的落实，合乎天理的战争就是正义的；反之，不合乎天理的战争就是非正义的。从儒家天理战争观出发，朱子认为，武王伐纣、一怒而安天下是以仁伐暴，是正义的战争，是合乎天理的战争。朱子力主抗金，主张合乎天理、合乎正义的战争，以王道对抗霸道，追求协和万邦、天下太平。

第五节　政道、治道之批判与改革

古代中国往往在经历严重的社会危机之际，历史必然要在改革与革命之间作出选择。此时，社会政治思想最为活跃，政治批判与政治改革方面的理论也会层出不穷。本章将从古代中国政治批判思想入手，并就历史上的重大社会改革进行述评，最后就变革中的"经"与"权"展开探讨。

一、政道、治道之批判

中国古代政治思想蕴含强烈的批判精神。从先秦时期开始，学者们抱着关怀现实的初衷，对当时社会上已经固化的思想观念和政治领域的重要问题展开批判，宋代王安石主张"三代不足法"，清儒戴震则要"措天下于治安"。

（一）先秦儒家的批判思想

儒家学派创始人孔子生活在春秋时期，当时周天子的权威已经衰落，天下礼崩乐坏，他对于当时的政治现实中权力相互侵害现象非常不满，希望能恢复周礼，重建政治秩序。这里权力相互侵害指的是势力强大的诸侯侵犯周天子的权力，势力庞大的卿大夫在本国内部威胁诸侯的权力，以孔子生活的时期为例，鲁国王室的权力在几十年间被两度瓜分，三个家族把持鲁国权力，孔子对此现象持反对态度，为官期间，他不断向国君提出批评意见，想要削弱三大家族的势力，却被赶出鲁国。孔子曾言："天下有道，则礼乐征伐自天子出，天下无道，则礼乐征伐自诸侯出。"（《论语·季氏》）孔子已经认识到，等级秩序混乱是由于统治者本身昏庸，不合道义，但他没有从根源上解决问题的能力，只能游说势力强大的诸侯、卿大夫克制权力欲望，以恢复礼法制度。他的主张违背当时诸侯自强图新、争霸天下的时代潮流，是"知其不可为而为之"的典型代表。

儒家第二位代表人物孟子生于战国时代，诸侯征伐，民不聊生，他希冀建立新的政权，稳定时局。因此，在政治权力的转移与君臣关系方面他提出较为激进的观点。在政权转移问题上，汤武革命一直备受争议，古代学者有赞成之，有反对之。孟子认为夏桀、商纣失德失民，已经不能称为君主，只是一介匹夫，商汤与周武吊民伐罪，诛暴君以安天下的行为是顺应天意的。孟子之所以探讨政权转移问题，与战国的时代背景有关，他旨在呼吁国君实行"仁政"和"王道"，恢复政治秩序。

在君臣关系方面，孟子明确表示："君之视臣如手足，则臣视君如腹心；君之视臣如犬马，则臣视君如国人；君之视臣如土芥，则臣视君如寇仇。"（《孟子·离娄下》）君主对待臣属的态度会影响臣属对待君主的态度，君主以正面态度看待臣属，臣属自然尽忠报国，君主以负面态度对待臣属，臣属则不会对君主忠心，因此君主需要尊贤使能，善待人才。从这个角度看，孟子思想是对传统君臣关系的颠覆，在威权政治体系下，君主至高无上，臣下应该保持绝对服从，但是孟子反对臣属对君主无条件服从的态度，大胆提出，君主必须慎终对待臣属，给予臣下尊重。但是，孟子还是继承了孔子基本思想，主张恢复旧的宗法制度。他虽然要求君主选用贤才，但是，地位卑微、关系疏远的有才之人只有在国家面临特殊情况时才会被考虑任用。同时，孟子还希望保留传统的世卿世禄制度。种种保守思想都与孟子的阶级出身有很大关系，他作为既得利益者，学说存在明显的阶级局限性。

先秦儒家思想集大成者荀子的学说具有极强的叛逆精神。在荀子的话语体系里，君主被分为两个层面：一种是理念层面的圣贤君主；另一种是现实层面的君主，这类君主大抵都是"中君"或"暴君"。同时荀子将对君主极具影响力的人臣也作了细致的划分，他把臣下分为"谏、净、辅、拂"四种类型，这四种类型的臣子或以直道，或以曲道劝诫"中君"和"暴君"，奉行"从道不从君"（《荀子·臣道》）的行事准则，按照内心的道义从事政治活动，不会因为君主的旨意而放弃道义，看到君主的错误会及时规劝君主更正。但是，荀子理想的"圣君贤相"是与政治现实相矛盾的，贤能的臣子虽然可以通过各种方式规劝君主，但是他们缺乏必要的制度保障，缺乏君主一定会按照臣子的劝导来行使权力，他对政治秩序的设计过于理想化，不具备现实可行性。

（二）宋儒王安石"通古今之变"

宋朝从建国伊始就处于外忧内患的局面，在国内，统治阶层的"三冗"[①] 问题给国家财政带来沉重负担，采取加大对民众征税力度的办法缓解矛盾，而底层人民除承受劳役负担外，也面临地方豪强兼并土地的困境，他们无法保全自己的土地财产，失去生活的经济来源，不得不起义反抗；在国土的边境，游牧民族频频叩关，宋军节节失利，中原政权的稳定性受到外部威胁。鉴于此种危急形势，北宋知识分子们忧患精神增强，他们关心现实问题，视天下为己任，希望变法图强以挽救王朝危机，北宋年间庆历新政、熙宁变法都是士大夫们投身政治、力挽狂澜的体现。

宋朝统治者基本上奉行黄老无为之治的政策，北宋初年，儒家思想多掺杂形上学与宇宙论的理论旨趣，五代十国浮夸奢靡的风尚延续了下来，且备受文人追捧，因此范仲淹、王安石等人针砭时弊，提出"文以贯道""文者，礼教治政"等实用主义观点，改革北宋文体制度，使文学向经世致用的方向发展。在多次改革后，北宋文人政治热情高涨，将目光由形上天和内心世界转向现实社会，经世致用思想得到发展。

浅析王安石政治批判思想，有如下两个方面。一是实用主义倾向。王安石在做宰相之前长期在地方任职，了解底层人民疾苦与社会问题的症结所在，"崎岖山谷间，百室无一盈。乡豪已云然，羸弱安可生"（《临川先生文集》）。王安石推行"青苗法"，目的是打击地方高利贷，鼓励农民从事农业生产，同时也可以增加国库收入。他提出"因天下之力，以生天下之才；取天下之财，以供天下之费"（《临川先生文集》）。为解决农村贫富不均的问题，王安石采取"方田"和"均税"的方法，命令底层官员丈量土地并将之分为肥瘠五等，按"方田"的结果纳税。在商业领域，他抑制豪强的势力，由官府出钱买下滞销货物，等到市场上缺乏货物时再卖出，预防荒年的时候大商人囤积居奇。在军事领域，王安石

---

① 三冗：冗官、冗兵、冗费。

推行"保甲法"的政策，化民为兵，该措施也起到了防范地方农民起义的作用。在政府财政方面，王安石认为谋利的同时应该守义。传统儒家观念是耻于谈利的，而王安石将义利结合，"盖聚天下之人，不可以无财；理天下之财，不可以无义"（《临川先生文集》）。这无疑具有极强的现实价值，不仅有利于经济发展，更有利于社会稳定和长治久安。

二是法治思想。王安石"变更天下弊法，以趋先王之意"，王安石的改革政策多是以法律条文的形式颁布的，以国家暴力机构作为后盾推行改革政策，虽为时人诟病，但保证了政策的实施。王安石认为"有司议罪，惟当守法，情理轻重，则敕许奏裁；若有司辄得舍法以论罪，则法乱于下，人无所措手足矣"（《文献通考·邢考》）。这与当时主流的"春秋决议"思想是相违背的，"春秋决议"是西汉董仲舒提出来的，又被称为"经义决狱"，其主要内容是用儒家经典学说思想判决案件，以儒家经义作为判决的依据，若罪犯行为与儒家经义相合，即可被赦免无罪。然而，王安石认为执法必须严格，执法者必须依法，这与当代社会的法治精神是相合的。

（三）清儒戴震批判程朱理学

从思想倾向看，戴震有跳出宋明理学的樊篱，重归孔孟之道的学术旨趣。由于清王朝官方政府将程朱理学作为官方正统思想，因此，戴震对程朱理学的批判和他对王朝统治的批判是相结合的。

一是对程朱"理气说"的批判。戴震反对程朱理学，首先是反对该学派的"理气说"。戴震反驳道："理者，察之而几微必区以别之名，是故谓分理；在物之质，曰肌理，曰腠理，曰文理；得其分则有条不紊，谓之条理。"（《孟子字义疏证》，下同）意思是理并非程朱理学所言的万物本源，而是人们察觉到事物细微差别后对事物加以区分的名字。"就事物而言，并非事物之外有理义也。"戴震认为程朱理学借佛老思想构建自己的理气说，在天地阴阳二气之外再寻求一不可颠覆之理，已然违背孔孟之说的本义。

戴震实用态度影响他对认知标准的看法。程朱理学认为理为气之本，通过由外在世界向内心世界的探索即可获得。戴震认为宋明儒学是"以心之意见为理义"，导致后世"凭在己之意见而执之曰理"，清朝统治者也是以程朱理学之"理"为借口，独裁专制，使人民受苦。

二是戴震对"理气说"的批判，为接下来的"理欲之说"奠定了基础。他反对程朱理学将"理"与"欲"对峙起来的做法，认为人欲乃是天生，"存天理，灭人欲"的社会伦理是违背现实的。"生而后有欲，有情，有知，三者，血气心知之自然也。……有是身，故有声色臭味之欲。""天下必合生养之道而得存者，凡事为皆有欲，无欲则无为矣；有欲而后有为，有为而归于至当不可易之谓理。"人欲与自然规律既然相合，那么灭绝人欲的做法当然不可行。当时的统治者将程朱理学奉为圭臬，对社会主流价值观的要求自然是隔绝人的欲望，立贞节牌坊，鼓励烈女节妇。戴震有感现实，愤然道："人死于法，犹有怜之者；死于理其谁怜之！"戴震的思想具有强烈的批判意识，对推动社会的发展具有一定的促进作用。

二、政道、治道之改革

前文主要介绍了中国古代的政治批判思想，批判与改革之间密不可分，往往是思想上的政治批判充当"先锋"，才会引发现实政治的改革，抑或政治改革之后，后人总结前代的改革思想。"周虽旧邦，其命维新"（《诗经·大雅·文王》），"苟日新，日日新，又日新"（《礼记·大学》）。社会改革也包括革命。在中国古汉语语境中，"革"有更改、变换或者是除去、消灭的意思，就更改、变换意而言，《论衡·纪妖》中有"及主君之后嗣，且有革政而胡服，并二国于翟"，此处应作现代汉语的改革意解释。就除去、消灭意而言，宋代苏洵有文章《六国论》，"且燕赵处秦革灭殆尽之际"，此处应作革命意解释。因此，本部分同时围绕历史上的重大革命与改革来叙述政治改革思想。根据事件发生的影响力，本部分主要选取了三个典型案例来论述由社会变革滋生的政治改革思想及其影响。

（一）汤武革命

汤武革命是中国古代政治思想史上十分有意义的主题，商汤灭夏桀、周武灭商纣涉及政治合法性概念，新政权推翻旧政权，如果政治合法性得不到民众的承认，极有可能威胁新建立的政权的统治，因此历代官方统治者和民间学者围绕政治合法性展开论述，基于中国尊古的传统，首先必要论证汤武革命的合法性。

在第一部分中，笔者概述了孟子对汤武革命的评价，一言以蔽之，即"汤武革命，顺乎天而应乎人"（《易传·象传下》）。孟子说："君之视臣如土芥，则臣视君如寇仇。"（《孟子·离娄下》）他认为，杀暴君不是

"弑君","闻诛一夫纣矣，未闻弑君也"（《孟子·梁惠王下》）。后世基本上秉承这个说法，汉代形成了"逆取顺守"的说法，君主失道即失去了政权合法性，臣下可以改革天命取而代之。汉代儒家代表人物董仲舒作《春秋繁露》，在《尧舜不擅移，汤武不专杀第二十五》中详细论证汤武革命的正义性，"有道伐无道，此天理也"。

但是这里要注意一点，既然以暴抗暴已经被学者们认证是符合天理的，那它不是会与君臣纲常伦理相冲突吗？正如伯夷、叔齐对武王所言："父死不葬，爰及干戈，可谓孝乎？以臣弑君，可谓仁乎？"（《史记·伯夷列传》）

汉初学者曾针对该问题进行辩论，清河王太傅辕固生认为汤武革命，顺天意应民心，黄生认为君臣秩序不可乱，辕固生以汉高祖代秦一事反诘，辩论自然不了了之，汉景帝下令不得对此事再作议论。笔者揣摩汉景帝的心理，他必然赞同黄生的话，君臣秩序，人伦至理，不可侵犯，否则汉家江山有朝一日不就会被以顺天应人的名义取而代之了吗？但是，如果汉景帝公然表示反对辕固生的话，他不就是否认了自家王朝的合法性了吗？如此进退两难，也怪不得景帝曰："食肉毋食马肝，未为不知味；言学者无言汤武受命，不为愚。"汉景帝虽然禁止争辩，但是他并未彻底解决政权合法性问题。

东汉王莽首开先河，以"禅让制"代替革命，中国历史上第一次出现禅让皇位的做法。魏晋以来，统治者们效仿此种做法，以消解君臣秩序与篡夺政权之间的矛盾。但此种"禅让"实质上是权力政治下兵强势大的臣下胁迫君主退位，这些篡位的臣子其实也意识到了这个问题，曹丕在汉献帝禅让皇位之后说道："舜禹之事，吾知之矣。"（《魏史春秋》）

既然"禅让"不能解决汤武革命合法与否的问题，后世自然是继续讨论下去。宋朝学者有"疑孟"传统，认为孟子的学说的某些内容应该商榷，比如关于汤武革命的言论。李觏认为孟子解读汤武有误，汤武革命，是因为君主暴虐，商汤、周武不得已而为之，而孟子在周天子尚存的情况下，劝诸侯谋夺天下，是违背仁义的行为。司马光也反对孟子的说法，说道："余惧后之人，挟其有以骄其君，无所事而贪禄位者，皆援孟子以自况，故不得不疑。"（《晦庵集》卷七十三）而朱熹站在孟子一边，作出辩护："汤武之征伐，只知一意恻怛救民而已，不知其他。"（《朱子语类》）他认为汤放桀、武王伐纣皆是时势所逼，不得已而为之，判断的标准是民心所在，与荀子"天听自我民听，天视自我民视"理论脉络相同，天意由民意显现，得民心者即得天命。

汤武革命问题在封建王朝时期始终不能得到很好的解决，究其原因，历代文人学士不过是在替帝王作家谱，这些开国君主未登上皇位前，打着"汤武革命"的旗号起义，待其践祚，便将革命视为异端，阶级局限性使然。

（二）管仲改革思想

前文说的是中国古代的革命，革命从表面看是打碎旧的国家机器，建立新的国家机器的过程，是带有毁灭性的，这部分主要谈中国春秋战国时期两次富国强民的改革。

春秋战国时期是中国古代从奴隶制向封建制的过渡，这一时期，周王室已经名存实亡，诸侯间合纵连横，远交近攻，征伐不断。为了在战争中占据有利地位，有志君主招贤纳士，改革图强。这部分笔者选取齐国管仲改革事件，从改革措施观察其改革思想。

管仲对齐国进行了多方面改革，鉴于本书主旨，本部分只述评管仲的政治改革思想。在政治方面，管仲的改革有一个总的思想纲领："叁其国而伍其鄙，定民之居，成民之事，陵为之终，而慎用其六柄。"（《国语·齐语》）笔者将纲领与措施结合，谈观众的王霸之道。首先，"叁其国而伍其鄙"。《国语·齐语》是这样划分全国行政区域的："制鄙：三十家为邑，邑有司；十邑为卒，卒有卒帅；十卒为乡，乡有乡帅；三乡为县，县有县帅；十县为属，属有大夫。五属，故立五大夫，各使治一属焉；立五正，使各听一属焉。是故，正之政听属，牧政听县，下政听乡。"从这句话可以看出，齐国的行政管理制度是藏兵于民，全民皆兵，这与当时齐国称霸的目的相符。其次，四民分业定居。管仲将全国人口分为士、农、工、商四大类，令四民按照自己的职业聚居，不可分散杂居。让职业相同的民众生活在一起，使得职业具有传承性，与此同时，封闭的管理方式使得民众不能随意迁徙，不易生乱。最后是慎用六柄，这是对君主的建言，《管子》一书对六柄有记载，即为"生、杀、贵、贱、贫、富"，管仲主张要加强君主的权势，以六柄来挟制臣下，但与此同时，君主个人应该慎用权柄，防止重蹈襄公覆辙。

此处，笔者想要补充纲领外的一项政治举措——提出"尊王攘夷"，该措施针对的是当时周王室衰微，诸侯间征伐与外族入侵的局面。在周代，边境地区分布着大大小小的少数民族部落，有的成为周王室的诸侯国，有的仍侵犯周国边境。在周王室强盛时期，对内有分封诸侯的权力，对外要联合诸侯组织武装力量，抵御少数民族的侵袭。但是，到了春秋时期，王室衰微，不能继续履行此种社会责任和政治责任，亟待诸侯国中出现一个霸主，能够领导诸侯抵御外族侵略。管仲不失时机，提出"尊王攘夷"的口号，使齐桓公称霸企图师出有名，符合事理。

综观管仲改革思想，内容庞杂，纵横捭阖。从军政一体、君主权势等措施看，属于法家思想的萌芽，从其建议君主善用权柄、尊王攘夷等政策看，又有儒家善政、理分思想。总而言之，其改革最终目的是使齐国富国强兵，称霸天下，实际上也确实达到了预期的目的，齐桓公"九合诸侯，一匡天下"（《史记·管晏列传》）但是，管仲没有保障改革延续的措施，人存政存，人亡政息。他死后，齐桓公任用小人，造成国乱，"桓公尸在床上六十七日，尸虫出于户"（《史记·齐太公世家》）。一代霸主死后尸身竟无人收敛，呜呼哀哉！

（三）张居正变法思想

前文论及奴隶制社会向封建制社会过渡时期的政治改革，君主权力加强，土地私有得到承认，所有的措施都将社会推向封建时代。这部分主要谈封建社会晚期的一次中兴改革，在专制主义中央集权制度日薄西山之际，张居正是如何力挽狂澜的。

明朝开国君主朱元璋在"胡惟庸案"后，撤除宰相的职务，设立庞大的文官集团以加强皇权，中央集权制度达到顶峰，但是将所有的权力归于君主一身，对君主自身能力依赖极大，这一点已得到后代皇帝事例的验证。到隆庆年间，朝纲废弛，财政入不敷出，"自嘉靖七年至穆宗隆庆元年（1528—1567）四十年间，几乎岁岁出现超支，平均每年亏空在二三百万两之数。隆庆元年太仓存银130万两，而当年支出多达553万两，即不足三月之用。嘉靖四十一年，全国年输京粮谷400万石，而朝廷需要向各地王府支付禄米多达853万石，尚不足半"[1]。民间土地兼并严重，"弘治三年（1490），皇庄只有5处，正德九年（1514）增至36处，占田3.75万余顷。正德十六年（1521），又猛增至300多处，神宗的皇庄占田多达200万亩。下属藩王也大规模兼并土地，如蜀王占有成都平原70%的沃土，

---

① 许莉：《张居正改革中的经济措施及其现实意义》，《企业家天地》2005年第2期。

顷楚王兼并的土地遍及湖广，远至陕西。官僚、贵族仅在京徽之内占地就达 2 万多顷。豪绅兼并土地也十分严重，有占田 7 万顷的大地主"①。农民起义此起彼伏，王朝统治遭遇危机，改革势在必行。

张居正主要从以下几个方面改革时弊。一是加强君主权力。由于皇帝无心理政，纲纪废弛，因此权力重心向内阁转移。张居正作为正统思想的继承人，必然要求加强中央集权和君主权力，整顿朝纲。在《陈六事书》中，张居正写道："臣听闻一国之主一人据万人之上，治理天下四方，使天下皆服从治理，都严守纲纪。君主掌握天下大权，不可有一日改变。然而近几年，朝廷纲纪不严，法度不行，上下姑息，百事推诿。望皇上能独断朝纲，严肃法纪，行使专权，控制官吏，不徇私情。"二是考核官员工作，裁撤不合格官员。精简机构人员，有利于政策自上而下推行，同时，使得官吏心怀敬畏，恪守职责。三是重新丈量土地，推广"一条鞭法"，赋、税合并。明朝开国时期朱元璋曾经下令丈量全国土地，但是土地兼并屡禁不止，而且影响到了国家财政收入。张居正丈量全国土地，为"一条鞭法"的推广打下了基础。

纵观张居正的政治改革措施，可知其基本政治主张。一方面是君主集权思想。张居正熟习儒家思想，恪守君臣名分，张居正在隆庆一朝入内阁，此前，朝廷派系斗争严重，权臣当道，官员名不副实。张居正主政后，整顿吏治，提拔有才干的官员，唯才是用，裁撤无能官员，使得行政管理体制更加高效，中央集权制度也得到进一步加强。另一方面是民本思想。丈量土地、"一条鞭法"的最初目的是抑制豪强，使人民可以安居乐业，正如张居正自己所述："清丈之议，在小民实被其惠，而于官豪之家，殊为未便。"(《答山东巡抚何来山》)张居正突破本阶级的局限，减轻人民的压力，具有一定进步意义。

但是，张居正改革的根本目的是稳固明朝统治，减轻人民负担是为了让百姓可以安于现状，从事生产生活的活动，在具体改革过程中，张居正不断向统治集团妥协，改革并不彻底，再加上底层官吏阳奉阴违，人民反而遭受更加严重的盘剥。

---

① 许莉:《张居正改革中的经济措施及其现实意义》,《企业家天地》2005 年第 2 期。

三、政道、治道之经与权

前文主要叙述中国古代的政治批判与改革思想，从革命、改革的事例及其思想来看，更多体现的是一种权变。但是，在政治改革过程中，不仅有权变，也有稳定的价值准则。在中国古代，"经"是不能变的，即"天不变，道亦不变"（《汉书·董仲舒传》）。此处的"道"指的就是"经"，"权"即策略是根据情况的变化而变化的。本部分暂且不论学界对"权"的意思的不同意见，只取权变、变通一意，小议中国古代政治变革中的"经"与"权"的关系。

（一）经：常道

对"经"的解释，可以分为道德领域和政治领域，先秦时期说"经"，主要从道德层面铺陈开来，汉代以后对政治层面的"经"解阐述较多。无论是道德层面还是政治层面，基本意思是一致的，即为常道，不变的价值准则。"经"即为常道，从儒家思想出发，就是不违背仁道与重义轻利。在孔子那里，"仁"外显于礼，于是乎礼不可废。子曰："赐也，尔爱其羊，我爱其礼。"（《论语·八佾》）孔子希望用周礼规范政治秩序，故而言政治活动须循礼。后人秉承"经"的内核价值，统治阶级改朝换代后轻徭薄赋、施行仁政，在改革时期则坚持"民惟邦本"（《尚书》）的思想，都是守经的表现。

（二）权者：反于经，但有善

论"经"必要谈及"权"。孔子在《论语·子罕》中说道："子曰：可与共学，未可与适道；可与适道，未可与立；可与立，未可与权。"自古至今，儒家思想对"权"的内涵产生争议多由此处来，因本部分开头已说明笔者取权变意义，所以将孔子之言放置一边。看孟子论"权"，是从道德层面理解，因为儒家将各种道德分了等级，高一等级的道德优先于低一等级的道德，"嫂溺叔援"便是依此原则。汉代学者从政治层面解释"权"的内涵，从功利主义的角度解释"权"的意义，汉儒解释"经"与"权"的关系，多引用《春秋公羊传》郑相祭仲之事，称赞其虽然背叛君主，但是保全了国家，通晓权变之策。汉儒有言："权者何？权者反于经，然后有善者也。权之所设，舍死亡无所设。行权有道：自贬损以行权，不害人以行权。杀人以自生，亡人以自存，君子不为也。"（何休《春秋公羊传注疏》）宋儒重视道德价值，北宋程颐认为权即是经，行权这种不得以的行为只有圣人才可以做，朱熹基本赞同程颐看法，认为程颐对权的解释，使得伪善之人不得再假借权的名义行事。

（三）经权合一

就"经"与"权"，常与变的关系来看，汉儒认为它们是一对相反的范畴，权反于经，行权有道就可以了，而宋儒认为经权合一，朱熹推扩开来，提出以天理统摄"经"与"权"这对范畴。以历史唯物主义的眼光看"经"与"权"这对范畴，笔者认为"经"是"权"的基础，先有常道，后方可行机变之事，"权"能够促进"经"的发展，当政治体制遭遇瓶颈的时候，正需要通过改革，使体制重新焕发生机与活力。今天，我国在发展遭遇瓶颈期时坚持全面深化改革，以推进治理能力和治理体系现代化，正是证实了"经"与"权"的辩证关系。

当前，我国各项改革已经进入深水区，我们必须坚定不移地巩固党的领导地位，紧密团结在以习近平同志为核心的党中央周围，大胆改革，不断创新，牢记历史，既不要被陈规陋习约束，又不能违背社会发展规律，更不能背离党的路线方针政策，自行其是。一定要结合我国国情，高举新时代中国特色社会主义大旗，在各自的岗位上，履职尽责，真抓实干，为实现第二个百年目标不懈奋斗。

第六节　治国的理想目标

春秋战国时期，周天子大权旁落，诸侯不断互相征伐，蚕食他国领土。这一现象引发诸子百家的思考，什么样的政治秩序具有合理性？应当如何构建新的政治秩序？学者们给出不同的答案。周王朝的分封制度导致地方在政治、经济和军事领域有相当大的自主权，为诸侯争霸留下空间，秦王朝统一全国后，壮大中央政府的权力，实行"大一统"的中央集权制成为人们的共识；也有人认为，治国的思想意识十分重要，为政者须摒弃私欲、心怀天下，这样才能成为令人民信服的执政者，即天下为公；还有一部分人从限制地方权力入手，让地方节制人力、物力，使之无法与中央抗衡……学者们的思考角度很多，但主要是从统治者的思想与行动两个方面着手，去思考政治秩序的构建。

一、"大一统"的国家观念

我国自夏商周以来就已经形成了"一统"的概念，正如《公羊传》记载："王者受命，制正月以统天下，令万物无不一一皆奉旨以为始，故言大一统也。"（《春秋公羊传注疏》）夏商周时期，依礼法制度而言，天子是名义上的天下共主，诸侯王在等级上是低于天子的，国土实现了大统一。到了战国末年，秦始皇灭六国，建立车同轨、书同文、高度集权的秦王朝，这就是现代人所熟知的大一统中央集权制国家。

《中国哲学大辞典》对"大一统"作了如下定义："指思想、法度、政令的统一。""大一统"包含了统一的国家观念和与之配套的一系列制度。显而易见，根据《中国哲学大辞典》定义，大一统国家始于秦王朝。在本部分中，笔者将搁置制度，只从观念方面解说"大一统"。我们现在认识"大一统"，主要是从以下三方面。

首先，"大一统"的国家观念是具有超民族性的。《礼记·王制》中谈及五方之民，"中国戎夷，五方之民，皆有其性也，不可推移。东方曰夷，被发文身，有不火食者矣；南方曰蛮，雕题交趾，有不火食者矣；西方曰戎，被发衣皮，有不粒食者矣；北方曰狄，衣羽毛穴居，有不粒食者矣。中国夷蛮戎狄，皆有安居，和味宜服，利用备器；五方之民，言语不通，嗜欲不同"。在中国统治者看来，"溥天之下，莫非王土"（《诗经·小雅·北山》），这些蛮夷自然也在君主的统治范围内。事实上，历朝统治阶层并不是十分看重华夷之辨，各朝代建国初期华夷之辨的痕迹比较明显，但到了王朝中后期，基本上就淡化了，元朝是历代华夷之辨痕迹最为浓重的时期，但正是因为元朝统治者过于看重华夷之辨，在汉人与蒙古人之间实行不同的政策，压迫、奴役汉人，造成元朝存在不到百年就灭亡了。《资治通鉴》中记载一则小故事，映射作者司马光的"和戎"思想。汉昭帝时期，楼兰国王与匈奴交好，时常斩杀汉朝使臣，汉昭帝下令大臣傅子介责问龟兹、楼兰两国，两国皆道歉称罪。傅子介返回途中杀死匈奴使臣，并且和大将军霍光商议，惩戒龟兹、楼兰。第二次傅子介出使西域时，以金银财宝引诱楼兰国王，伺机刺杀。司马光在卷尾点评傅子介袭杀楼兰国王一事："王者之于戎狄，叛则讨之，服则舍之。今楼兰王既服其罪，又从而诛之，后有叛者，不可得而怀矣。必以为有罪而讨之，则宜陈师鞠旅，明致其罚。今乃遣使者诱以金币而杀之，后有奉使诸国者，复可信乎！且以大汉之强而为盗贼之谋于蛮夷，不亦可羞哉！论者或美介子以为奇功，过矣！"（《资治通鉴·汉纪》）司马光认为，对夷狄应该招降怀远，使之感受到中央政府的仁心厚德，而不能像盗贼一样，用阴谋诡计对付蛮夷，实在令人羞耻。

其次，"大一统"的国家观念最初是以董仲舒为代表的汉儒建立的一整套思想体系。在汉代以前，虽然学者们已经有统一观念，但是并没有一套系统化的理论，董仲舒以阴阳五行说为基础构建大一统理论，用五德的说法为改朝换代与君主统治提供理论依据，确立君主一统万物的绝对地位。"惟天子受命于天，天下受命于天子，一国则受命于君。"（《春秋繁露·为人者天》）"王者必受命而后王，王者必改正朔，易服色，制礼乐，一统于天下。"（《春秋繁露·三代改制质文》）在政治领域，董仲舒要求建立以君主为核心的中央行政体制；在思想领域，董仲舒希望儒家学说成为唯一被认同的官方思想。董仲舒的主张最后被汉武帝采纳，汉儒思想成为人们的思想上和实践中的指南。

最后，"大一统"的国家观念尊重各民族差异。自古以来，中国疆域内民族数量众多，在生活习惯和宗教信仰上存在一定的差异，大一统在维护国家统一的前提下允许差异存在，并保护各民族差异。《礼记·王制》记载："中国戎夷五方之民皆有性也，不可推移。"

当代国家建设中仍然要吸收"大一统"国家观念的精华，譬如，我国在全国范围内实行行省制度，在部分地区实行民族区域自治制度，就是充分考虑统一环境下的差异性的体现。特别是改革开放以来，以邓小平同志为主要代表的中国共产党人，在解决香港、澳门问题的过程中，创造性地实行"一国两制"，推动祖国统一大业，使香港澳门重新回到祖国怀抱。几十年来的实践证明，在中国共产党的坚强领导下，香港和澳门回归祖国大家庭之后，已经呈现出更加繁荣富强的发展态势。所有这些对于下一阶段和平解决台湾问题，将会产生极大的借鉴意义。此外，在促进我国少数民族地区经济建设过程中，党和政府不仅充分尊重各少数民族生活文化习俗，同时对其经济社会发展给予巨大的经济支持和政策倾斜，促使少数民族地区尽快走上富裕之路，确保各民族共同致富、共同繁荣。

当然，"大一统"思想观念也存在着一定的局限性，回顾自董仲舒以来的"大一统"思想，其精神实质就是确保高度的中央集权君主专制，皇帝是至高无上的，君权神授，君主可以独断专行，而缺少相应的监督机制。这就从思想上束缚了民众，奴化了民众，自觉不自觉地影响了广大民众的行为，迫使其生成了顺从心理。今天，为了克服上述弊端，中国共产党人在组织制度上应用民主集中制，开辟集体领导和决策制度，从根本上杜绝一言堂，克服个人主义和长官意志。党的十八大以来，以习近平同志为核心的党中央在狠抓经济建设的同时，凝心聚力抓党建，一心一意谋发展，全面从严治党，提高党在群众中的威信，尤其是我们党和政府推行的重大事项责任追究制度，使得决策者不敢不作为、乱作为，极大地提高了工作效率和办事效益，把我们党的宗旨——"全心全意为人民服务"思想落到实处，赢得民心。

二、"天下为公"的大同理想

"天下为公"（《礼运·大同》）既是实现大同理想的重要手段，也是大同理想的目标之一。作为中国传统文化中具有深远意义的内核之一，"天下为公"这四个字值得今人探究。对于"天下为公"最经典化的表述源自《礼记》，孔子参加鲁国的祭祀仪式，觉得鲁国虽然能够循礼，但是已经不完备了，于是他发出慨叹："大道之行也，天下为公。选贤与能，讲信修睦，故人不独亲其亲，不独子其子，使老有所终，壮有所用，幼有所长，矜寡孤独废疾者皆有所养。男有分，女有归。货恶其弃于地也，不必藏于己；力恶其不出于身也，不必为己。是故，谋闭而不兴，盗窃乱贼而不作，故外户而不闭，是谓大同。"（《礼记·礼运》）

从这段话中，我们可以看到，儒家学派对政治秩序的构想具有十分长远的目光，他们对未来的公共社会作出"天下为公"的设想。"公"的核心是政治平等与社会和睦，在政治领域儒家学者要求选拔贤才；在社会层面，大家应该和睦，使处于不利地位的人有社会保障。在《论语》一书中，我们也可以看到孔子以人为本的价值观念与"公天下"的价值追求。孔子对答季子然的一段话反映他"天下为公"的思想："所谓大臣者，以道事君，不可则止。"（《论语·先进》）孔子认为，臣子做官是为实现兼济天下的道义理想，在侍奉君主的时候绝对不能放弃自己的原则，以道义侍奉君主，当君主的行为不合道义时，决不能迁就君主。

孟子继承并进一步发展了孔子的公天下观念。他的民本思想中蕴含"天下为公"的理念，民贵君轻，君主必须得到黎民的拥戴。孟子与他的学生万章关于禅让制度有一段对话：

万章曰："尧以天下与舜，有诸？"

孟子曰："否。天子不能以天下与人。"

"然则舜有天下也，孰与之？"

曰："天与之。"

"天与之者，谆谆然命之乎？"

曰："否。天不言，以行与事示之而已矣。"

曰："以行与事示之者如之何？"

曰："天子能荐人于天，不能使天与之天下；诸侯能荐人于天子，不能使天子与之诸侯；大夫能荐人于诸侯，不能使诸侯与之大夫。昔者尧荐舜于天而天受之，暴之于民而民受之，故曰天不言，以行与事示之而已矣。"

曰："敢问荐之于天而天受之，暴之于民而民受之，如何？"

曰："使之主祭而百神享之，是天受之。使之主事而事治，百姓安之，是民受之也。天与之，人与之，故曰天子不能以天下与人。"（《孟子·万章上》）

天下不是君主一人的私有物，禅让制度下的天下共主不可以把王位直接授予他人，只能向上天推荐人选。君主推荐的人选必须才能出众、得到百姓拥戴，天才会将天子之位授予他。孟子认为，"君有大过则谏，反复之而不听则易位"（《孟子·万章下》），君主要承担抚育百姓的义务，勤政爱民，如果君主违背根本原则，甚至应该更换君主。

其他学派对"天下为公"思想也进行过论述，战国末期的杂家学派经典著作《吕氏春秋》写道："昔先圣王之治天下也，必先公。公则天下平矣，平得于公……天下非一人之天下也，天下之天下也。阴阳之和，不长一类；甘露时雨，不私一物；万民之主，不阿一人。"道家和墨家也有很多与"公天下"相关的表述，老子的"圣人无心，以百姓心为常心"（《老子》第四十九章）；墨子的"兴天下之利，除天下之害"（《墨子·尚同中》）。汉以后以儒家思想为主流，尤其是有宋一代，重视士大夫，士人群体胸怀家国，对"天下为公"思想进一步深化。

在宋朝，天子与士大夫共治天下，宋儒在治学的同时也主动地承担政治责任，他们极具自律意识与忧患意识，十分注重内心道德的修养。"存天理，灭人欲"常被现代人误解为抹除个人欲望的封建思想，但笔者认为，正如"刑不上大夫，礼不下庶人"所言，朱子的"天理"是对士人阶层的约束，因为宋朝优待士人，士人阶层有进入统治集团的便捷通道，必须对他们的私欲加以限制，使之不会利用手中的权力牟取私利。至于普通民众，儒家学者就没有那么高的要求了。

明末清初时期，中国儒学家们的"天下为公"主张变得更为激进，这与当时的少数民族入关主政密切相关，也与思想家们对封建制度本身认识的进一步深化有关系。黄宗羲认为，君主"荼毒天下之肝脑，离散天下之子女，以博我一人之产业，曾不惨然"（《明夷待访录》）。王夫之在《读通鉴论》中写道："天下者，非一姓之私也，兴亡之修短有恒数，苟易姓而无原野流血之惨，则轻授他人而民不病。魏之授晋，上虽逆而下固安，无乃不可乎。"

清朝灭亡，列强入侵，整个中华民族面临生灵涂炭的危机，在此背景下，中国民主革命的伟大先行者孙中山先生，将中国传统政治思想和西方"民有、民治、民享"思想相结合，创立民族、民生、民权"三民主义"，首举反帝反封建的旗帜，推翻了2000多年的封建帝制，缔造了我国历史上第一个资产阶级民主共和国，具有划时代的历史意义。孙中山先生曾多次手书"天下为公"，表达了他把毕生精力献给年轻的中华民国，在历史上留下了不可磨灭的功勋，同时也为后继开拓者留下了宝贵的精神遗产。但是，以蒋介石为首的国民党统治集团，已经成为大地主大资产阶级利益的代表，"天下"已经成为蒋、宋、孔、陈"四大家族"的天下。在国民党统治时期，"天下为公"四个遒劲有力的大字，虽然在各级政府的办公场所随处可见，但已经失去了昔日的光环，违背了孙中山先生的遗志。

以毛泽东同志为代表的中国共产党人，历经千辛万苦，推翻了蒋介石集团的腐朽统治，成立了由各党派组成的民主联合政府，建立一个民主、自由、独立的新中国——中华人民共和国，真正把"天下"变成了老百姓的"天下"，使"天下为公"的要义得到最好的诠释。虽然我们也走过一些弯路，但是，经过几代人的努力，我国的经济建设、外交外事以及国家安全等都取得了辉煌的成就。特别是党的十八大以来，以习近平同志为核心的党中央采取一系列行之有效的措施，全面从严治党，从自身做起，从领导干部开始，强化党的作风建设，使得党的领导得到了加强，党风廉政建设成效显著，反腐败工作已经制度化、常态化。当前，全国上下，无论是党风还是政风都有了明显的好转，社会风气日益净化，老百姓对党和政府的满意度明显上升，幸福感大为提高。习近平总书记指出："江山就是人民、人民就是江山，打江山、守江山，守的是人民的心。中国共产党根基在人民、血脉在人民、力量在人民。"①习近平总书记关于以人民为中心的重要论述综述，就是要把"天下"变为老百姓的"天下"，就是要把"天下为公"这句既有历史意义又有现代价值的口号变为现实，全心全意为人民服务不再是一句口号，而是让全国人民实实在在地感受到它的伟大魅力之所在。

"天下为公"在我国古代传统文化中具有普遍性的价值，体现了超越时代背景的人文内涵。但是，它也存在局限性。

第一，自唐虞三代至清朝，国家都存在一个至高无上的君主。古代思想家们希冀通过伦理价值约束君主，使君主摒除私欲，一心为公，但这种约束其实作用有限，不过是思想家们的虚幻想象。北宋程颐被太后征召，为年纪尚幼的君主作经筵讲学，程颐时时自省，并多次规劝君主言行。例如，劝天子切勿折柳嬉戏，虽成为士人间美谈，但当天子掌权后，程颐却遭到君主忌恨，不被重用。南宋朱熹晚年被幽禁在家，作《水调歌头·沧州》表达自己对道义不能实现的失望之情，"永弃人间事，吾道付沧州"。可见，相比儒家的道德约束，君主们更信奉一句话："六合之内，皇帝之土；乃今皇帝，一家天下。"

第二，"天下为公"思想常常被君主利用，以利天下之名掩盖君主个人私欲，造成民不聊生、生灵涂炭的局面，直到近代，中国历史上雄心勃勃的野心家依旧打着"天下为公"的旗号。"天下"实实在在地变为资产阶级等大家族的"天下"，老百姓只能沦为替统治集团提供源源不断财富的奴隶。

第三，"天下为公"思想将民众排除践履范围，人民始终未能直接参与政治活动。该思想只是古代少数精英阶层的美好构想，他们把希望寄托在上层统治者身上，要求统治者躬身自省，革除私欲，兴利除弊，使民风重归淳朴，实现天下大同。

第四，中国古代政治中的"天下为公"思想缺乏现实的实现路径，从先秦到民国，思想家们既不掌握权力也不掌握武力，他们只是上层统治者的智囊，为统治者施政提供参考意见，并落实统治者的旨意，因此也就不能将自己的思想付诸现实。

三、"小国寡民"的理想

"小国寡民"出自道家学派代表人物老子："小国寡民，使有什伯之器而不用，使民重死而不远徙。虽有舟舆，无所乘之；虽有甲兵，无所陈之。使民复结绳而用之。至治之极，甘其食，美其服，安其居，乐其俗。邻国相望，鸡犬之声相闻，民至老死，不相往来。"（《老子》第八十章）通常情况下，人们认为"小国寡民"一词反映老子希望人们回归原始的状态，封闭孤立，老死不相往来的想法，是落后消极的思想，笔者认为不然，"小国寡民"蕴含老子对现实社会深刻的批判与解决现实问题的方案。

一般认为"小国寡民"是国小民寡的意思，笔者认为这里的国并不是指国家。结合老子出生的时代背景，国应该解释为周天子分封的邦国，老子生活于春秋末年，此时周王朝是名义上的天下宗主，分封诸侯与士大夫。根据《周礼·春官·职丧》记述"凡国为诸侯国"，再从文本的角度解析"小国寡民"一词，以意逆志与知人论世方法相结合阅读《道德经》。老子在《道德经》全篇是以"天下"的视野谈圣人治世，从全局来看，不可能在第八十章笔锋一转，认为小国的社会结构是最佳的选择。再着眼于老子本人的经历，他曾担任周王朝的守藏室史，这段为官经历对其思想有一定影响，他对治国理政一定有独到见解，而不是单纯地让人们复归原始状态。汉代司马炎在《论六家要旨》中谈到儒、道等六家的使命，可以之为佐证。"夫阴阳、儒、墨、名、法、道德，此务为治者也，直所从言之异路，有省不省耳。"这句话从侧面证实以老子为代表的道家学派是有治理天下的目标的，他们以"无为之治"平乱世，要求节制诸侯国的势力，满足诸侯王的正当诉求，祛除诸侯王挑战天子、壮大诸侯国的越界欲望。

在老子生活的春秋末年，社会生产力水平已经有了很大的提高，但是从政治上看，此时周天子作为天下共主已经名存实亡，出现齐桓公、楚庄王等春秋五霸，这些诸侯国国主出于私欲进行争霸斗争，不断扩大自己的疆土，增加人口，弄得民不聊生，百姓食不果腹。老子希望节制诸侯国的势力，暂停兵戈，去除人们过多的欲望，以形成这样一种局面：

有能提高生产效率的机械不使用，百姓爱惜生命不远离家乡，诸侯国有车船，对环境有害，就不会去使用，诸侯国有兵器和盔甲，只用来保卫安全而不是征伐作战，人民吃饱穿暖，人们之间的交际简单，只有发生大事件才需要结绳而记，诸侯国之间相处和睦，没有战争。

为什么道家要求诸侯国里面有提高生产效率的器械却不去使用呢？笔者认为，用庄子的一句话可以清楚地解释该倡导："有机械者必有机事，有机事者必有机心。"(《庄子·天地》)享用惯了器械之便的人必然会产生机巧功利之心。在道家学者看来，机巧之心是不对的，会使人心奸滑，引发纷争。"民重死而不远徙"不用多加解释，从古至今，中国的百姓一直有安土重迁的观念，是不愿意离开自己的家乡的。再谈"复结绳而用之"这一句，很多人把这一句当作老子持消极落后思想的铁证，笔者认为该句不过反映了老子希望通过"无为而治"的方式，节制所有人越界的欲望，使得人际关系简单化，诸侯国之间和睦相处，节制欲望之后，诸侯国内外少有大事发生，只有在遇到特殊的事件时才需要结绳记事。

由此可见，老子"小国寡民"理想是对当时诸侯相争的批判，他不是想要所有人回到原始时代，而是想让大家复归自然之心，满足人们最基本的衣食住行的欲望，去除不必要的欲望，实现所有人和睦相处。但是，结果显而易见，"小国寡民"理想的局限性在于它不存在现实操作的可行性，诸侯们是不可能主动放弃自己争霸欲望的，普通民众只能沦为政治的牺牲品，他们食不果腹，衣不蔽体。无怪乎老子长嗟叹兮"吾言甚易知，甚易行，天下莫能知，莫能行"(《老子》第七十章)。

四、古代治国理想的历史价值与现实意义

本节的前三部分介绍了中国主流的治国理想，除了这些主流思想外，还有一些治国思想对中国古代社会影响重大。例如，儒家主张"德主刑辅"，倡导施行礼法之治，规定尊卑贵贱的等级制度，亲亲尊尊；道家提倡"无为而治"，抑制地方权力扩张，中央政府不主动挑起战事，使民众自然而然的发展；释家在进入中原之后发展为本土化、民族化的佛家思想，宣扬"弘法利生""普度众生"，规劝民众行善，从某种程度上也满足了封建皇权统治的需要；法家主张以"法、术、势"治国，以严刑峻法统治国家。此四种政治思想都具有较大的实用性，迎合统治者皇权独尊的思想，因而成为中国古代执政者秘而不宣的治国之术。这些思想既

有其积极的一面，也有一些消极面。当代治国理政，应当取其精华、去其糟粕，并进行创造性转化。

（一）吸取古代治国精华，创造性转化为治国理政成果

政治理论的创造性转化。当代治国理政思想，可吸收大同理想、德主刑辅思想、民本思想、中华优秀传统美德、天人合一思想、和谐理念、廉政思想、慎战等民族优秀思想资源，并赋予其新的时代内涵和当代特色。古代的大同理想，是当代中国梦的重要思想渊源；儒家的"德主刑辅"理念，是依法治国和以德治国相结合治国方略的重要理论借鉴；孟子等民本思想，是以人民为中心发展思想的重要基础；"仁义礼智信"等中华传统美德，是涵养社会主义核心价值观的核心价值资源；"天人合一""道法自然"等理念，是当代生态文明思想的重要参照；"天下"观念、大同社会、和谐理念等，是"人类命运共同体""和平共处五项原则"等外交战略思想的重要理论指引；"修身""正己""天下为公"等儒家廉政思想，是党风廉政思想的重要思想滋养。

民族形式的创造性转化。当代治国理政，可借鉴古代民族语言的表达形式。注重引经据典、广采博收，以中华优秀传统文化的表达形式和中国老百姓所熟悉的语言来阐发马克思主义的哲学理论、观点和方法，进一步丰富了马克思主义中国化的中国话语体系。在阐述全面深化改革、全面依法治国、全面从严治党、加强党员干部的培养和选拔和积极推动科技创新等重要思想内容时，可引用大量的古文经典、历史史实和诗词散文，从而将"高大上"的治国理念转化为中国老百姓所喜闻乐见、熟悉于心的民族语言。

思维方式的创造性转化。当代治国理政思想，可继承和发展中国传统的整体思维、辩证思维、变易思维、历史思维、天人合一、形象具体等思维方式，对当代治国理政实践中面临的重要问题进行了理论回应和思考。从而形成当代治国理政思想的民族性特质，对形成中国特色的国家治理体系，推进国家治理体系治理能力现代化具有重要的借鉴意义。

（二）剔除糟粕，提升治国理政理念

摒弃治国中的家长制作风。儒家的礼法制度是以礼为核心的法治制度，主张"德主刑辅"。表面上该制度是礼与法的结合，与现代社会"以德治国""依法治国"类似；但实际上，儒家的"礼"以宗法制度为核心。宗法制度源于我国原始社会时期农业文明的环境，早期先民以农业为生，

以血缘为纽带的宗族长期生活在一个地方，宗族逐渐发展成为一个具有复杂的血缘关系的相对稳定的小团体，有着一套自己的行为规范和运行方式，内部也形成了严格的等级制度。追溯宗法制度的历史，我们可以了解到周公对宗法制度的贡献。按照周以前的制度或礼法规定，武王死后，周公可以按照"兄终弟及"的方式继承王位。但是，周公选择辅佐武王的嫡长子继位，以嫡长子继承制为核心的宗法制度就这样被确立下来。同时，周朝化家为国，分封诸庶子、功臣和先代贵族，并且规定了他们的权利和义务，这些内容也被自然地增添到宗法制度中，对封建社会产生重要影响。在宗法制度下的人们须对宗族心怀敬畏，人与人之间以纲常伦纪处理问题。礼法制度从精神层面和实践层面深刻影响古代社会治理，一国之政治社会问题变成一个家的内部纠纷，统治者也变成了整个国家的大家长，礼法制度为古代政治披上一层温情的外衣。我们可以得出这样的结论：一国之问题可以转化为一家之问题，作为大家长的统治者，他有权力决定整个国家的命运，民众作为家族成员，必须服从家长的命令。

摒弃治国中的"人治"思维。儒家学者希冀通过礼法制度稳定的整个社会秩序，是典型的"人治"思维。这种思维模式深刻影响中国古代社会治理，小到乡里的宗族组织把持治理权力，大到皇帝执掌天下大权，无不以礼法制度作为合理性源泉之一。根据血缘关系的亲疏，统治集团土地、财产和政治地位的继承，将宗族凝聚起来，强化贵族的特权。但是，仅仅依靠统治集团的威权是无法维系统治的，每当王朝遭遇内外危机时，宗法制度就会被动摇。到了近代，随着民主科学思想得到广泛的传播，民众开始伸张自由民主权利，宗法制度便轰然崩塌。

摒弃治国中的严刑峻法和愚民行为。法家主张以严刑峻法要求上下贵贱，将法作为赏罚的唯一标准，不给民众休养生息的机会，引发民众的不满，秦朝二世而亡，后代封建统治者借鉴秦亡的教训，不以法家思想作为太平盛世治国的主导思想，而是采用刚柔兼济的方法。现代社会，我国政府虽然确定依法治国的国策，不断将依法治国提到新高度，但是在施政过程中始终贯彻以人民为中心的思想，依法治国与以德治国相结合。佛家教人在现世苦修，免受来世因果报应之苦，这种生死轮回思想成为封建统治者愚民政策的工具。到了现代社会，其思想已经不具备政治意义，宗教更多成为普通人的一种精神寄托。

古代治国理政思想，既有精华也有糟粕。我们必须有针对性地进行创造性转化。因为国家治理必须尊重中国特殊的历史文化传统，走自己的路，才具有自身的特色和世界性；具有民族性的马克思主义理论才能为人民认同，变成改造中国的精神力量和引领理念；必须改造传统文化思想，使之焕发新的光彩，才能为我所用，用之得当。俗话说，民族的就是世界的，用自己民族的语言才能讲好当代中国治国理政的故事。

后　记

　　弘扬中华优秀传统文化，对传统文化进行创造性转化和创新性发展，建设社会主义文化大国和文化强国，是党中央和习近平总书记发出的伟大号召。为适应广大读者特别是党政领导干部学习和弘扬祖国优秀传统文化之需要，时任中宣部常务副部长、全国哲学社会科学规划领导小组负责人雒树刚同志特批"中国古代哲学思想集粹"为国家社会科学基金特别委托项目，并决定结项后将该项目的最终成果以党政领导干部为主要读者对象正式出版。此后，我们组建了课题组，作了课题的具体设计。

　　本书除"导论"外共六章，分别为"寻本根之妙""探大化之赜""立成人之道""求致知之方""通古今之变""明为政之要"。中国社会科学院马克思主义研究院特聘研究员董京泉同志撰写"导论"，中国人民解放军总政治部退休干部鸿玲同志参与了部分工作；陕西师范大学教授康中乾同志撰写第一章"寻本根之妙"和第二章"探大化之赜"；广东省社会科学院研究员柯可同志撰写第三章"立成人之道"；沈阳师范大学教授王思义同志撰写第四章"求致知之方"；山东社会科学院研究员孟庆仁同志撰写第五章"通古今之变"；广东外语外贸大学教授毛国民同志撰写第六章"明为政之要"。

　　本书的出版，得到学习出版社领导和编辑同志的大力支持，我们在此深表谢意！

　　由于作者水平有限，书中难免存在错讹和不足，恳请广大读者批评指正。

编　者

2021 年 11 月